现代人力资源管理系列教材

绩效管理

王丽娟　何　妍　编著

清华大学出版社
北京交通大学出版社
·北京·

内容简介

本书由两方面的内容组成，一是从绩效管理系统入手，展现了绩效管理的全过程：绩效计划的制订，绩效管理的实施，绩效反馈，绩效考核结果的运用；二是按照绩效种类，分别阐述了团队绩效和组织绩效。本书力图做到：内容上全面、系统，涵盖绩效管理的知识、工作环节和实践活动；格式上规范，符合大学教科书的编写要求，每章附案例和思考题，书中的观点和研究成果都标明出处，以备读者进一步查阅。

本书可供人力资源管理相关专业学生和人力资源管理从业者学习使用。

图书在版编目（CIP）数据

绩效管理/王丽娟，何妍编著. —北京：清华大学出版社；北京交通大学出版社，2009.1（2016.2 重印）
（现代人力资源管理系列教材）
ISBN 978-7-81123-475-6

Ⅰ. 绩… Ⅱ. ①王… ②何… Ⅲ. 企业管理：人事管理-教材 Ⅳ. F272.92

中国版本图书馆 CIP 数据核字（2008）第 188539 号

责任编辑：赵彩云
出版发行：清 华 大 学 出 版 社 邮编：100084 电话：010-62776969
北京交通大学出版社 邮编：100044 电话：010-51686414
印 刷 者：北京鑫海金澳胶印有限公司
经 销：全国新华书店
开 本：185×260 印张：17.25 字数：409 千字
版 次：2009 年 2 月第 1 版 2016 年 2 月第 4 次印刷
书 号：ISBN 978-7-81123-475-6/F·405
印 数：8 001～9 000 册 定价：28.00 元

本书如有质量问题，请向北京交通大学出版社质监组反映。对您的意见和批评，我们表示欢迎和感谢。
投诉电话：010-51686043，51686008；传真：010-62225406；E-mail：press@bjtu.edu.cn。

前　言

绩效管理是指组织、团体和个人就各自可以实现的绩效目标达成共识，并通过信息沟通与绩效提高，使绩效目标尽可能实现的一系列活动。绩效管理旨在建立一种绩效文化，使每一个人都担当起改进业绩、提高技能和贡献的责任，绩效管理体系也应成为组织和员工分享绩效期望的一种方法，组织阐明期望员工做什么，员工也说出他们希望组织如何对待他们，绩效管理只有在改进员工关系、保证持续对话的基础上才可以起到融合个人和组织目标的作用，才可以实现组织的经营战略。

绩效管理的内容涉及组织的方方面面，组织每时每刻的活动都与绩效管理有关，不可能一一论述，我们从绩效管理过程入手，按照计划、实施、反馈和运用四个阶段，构成了第2章到第5章的内容：始于绩效计划，员工和管理者为了使企业的战略落地就工作实现的目标、标准达成协议，确定绩效指标；终于绩效结果的运用，公平的绩效结果可以为员工的提薪、晋升、培训等人事决策提供客观数据，减少人为因素。组织正是通过完成一个又一个绩效周期的循环，不断提高员工的绩效。

随着知识经济的发展，团队正日益成为组织运作的重要形式，团队的工作方式也得到了越来越多组织的认可。由于团队特殊的运作方式，团队成员在团队和个人两个层次上都负有责任，因而传统的以个人导向为基础的绩效管理体系必须有所改变，组织必须正确认识团队绩效以及掌握团队绩效考核的方法，结合团队实际建立合理的考核评价指标体系，正确评价团队的绩效。团队绩效管理构成了本书第6章的内容。

成功的组织不单纯是绩效优异的组织，它可能和市场环境等有关，但是，组织绩效水平的高低是其成为成功组织的条件之一，所以，我们需要对组织绩效进行评估。组织绩效对不同的组织类型、不同的评估者的兴趣与价值来说，有着不同的意义，衡量和控制组织绩效可以导致更好的资产管理、顾客价值提供能力的增长、组织知识衡量的提高以及对组织声望的影响。第7章阐明了组织绩效管理的意义、方法，并列举了营利性组织和非营利性组织的绩效管理。

本书是集体智慧的结晶，我的研究生杨坤、吴宇星、林玮玮参加了前期的资料收集，何妍、王君伟、朱月乔、史玲玲、王帅、于艳姣提供了部分章节的初稿，何妍帮助我做了最后的调整和校对，编写中的问题都由我负责，书中定有不妥和纰漏之处，敬请读者赐教。

本书引用了许多文献，它们有的来自笔者熟悉的同事的工作，更多的是笔者并不认识的同行的研究成果，在此向他们表示诚挚的敬意和谢意。同时，感谢北京交通大学出版社的赵彩云编辑，是她使此书与读者见面。

王丽娟

2009年1月

作者简介

王丽娟　中国人民大学副教授。1986年毕业于南开大学，获硕士学位，同年在中国人民大学劳动人事学院参加工作，主要研究领域为人力资源与组织绩效、招募与甄选、绩效考核，已发表论文数篇。

何　妍　西藏民族学院管理学院教师，2003年毕业于西北大学，管理学学士，现在中国人民大学劳动人事学院人力资源管理专业攻读硕士学位。主要研究领域为团队绩效、员工离职、工作压力与工作倦怠研究。已发表论文多篇。

目录

第1章 概论

1.1 绩效与绩效管理

绩效管理作为一个必要的程序，运用在每一个组织中，如果设计得合理，绩效管理能使企业中每个部门的活动和每个员工的努力都有利于企业目标的实现，就会成为企业战略落地的不可缺少的管理工具和手段；同时，绩效管理能够促进员工能力的提高和职业发展，管理者与员工共同对员工的工作绩效进行分析，找到问题存在的原因和改进的方向，促进员工能力的提高和职业的发展。

1.1.1 绩效

1. 绩效的内涵

绩效是组织期望的结果，是组织为实现其目标而展现在不同层面上的有效输出。有效输出是指绩效具有效果性、效率性和效益性。从某种程度上讲，工作任务以一定的绩效形式被认可，并且能够使组织、团体和个人获得利益，因此，好的绩效就是那些产出大于投入的绩效。投入是指人力、物力、时间等物质资源，产出是指工作任务在数量、质量、效率和效益方面的完成情况。绩效包括个人绩效、团队绩效和组织绩效三个方面。从语言学的角度来看，绩效包含有成绩和效益的意思；用在经济管理活动方面，是指社会经济管理活动的结果和成效；用在公共管理活动中，则是一个包含多元目标在内的概念；用在人力资源管理方面，是指主体行为或者结果中的投入产出比，即绩效是一个组织或个人在一定时期内的投入产出情况。绩效会随着时间、空间、工作任务及工作条件（环境）等因素的变化而变化，可见绩效是一个多义的概念，观察和测量的角度不同，其结果也会不同。

美国管理学大师彼得·F·德鲁克认为："你不能考评也就不能管理……所有的组织都必须思考'绩效'为何物？这在以前简单明了，现在却不复如此。使策略的拟定越来越需要对绩效的新定义。"目前对绩效的各种解释概括起来主要有三种典型的观点，即认为绩效是结果、绩效是行为、绩效是结果与行为的统一体。另外还有一种观点认为绩效是对员工未来发展的关注，强调员工潜能与绩效的关系。

第一种观点认为绩效是结果，绩效就是完成工作任务，就是工作的产出，绩效应该定义为工作的结果，因为这些工作结果与组织的战略目标、顾客满意感及所投资金的关系最为密切。这种观点就是把绩效视为工作所达到的成果或工作结果的记录，认为从顾客的角度出发，顾客的需要就是结果，更为重要的是绩效能使个人的努力与组织目标一致起来。

第二种观点认为绩效是行为，绩效就是工作行为或过程。墨菲（Murphy，1990）把绩效定义为“一套与组织或组织单位的目标相互关联的行为，而组织或组织单位则构成了个人的工作环境”。绩效是行为的同义语，它是人们的实际行为，不论这些行为是认知的、生理的、心智活动的或人际的，绩效是行为，应该与结果分开。这一观点中隐含了这样一种思想：尽管绩效是行为但并不是所有的行为都是绩效，只有那些与组织目标实现有关的行为才是绩效，为此，波曼和墨脱（Borman & Motowidlo，1993）提出了“周边绩效—任务绩效”二维模型。任务绩效与工作正式规定的内容直接联系，是通过工作目标的实现、工作职责的履行、工作结果的获得而体现的绩效。周边绩效是指在现实组织中除了工作的目标、职责和结果等正式规定的内容之外的一些超职责行为，如主动完成不属于本职工作的任务；工作时帮助他人并与他人合作；同意、支持并维护组织的目标等。

第三种观点认为绩效就是结果与行为的统一体，绩效既包括工作结果，又包括工作行为，就是不仅要看做什么，而且还要看是如何做的，绩效不仅取决于做事的结果，还取决于做事的过程和行为。从实际意义上来讲，将绩效界定为“结果＋行为”是很有意义的，它不仅能更好地解释实际现象，而且一个相对宽泛的界定往往使绩效更容易被大家接受，这对绩效考核与管理而言是至关重要的。

除了上述三种观点以外，还有一种观点认为绩效是对员工未来发展的关注，强调员工潜能与绩效的关系。绩效不仅仅是员工过去历史的反映，更应该将员工个人潜力、素质等一并纳入绩效考评的范畴，以素质为基础来解释绩效的观点，强调的不是过去怎样和现在如何，关注的是未来。这适应当今知识型社会的工作环境，也更加符合绩效管理的真正目的。但是，如何对素质进行定义，怎样建立素质模型并在此基础上进行绩效管理仍然需要研究。

绩效的特性决定绩效的概念是复杂的，不是一成不变的，人们对绩效的认识是不断发展的，从单纯地强调数量到强调质量再到强调满足顾客的需要，从强调即期绩效到强调未来绩效，都说明要用发展的观点来看待和理解绩效。

2. 绩效的特性

绩效的特性决定了绩效内涵的复杂性，为了更好地理解绩效的内涵，应该先了解一下绩效具体有那些特性。可以概括出绩效具有以下一些特性。

（1）多因性

绩效的多因性是指员工或组织的绩效的优劣并不取决于单一的因素，而是受制于主、客观的多种因素。例如，通常来说一个员工的工作绩效是激励、能力水平和环境因素相互作用的结果。激励是通过改变员工的工作积极性来发挥作用的，组织应当根据员工个人的需要结构、个性等因素选择适当的激励手段和方式。能力是指员工的工作技巧和工作技能，一般来说有天赋、智力、经历、教育、培训等。环境因素主要指影响员工绩效的组织内部环境和组织外部环境，不仅包括员工工作场所的客观物质条件、组织文化、领导的工作作风及员工本人的素质等，还包括社会背景、经济环境、政治因素和市场竞争强度等。

（2）多维性

绩效的多维性是指对于绩效的评价与分析应该从多个角度和方面进行，这样才能得到有关绩效的真实评价。通常，在进行绩效评价的时候应该综合考虑员工的工作能力、工作态度和工作业绩三个方面的情况，并且这三个方面的维度也分别包括许多具体的指标。但是，并不是所有的情况下都需要全面考虑所有可能的评价维度，根据不同的评价目的，可以选择不同的维度和不同的评价指标，而且各个维度的权重也可能不同。因此，在设计绩效评价体系时往往要根据组织的战略、文化及岗位特征等方面的情况设计出一个由多重评价指标组成的评价体系。

(3) 动态性

绩效的动态性是指绩效不是一成不变的，由于员工的激励状态、技能水平和环境因素的变化，绩效也是会改变的。这要求在评价绩效的时候要充分注意绩效的动态性，不能凭已有的印象和僵化的观点来看待绩效问题。这实际上解释了为什么绩效评价和绩效管理中存在一个周期性的问题。通过对动态性的考虑，确定恰当的绩效周期，保证组织能够根据评价的目的及时充分地掌握员工和组织的绩效情况，并降低不必要的管理成本。

1.1.2 绩效管理

1. 绩效管理的内涵

所谓绩效管理，是指管理者与员工在职责目标与如何实现目标上达成共识，并且在管理实践中创造机会，促进员工取得有效成果的过程。西方国家对绩效管理进行过很多研究，特别是在20世纪80年代后期和90年代，针对绩效管理的含义出现了许多不同的观点。其中最主要的有以下三种观点。

第一种观点认为绩效管理是管理组织绩效的系统，这种观点是从对组织绩效进行管理的角度来解释绩效管理的，持有这种观点的代表是英国学者罗杰和布莱德普（Rogers，1990；Bredrup，1995）。其核心在于决定组织战略及通过组织结构、技术事业系统和程序等来加以实施，这种观点并不考虑个体因素即员工受到的技术、结构、作业系统等变革的影响。

第二种观点认为绩效管理是管理员工绩效的系统，这种观点是从对员工个人绩效进行管理的角度来解释绩效管理的，其核心在于将绩效管理看作组织对一个人关于其工作成绩以及其发展潜力的评估和奖惩。

第三种观点认为绩效管理是综合管理组织和雇员绩效的系统，即组织与人员整合的绩效管理，在这一观点中所强调的重点也有两种情况。其一是更加强调组织绩效，绩效管理通过将每个员工或管理者的工作与整个工作单位的总旨连接在一起，来支持公司或者组织的整体事业目标；其二是更加强调员工绩效，绩效管理的中心目标是挖掘员工的潜力，提高其绩效，并通过将员工的个人目标与企业战略结合在一起来提高公司的绩效。

因此，我们认为绩效管理是一个完整的管理过程，侧重于信息沟通与绩效提高，强调事先的沟通与承诺，它伴随着管理活动的全过程。

2. 绩效管理的作用

1) 对企业的作用

绩效管理对于企业目标的实现及全部企业管理活动的有效进行具有重要作用。首先，绩效管理奠定了企业战略目标实现的基础。战略是对未来结果的一种期望，这种期望的实现要依靠组织的所有成员、按一定的职责和绩效要求、通过持续努力和发挥创造性来实现，因此绩效管理的系统成为企业战略控制系统落地的不可缺少的管理工具和手段。其次，绩效管理能够增强企业计划管理的有效性。绩效管理能使企业中每个部门的活动和每个员工的努力都朝向企业目标，从而强化了企业中对业务的计划性，增强了计划管理的有效性。再次，绩效管理是建设企业文化的有效工具。在绩效管理过程中，组织通过对考评指标维度及权重的设计，可以引导和强化员工的行为，使之符合企业的价值导向，形成核心的价值观，这更有可能使得企业文化建设落到实处。

2）对员工的作用

绩效管理是一种为促进员工发展而进行的人力资本投资。员工在企业中处在具体的职位上，是绩效管理的直接对象。员工在工作过程中一方面要履行自己的职责，另一方面也要获得自身需要的满足和实现自我发展，绩效管理对员工具有重要作用。首先，绩效管理使员工能够获得工作状况和业绩的反映，避免由于不了解自己的工作及业绩情况而产生焦虑，满足员工安全与稳定的需要。其次，绩效管理可以提高员工的工作效率。通过绩效管理，帮助员工弄清楚他们应该做什么和怎样去做，员工会知道自己拥有什么样的权利，可以在什么范围内进行决策。再次，绩效管理能够促进员工能力的提高和职业发展。通过绩效管理中持续不断的沟通，管理者与员工共同对员工的工作绩效进行分析，找到问题存在的原因和改进的方向，为员工提供培训发展的机会，促进员工能力的提高和职业的发展。

3）对管理者的作用

绩效管理是员工绩效管理与组织绩效管理的整合，管理者在这种整合中发挥重要的纽带作用，绩效管理对于管理者具有重要作用。首先，绩效管理帮助管理者实现管理目标。管理者通过绩效管理将企业的目标分解成各个员工的具体目标，向员工传达组织的期望，是管理者能够向员工说明自己对工作的期望及工作的衡量标准。其次，绩效管理可以提高管理者的管理技能。绩效管理的系统性要求管理者必须履行相应的管理职能，有利于提高管理者在目标制定与分解、指导与沟通、分析诊断问题等方面的能力。再次，绩效管理能够节省管理者的时间。通过帮助员工找到错误和低效率原因的手段来减少错误和差错，找出通向成功的障碍，避免日后付出更大的代价，管理者就不必介入到所有的事情中事必躬亲，节省时间去做自己应该做的事情。

3. 绩效管理与绩效评价的区别与联系

绩效管理是指为了达成组织的目标，通过持续开放的沟通过程，形成组织目标所预期的利益和产出，并推动团队和个人作出有利于目标达成的行为。绩效评价是指一套正式的结构化的制度，用来衡量、评价并影响与员工工作有关的特性、行为和结果，考察员工的实际绩效，了解员工可能发展的潜力，以期获得员工与组织的共同发展。绩效管理与绩效评价是不同的，绩效评价是事后考核工作的结果，而绩效管理是事前计划、事中管理和事后考核所形成的三位一体的系统。可见绩效评价只是绩效管理过程中的一个环节。

绩效评价与绩效管理的区别如表1－1所示。

表 1－1　绩效评价与绩效管理的区别

绩 效 评 价	绩 效 管 理
绩效评价是绩效管理系统中的一部分；	绩效管理是一个完整的系统；
绩效评价是一个阶段性的总结；	绩效管理是一个过程，注重过程的管理；
绩效评价是对过去一个阶段的回顾，不具有前瞻性；	绩效管理具有前瞻性，帮助企业和管理人员前瞻性地看待问题，规划企业和员工的发展；
绩效评价只是提取绩效信息的一个手段；	绩效管理有着完善的计划、监督、控制和反馈的手段和方法；
绩效评价关注工作成绩的大小；	绩效管理注重对能力的培养；
绩效评价容易使管理者与员工站到对立面上，产生紧张的气氛	绩效管理能够建立管理者与员工之间的绩效合作伙伴的关系

同时应该形成这样的认识，绩效评价只是绩效管理系统中的一个方面，但却是绩效管理不可或缺的。绩效评价脱离绩效管理系统也不能真正发挥作用，而应该同绩效管理的其他方面紧密联系。将绩效评价纳入绩效管理系统中，才能对绩效进行有效的监督和管理，从而真正实现绩效管理的目的。

1.1.3　绩效管理与其他人力资源管理模块的关系

人力资源管理的战略合作角色和专家角色随着社会经济的发展被越来越多的企业所重视，企业意识到人力资源管理在获取企业核心竞争力方面的作用，因此人力资源管理也就成了获得企业竞争优势的工具。在人力资源管理各个紧密联系的环节中，绩效管理占据着核心地位，起着十分重要的作用。既然绩效管理是整个人力资源管理系统的核心，那么它与人力资源其他模块必然有一定联系。如图 1－1 所示。

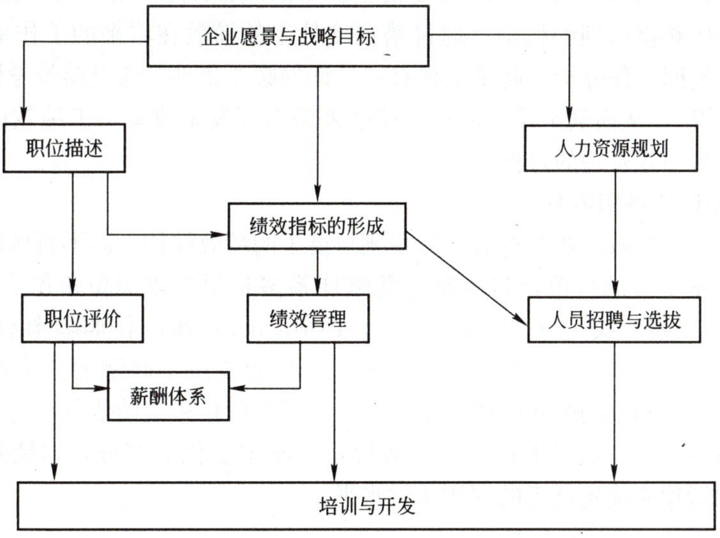

图 1－1　绩效管理与其他人力资源管理模块的关系

资料来源：陈凌芹. 绩效管理. 北京：中国纺织出版社，2004：6.

1. 绩效管理与人力资源规划

绩效管理与人力资源规划的关系主要表现在人力资源管理质量的预测方面，借助于绩效管理系统，能够对员工目前的知识和技能水平作出准确的评价，不仅可以为人力资源供给质量的预测提供有效的信息，而且可以为人力资源管理需求质量的预测提供有效的信息。

2. 绩效管理与工作分析

工作分析是绩效管理的重要基础，通过工作分析可以确定一个职位的工作职责及它所提供的重要的工作产出。工作分析为绩效管理提供了基本依据，制定了绩效管理中对该职位进行绩效考核的关键绩效指标（KPI），这些关键绩效指标就是评价该职位任职者的绩效标准。可以认为职位的特点决定了绩效评价所采用的方式，职位描述是最直接影响绩效的因素，是设定绩效标准的基础。

3. 绩效管理与人员招聘与甄选

在人员招聘与甄选中，通常会采用各种人才测评手段，包括心理和个性测验、纸笔形式的能力测验、行为面谈及情景模拟技术等测评方法，这种方法是对人的潜质进行测量。而对于人的一些显性的特质的考察就需要绩效评价来进行。绩效评价考察的是人们已经表现出来的业绩和行为，从现有员工的绩效管理与评价记录中可以看出，具有什么样特征的员工能够适应本企业的要求，这样在以后的招聘甄选过程中，就可以着重考察应聘人员此类的特征，利用这些历史资料进行有效的选拔。反过来招聘与甄选也会对绩效管理产生影响，如招聘与甄选的质量比较高，员工在实际工作中就会表现出良好的绩效，这样就可以大大减轻绩效管理的负担。

4. 绩效管理与培训开发

绩效管理的一个重要作用就是通过持续不断的沟通，管理者与员工共同对员工的工作绩效进行分析，找到问题存在的原因和改进的方向，为员工提供培训发展的机会。也就是说在绩效评价结束之后，管理者要根据员工的绩效现状，结合员工的个人发展愿望，为员工提供获得培训的机会，通过培训使员工的绩效在将来的工作中能够得到提高。绩效评价连同工作分析一起是实现有效培训的必要条件。通过绩效考评，可以发现培训的“压力点”，从而确定培训需求；反过来培训开发是改善员工绩效的一个重要手段，有助于实现绩效管理的目标。

5. 绩效管理与薪酬体系

目前来看，大多数企业都将员工的薪酬与员工的绩效挂钩，而不再像传统的工资体系中只强调工作本身的价值，目前制定薪酬体系多是根据以职位价值决定薪酬（pay for position）、以绩效决定薪酬（pay for performance）和以任职者胜任力决定薪酬（pay for competency）的有机结合。可以看出，绩效是决定薪酬的一个重要因素，但是，在不同的组织和不同的薪酬体系中，对于不同的职位来说绩效所决定的薪酬的成分和比例是有所区别的，通常的做法是绩效决定薪酬中变化的部分，如绩效工资、奖金等，通过绩效管理来决定员工的薪酬支付水平。

1.2 绩效管理的基本流程

绩效管理是一个过程，始于绩效计划，员工和管理者为了使企业的战略落地就工作实现的目标、标准达成协议，确定绩效指标；终于绩效结果的运用，公平的绩效结果可以为员工的提薪、晋升、培训等人事决策提供客观数据，减少人为因素。绩效管理经过了计划、实施、考核、反馈和运用这五个阶段，就完成了一个绩效周期的循环，组织正是通过不断提高员工的绩效，并将员工个人的目标与组织战略结合在一起来提高组织绩效的。

1.2.1 绩效指标的确定

组织为了实现战略目标，就需要将战略分解到各个岗位上，员工需要知道在绩效周期内自己应该做什么，做到什么程度。绩效指标要满足五个基本要求：独立性、一致性、稳定性、可操作性、可接受性。首先，指标内容清晰，指标之间要有明显的差异，每一个评价指标一定要有独立的内容，有独立的含义和界定；其次，指标要与组织战略一致，与具体的绩效评价目的相一致；再次，指标要有稳定性，即如果让两个评价者对同一员工的绩效进行评估，两个评估者均了解评估对象的工作特点、工作表现，而且严格按照要求进行评价，评价出的结果一样或者近似；可操作性即指标能够在实际中被清晰地衡量和操作；当然，组织需要设法保持绩效评价指标的简洁性，限制指标的数量，防止面面俱到，反而面面不到。

绩效评价指标多种多样，指标的类型按照不同的分类方法可以分成不同的类型：根据绩效评价的内容分类，绩效评价指标可分为工作业绩评价指标、工作能力评价指标、工作态度评价指标。根据绩效评价方式分类，绩效评价指标可分为软指标和硬指标，硬指标指的是那些可以统计数据为基础，把统计数据作为主要评价信息，建立评价数学模型，以数学手段求得评价结果，并以数量表示评价结果的评价指标；软指标指的是主要通过人的主观评价方能得出评价结果的评价指标，软指标的优势在于，这类指标不受统计数据的限制，可以充分发挥人的智慧和经验。在这个主观评价过程中往往能够综合更多的因素，把问题考虑得更加全面，避免或减少统计数据可能产生的片面性和局限性。在实际评价工作中，往往不是单纯使用硬指标或软指标进行评价，而是将这两种方法的长处加以综合应用，以弥补各自的不足。

根据是否反映财务内容，绩效评价指标可分为财务指标和非财务指标。财务指标主要包括财务效益状况指标、资产营运状况指标、偿债能力状况指标、发展能力状况指标；非财务指标主要包括质量指标、顾客满意度、顾客保持率、市场份额、人力资源指标、产品创新能力指标。财务指标数据易于获得，很多数据可以从企业的财务会计报告中直接或间接获得，因而便于操作，由于财务指标的数据通常是以货币方式表现的，因而便于定量分析，而且，财务评价指标可以反映企业财务方面的实力，可以对企业的财务状况进行较好的评价。但是财务指标评价体系有明显的缺陷，财务指标评价体系会导致管理者作出一些有利于短期利益却对公司长远发展不利的决定，管理者为获取短期利益往往以牺牲对研究的投入等为代价。

根据绩效评价指标的基本要求，绩效评价指标应与绩效评价的目的相一致，因此，绩效评价的目的和被评价人员所承担的工作内容和绩效标准就成为绩效评价指标的选择依据。另外，从评价的可操作性角度考虑，绩效评价指标的选择还应考虑取得评价所需信息的便利程度，从而使设计的绩效评价指标能够真正得到科学、准确的评价。

1.2.2 选择绩效评价方法

绩效评价方法有很多种，每一种考核方法都是根据不同的考核目的来设计的，都会适应不同行业、不同部门和不同岗位，在管理实践中，它们往往被综合使用。在明确了绩效指标的前提下，组织可以根据自身需求来选择评价方法。从实用角度出发，把评价方法分为适合个人、团体和组织的评价方法。

1. 个人绩效常用评价方法

比较法：就是对评价对象进行相互比较，从而决定其工作绩效的相对水平，比较法包括直接排序法、交替排序法及配对比较法。由于比较法是最方便的评价方法，评价结果也一目了然，作为各类管理决策的根据十分方便，因此得到了广泛的运用。在实践中，比较法往往与描述法和量表法结合使用。

量表法：量表法是指列举一些绩效特征要素（如质量、可靠性等），同时还分别为每一个绩效特征要素列举了取值范围（从不令人满意到优异），建立评价等级，有图尺度量表、行为锚定量表、混合标准量表、描述表格法。

2. 团队绩效常用评价方法

目标管理法（MBO）：是指企业内部各层管理者通过重要工作目标的设立，以对其工作进度和工作效率进行自我控制和自我评价，从而使员工在工作完成后得到满足感，以激励员工的责任心和荣誉感，发挥工作潜能，进而提升企业效率的一种管理方法。

平衡计分卡：作为一个存在于企业内部又具有相对独立性的团队，也同样适用平衡计分卡的评价模型。首先，要明确该团队是属于什么类型的团队以及团队的整体战略是什么，然后基于企业战略，设计团队的平衡计分卡，将评价模型分为四个维度，再在整体战略的基础上根据每个团队自身的实际情况，结合市场信息设计出四个维度的绩效衡量指标。这样就可以为团队提供运作所必需的信息，并且使信息系统化，不至于过于庞大和复杂，其中最重要的是，平衡计分卡将这些指标量化，直接而有效，对团队监控的有效性起到了很大的作用。

360°绩效考核法：用360°绩效考核方法考核团队绩效就是通过不同的考核官（上级主管、同事、下属和顾客等），从不同的角度来考核，全方位、准确地考核团队及其成员的绩效。360°绩效考核把焦点放在团队及其成员的发展上，并努力使个人目标与组织目标、团队的目标协调一致，这一点大大优于传统绩效考核方式，并且有助于企业组织团队的健康成长，提高员工满意度。

关键绩效指标：基于KPI的团队绩效考核的思路是依据企业的战略目标和客户的需求来确定团队的目标，据此确定团队整体绩效和团队成员个体绩效的考核维度，并分配不同的权重；然后进行各个维度下KPI的解析，确定每个维度的内容以及目标实现的标准；最后根据SMART原则来选择具体的关键业绩指标。使用KPI法对团队绩效进行考核时，其关键点是为团队选择合适的KPI。

3. 组织绩效常用评价方法

企业绩效的评估方法大致可以分为两类：一类出现在20世纪90年代以前，这类技术注重对企业财务指标的分析，称为企业绩效评估的传统方法；另一类出现在20世纪

90 年代以后，这类方法注重财务指标和非财务指标的有机结合，以及对企业环境、创新、资本等因素的分析，称为企业绩效评估的现代方法。企业绩效评估的传统方法包括沃尔评估法、功效系统评估法、雷达图评估法、坐标图评估法、杜邦评估法、财务报表结构指标评估法、经济附加值评估法。企业绩效评估的现代方法有“A记分”绩效评估法、业绩金字塔评估法、标杆超越绩效评估法、绩效棱柱法“四尺度”评估法、关键绩效指标（KPI）评估法、平衡记分卡（BSC）评估法和 360°绩效评估法。

1.2.3 绩效管理实施

绩效管理是一个过程，在建立了企业绩效管理体系、明确企业绩效目标及确定了员工绩效评估指标之后，就要考核员工的绩效。在具体实施绩效管理之前，对绩效管理的相关人员进行培训，使员工理解企业实施绩效管理的意义与目的，认识和接受企业的绩效管理体系，了解绩效管理的基本内容和操作流程、技术和方法，以此来使企业的绩效管理正确执行。

为了达到绩效管理的目的，管理者与员工要分享各类绩效信息，双方进行多种形式的交流，使企业绩效计划得以更好地贯彻执行。绩效沟通的内容会因绩效管理处于不同阶段而有所不同。绩效计划沟通一般是在员工绩效目标制定时进行的，沟通内容包括绩效目标本身、绩效实施措施和实现目标所需的支持。绩效实施沟通一般在计划执行、实施过程中进行例行和随机的沟通，绩效实施沟通主要包括员工关键点沟通、员工问题沟通和目标实现手段沟通。绩效反馈沟通一般在主管对员工的绩效评估打分结束后进行，内容主要包括本次评估结果说明、员工完成/未完成目标原因分析、下一阶段目标交流。绩效改进沟通贯穿于目标完成的全过程，沟通的内容侧重于员工的绩效改进情况，需要主管对员工目标未完成的原因进行深入分析。

无论是定量还是定性指标，考核者在对员工完成情况进行评价时，都需要相应的数据信息作为依据。评估者必须根据掌握的绩效信息对被评估者的绩效进行评价，可见评估者所掌握的绩效信息的完整性与准确性直接关系到对被评估者的评价是否客观、公正。绩效评估的评价源一般有上级、同事、自我、下级和顾客五种，这也是绩效信息来源的主要方面。

1.2.4 绩效反馈

绩效反馈是绩效评估的延续，能够为员工指明努力的方向，激发员工对工作精益求精，从而能够持续提高企业的整体绩效。如果只作绩效评估而不将结果反馈给员工，那么绩效评估就失去了其极重要的激励、奖惩与培训的功能。绩效反馈的主要方式是绩效面谈，是指主管和部属之间针对绩效考核结果所作的审视和讨论。通过绩效面谈员工能够得到工作情况反馈，从而调整努力的方向和方式，以更好地完成工作。

绩效改进是绩效管理过程中的一个重要环节，绩效考核的目的不只是对员工的工作业绩进行评估，将评估结果作为确定员工薪酬、奖惩、晋升或降级的标准，员工能力的不断提高及绩效的持续改进才是其根本目的。所以，绩效改进工作的成功与否，是绩效管理过程能否发挥效用的关键。

1.2.5 考核结果的运用

绩效考核的成功与否，很关键的一点在于绩效考核的结果如何应用。很多绩效考核实施得不成功，其主要原因就在于没有有效合理地运用绩效考核的结果。

组织进行绩效考核的主要目的是为薪酬决策提供参考建议，但实际上，绩效考核的结果有多种用途，薪酬调整只是其中之一，除了与薪酬联系外，绩效考核还可以和企业的培训方案、人事决策等相联系。只有公平合理地运用绩效考核的结果，才能充分调动员工积极性，最终使绩效得以上升。

组织可以建立基于绩效提升的培训管理体系，在分析企业培训的具体需求时，首先发掘出企业为实现任务目标而必须要实现的理想岗位绩效，然后是构建绩效模型，即企业为实现当前和未来战略目标所表现出来的绩效行为的总和。在此基础上，分析员工行为与绩效模型的差距，再根据差距分析确认培训需求。最后对从事不同岗位的员工的差异性能力进行评估，从而得出员工的培训需求。

将绩效考核结果用于分配和调整薪酬是绩效评估结果的一种非常普遍的用途，绩效薪酬就是这种用途的产物，它是经营策略的职能之一，能够激励员工更好地工作。员工绩效有个人绩效与团队绩效之分，相应的绩效薪酬也有个人绩效薪酬与集体绩效薪酬两种模式。

绩效考核可以有效地预测人员招聘的素质能力。企业通过绩效考核，可以发现现有员工的绩效与组织期望绩效之间的差距，从而结合员工的素质能力分析，确定企业需要招聘人员的素质能力要求。绩效考核的结果可以用来检验招聘与甄选的有效性。如果聘用人员的实际绩效考核结果确实很好，就可以说明甄选是有效的；反之，要么是甄选不够有效，要么是绩效考核方法有问题。例如，用人部门对招聘工作及新员工工作状况是否满意、新员工的工作满意度等都是评估招聘工作的参考因素。绩效考核结果还可以用于末位淘汰与员工解聘。

1.3 绩效管理在实施中需要注意的问题

目前，越来越多的企业开始接受绩效管理的概念，并在管理实践中，通过外包或自己动手设计绩效管理体系，各种看起来近乎完美的绩效管理系统应运而生，然而，实际情况往往是绩效管理方案难以实施，在浪费了大量人力、物力后却收效甚微，甚至出现直线经理反感、经理与员工站在对立面上的情况，绩效管理的价值没有得到体现。

这种情况还是与我国企业对绩效管理的认识不到位，没有正确掌握绩效管理的方法，没有正确理解绩效管理的理念造成的，下面就结合笔者的实践经验指出绩效管理在实际应用中存在的主要问题，并加以分析，从而得到解决的办法，使得绩效管理可以在企业的日常管理中起到作用。

1.3.1 将绩效管理简单看成是绩效考核

这是目前企业中存在的一种比较普遍的误解，认为绩效考核就是绩效管理，关注点完全放在了绩效考核上，甚至将考核的作用放在了至高无上的地位。综观绩效管理的理论与实践，谈论考核的多于谈论管理的，谈论结果的多于谈论过程的，能以系统的观点看待绩效管理的并不多见。绩效管理在具体实施过程中往往是直接从填表开始，而没有掌握绩效管理其实际上是一个系统的体系。

产生这种误解的原因就在于没有很好地把握绩效管理的概念，没有清楚地认识到绩效管理是一个完整的体系，不能正确区分绩效考核与绩效管理的区别。绩效管理是一个经理和员工之间持续不断进行对话的过程，在这个过程中，经理和员工就工作目标、达到目标需要的资源和支持达成一致，经理作为员工的合作伙伴和辅导员帮助员工实现绩效目标，达到改善员工绩效进而改善企业绩效的目的。同时，绩效管理是一个完整的体系，包括设定绩效目标、绩效沟通与辅导、绩效考核与反馈、绩效诊断与提高，绩效考核只是绩效管理体系中的一个部分，是两个根本不同的概念，管理者和员工要分清两者的区别，别让考核束缚了自己。

1.3.2 角色分配偏颇，将全部责任推给人力资源部门

不少企业的普遍认识是，人力资源管理是人力资源部门的事情，一些高层管理者只作一些实施上的指示，剩下的工作全部交给人力资源部，如果出现问题则全归咎于人力资源部；直线管理者往往认为绩效管理是他们本职工作之外的事情，是企业或者人力资源部强加给他们的额外工作负担，没有主动学习绩效管理理论的意识，只是被动地等待人力资源部门安排的培训，让人力资源部门告诉他们该做什么，做完就交给人力资源部，就算是完成任务了；而员工更是认为绩效考核就是一年一度地给自己挑毛病，一提到绩效考核就是满脸的敌对情绪。

产生这种错误的原因就在于没能正确把握绩效管理的正确角色分配，对绩效管理认识不到位，事实上，绩效管理活动不仅仅是人力资源部门的事情，更是各层各类管理者的职责。必须对绩效管理各个责任者进行明确界定，对其职能合理定位，促进企业内部绩效管理职责分担，从而使绩效管理成为一个能在企业内部形成各级人员有效互动的管理体系。

在绩效管理过程中，高层管理者的责任是从大局着眼把握未来绩效管理发展方向，倡导企业各级管理者都关心绩效管理，承担绩效管理责任，对各级管理者在绩效管理中应当承担的责任明确分配，同时，他们是绩效管理政策的制定者，是绩效管理正确导向的把握者，也是绩效管理实施的最主要支持者；在现有直线职能管理体制下，各中心、部门主管是绩效管理的政策和制度的直接执行者，他们才是绩效管理的真正主角，他们与员工有最直接的接触，由他们制定的绩效指标才能更有效，同样，由他们提交的考核结果才能真实反映员工的绩效表现，同时，直线管理者是绩效管理氛围的营造者，当他们对绩效管理足够重视时才能真正在各个部门形成有利于绩效管理实施的良好氛围；人力资源部门的责任是转变自己在绩效管理上承担过多职责的角色，从权力机构转变为专业化秘书、咨询机构，对直线管理者进行培训辅导，使得直线管理者了解绩效管理的重要性，认识到自己的角色分配，正确掌握绩效管理的方法；员工是绩效管理的直接对象，他们应当建立起由他律到自律、自我开发与管理的理念，在参与绩效管理活动的过程中不断找到自己职业生涯发展的方向。

1.3.3 管理者与员工缺乏沟通，绩效管理变成了填写标准化表格

在绩效管理实际操作中，直线经理容易陷入为考核而考核的误区，只做一些表面和简单的工作，如填写人力资源部下发的表格，他们认为填写表格就是绩效管理的全部，于是系统化的绩效管理就变成了一个只有一个环节的绩效考核，往往是填写完表格将其上交给人力资源部门就算完成了绩效管理的全部工作，于是绩效管理成为一种形式的表演，表格填好后又回到现实中，把绩效管理放在一边。

这实际上是对绩效管理的严重误解，也是绩效管理得不到有效推行的重要原因所在，直线管理者忽视了绩效管理中最主要的与员工持续沟通的过程，将绩效考核仅仅通过填写表格就算完成任务，对绩效管理不重视，使得绩效管理只停留在主观的形式考核层面上，而不能深入绩效管理的实质。实际上，缺乏有效的沟通直接影响到绩效管理目标的顺利完成。

在整个绩效管理系统运行过程中，管理者应当与员工建立有效的沟通机制：

① 在制定计划目标阶段，管理者与员工依据企业战略和员工职位说明书就绩效计划充分沟通，让员工了解在这一个绩效周期内企业的目标是什么，部门的目标是什么，具体落实到员工个人的目标是什么，确定计划期内下属应该做什么、不该做什么、做到什么程度、为什么要做、何时完成任务等，同时，员工也应当就绩效目标提出自己的见解，提出在完成自己绩效目标上所需的资源有哪些，需要提供的支持有哪些；

② 在绩效沟通和辅导阶段，管理者应当持续关注员工的绩效表现，持续与员工沟通已经发现的绩效问题，指出这些问题与绩效目标之间的偏差，并提供指导使得员工的行为回到正确的轨道上，确保绩效目标的最终完成；

③ 在绩效考核阶段，管理者与员工就绩效表现达成共识，管理者应当指出绩效考核的依据、评定方法、员工在绩效表现中存在的问题、是否可以得到改进、这些问题怎样影响薪酬以及晋升决策；员工也可以就自己的看法发表意见，提出有关建议，这样可以提高员工的参与积极性，减少员工的抵触情绪；

④ 在绩效诊断与提高阶段，管理者与员工就上一部分提出的绩效问题持续沟通，管理者提出绩效改进的建议，员工也提出其所需要的资源支持，双方就绩效改进达成共识。

1.3.4 绩效管理目标不明确，管理者只注重短期效果

在企业的绩效管理实践中，许多管理者只是认识到了绩效考核的作用，认为通过绩效考核可以将员工的绩效水平区分开来，以此作为奖惩和晋升的判断工具，一门心思地设计绩效考核表格，设计考核指标，研究指标量化的可能性，让数字说话。他们往往只关注员工过去的绩效表现，只是回顾过去一个阶段的绩效结果，将绩效管理仅仅视为给员工挑毛病，员工只有根据奖金的变化来判断上级对自己的评价，他们工作好在哪里、不好在哪里都无从知晓，继续发扬或改进更不能谈起。

这种表现是对绩效管理目标的一个误解，绩效管理的真正目标在于通过管理者与员工就绩效目标与员工表现持续沟通，对于有差距的绩效表现，管理者应给予指出，并通过绩效辅导让员工的绩效得到持续改进，从而提高个人和组织的绩效，并最终实现企业

目标。通过有效的绩效考核，绩效优者受到激励并致力于提高绩效，而绩效平平或表现低下者知道自己究竟差在哪里，自觉找到提高绩效的方向。

绩效管理的指导思想有两个：系统思考和持续改进。它强调动态和变化，强调对企业或者组织全面和系统的理解，强调学习性，强调不断的自我超越。孤立、片面、静止地看待绩效管理，很容易使绩效管理掉入机械、僵化的陷阱。企业应当确立绩效管理的远期目标，着眼于未来发展，应当战略性地看待绩效管理。

1.3.5 绩效管理与企业战略脱节

现在企业中存在的一种普遍现象是：各个部门的绩效目标完成情况不错，但是公司整体绩效却不好，这些企业的通常做法是，年末由各部门提出部门下一年度的目标，报公司审核，审核通过后就以此签订部门责任书，各部门更多考虑的是本部门的设想、能力甚至是利益，很少去关注公司的战略和整体的经营绩效以及公司发展对部门提出的新要求，公司审核时也只是就部门的工作讨论部门的目标，部门努力工作的结果可能对于企业整体战略目标的实现价值不大甚至没有价值。

这种错误就在于没有将企业的战略目标具体落实到组织内部，没有在各个部门之间形成战略共识，整个组织仿佛一盘散沙一样，没有一个核心力。实际上，人力资源管理的重要作用就在于将企业的战略目标具体落实到组织内部各个层级之间的分目标，而人力资源管理支撑企业战略目标的传递，从根本上讲，在于通过基于关键业绩指标（KPI）体系的绩效管理来实现。

在企业战略明晰、组织结构确定的前提下，战略需要被转化为企业阶段性的目标和计划，在此基础上形成各个部门的目标和计划，继而形成员工个人的目标和计划，这就是企业的目标体系。基于关键业绩指标（KPI）为核心的绩效管理体系，就是通过 KPI 指标的建立使得企业战略转化为内部过程和活动。通过将企业的战略目标逐级分解到各层各类管理目标体系中，依靠绩效管理体系促进个体、团队和整个企业的绩效持续改进，提升企业的核心能力与竞争优势。这使得绩效管理体系不仅成为激励约束手段，更成为战略实施工具。KPI 不但是对组织和个人进行绩效目标设计的工具、绩效监控的对象、绩效评价的依据，更重要的是，KPI 设置代表了企业运行管理的价值导向和战略方向。

1.3.6 没有形成绩效档案

在绩效考核时与员工就考核结果发生争执是令管理者比较头疼的一件事，也是许多管理者回避绩效管理、回避考核与反馈的一个重要原因。这种情况的表现是，管理者认为某一个员工表现不好，但没有足够的证据支撑自己的判断，员工敢于理直气壮地和管理者争论，员工不会对管理者的评价心服口服，往往工作气氛紧张，双方不欢而散。

出现争执的原因就在于管理者不能提供一个有说服力的事实依据，没有做绩效记录，没有建立绩效档案。建立绩效档案可以帮助员工回顾绩效过程，员工自己就能察觉自己的不足与已经取得的绩效，它也可以帮助管理者熟悉每个员工的表现，以便有针对性地进行指导，同时，也为以后要做绩效考核提供事实依据，使考核更加公正公平，防止管理者和员工就员工绩效表现达不到一致的判断。

建立绩效档案的一个有效方法就是关键事件记录法。关键事件是指员工工作中发生的特别好和特别不好的事件，管理者对这些事件发生的时间、地点、起因、经过及结果进行记录，以便在今后的绩效考核中形成有效的绩效档案，正确记录员工的行为。需要注意的是，在记录特别不好的事件时，管理者在记录完成后要找员工签字确认，以防员工以后不认账。

1.3.7 绩效指标设计不合理

这种情况表现在人力资源部往往追求完美的量表设计，希望通过一个统一的量表能考核到所有类型的员工，在指标设计上没有结合企业战略、职位说明书，设计出的指标往往也没有征求直线管理者与员工的意见，只是凭自己的经验来制定量表，非常理想化地把一些模糊的考核项目列入量表，并根据经验进行权重、等级划分，而直线管理者在应用时往往是直接拿到量表就填，没有仔细核对这些考核项目是否能够反映员工的绩效表现。员工也不了解自己到底是怎样被考核的。

首先，由于职类职种的不同，不存在一个统一、完美的量表可以用来考核所有的员工，人力资源部费尽力气设计的指标往往在效度上有欠缺；其次，指标的设计也不是人力资源部门单方面考虑就可以的，应当结合企业的战略、员工的职位说明书，切实做到指标设计好之后可以将员工的表现真实地反映出来，同时，人力资源部应当与直线经理一起结合实际情况来设计指标，因为直线经理才是真正应用这些指标的人，他们对各个指标的权重有恰当的了解；最后，也不能忽略掉员工的作用，在这一过程中也应当与员工进行沟通，让他们真正理解自己的工作哪些是重要的、哪些是组织希望的，以便在工作时有方向。

关键绩效指标体系的构建：首先应明确企业的战略目标，并在企业会议上利用头脑风暴法和鱼骨图分析法找出企业的业务重点，也就是企业价值评估的重点。然后，再用头脑风暴法找出这些关键业务领域的关键业绩指标，即企业级 KPI，接下来，各部门的主管需要依据企业级的 KPI 建立部门级 KPI，并对相应部门的 KPI 进行分解，确定相关的要素目标，分析绩效驱动因素，确定实现目标的工作流程，分解出各部门级的 KPI，以便确定评价指标体系。然后，各部门的主管和部门的 KPI 人员再一起将 KPI 进一步细分，分解为更细的 KPI 及各职位的业绩衡量指标，最后，必须对关键绩效指标进行审核，检验信度、效度、可控性。

小　结

绩效是组织期望的结果，是组织为实现其目标而展现在不同层面上的有效输出，有效输出是指绩效具有效果性、效率性和效益性。绩效的特性决定绩效的概念是复杂的，不是一成不变的，人们对绩效的认识是不断发展的，从单纯的强调数量到强调质量再到强调满足顾客的需要，从强调“即期绩效”到强调“未来绩效”，这都说明要用发展的观点来看待和理解绩效。

绩效管理是一个过程，始于绩效计划，终于绩效结果的运用，公平的绩效结果可以为员工的提薪、晋升、培训等人事决策提供客观数据，减少人为因素。绩效管理经过了计划、实施、考核、反馈和运用这五个阶段，就完成了一个绩效周期的循环。组织为了实现战略目标，就需要将战略分解到各个岗位上，成为员工的绩效指标，员工需要知道在绩效周期内自己应该做什么，做到什么程度。在明确了绩效指标的前提下，组织可以根据自身需求来选择适合个人、团体和组织的评价方法。在具体实施绩效管理时，对绩效管理的相关人员进行培训，与员工进行充分的沟通，以使企业的绩效管理正确执行。绩效反馈是绩效管理的一个重要延续，能够为员工指明努力的方向，激发员工对工作精益求精，从而能够持续提高企业的整体绩效。

尽管越来越多的企业开始接受绩效管理的概念，并在管理实践中，通过外包或自己动手设计绩效管理体系，各种看起来近乎完美的绩效管理系统应运而生，然而，实际情况往往是绩效管理方案难以实施，在浪费了大量人力、物力后却收效甚微。这种情况还是由于我国企业对绩效管理的认识不到位、没有正确掌握绩效管理的方法、没有正确理解绩效管理的理念造成的，本书就绩效管理在实际应用中存在的问题加以分析，归纳成七个主要问题：将绩效管理简单看成是绩效考核；角色分配偏颇，将全部责任推给人力资源部门；管理者与员工缺乏沟通，绩效管理变成了填写标准化表格；绩效管理目标不明确，管理者只注重短期效果；绩效管理与企业战略脱节；没有形成绩效档案；绩效指标设计不合理。并分析了问题产生的原因，从而寻求解决的办法，使得绩效管理可以在企业的日常管理中起到作用。

思考题

1. 什么是绩效管理？绩效管理与绩效考核的区别有哪些？
2. 本章列举了我国企业在绩效管理方面存在的问题，你是否赞同？

本章案例

真是“绩效主义”毁了索尼吗？

索尼公司前常务董事天外伺朗曾经在日本《文艺春秋》中发表过一篇名为《绩效主义毁了索尼》的文章，引起了各界人士的广泛关注，在绩效管理被各大企业奉为圣经的今天，我们不得不仔细研读这篇文章，找出这个曾经任职于索尼的高官为何对绩效主义持如此否定的态度，并思考一下是否绩效主义真的毁了索尼，还是索尼的绩效主义存在问题。

下面是对那篇文章的简要概述。

在作者眼中，索尼公司之前是一个富有激情的公司，在总经理井深的领导下，研发人员不知疲倦、全身心地投入技术创新中，在创业初期，这样的“激情集团”接连不断地开发出了具有独创性的产品，组织常常能点燃技术开发人员心中之火，让他们变成为技术献身的“狂人”。员工如此努力地工作完全出自于内部动机，是发自内心的一种冲动。作者引述了索尼公司的创立宗旨：“建立公司的目的：建设理想的工厂，在这个工厂里，应该有自由、豁达、愉快的气氛，让每个认真工作的技术人员最大限度地发挥技能。”

然而实施了绩效主义之后，员工的自发动机没有了，作者认为绩效主义就是：“业务成果和金钱报酬直接挂钩，职工是为了拿到更多报酬而努力工作。”如果外在的动机增强，那么自发的动机就会受到抑制。

从1995年开始，索尼公司逐渐实行绩效主义，成立了专门机构，制定了非常详细的评价标准，并根据对每个人的评价确定报酬。因为实行绩效主义，员工逐渐失去了工作的热情。绩效主义为了衡量业绩，首先要把工作要素量化，公司为统计业绩浪费了大量的精力和时间，而在真正的工作上却敷衍了事，出现了本末倒置的倾向。因为要考核业绩，几乎所有人都提出了容易实现的低目标，索尼公司内追求眼前利益的风气蔓延，这样短期内难以见效的工作都成了员工刻意回避的责任。索尼不仅对每个人进行考核，还对每个业务部门进行经济考核，由此决定整个业务部门的报酬，最后导致的结果是，业务部门相互拆台，都想方设法从公司整体利益中为部门多捞取好处。作者指出，绩效主义企图把人的能力量化，以此作出客观、公正的评价，但是这种情况的实际表现却是上司不把部下当有感情的人看待，而是一切都看指标、用评价的眼光审视部下，搞坏公司内的气氛。由于实施了看起来很合理的评价制度，原来那种上司对员工十分信任的气氛没了，大家都极力逃避责任，团队精神消失。在索尼充满活力、蓬勃发展的时期，公司内流行这样的说法：“如果你真的有了新点子，就让大家讨论它”，但现在的情况是上司总以冷漠、评价的眼光看员工，没有人愿意提出新观点，没有人想向更高的目标发起挑战。

作者通过该文向我们讲述了一个很早就实施了绩效主义，实施了很长时间，但却遭遇了失败的故事，而且这个故事发生在世界知名公司，这不能不引起我们的重视，为什么在专家学者那里被奉为圣经的“绩效管理”（或者绩效主义），到企业里非但不能发挥作用，反倒起了相反的作用，导致绩效考核“毁”了企业，成了“洋垃圾”？是绩效管理错了，还是企业错了，还是两者都错了？对于这个问题，相信仁者见仁，智者见智。笔者在这里斗胆提出一个论点，绩效管理没有错，企业也没有错，是人错了！

找对人做对事

绩效管理没有错，因为它的理念、方法和工具是经得起推敲的，如果你信了，并且按照它的理念去做，你还没有成功，那只能说明你的绩效管理素养还需要提高。关于这一点，我们不妨看看饮誉北美的绩效管理专家罗伯特·巴克沃怎么说。巴克沃先生在他的经典著作《绩效管理——如何考评员工的表现》里对绩效管理做了经典的定义：“绩效管理是一个持续的交流过程，该过程由员工和他/她的主管之间达成的协议来保证完成，并在协议中对下面的问题有明确的要求和规定：

期望员工完成的实质性的工作职责；

员工的工作对公司实现目标的影响；

以明确的条款说明“工作完成得好”是什么意思；

员工和主管之间应如何努力以维持、完善和提高员工的绩效；

工作绩效如何衡量；

指明影响绩效的障碍并排除之。”

对此定义，巴克沃先生补充说：“这些只是初步的观点，后面我们还会不断丰富它。但要注意这里的一些关键观点：绩效管理工作是同员工一起完成的，并且最好以共同合作的方式来完成，因为它对员工、经理和组织都有益。绩效管理是一种防止绩效不佳和共同提高绩效的工具。最重要的是绩效管理意味着经理同员工之间持续的双向沟通。它是两个人共同学习和提高的过程。”从这个定义来看，绩效管理的本身并没有错，它倡导经理和员工之间保持高效的沟通，倡导经理与员工就绩效目标达成一致理解，经理应该尊重和支持员工，应该和员工成为绩效合作伙伴，等等，这些对企业都是有益的，如果企业真正按照他说的去做了，成功或许仅仅只是个时间问题。

企业也没有错。企业的出发点是好的，不管绩效考核多么难，阻碍多么大，企业都从来没有放弃过，尽管绩效考核这个东西很讨厌，一些纸面上的工作耗费了大量的时间资源，而且每当考核正当时，都流行一种说不清、道不明的情绪病，使原本关系融洽的经理和员工彼此感到尴尬，但这并不妨碍他们实施绩效考核的决心，因为他们也发现，如果没有绩效考核，那么该用什么的方式来代替呢？没有！因为没有，所以尽管艰难，尽管痛苦，但企业没有放弃。

吉姆·柯林斯说：“只要训练有素的人在车上，你就不用担心，车一定会到达你想要去的地方。”这句用在绩效管理上最合适不过。实际上，理论界、学术界已经通过发表演讲、写文章、出书、开班讲课等各种形式给我们描述了绩效管理的行程和目的地。

简单地讲，绩效管理的目的地就是改善企业的绩效，在这个大前提下，通过经理与员工之间持续不断的沟通，经理与员工以绩效合作伙伴的形式，以双方共同达成的绩效目标为基础，经由双方的努力，最终帮助员工达成绩效目标，改善绩效状况，进而使企业的绩效得到改善。这个路线图实际上是非常清晰的，而且是比较容易通过各种途径获得的。

但非常遗憾的是，我们的企业管理者包括企业高层和专业的 HR 经理都比较缺乏绩效管理理念的培养和技能的训练，更缺乏热爱绩效管理的热情，绩效管理必须被热爱，否则形同虚设！现在看来，“形同虚设”已经是比较轻的了，更严重的，或许就是该文的作者所讲的那样毁了你的企业，这是很可怕的！

绩效管理不是规定动作

通常，企业的管理者都没有认识到自己身上的绩效管理的责任，而是仅仅把它看成企业的一项规定动作，自己是在完成人力资源部布置的任务，认为在员工的绩效管理上花费时间，那是浪费。于是在对员工进行绩效管理和绩效考核的时候，能省则省，能推则推，经常曲解企业的绩效管理政策，只做能让人力资源部看得到的工作，如填表，而对于更为关键的绩效沟通、绩效辅导、绩效记录和绩效反馈则并不关心，既不与员工沟通绩效目标，也不对员工进行绩效辅导，绩效考核结束之后更不进行绩效反馈，只是做做纸面的工作，填填表，打打分，这甚至给一些管理者造成了“表格依赖症”，只要人力资源部门没有发给他们表格，他们就不知道在绩效管理中自己还有什么工作可做，就以为万事大吉。殊不知，绩效考核表格仅仅是绩效沟通的工具而已，远非全部，如果没有绩效考核表格，也并不影响管理者与员工之间的绩效沟通，并不妨碍管理者与员工建立绩效合作伙伴关系。遗憾的是，这些东西都被我们的管理者忽略掉了、过滤掉了。

不管你所理解的绩效管理多么好，不管企业实施绩效管理的决心多么大，如果没有合适的人去组织和执行，你永远不可能成功。那么，什么样的人对绩效管理来说才是对的呢？笔者以为，至少两种人对了，企业的绩效管理的成功才成为可能，一种是绩效管理的组织者，一种是绩效管理的执行者。第一种人对了能保证绩效管理在一开始的运行轨道就是正确的，第二种人对了能保证绩效管理始终运行在正确的轨道上。所以，选对这两种人是个关键。

绩效管理的组织者也就是企业绩效管理政策的制定者和维护者，这个人通常是在企业的人力资源部门，但不一定是人力资源经理，就目前的趋势来看，大一点的公司都已经开始把绩效管理作为一项专业工作来对待，成立专门的绩效管理部门，设立绩效经理或绩效主管，专门致力于企业绩效工作的开展，这一点从一些企业的招聘信息上就可以看得出来，我国南方和一些大城市的企业已经在招聘专门的绩效经理。

当企业拥有了具备深厚理论功底和丰富实践经验的绩效经理的时候，相信企业绩效管理的目的地和路线图会更清晰，实施起来会更容易，收到成效的时间会更加短，负面影响会更小。绩效管理的执行者就是企业的中层经理层，他们是绩效管理方案成功与否的关键，他们的理解是否和企业的理念一致，他们的执行力是否得到足够支持，这些都很关键。

所以当企业拥有了训练有素的绩效经理的时候，并不需要着急去实施绩效管理，而是通过他来对企业的中层经理进行培训，与中层经理进行持续不断的沟通，把正确的绩效管理的理念、方法和技巧传达给他们，使中层经理成为训练有素的人。当这两种人都准备好了，并且上了“车”了，企业高层需要做的工作就只剩下一个了：加油！为绩效管理的组织者和实施者加油鼓劲，以领导者的魅力去影响和推动绩效管理向纵深开展！

当前企业应对绩效管理难题的当务之急并不是争论绩效主义本身的是与非，而是应该去关注实施绩效主义的人是否选对了，是否对他们在绩效管理中的责任进行界定了，是否对他们进行持续不断的培训了，这些问题才是企业管理层应该认真思考的问题。

资料来源：http://www.smelzh.gov.cn/ReadNews.asp? NewsID=1029，有删改。

参考文献

[1] 德鲁克. 公司绩效测评 [M]. 李焰，江娅，译. 北京：中国人民大学出版社，2004.

[2] 陈凌芹. 绩效管理 [M]. 北京：中国纺织出版社，2004：6.

[3] 方振邦. 绩效管理 [M]. 北京：中国人民大学出版社，2003.

[4] 顾琴轩. 绩效管理 [M]. 上海：上海交通大学出版社，2006.

[5] 李业昆. 绩效管理系统研究 [M]. 北京：华夏出版社，2007.

[6] 彭剑锋. 人力资源管理概论 [M]. 上海：复旦大学出版社，2004.

[7] 萧鸣政. 现代绩效考评技术及其应用 [M]. 北京：北京大学出版社，2007.

[8] 徐斌. 绩效管理 [M]. 北京：中国人民大学出版社，2007.

[9] 许玉林，付亚和. 绩效管理 [M]. 上海：复旦大学出版社，2003.

[10] 赵日磊. 绩效魔方 [M]. 北京：北京工业大学出版社，2008.

[11] 耿元好. 绩效管理常见四大误区及对策 [J]. 卓越管理，2006 (5)：100-101.

[12] 张英. 浅析绩效管理的常见误区 [J]. 中国集体经济，2007 (12)：129-130.

[13] BORMAN，W C，MOTOWIDLO S J. Expanding the criterion domain to include elements of contextual performance [M]. In N. Schmitt，W. C. Borman，& Associates，Personnel Selection in Organization. San Francisco：Jossey-Bass，1993：71-98.

[14] BREDRUP H. Developing a performance management system，performance management：a business process bench-marking approach [M]. Chapman & Hall，England，1995.

[15] MURPHY K. Performance appraisal：an organizational perspective [M]. Simon and Schuster，Needham Heights，MA，1990.

[16] ROGERS S. Performance management in local government [M]. Longman，London，1990.

第2章

绩效计划

绩效管理是一个过程，包括计划、实施、考核反馈和运用。任何组织在开展绩效评估前都需要进行绩效计划，设计企业的绩效评估体系，即用什么样的指标和方法来评估企业、团队或员工个人的绩效。所以，在实施绩效评估之前，需要先确定评估指标、选择评估方法。

2.1 绩效指标

2.1.1 指标的基本要求

绩效评价指标设计时应该满足以下基本要求。

1. 独立性

独立性包含三层含义：指标内容清晰，指标内容差异明显，指标之间相互影响和相互作用的程度较低。

对于每一个绩效评价指标，应规定其明确的含义，否则不同的评价者会对评价指标内容产生不同的理解，导致评价误差。绩效评价指标的表达应明确清晰，用于定义评价指标的名词应准确而没有歧义，使评价者能够轻松地理解其含义，不给人以模棱两可的感觉。在必要的时候应通过不同的方式对评价指标作出详细的定义，以统一评价者对每一个评价指标的理解。

指标之间要有明显的差异，虽然两个指标之中可能会使用同一词汇，但是必须有明确的差异化的定义，必要的时候要给出操作性的定义。例如，“沟通协调能力”和“组织协调能力”中都有“协调”一词，但实际上应用的人员类型是不同的，这两种协调能力的含义也是不同的。“沟通协调能力”往往运用于评价普通员工，而对于拥有一定数量下属的中层管理人员则要通过评价其“组织协调能力”来评价他们在部门协调与员工协调中的工作情况，而且要对两个“协调能力”所包含的不同活动给出明确界定。

每一个评价指标一定要有独立的内容，有独立的含义和界定，避免与其他指标之间相互影响相互作用。

2. 一致性

一致性包含着指标与组织战略的一致性，指标必须与具体的绩效评价目的相一致，也就是要具有高效度。

绩效评价指标是员工行为的指挥棒，可以引导员工的行为向着公司要求的方向发展。企业如果要求成本节省，那么就要引导员工的行为节省企业成本；如果企业希望差异化，那么就要引导员工进行产品或者技术创新；如果公司追求质量，那么其绩效评估就要引入产品质量指标，以及控制产品质量的过程指标。如果公司追求顾客满意度，就要考核顾客满意度指标，考核影响顾客满意度的过程指标。绩效评价指标与企业战略相一致，强调的是绩效评价指标对企业所有员工的引导作用，从而使员工能够为企业的成功做出贡献。当企业战略发生转移的时候，绩效评价指标应该及时调整，体现出战略转移之后对员工新的要求。

国内大多数企业的绩效评价指标并没有与企业战略结合在一起，还停留在传统人事管理水平上。即使从企业战略角度设计绩效评价指标的企业，其绩效评价指标往往在相当长的时间内保持不变，尽管企业的经营重点和经营策略都发生了较大的转移。这两种倾向导致企业对员工的要求与企业发展战略脱节，很大程度上影响了绩效管理的有效性。

在具体的目标层面，评价指标应该针对某个特定的绩效目标，并反映出相应的绩效标准。因此，应根据岗位职能所要求的各项工作内容及相应的绩效目标和标准来设定每一个绩效评价指标，绩效评价指标应与绩效评价的目的和评价对象的系统运行目标保持一致，这种一致性不仅包括内容上的一致性，同时还包括了完整的含义，所有评价指标作为一个整体应该能够完整地反映绩效评价总目标的各个方面，避免出现缺失或者污染。

效度是指绩效指标与组织要求的绩效目标内容的吻合程度。所谓缺失，是绩效评价指标没有完全反映工作绩效的所有方面，指标的选择不全面。绩效评价指标的污染，则是指绩效评价指标要求考核与工作无关的方面。例如，某电脑硬件销售企业，针对销售人员只有销售量的考核指标，而忽视售后服务、顾客满意度及顾客投诉等的考察就会对企业的发展不利。又如，为了提高各部门的法律意识而对各部门进行法律知识的考核，导致员工浪费大量时间，甚至影响正常工作，导致员工满意度下降等。上述两个例子中，前者属于绩效指标缺失，后者属于绩效指标污染。

3. 稳定性

稳定性即涉及信度的概念。信度是指绩效评价指标自身的稳定性程度。如果让两个评价者对同一员工的绩效进行评估，两个评估者均了解评估对象的工作特点、工作表现，而且严格按照要求进行评价，评价出的结果一样或者近似，则反映绩效评价指标的稳定性高，即信度高。一般来说，数量化指标的一致性很好，而行为指标的一致性就相对差一些。

绩效评价指标在时间上的稳定性，是指在不同的时间点对绩效进行评价，评价结果应该相同或者相近。例如，生产工人在工具设备技术等条件稳定的情况下，产品数量这个指标就相当稳定，在不同的时间点进行评价，得到的结果都非常接近。实际上，在所有的绩效评价指标中，类似产品生产数量这样稳定不变的绩效评价指标只占一小部分，大部分绩效评价指标的时间稳定性并不好。绩效评价指标不稳定的原因在于，影响工作绩效的因素是持续变化的，而员工对变化无能为力。以销售工作为例，每种产品的销售都有淡季和旺季，若以淡季销售额或者旺季销售额作为全年销售业绩，都不合适。在绩效评价指标的表现随时间波动的情况下，要选择多个时间点进行评价，评价时间点的选择要有代表性，能够代表绩效评价指标在所有时间的表现水平。

4. 可操作性

所谓可操作性，是指此指标能够在实际中被清晰地衡量和操作。绩效评价指标是否可以被衡量，有两个评判标准：一是可以用数量表示，二是可以用行为描述。两者只要符合其一，就可以衡量。不能用数量表示也无法用行为描述的指标，就没有可操作性，不可被衡量，应当舍弃；否则，管理者对下属进行评价，没有数量或者行为事件为依据，只能做主观臆测。如做很多工作都需要注意力集中，但是，注意力是内部心理状态，难以观察，无法验证，就不具有操作性，无法衡量。

评价指标之所以需要测量和可以测量，最基本的特征就是该评价指标指向的变量具有变异性。具体来说，评价能够产生不同的评价结果。只有这样，绩效评价指标的标志和标度才具有存在的意义，评价指标才可以测量。另外，在确定绩效评价指标时还要考虑到评价中可能遇到的种种现实问题，确定获取所需信息的渠道和是否有相应的评价者能够对该指标作出评价等，也是确定评价指标时需要注意的一点。评价指标本身的特征和该指标在评价过程中的现实可行性共同决定了评价指标的可测性。

5. 可接受性

绩效评价指标的选择，在保证其效用的前提下，要力求简洁，便于操作和管理，容易被管理者接受。许多公司把绩效评价指标设计得很复杂，有长期的和短期的，有财务性的和非财务性的，有战略性的和运营性的，有个人的和组织的，等等，无所不包。为了应付许多挑战，采用各种指标引导员工行为，这种做法可以理解。但是，需要设法保持绩效评价指标的简洁性，限制指标的数量，防止面面俱到，反而面面不到。保持绩效评价指标简洁性的基本思路是抓住关键价值驱动因素，设计关键绩效指标。

绩效评价指标还应当被员工接受。员工是否接受绩效评价指标受两个方面的影响：第一个方面是绩效评价指标的效度；第二个方面是绩效评价指标是否公平。绩效考核指标的效度不高，出现污染或者缺失的情况，员工会有不满情绪。当评价指标出现严重污染时，员工认为他们被迫做很多无用功，尤其会表现出不满情绪。绩效评价指标的公平性，是不同岗位员工比较后的主观评价。如果员工认为自己的评价指标比他人多，要比别人付出更多努力，而制造这个不平等的责任者是企业，则容易滋生抱怨。

2.1.2 指标的提取

根据绩效评价指标的基本要求，绩效评价指标应与绩效评价的目的和评价对象的系统运行目标相一致。因此，绩效评价的目的和被评价人员所承担的工作内容和绩效标准就成为绩效评价指标的选择依据。另外，从评价的可操作性角度考虑，绩效评价指标的选择还应考虑取得评价所需信息的便利程度，从而使设计的绩效评价指标能够真正得到科学、准确的评价。绩效评价指标的选择依据包括以下几个。

1. 绩效评价的目的

绩效评价的目的是选择绩效评价指标的一个非常重要的依据。能够用于评价某一个岗位绩效情况的绩效评价指标往往很多。但是，绩效评价不可能面面俱到，否则就失去了可操作性，从而进一步丧失评价的意义。因此，根据绩效评价的目的对可能的绩效评价指标进行选择是非常重要的。

2. 被评价人员所承担的工作内容和绩效标准

每一名被评价人员的工作内容和绩效标准都是通过将企业的总目标分解成分目标落实到各个部门，再进行进一步的分工而确定的。每个员工都应有明确的工作内容和绩效标准，以确保工作的顺利进行和工作目标的实现。绩效评价指标就应体现这些工作内容和标准，从数量、质量、时间上赋予评价指标一定的内涵，使绩效评价指标的名称和定义与工作内容相符，指标的标度与绩效标准相符。这样的绩效评价指标方能够准确地引导员工的行为，使员工的行为与组织的目标一致。

3. 取得评价所需信息的便利程度

为了使绩效评价工作能够顺利进行，应能够方便地获取与评价指标相关的统计资料或其他信息。因此，所需信息的来源必须稳定可靠，获取信息的方式应简单可行。只有这样，绩效评价指标体系才是切实可行的；同时，在进行绩效评价时才能有据可依，避免主观随意性，使绩效评价的结果易于被评价对象接受。取得评价指标所需信息的难易程度并不是可以直观判断的，在绩效评价体系的设计过程中，难免需要不断地在小范围内试行，不断地进行调整。如果信息来源渠道不可靠或者相关资料呈矛盾状态，就应对评价指标加以调整，最终使评价指标能够方便准确地得到评价。例如，通常对员工的工作业绩都是从数量、质量、效率和费用节约四个方面进行评价。但是，对不同的岗位而言，取得这四个方面的信息并非都是可行的。有时，可能会发现所从事的工作是不可量化的。这时，员工的工作业绩更多地反映在“工作质量”、“和同事的协作情况”以及各种“特殊事件”等方面。这种调整正是基于使评价更为切实可行而进行的。

2.1.3 指标类型

绩效评价指标有多种分类方式。为了更好地设计绩效评价系统中的评价指标，应熟悉各种评价指标的分类方式，并将各类评价指标纳入绩效评价系统之中。

1. 根据绩效评价的内容分类。

绩效评价包括三个层面的内容：经济（Economic）、效率（Efficiency）、效果（Effectiveness），后来有学者又加上公平（Equity），成为 4 个指标，即 4E。

1）经济

在评估组织绩效时，首先面临的一个问题就是：“该组织在既定的时间内，究竟花费了多少钱？是不是按照法定的程序花钱?”经济指标一般指组织投入到管理项目中的资源水准。经济指标关心的是投入的项目，以及如何使投入的项目做最经济的利用。也就是说，经济指标要求的是以尽可能低的投入或成本，提供与维持既定数量和质量的产品或服务。经济指标一般并不关注服务的品质问题。

2）效率

效率所要解决的问题是：“组织在既定的时间内，预算投入究竟产生了什么样的结果。”效率指标通常包括：服务水准的提供、活动的执行、服务与产品的数目、每项服务的单位成本等。如医院可以计算病人求疹人数；图书馆可以衡量借书册数；大学可以用学生接触老师的时数衡量其成果。因此，效率可以简单地理解为投入与产出之间的比例关系，效率关心的是手段问题，而这种手段经常以货币方式加以表达和比较。

效率可以分为两种类型：一是生产效率，是指生产或提供服务的平均成本；二是配置效率，指组织所提供的产品或服务能否满足利害关系人的不同偏好。例如，在政府部门所提供的国防、社会福利、教育、健康等种种项目中，其预算配置比例是否符合民众的偏好顺序。经济学家所讲的帕累托最优[1]，就是指资源的配置能否产生最大多数人的最大利益。

3）效果

以效率作为衡量指标，仅适用那些可以量化的或货币化的产品或服务，而许多服务在性质上很难界定，难以量化，在此情况下，效果便成为衡量服务的一个重要指标。效果所关心的问题是"情况是否得到改善"。它通常考察服务实现目标的程度，如福利状况的改善程度，使用者的满意程度，政策目标的成就程度等。也可以说，效果指服务符合目标的程度，通常以产出与结果之间的关系加以衡量，效果关心的是"目标或结果"。

4）公平

公平关心的主要问题是："接受服务的团体或个人都受到公平的待遇吗？需要特别照顾的群体是否能够享受到更多的服务？"可见，公平指标通常指接受服务的团体或个人所质疑的公正性，难以在市场机制中加以界定。

绩效评价的内容也可以分为工作业绩评价、工作能力评价、工作潜力评价和工作态度评价四类。实际上，工作潜力评价往往就是通过能力评价进行推断而作出的。因此，在这里将相应的绩效评价指标分为工作业绩评价指标、工作能力评价指标和工作态度评价指标三类。

1）工作业绩评价指标

所谓工作业绩，就是工作行为所产生的结果。对于业绩的考核结果直接反映了绩效管理的最终目的——提高企业的整体绩效以实现既定的目标。

组织成功的关键要素决定了绩效评价中需要确定的关键绩效结果。这种关键绩效结果规定了在评价员工绩效时应着重强调的工作业绩指标。这些指标可能表现为该职务的关键工作职责或一个阶段性的项目，也可能是年度的综合业绩。在设计工作业绩指标时，通常的做法是将业绩具体表现为完成工作的数量指标、质量指标、工作效率指标及成本费用指标。这四类指标都属于工作业绩评价指标。

2）工作能力评价指标

工作业绩较高，很可能是由于所从事的职务较为简单；相反，那些从事的工作较为困难的人无法获得较高的工作业绩，但并不意味着他们对于组织的贡献就一定小于前者。不同的职务对于人的工作能力要求是不同的，只有在绩效评价体系中加入工作能力方面的评价指标，才可能使评价的结果真正反映员工的整体绩效。另外，评价指标的设计者还能通过能力指标的行为引导作用鼓励员工提高与工作相关的工作能力，并通过能力评价的结果作出各种有关的人事调整决定。

3）工作态度评价指标

在组织中常常可以看到这样的现象：一个能力很强的人出工不出力，没能实现较高的工作业绩；而一名能力一般的员工兢兢业业，却作出了十分突出的工作业绩。这两种

[1] 帕累托最优分配，指一种经济状况的改变，在没有其他人感觉福利变坏的情况下，有人福利水准提高了，就表示社会福利水准的提高，也即达到"不损人而利己"的状态。

不同的工作态度产生了截然不同的工作结果。因此，为了对员工的行为进行引导从而达到绩效管理的目的，在绩效评价中应加上对工作态度进行评价的指标。

工作态度与工作能力在一定程度上共同决定了一名员工的实际工作业绩。但是，员工即使工作态度很好，其工作能力也未必能够全部得到发挥，转化为相应的工作业绩。这是因为从能力、态度向业绩转化的过程中，还要受到除了个人因素之外的一些变量的影响：企业内部的此类因素包括分工是否合理、工作场所的情况是否正常等；而企业外部的此类因素则可能是产品市场恶化等。这也在一定程度上说明了能力评价与态度评价的必要性。

2. 根据绩效评价的方式可分为硬指标和软指标

1）硬指标

硬指标是指那些可以统计数据为基础，把统计数据作为主要评价信息，建立评价数学模型，以数学手段求得评价结果，并以数量表示评价结果的评价指标。

使用硬指标进行绩效评价能够摆脱个人经验和主观意识的影响，具有相当的客观性和可靠性。当处理硬指标的评价结果时，如果需要完成复杂或多变的计算过程，还可借助电子计算机等工具来进行，并能够有效地提高评价的可行性和时效性。

但是，当评价所依据的数据不够可靠，或者当评价的指标难以量化时，硬指标的评价结果就难以客观和准确了。另外，硬指标评价的过程往往较为死板，在评价过程中缺少人的主观性对评价过程的影响，一方面是评价结果具有客观准确性的原因，另一方面也产生了缺乏灵活性的弊端。毕竟统计数据本身并不能完全说明所要评价的真实情况。

2）软指标

软指标是指主要通过人的主观评价方能得出评价结果的评价指标。在行为科学中，人们用“专家评价”来称谓这种主观评价的过程。所谓专家评价，就是由评价者对系统的输出作出主观的分析，直接给评价对象进行打分或作出模糊判断（如很好、好、一般、不太好、不好）。这种评价指标完全依赖于评价者的知识和经验来作出判断和评价，容易受各种主观因素的影响。所以，软指标的评价通常由多个评价主体共同进行，有时甚至由一个特定的集体共同作出一个评价结论，以彼此补充，从而产生一个比较完善的结论。

之所以将软指标评价称为专家评价，是因为这种主观评价在客观上要求评价者必须对要评价对象所从事的工作相当内行，能够通过不完整的数据资料，在利用大量感性资料的基础上看到事物的本质，作出准确的评价。

运用软指标的优势在于，这类指标不受统计数据的限制，可以充分发挥人的智慧和经验。在这个主观评价的过程中往往能够综合更多的因素，把问题考虑得更加全面，避免或减少统计数据可能产生的片面性和局限性。另外，当评价所需的数据很不充分、不可靠或评价指标难以量化的时候，软评价能作出更有效的判断。因此，软评价能够更广泛地运用于评价各种类型的员工。随着新科学的发展和模糊数学的应用，软指标评价技术获得了迅猛的发展。通过评价软指标并对评价结果进行科学的统计分析，我们能够将软指标评价结果与硬指标评价结果共同运用于各种判断和推断，以提高绩效评价结果的科学性和实用性。

但是，软指标同时也具有不可忽视的弱点。对软指标进行评价的结果容易受评价者主观意识的影响和经验的局限，其客观性和准确性在很大程度上取决于评价者的素质。对软指标进行评价得出的评价结果往往缺乏稳定性，尤其在民主气氛不足的环境中，个人专断性的主观判断经常造成严重的不公平，引起被评价者对评价结果的强烈不满。

3）硬指标与软指标的结合

在实际评价工作中，我们往往不会单纯使用硬指标或软指标进行评价，而是将两种方法的长处加以综合应用，以弥补各自的不足。在数据比较充足的情况下，以硬指标为主，辅以软指标进行评价；在数据比较缺乏的情况下则以软指标为主，辅以硬指标进行评价。在绩效评价中，对于硬指标的评价往往也需要一个定性分析的过程，而对于软指标评价的结果也要应用模糊数学进行一个定量化的换算过程。因此，在建立指标体系的时候，应尽量将指标量化，收集相关的统计资料，提高评价结果的精确度。同时还要考虑评价对象的具体情况，将硬指标和软指标的评价技术有效地结合起来使用。

绩效评价中人们使用更多的是软指标的评价方法，人的主观判断在很大程度上影响着绩效评价的结果。需要注意的是，软指标与非量化指标并非一个概念。软指标和硬指标的区分强调的是评价方式上的区别，而量化指标和非量化指标则强调评价结论表现方式上的区别。可以进一步认为，绩效评价中人们更多地使用软评价的方式来对各种量化指标和非量化指标进行评价。至于量化指标和非量化指标的区分，由于容易理解，在此不予赘述。

3. 按照是否反映财务内容可以将指标分为财务指标与非财务指标

1）财务指标

财务指标主要包含以下几种。

（1）财务效益状况指标

① 净资产收益率。净资产收益率是评价企业自有资本及其积累获取报酬水平的最具综合性与代表性的指标，又称权益净利润，它反映了企业资本运营的综合效益。该指标通用性强，适应范围广，而且不受行业局限。通过对该指标的综合对比分析，可以看出企业获利能力在同行业中所处的地位，以及与同类企业的差异水平。一般认为，企业净资产收益率越高，企业自有资本获取收益的能力越强，运营效益越好，对企业投资人、债权人的保证程度越高。

② 总资产报酬率。总资产报酬率表示企业全部资产获取收益的水平，全面反映了企业的获利能力和投入产出状况。通过对该指标的深入分析，可以增强各方面对企业资产经营的关注，促进企业提高单位资产的收益水平。一般情况下，企业可据此指标与市场利率进行比较，如果该指标大于市场利率，则表明企业可以充分利用财务杠杆，进行负债经营，获取尽可能多的收益。

③ 智力资产收益率。智力资产主要指劳动者的知识与智力，因此这部分资产是企业为取得知识与智力的价值、开发知识与智力所付出的成本。具体包括：劳动者受聘前成本和受聘后成本，一般指受聘后成本。主要由三部分组成：劳动者智力的取得成本，包括招聘费用、选拔录用费用、定岗安置费用等；劳动者智力的开发成本，包括上岗前的培训费用、在职继续教育费用、脱产进修费用等；劳动者智力的维持成本，包括工资及奖金支出、各种福利费支出、劳动保险支出、人事管理支出等。

（2）资产营运状况指标

① 总资产周转率。总资产周转率是考虑企业资产运营效率的一项重要指标，体现了企业经营期间全部资产从投入到产出周而复始的流转速度，反映了企业全部资产的管理质量和利用效率。由于该指标是一个包容性较强的综合指标，因此，从因素分析的角度来看，它要受到流动资产周转率、应收账款周转率和存货周转率等指标的影响。该指标通过当年已实现的销售价值与全部资产比较，反映出企业一定时期的实际产出质量及对每单位资产实现的价值补偿。通过该指标的对比分析，不但能够反映出企业本年度及以前年度总资产的运营效率及其变化，而且能发现企业与同类企业在资产利用上存在的差距，促进企业挖掘潜力、积极创收、提高产品市场占有率、提高资产利用效率。一般情况下，该指标数值越高，周转速度越快，销售能力越强，资产利用效率越高。

② 现金流量净额。现金流量是指某个项目在整个投资周期内发生的现金流入和流出的数额。现金流量净额是指一定期间现金流入量与现金流出量的差额，即投资回报额。净现值越大投资报酬越大。现金流量表是将按权责发生制原则编制的利润表转换成收付实现制条件下的现金流入流出量表，其最主要的功能之一就是说明企业当期获得利润的质量状况，投资者及相关人士非常关心企业获得现金的能力，因此该指标应作为财务指标体系中的主要指标。

（3）偿债能力状况指标

偿债能力状况指标具体指资产负债率。资产负债率是衡量企业负债水平及风险程度的重要判断标准。该指标不论对企业投资人还是对企业债权人都十分重要，适度的资产负债率既能表明企业投资人、债权人的投资风险较小，又能表明企业经营安全、稳健、有效，具有较强的投资能力。资产负债率是国际公认的衡量企业负债偿还能力和经营风险的重要指标，一般不高于50%，国际上一般公认60%比较好。过高的负债率表明企业财务风险太大，过低的负债率则表明企业对财务杠杆利用不够。因此，在实际分析时，应结合国家总体经济状况、行业发展趋势、企业所处竞争环境等具体条件进行客观判定。

（4）发展能力状况指标

① 销售（营业）收入增长率。销售（营业）收入增长率是指企业本年销售（营业）收入增长额同上年销售（营业）收入总额的比率。销售（营业）收入增长率表示与上年相比，企业销售（营业）收入的增减变动情况，是评价企业成长状况和发展能力的重要指标。销售（营业）收入增长率是衡量企业经营状况和市场占有能力、预测企业经营业务拓展趋势的重要标志，也是企业扩张增量和存量资本的重要前提。不断增加的销售（营业）收入，是企业生存的基础和发展的条件。该指标若大于0，表示企业本年的销售（营业）收入有所增长，指标值越高，表明增长速度越快，企业市场前景越好；若该指标小于0，则说明企业或是产品不适销对路、质次价高，或是在售后服务等方面存在问题，产品销售不出去，市场份额萎缩。该指标在实际操作时，应结合企业历年的销售（营业）水平、企业市场占有情况、行业未来发展及其他影响企业发展的潜在因素进行前瞻性预测，或者结合企业前几年的销售（营业）收入增长率作出趋势性分析判断。

② 资本积累率。资本积累率是指企业本年所有者权益增长额同年初所有者权益的比率。资本积累率表示企业当年资本的积累能力，是评价企业发展潜力的重要指标。资本积累率是企业当年所有者权益总的增长率，反映了企业所有者权益在当年的变动水

平。资本积累率的高低体现了企业资本的积累情况，是企业发展的标志，也是企业扩大再生产的源泉。资本积累率反映了投资者投入企业资本的保全性和增长性，该指标越高，表明企业的资本积累越多，企业资本保全性越强，应付风险、持续发展的能力越大。该指标如果为负值，表明企业资本受到侵蚀，所有者利益受到损害。

业绩评价指标最先发展的是财务指标，因为它有着非财务评价指标不可比拟的优点。

- 指标数据易于获得，很多数据可以从企业的财务会计报告中直接或间接获得，因而便于操作。
- 据以计算财务指标的数据通常是以货币方式表现的，因而便于定量分析。
- 财务评价指标可以反映企业财务方面的实力，可以对企业的财务状况进行较好的评价。

但是随着经济环境的变化和人们对非财务业绩的重视，其局限性也逐渐暴露出来，最根本的是单纯的财务指标不能反映企业的全貌，无法反映企业将来财务业绩提高的动力和源泉。

财务指标评价体系有其明显的缺陷，此体系会导致管理者作出一些有利于短期利益却对公司长远发展不利的决定，管理者为获取短期利益往往以牺牲对研究的投入等为代价。传统的利润指标评估的是公司过去的绩效，而战略性的长期绩效需要评估更多前瞻性的指标。

财务指标的局限性有以下几个方面：

- 财务指标是滞后性指标，是组织过去经营状况的反应，对未来的盈利能力不具有预测性；
- 以财务指标为主的评价体系容易导致经营管理层的短视行为，为了追求短期的财务效益而不顾牺牲组织的长远利益；
- 财务指标评价体系是一种以结果为导向的评价体系，对驱动财务效益产生的因素缺乏考虑；
- 以财务指标为主的评价体系往往会掩盖组织在运营过程中存在的问题，不利于管理的监控；
- 缺乏对人力资本、信息资本、组织资本等无形资产的评估，而无形资本被许多学者认为是组织核心竞争力的源泉。(Ittner & Larcker，1998)

2）非财务指标

由于单一的以财务指标评价为主的评价体系存在种种缺陷，对非财务指标的研究越来越多。一项研究的结果显示，面临竞争压力越大的企业越注重非财务指标的评价。越是经营环境不确定，越应该采取非财务指标评价。

(1) 非财务指标的类型

在开发非财务指标方面，企业和商界专家作了许多尝试。如今被普遍认可的指标主要有以下几种。

① 质量指标。纵观国内外成功的企业，无一不是靠高质量赢得市场的，因此质量指标在拓宽企业业绩评价体系中始终代表着正确的方向。随着质量内涵的不断深化，质量指标的形式也随之发展。通常是根据国家或行业公布的技术标准或者企业设计的规格

来判断产品质量是否合格，并通过“合格率”来判断企业产品质量水平的高低。但是，如今发达国家可以接受的不合格率非常低，高新技术产品已按百万分之一甚至是十亿分之一和一次合格、零缺陷的目标水平进行管理，符合性质量不再是主要问题。于是许多企业开始用一种全新的整体观点来审视质量，从企业外部尤其是顾客的角度来重新设计新的质量指标。“相对认知质量”便是这种创新的结果。该指标的衡量步骤首先是辨别影响顾客购买决策的质量维度，如性能、服务、外观和可靠性等，并决定各维度的权重，然后对自己和竞争对手的产品在各质量维度的表现分别进行评分，由此得出一个以百分数表示的全面的相对认知质量。

② 顾客满意度。该指标是顾客接受产品的实际感受与其期望值之间的差异函数。许多企业设有顾客投诉和建议制度，并以抱怨水平来衡量顾客满意度。不过更科学的做法是：a. 从顾客的角度选择确定顾客满意的测评因素，并确立顾客对评价项目的满意等级，如很满意、满意、一般、不满意、很不满意；b. 合理设计调查问卷；c. 根据科学的抽样方案确定顾客的调查名单，向其发放问卷；d. 最后运用统计方法对收集的调查数据进行分析，从而得出量化的顾客满意度分值。

③ 顾客保持率。这一指标反映的是顾客对企业的忠诚程度。已有人对此进行大量研究，发现忠诚的顾客会给企业带来更多的利润，这主要是因为争取一位新顾客所需的成本要远远大于巩固一位老顾客所需的成本，所以许多企业都非常重视顾客保持率，通常是用未流失的顾客数除以原来的顾客总数计算得出。

④ 市场份额。这是一个用来衡量竞争地位的重要指标，在众多企业的战略规划和业绩评价系统中占据着显著地位。可进一步区分为：a. 绝对市场份额，是企业产品的销售额与它进入的整个市场的销售额之比；b. 相对市场份额，由于企业的产品要分散在许多不同类型的细分市场上进行竞争，有必要根据市场结构计算产品在细分市场上的份额，即相对市场份额，以帮助企业进行更准确的定位。

⑤ 人力资源指标。在新经济时代，智力已成为经济增长最重要的因素。一个企业经营成败很大程度上取决于能否吸引、保留高素质的员工，员工能力的高低直接决定企业竞争力的强弱，所以人力资源指标日益被企业所重视。主要有以下几种。

- 员工满意度。该指标也是通常采用调查问卷法，与顾客满意度的调查步骤类似。首先根据影响员工满意的因素，如工作岗位、教育培训、劳动报酬、公平晋升等设计问卷，征询满意度意见通常分为很满意、满意、一般、不满意、很不满意几个等级，然后发放问卷，最后分析得出员工满意度。
- 员工保持率。该指标体现了员工的忠诚程度，用未离职的员工数除以原来的员工总数计算得出。
- 员工能力。从总体上衡量员工能力的方法很多，常用的一种方法是用经营收入总额除以平均员工人数计算得出单位员工创造的收入。
- 产品创新能力指标。在激烈的市场竞争中，没有任何一种产品能保持长久不衰的生命力。创新能力主要体现在速度方面，这是因为与时间相关的能力是信息时代的企业非常重要的竞争手段，对新的需求作出快速、可靠的反应是成功的关键，尤其一些与时间相关的创新能力指标备受重视，包括：a. 产品开发周期，是从产品研制开发到正式投放市场所经历的时间；b. 损益平衡时间，是从产品开发开始到产品被生产出来，并产生利润弥补开发过程初始投资所需的时间。

像全面质量管理（TQM）、欧洲质量奖、美国鲍德里奇国家质量奖、平衡计分卡等管理工具都强调非财务指标的评价。全面质量管理要求管理层及时、详细地了解企业经营的信息，以确定经营的缺陷所在，将事后对产品质量的控制转移到事前、事中。美国鲍德里奇国家质量奖更是要求对企业从战略的制定到经营过程的结束作全面的评价和监控。它涉及领导力、战略的制定及过程、顾客及市场的管理、人力资源开发、运作流程、知识管理以及这些活动产生的财务的、非财务的结果。它不但综合评估了财务指标和非财务指标，还对经营过程进行了评估。平衡计分卡也是针对财务指标的种种缺陷，由 Kaplan & Norton 于 1992 开创性提出的，它没有排除传统的财务指标，在财务指标的基础上增加了财务指标的驱动要素：顾客层面指标、内部流程层面指标和学习与成长层面指标等三个方面的非财务指标。将战略、战略的衡量、财务指标和财务指标的驱动因素——非财务指标通过因果关系链接起来。

（2）非财务指标的预测性

许多研究认为非财务指标是“领导”性指标，它能提供传统会计指标体系中没有包含的能预测未来绩效的信息，非财务指标对公司未来绩效的预测性是其最大的优点。例如，在一项为期六年的时序研究中发现，顾客满意度与未来的财务绩效显著相关，并含有财务指标未能揭示的其他信息（Banker，2000）。而且，此研究也表明，在实施了以财务指标和非财务相结合的激励计划后，财务业绩和非财务业绩都得到了改善。另一项研究以 18 家旅馆为研究对象，研究发现顾客满意度较高，则未来的财务绩效也相应较高。（Banker，1998）。

然而，也有一些研究检验了财务指标评价和非财务指标评价之间的联系，却得到了一个混合的结果。一项以 77 家瑞典公司为研究对象的研究发现，在不同的行业中，研究结果有很大的差异（Anderson 等，1994）。平均来说，在投资公司，顾客满意度对同期的财务回报有积极的正面的影响，然而，在服务性公司，它们之间却只存在微弱的关联，甚至出现了负面影响。对顾客、商业单元和公司的调查数据证明了顾客满意度是评价顾客未来的购买行为、顾客增长率、商业单元财务绩效的变化和目前市场价值的预测性指标（Ittner & Larcker，1998）。然而，在公司层面，不同的行业显示出了不同的结果，在一些行业，顾客满意度的预测性很好，在另外一些行业，它们之间不存在明显的关联，甚至出现相反的结果。以饮料批发商的个体顾客为研究对象，结果显示顾客满意度和顾客目前或将来的获利率之间的关系随着满意度测量问卷中的问题或概念模型的不同而呈现积极、消极或无明显影响（Foster & Gupta，1990）。

虽然关于非财务指标对财务指标的预测能力，不同研究得出了不同的结论，但是，整体上，大多数实证研究还是支持非财务指标对财务指标具有较强预测能力的观点。一般认为，非财务指标评价优于传统财务指标评价，在非财务指标上表现优秀的公司，从长远来看会取得更好的财务绩效，非财务指标对财务指标具有较强的预测能力。

（3）非财务指标的优点

非财务指标评价优于传统财务指标评价主要体现在以下几个方面。

① 非财务指标是财务指标的驱动因素。许多研究认为顾客满意度是财务绩效或公

司绩效的驱动要素，实证研究显示了前者对后者有积极影响。前者越高，则后者就越高。(Anderson，Fornell & Lehmann，1994；Ittner & Larcker，1998；Banker，2000)

② 非财务指标描述了组织内部的运营过程以及如何为顾客创造价值。Kaplan 和 Norton (1992，1996) 阐述了财务指标、顾客指标、内部流程指标和学习与成长指标之间的关系。他们指出，公司要实现不断为股东创造财务的目的，从财务指标上满足股东要求，就必须提出独特的顾客价值主张，为顾客创造价值，而组织内部的业务流程必须依据顾客的价值主张设计。业务流程的高效运作是靠知识丰富、技能熟练的员工来实现的。在他们的模型中，清晰地描述了财务指标和非财务指标之间的关系，这种关系使人们能更深刻地理解非财务指标对财务指标的预测性。

③ 非财务指标相对于财务指标包含了更多的经营决策信息。许多研究者发现了全面质量管理、精益生产、柔性生产系统和次品率、供货的及时性、设备的利用率之间的联系 (Daniel & Reitsperger，1992；Banker et al.，1998)。非财务指标评价能给管理层提供更多市场、顾客满意度、产品品质、内部运作效率等方面的信息，使他们能及时发现企业经营管理中出现的问题，以便及时地作出对策。

④ 以非财务指标为评价依据激励管理层更能反映他们的实际贡献。研究表明，当业绩指标能够提供有关代理人努力程度方面的额外信息时，将该业绩指标包含在激励合约之中更能提高对代理人努力程度估计的准确性，进而提高激励合约的有效性 (Holmstrom，1979)。非财务指标一般能揭示经理人努力程度上的额外信息，它能有效地引导经理人的努力方向，使经理人目标和股东的目标趋于一致。

(4) 非财务指标与内部管理

全面质量管理 (TQM) 等质量管理方法非常重视内部流程，一般采取品质指标、生产性指标、设备利用率、存货周转率、交货期等非财务指标对组织的运营状况进行评价。TQM 更强调全面的、全员的过程管理、事前管理。虽然 TQM 不强调绩效评价，但它对内部过程加以准确的定义，并对其实施控制，是一种事前、事中控制的有效手段，可以说 TQM 是以非财务指标为主的评价手段。

研究发现，以顾客为核心的 AMP (Advanced Management Practices) 和 AMT (Advanced Manufacturing Technology) 运用的程度越高，非财务指标的采用也会越高，而且非财务指标运用的增加会导致企业财务绩效的提高 (Perera，Harrison & Poole，1997)。其研究还发现，当管理者重视质量、成本和高弹性的运作时，绩效评价的重点会由财务指标评价转向非财务指标评价。一项以 249 家企业为样本的研究结论表明，实施了全面质量管理的企业在绩效评价时更多地考虑团队绩效和非财务绩效 (Ittner & Larcker，1995)。而且采取的质量管理方法越先进，越要采取外部对产品、服务的评价来衡量内部绩效。

(5) 非财务指标与激励机制

传统的激励机制通过对财务成果的评价确定管理层的奖金。许多经济理论指出，在经营权和所有权分离的情况下，委托人为了更好地激励代理人，在对代理人进行业绩评估时，应综合采取财务指标和非财务指标。研究指出 (Holmstrom，1979)，如果代理人财务指标方面的业绩不甚理想，但是个人努力程度方面的指标值较高时，也应当对代理人给予奖励，以达到激励的目的。

一项研究分析了影响 CEO 薪酬契约中财务指标和非财务指标权重的因素（Ittner, Larcker & Rajan, 1997）。其中对五个影响因素进行了研究：组织战略、质量战略、管制环境、财务业绩和 CEO 对董事会的影响力。结果发现，采取领先战略和质量导向战略的公司，薪酬契约中，非财务指标的权重大；受管制的公司比不受管制的公司更注重非财务指标的评价；财务指标噪音大的公司倾向于采取非财务指标和市场指标来评价 CEO 的绩效；CEO 对董事会的影响越大，越容易对董事会施加影响，要求董事会采取非财务指标评价他们，以体现他们的真正业绩。

（6）实施非财务指标的障碍

非财务指标在企业业绩评价系统中的运用意味着一场变革。不仅要计量这些指标，更要有参照的标准，并与企业的报酬计划联系起来，从而真正促进企业的长期成功，但这却面临许多障碍。

① 缺乏与财务业绩之间的确切联系。由于在法律上和现实意义上投资者仍位于企业权力结构的中心，是对企业进行业绩评价的主体，所以必须明确非财务指标与财务业绩之间的联系。尽管上述指标常常是未来财务业绩的动因，可仅仅了解这种一般性的相关关系是不够的。确定企业的业绩评价指标及其参照标准，相当于决定了企业努力的方面和战略，影响极为重大。以“市场份额”指标为例，由于大多数情况下较大市场份额通常伴随着较高的收益率，这使得许多质量上并不具备明显优势的企业也通过折扣、大力度的促销和广告攻势等过分牺牲利润的做法来盲目追求市场份额。其实，市场份额与收益率之联系非常复杂。所以，不深入理解非财务指标与财务业绩之间的联系会给企业确立业绩目标带来困难，甚至会导致企业把注意力放在错误的目标上，因而是非常危险的。

② 缺乏可靠性。首先是指标的计量方法本身可靠性弱。多数非财务指标力图使信息量化，可以把握。但是要形成量化信息需要一定的计量规则，如计量某一对象选用什么属性，按什么方式把数额分配给该对象。许多非财务指标的量化尚无公认的规则可言，带有很大的主观随意性，如满意度的量化。其次是数据缺乏统计上的可靠性。一些非财务指标往往要利用调查和抽样方法，可许多企业的问卷设计只提出很少的问题，也只有很少的答卷人，可靠性较差。此外，非财务指标的数据来源渠道庞杂，难以保证真实性与可验证性。

③ 成本很高。非财务性业绩评价指标属于比较新的事物，企业往往需要投入大量的人力物力，以开发一个可容纳非财务指标的业绩评价系统。而且许多非财务指标的数据来自企业外部，如顾客、竞争对手，这意味着企业或是请第三方专业调查机构负责具体数据，或是建立自己的信息支持系统，如西方国家许多企业都用上了客户关系管理软件系统，可以提供与顾客沟通的统一平台，帮助及时获取顾客反馈，这样顾客方面的指标就较易获得。然而这些全都代价不菲，成为运用非财务指标的重大限制性因素。

④ 可比性的问题。非财务指标一般还没有统一的计量方法，而且通常属于企业的内部信息，所以很难在企业之间进行比较。但是这些指标的分析不能只停留在企业内部，应该将之与行业平均水平或竞争企业水平相比较才更有意义。由于这些问题的存在，要将非财务指标作为企业的测评指标并以某种方式转化为个人的测评指标，与企业报酬计划联系起来，存在一定的风险和困难。

4. 根据绩效评价的对象，分为“特质、行为、结果”三类绩效评价指标

在设计绩效评价指标时通常有三种思路，即“特质、行为、结果”。通过综合运用这三类指标进行绩效评价指标体系的设计，是一种较为常见的方式。

1）特质导向的指标

所谓特质导向的指标，就是指针对某些对绩效结果可能产生影响的个人特质所提取出来的指标。如成就动机、正直、有毅力等皆是特质的范畴。但是由于这些特质难于判断，而且与绩效结果没有必然的因果关系，所以在实践中经常只是作为辅助性的考核指标。

2）行为导向的指标

绩效的含义非常广泛，企业在不同时期、不同发展阶段也有不同的含义。目前较为普遍认同与采纳的定义是“绩效＝正确的结果＋正确的过程”。因此，行为导向的指标是绩效指标体系中的重要组成部分。设置行为导向指标的假设前提就是：相应的行为能够导致相应的绩效，通过对被考核者特定工作行为的考核来进行绩效考核。因此，首先要识别所要考核的行为，然后根据这些工作行为的状况来对工作绩效作出判断。行为指标的绩效考核具有许多特点，主要是针对于具体工作环境而言的，针对不同的工作，行为是特定的，考核以所表现出的行为为基础，根据所表现出行为的频率和程度来确定考核结果。对于一个特定的工作，行为可能复杂，但要抓住对绩效结果有影响的关键行为。

（1）关键行为指标

通常所说的关键业绩指标 KPI 就是对结果的量化，而关键行为指标 KBI（Key Behavior Indicators）就是对过程的量化。对 KPI 的使用和研究由来已久，但对 KBI 的使用和研究却较少引起重视。

关键行为指标是考察各部门及各层级员工在一定时间、空间和职责范围内关键工作行为履行状况的量化指标，是对各部门和各层级员工工作行为管理的集中体现。企业通过规范员工的工作行为，实现其发展目标。不同管理时期的企业要根据企业文化理念、所处的发展阶段、企业的实际状况以及同期的研究制定。

KBI 的具体标准可分为类别标准、频率标准、次序标准、差距标准、比率标准等五种形式。不管采用哪一种标准，其实质都是识别行为及过程管理。

（2）关键行为指标的分解步骤及方法

KBI 的分解步骤主要包括确定关键行为、分解关键行为以及建立关键行为量化指标三个步骤。

① 确定关键行为。确定关键行为的方法是指通过鱼骨图的分析方法，对需要控制的目标进行分析。鱼骨图是日本教授 ISHIKAWA 设计的一种找出问题所有原因的方法，被广泛应用于管理领域。鱼骨图就是将造成某项结果的众多原因进行系统的图解分析，并以图表的方式来表达结果与原因的关系，因其形如鱼骨而得名。

② 分解关键行为。在通过鱼骨图分析找到关键行为后，要进一步对关键行为进行分解。分解的依据为岗位说明书，根据不同岗位的工作内容、权限，将关键行为进行对应。在分解关键行为时最好先将各岗位的工作内容列于表中，再根据不同岗位的主要职责、权限逐一寻找关键行为。

③ 建立关键行为量化指标。明确了各岗位需要控制的关键行为后，就可以建立相应的关键行为指标了。在对关键行为指标进行量化时要遵循 SMART 原则，以便于

KBI 管理工作能够在方向明确、基础稳固的前提下高效、有序地开展。

同时，为了确保管理的有效性，要将 KBI 细化及量化到底。所谓细化到底，是指要对关键行为分解得具体并落实到具体的岗位。量化到底不但需要使用具体的数量词，必要时还要对其指标内涵进行界定即指标定义，明确考核的前提。

3）结果导向的评价指标

伯纳丁、凯恩、阿姆斯特朗等认为绩效就是工作结果产出。工作结果，指的是通过工作得到了什么结果，如企业生产工人安装了多少台汽车发动机、销售员卖出了多少台电脑、学生掌握阅读技能的熟练程度、医生完成了多少外科手术等。为了评估员工的工作结果，首先需要弄清三个问题：第一，员工必须在哪些领域付出努力；第二，在每个领域之内，期望员工达到什么目标；第三，工作结果如何评价，以及如何对良好绩效与不良绩效进行区分。在正式绩效考核的开始，管理者和下属面对面讨论工作职责，设置工作目标，并就如何测量个人绩效达成一致意见。在讨论过程中，他们一起决定应该对哪些领域给予特别关注，在每个领域应该取得什么结果，以及对解雇怎样评价。

在进行绩效指标的设计之前，必须首先明确所要评价的对象的工作职责与关键工作领域。

通过工作分析明确工作职责，是设计绩效指标的基础性工作。在美国，大约有 90%的工作分析是为了进行绩效考核。尽管一项工作包括的内容可能相当繁杂，但总是可以把其归结为几个类别。工作职责通常在工作说明书里面有明确规定。一项工作包括几个互不相同、彼此独立的工作领域。

下面以一个具体的工作岗位为例进行分析。某企业人力资源经理的工作描述规定了工作职责领域，要在以下几个领域内取得工作成果。

① 人力资源规划。根据公司长期和近期发展制订人才需求计划，以及满足需求的对策。

② 招聘选拔。发布招聘广告，对应聘者进行面试，组织进行综合评价。

③ 员工发展。识别培训需求，制订培训计划，并负责组织实施。

④ 薪酬管理。设计并实施薪酬体系，保持薪酬激励的有效性。

⑤ 绩效考核。负责绩效考核系统的科学、公正，并监督执行。

在这个人力资源经理的工作描述中，每项工作职责就像一个标签，表明主要的工作职责领域。通过阅读工作描述，我们还不知道企业要求该经理在每项工作职责之内具体做什么，不知道他的工作绩效如何评价。但是，我们能够做的就是识别出每个工作岗位的工作职责。

工作职责不是目标，不是对工作结果的表述。工作职责比较稳定，而目标却经常发生变化，至少每年的工作目标都不相同。

仍然以人力资源经理工作为例。“负责设计和实施薪酬管理系统，保持薪酬激励的有效性”是人力资源经理的一项工作职责，它在十年前就被列入工作描述当中了。但是，在每个年度，企业对该项工作职责要求的目标结果都不一样。例如，企业把减低成本作为追求目标，薪酬激励的目标之一就是引导和强化节约成本的工作行为。当企业把追求顾客满意作为目标时，薪酬激励要支持满足客户需要、提高顾客满意度的工作行为。

经过一段比较长的时间，工作本身会发生变化。假如工作说明书是五年前甚至十年前编制的，有些重要工作职责仍然存在，但工作内容已经发生了变化。在很多企业，工作内容变化没有及时反映到工作描述文件中去。工作职责发生变化，意味着要求员工取得结果的领域发生了变化，原来的工作成果领域增加了或者减少了。例如，随着IT技术的发展，企业内部网络的实现，很多企业要求人力资源部为员工提供自助式服务。如培训课程目录的编制、学习课程的自由选择、福利计划有选择性的登记和申请、员工态度调查、住址和电话变更、公司政策查询、内部职位空缺公告等。

关键工作领域就是岗位说明书中主要的工作职责领域。主要工作职责发生了变化，绩效考核要求的成果领域也要随之发生变化。

识别关键工作领域，要综合考虑企业组织面临的各种问题，不得有疏漏。当分析企业高层管理职位时，尤其要从企业整体层面考虑主要工作职责。绩效考核所包含的工作内容，要涵盖企业应当担负的所有责任。而且，被纳入考核范围的所有工作职责成为一个有机整体，直接影响企业的成败。因此，识别一个岗位的工作职责，要从全面出发，分析一个岗位怎样为促进企业整体成功做出贡献，而不能只见树木不见森林。设计绩效考核关键绩效指标，须遵守增值产出的基本原则。所谓增值，就是考核内容能够促进企业整体成功，具体地说，也就是与获取客户、满足客户需求、获取资源和提高生产率相关联。这种联系越紧密，则个人努力就越能通过企业的总体产出结果体现出来。如果每个员工都能够明白绩效考核系统所设计的个人努力与企业成功之间的关系，员工就能够更加努力，采取更加有效的方式支持企业取得成功。

为了帮助相关人员识别企业不同层次职能的关键工作领域，可以参考表2-1。

表2-1　常见关键工作领域

岗位类别	关键工作领域
高层管理	企业运营、市场开发、组织结构、企业文化、资产管理、董事会关系、生产率、财务策略、顾客满意、公共关系、遵守法律
财　　会	验证信用、财务信息管理、财务分析、成本控制、内部审计、财务报告、风险评估、财务凭证保管、竞争分析、现金预测、现金管理
销　　售	开拓新市场、销售区域管理、顾客教育、保留顾客、开发销售技能、传播产品知识、销售预测
生　　产	库存控制、设备维护、劳动关系、控制浪费、生产安全、保证质量、生产记录
人　　事	招聘、员工关系、员工开发、人力资源规划、薪酬福利设计与执行、制定政策、管理开发、职业发展、人力资源信息系统管理
市　　场	广告、促销策略、定价、市场研究、现场支持、市场宣传材料、媒体关系、销售支持、代理商关系
行政文秘	信函、文件、档案、行政支持、内部客户服务、办公设备维护、表格管理、时间日程安排、办公用品采购与管理、电话管理、项目支持

资料来源：顾琴轩．绩效管理［M］．上海：上海交通大学出版社，2006：61．

关键工作领域的特征是描述简洁、数量有限。一个工作岗位的关键工作领域通常不少于三个，不超过七个。关键工作领域少于三个，说明有些重要工作职责被忽略了，否则，该岗位没有独立存在的必要。关键工作领域超过七个，说明该岗位的工作职责应该拆出一部分给其他岗位，或者新增一个工作岗位。一个工作岗位的关键工作领域繁多，也可能是表述不当造成的，各项工作职责互相重叠交叉严重。

关键工作领域的界定出现差错，会导致考核内容的污染或者缺失，降低绩效考核的效度，或者引起员工对工作的抵触情绪，降低绩效考核指标的可接受性。

2.1.4 指标的评价

1990 年，迪克森、南尼、沃曼在《新的绩效挑战——为了迎接世界级的竞争衡量组织运作情况》中给出了一个好的绩效评价体系所应具备的多个特征。他们认为，一个好的绩效评价系统应该包括一部分通用的评价指标和一部分与组织自身特点相符的特殊指标。绩效评价体系应该是一个财务指标与非财务指标相结合的指标系统。这些特征表现在以下几个方面。

① 与组织的发展目标、人员情况、组织文化及关键成功要素相一致，与组织的发展战略相关，并能够促进战略的实施。

② 易于实施，具有现实的可操作性。简单明了并在组织中进行了有效的沟通。

③ 根据客户的需要提出。

④ 有助于实现各职能部门之间的有机结合，有助于实现组织中的横向、纵向合作。

⑤ 包括适合于不同组织层级的多种指标体系，一般来说，在较低的层级上更多强调非财务指标，而在较高的层级上更多地强调财务指标。

⑥ 与组织所面临的外部环境相适应。在复杂的、不确定的、竞争较为激烈的环境中更加强调非财务指标，而在简单的、稳定的、竞争不激烈的环境中更加强调财务指标。

⑦ 能够衡量评价的行动所产生的客观结果。

⑧ 强调制定过程中的全员参与，指出应该是自上而下或自下而上共同努力开发出来的。

⑨ 不仅关注对成本的管理，还关注对于资源及投入的管理。

⑩ 能够提供及时的反馈并与行动上的反馈相衔接，有助于个人或组织的学习，促进组织或个人的持续提高。

2.2 绩效评价方法

2.2.1 常用的评价方法

1. 比较法

所谓比较法，就是对评价对象进行相互比较，从而决定其工作绩效的相对水平。比较法具有显而易见的弱点：首先，由于评价的基础是整体的印象，而不是具体的比较因素，很难发现问题存在的领域，故不适合用来对员工提供建议、反馈和辅导；其次，当员工提出异议时，评价者很难为自己的结论提出有力的证据，故在为奖金分配提供依据方面的作用是有限的。特别是当评价的结果与薪酬支付相关时，如果评价者无法为评价结果提供有力的依据，这将会引发很大的争议。另外，比较法容易对员工造成心理压力，在感情上也不易接受。但是，比较法是最方便的评价方法，评价结果也一目了然，作为各类管理决策的根据时十分方便，因此还是得到了广泛的运用。在实践中，比较法往往与后面介绍的描述法和量表法结合使用。

比较法主要包括以下几种。

1）排序法

排序法包括直接排序法、交替排序法和配对比较法。这种最简单的职位评价方法通常依据“工作复杂程度”等总体指标对每个职位的相对价值予以排序。

(1) 排序法的类型

① 直接排序法。直接排序法是指简单地根据职位的价值大小从高到低或从低到高对职位进行总体上的排队。这个排序标准多来自于评价人员对该职位在公司的价值高低的总体印象，如图 2－1 所示。

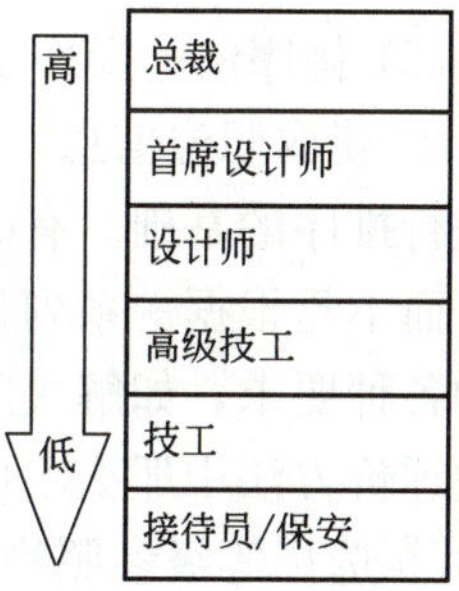

图 2－1　直接排序法示例

② 交替排序法。交替排序法是直接排序的一种变形。交替排序法是指首先从待评价职位中找出价值最高的一个职位，然后再找出价值最低的一个职位，然后再接着从剩余职位中找出价值最高的职位和价值最低的职位，如此循环，直到所有的职位都被排列起来为止，如表 2－2 所示。

表 2－2　交替排序法示例

排列顺序	职位价值高低	职位名称	排列顺序	职位价值高低	职位名称
1	最高	市场部部长	3	较低	安全生产主管
2	高	人力资源部部长	2	低	行政采购主管
3	较高	财务审计主管	1	最低	办公室行政秘书

③ 配对比较法。配对比较法是首先将每一个需要被评价的职位都与其他所有职位分别加以比较，然后根据职位在所有比较中的最终得分来划分职位的等级顺序，评分的标准是价值较高者得一分，价值较低者失去一分，价值相同者双方得零分。从实质上来看，配对比较法类似于体育比赛中通过循环赛来排座次的做法。如表 2－3 所示，7 种职位分别在水平和垂直两个维度上进行排列。“×”表示方格所对应的水平维度上的职位比垂直维度上的职位重要，对每个方格所对应的职位进行相同的比较之后，“×”数最多的行所对应的职位最重要，其次是“×”数第二多的行所对应的职位。可见，最重要的职位是 A，而最不重要的是 E。

表 2－3　配对比较法示例

职位	A	B	C	D	E	F	G	总计
A	—	×	×	×	×	×	×	6
B	○	—	×	×	×	×	×	5
C	○	○	—	×	×	×	○	4
D	○	○	○	—	×	○	○	3

续表

职位	A	B	C	D	E	F	G	总计
E	○	○	○	○	—	○	○	0
F	○	○	○	×	×	—	○	1
G	○	○	×	×	×	×	—	4

(2) 排序法的操作步骤

① 获取职位信息。首先要进行职位分析，要对每个职位做好工作规范，这（通常）是进行排序的基础。有时也需要准备好职位说明书，但职位排序法是根据“职位总体情况”而不是根据一系列报酬因素进行排序。因此，职位说明书（说明某项职位对工人能力的各种要求，如解决问题的能力、决策能力和要求掌握的技术）在排序法中并不像在其他评价方法中那么不可或缺。

② 选择等级参照物并对职位分等。在实际操作中，不可能对一个组织中的全部职位都按单一标准排序。更常见的是按部门或职族（如制造业工人、行政办事人员）对职位排序。这就避免了将制造工人与行政办事人员直接比较。

③ 选择报酬因素。在排序法中，通常是在“职位总体情况”的基础上，仅使用一个因素（如工作复杂程度）将职位排序。因此不论你选择了多少报酬因素，最好要向评价人员仔细解释这项报酬因素的具体含义，以确保评价工作的一致性。

④ 对职位进行排序。对职位进行排序最简单的做法是给每个等级建立一套索引卡片，每套索引卡片都要对职位进行一个简短的说明，然后把这些卡片按其代表职位的价值从低到高进行排序。有些管理人员为取得更精确的结果而使用“交替排序法”。其做法是，先拿出等级最高的卡片，然后拿出等级最低的卡片；再是第二高的卡片，然后是第二低的卡片，依次类推，直至把所有卡片都排好序号为止。因为选择极端情况通常比较容易，所以这种方法简化了排序工作。表 2-4 对职位排序做了说明。这个小诊所的职位从女仆往上一直排到诊所主管。表格的右边则列出了相应的薪水水平。

表 2-4　奥林匹克诊所的职位序列

序列等级	年工资水平/美元
诊所经理	28 000
护士长	27 500
档案管理员	19 000
护士	17 500
厨师	16 000
助理护士	13 500
女仆	10 500

⑤ 综合排序结果。对职位排序时，通常还要分别使用几种等级标准。于是，一旦排序工作完成，委员会（或雇主）只需简单地取其平均值。

(3) 排序法的优缺点

排序法是最简单和最容易说明的职位评价方法，而且操作起来所花费的时间也比其他方法少。在应用中产生一些弊端更多的是源于如何使用它而不是方法本身。例如，在实际操作中过分依赖“主观估计”。以此类推，排序法并没有给出测量每项职位相对其他职位价值的标准。例如，四号职位的实际价值可能是五号职位的 5 倍，但在排序表上，你仅知道四号职位排在五号职位之上。排序法更适用于那些规模较小的组织，因为他们无力花费更多时间或开支去开发另一种更复杂的评价体系。

2）强制正态分布法

强制正态分布法也称为“强制分配法”、“硬性分配法”，该方法是根据正态分布原理，即俗称的“中间大、两头小”的分布规律，预先确定评价等级及各等级在总数中所占的百分比，然后按照被考核者绩效的优劣程度将其列入其中某一等级。

例如，要求考核者将 10%的人评定为最高分那一级；20%的人评定为次高分那一级；40%的人评为居中的那一级；再将 20%的人评为次低分那一级；最后将 10%的人评为最低分那一级。如图 2－2 所示。

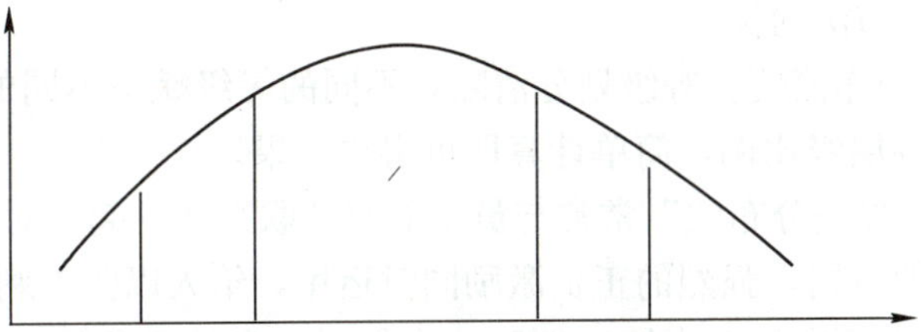

优秀	良好	中等	较差	最差
10%	20%	40%	20%	10%

图 2－2　强制正态分布法

（1）强制正态分布法的步骤

为了克服强制正态分布考评方法的缺陷，同时也将员工的个人激励与集体激励很好地结合起来，可以使用团体考评制度以改进硬性分配的效果。实施这种考评方法的基本步骤如下。

第一步，确定 A、B、C、D、E 各个评定等级的奖金分配的点数，各个等级之间点数的差别应该具有充分的激励效果。

第二步，由每个部门的每个员工根据业绩考核的标准，对自己以外的所有其他员工进行百分制的评分。

第三步，对称地去掉若干个最高分和最低分，求出每个员工的平均分。

第四步，将部门中所有员工的平均分加总，再除以部门的员工人数，计算出部门所有员工的业绩考评平均分。

第五步，用每位员工的平均分除以部门平均分，就可以得到一个标准化的考评得分。那些标准分为 1（或接近）的员工应得到中等的考评，而那些标准分明显大于 1 的员工应得到良甚至优的考评，而那些考评标准分明显低于 1 的员工应得到及格甚至不及格的考评。例如，员工平均分为 60 分，那么以此为标准，以各个员工的分数来除以 60，那么就可以得到一个结果，如 90 分的对应标准分为 1.5。在某些企业中，为了强化管理人员的权威，可以将员工团体考评结果与管理人员的考评结果的加权平均值作为员工最终的考评结果。但是需要注意的是，管理人员的权重不应该过大。各个考评等级之间的数值界限可以由管理人员根据过去员工业绩考核结果的离散程度来确定。这种计算标准分的方法可以合理地确定被考核员工的业绩考评结果的分布形式。

第六步，根据每位员工的考评等级所对应的奖金分配点数，计算部门的奖金总点数，然后结合可以分配的奖金总额，计算每个奖金点数对应的金额，并得出每位员工应该得到的奖金数额。其中，各个部门的奖金分配总额是根据各个部门的主要管理人虽进行相互考评的结果来确定的。

为了鼓励每位员工客观准确地考评自己的同事，那些对同事的考评排列次序与最终实际结果的排列次序最接近的若干名员工，就应该得到提升考评等级等形式的奖励。另外，员工的考评结果不应在考评当期公开，同时，奖金发放也应秘密给付，以保证员工的情绪。但是各个部门的考评结果应该是公开的，以促进部门之间的良性竞争。

（2）强制正态分布法的优点

① 等级清晰、操作简便。等级划分清晰，不同的等级赋予不同的含义，区别显著；并且，只需要确定各层级比例，简单计算即可得出结果。

② 刺激性强。“强制分布法”常常与员工的奖惩联系在一起。对绩效“优秀”的重奖，绩效“较差”的重罚，强烈的正负激励同时运用，给人以强烈刺激。

③ 强制区分。必须在员工中按比例区分出等级，有效避免评估中过严或过松等一边倒的现象。

强制分布法适用于被考核人员较多的情况，操作起来比较简便。由于遵从正态分布规律，可以在一定程度上减少由于考核人的主观性所产生的误差。此外，该方法也有利于管理控制，尤其是在引入员工淘汰机制的企业中，具有强制激励和鞭策功能。

（3）强制正态分布法的缺点

① 如果员工的业绩水平事实上不符合所设定分布样式，那么按照考评者的设想对员工进行硬性区别容易引起员工不满。

② 只能把员工分为有限的几种类别，难以具体比较员工差别，也不能在诊断工作问题时提供准确可靠的信息。

强制分配法是企业，特别是大中型企业在绩效评价中常用的一种评价方法。使用这种方法，就意味着要提前确定准备按照一种什么样的比例将被评价者分别分布到每一个绩效等级上去。世界上很多大的企业，如默克、通用电气等就采用强制分配法作为主要的绩效评价方法。

在此，以甲公司为例。在每年四月份，甲公司都要对所有员工进行绩效考核和评估。评估系统将20%的员工定位最好（A player），10%的员工定位最差（C player），另外70%的员工按照表现给予相应的定级，而公司将依据对每个人的考核结果进行工资调整、晋升及各种奖惩措施。

这种“强制分配”的评价方法虽然可以使企业较容易地将有限的资源分配到优秀员工身上，起到奖勤罚懒、鼓舞团队士气、激励员工更好表现并有助于竞争，给予优秀员工肯定和奖励，从而加强员工对公司的忠诚度和认同感，提高落后员工的个人约束力，但它仍然存在以下一些不可忽视的缺点。

① 绩效评估者个人喜好对评价结果影响过大。

有资料表明，目前92%的工作绩效评价是由直接主管人员来进行的，更多为上级主管经理。故主管经理的个人喜好不同会造成评估结果大相径庭。甲公司的考评基本从两个方面来衡量：业绩和价值观。

业绩方面多为较为量化的指标，如销售指标、工作差错指标、利润指标等，能够有客观的评价标准。但价值观的衡量却难以用上述指标完成，如甲公司对领导能力的价值观归为4E：Energy、Energize、Edge、Execution，即活力、激励、锋芒、执行。不同领导对此考评有不同的尺度。如市场部门有一员工，办事果断，说话直接，经常提出不同的意见，作出一些特立独行的举动，同时也得罪了不少同事和客户。在2000年时，当时的部门经理对他的行为非常欣赏，认为他有锋芒，有活力，在年度考评的时候，给予较高评价，被评为A类员工。在2001年时，部门换了一位新的部门经理，他对价值观的理解就和上一位经理不太一样，同样对这位员工，他认为太过张扬，不能与团队进行良好合作，影响与客户的良好关系，因此在年度考评时他将此员工评为B类员工。由此可以看出，绩效评估者的主观倾向对评价结果有着较大的影响。

又如，由于部门员工较多，加之在不同的工作地点工作，主管经理不可能对每个人的情况都能有详细的了解。那么，比较善于与主管沟通的人可能会给主管较好的印象；反之，则可能较差。例如，有一次主管要求部门员工提交一份重要的分地域市场调查报告，而他要将结果汇报给即将来中国访问的公司总裁。一位在外地工作的同事，因为出差繁忙且忙于解决客户问题，未能在规定时间内提交他所负责区域的报告，虽然他平时工作勤勤恳恳，但仍然给主管留下了工作拖沓的印象。反之，那些以主管为中心的员工，不管其其他任务完成得如何，总能给主管留下较好的印象。

② 造成强者越强模式。强制性地将员工划层定级，极易造成强者越强的模式。得到肯定并得到较多机会的员工会加倍努力，表现愈加突出，而其他员工由于没有得到充分肯定或对考评结果不满，也许会增加挫折感，降低对公司及上级领导的认同感，从而影响工作效率；更严重的结果会造成优秀员工的流失，降低公司的凝聚力和团队精神的发挥。

例如，在甲公司医疗系统的销售部，有两位员工表现都较为良好，且销售业绩、利润率等各项考核指标都不相上下，但公司有硬性规定，只能有20%的员工能被评为A类员工，享受较高的奖金福利及其他奖励，在当时情况下，意味着只有其中一位能被评为A员工，其上级经理在左右为难的情况下，将甲评为A员工，而将乙评为B类员工。结果公布后，乙员工心理上不平衡，工作质量明显下降，三个月之后，他就跳槽了。

③ 部门与部门之间考评标准不一，但奖惩标准却一样，造成部门之间的矛盾及员工心理上的不平衡。

例如，不同部门在同一绩效考核季度中面临的状况并不一样，如生产部定下的目标完成，考评通过，而财务部定下的目标由于市场因素，没有完成，最后财务部中大多员工考核较差，虽然他们大多很努力。这就会造成员工心理不平衡。

2. 量表法

1）*图尺度量表法*

图尺度量表法，就是在示意图的基础上使用非定义的评价尺度的一种量表法。在使用图尺度量表法时会随量表附有各个评价因素的定义。

图尺度量表法（Graphic Rating Scale）是一种最简单、运用最普遍的绩效评价技术。图尺度量表法列举了一些绩效特征要素（如质量、可靠性等），同时还分别为每一个绩效特征要素列举了取值范围（从不令人满意到优异）。在进行绩效评价时，你需要做的就是，在最能够反映下属雇员在某一项绩效特征要素的分数上画圈或者打钩。然后再将雇员在所有要素上的得分进行加总。图尺度量表法的示例见表2-5。

表 2-5 图尺度量表法的示例

员工姓名________________职位________________
所属部门________________员工编号________________
绩效评价原因：□年度例行 □晋升 □绩效不佳
□绩效加薪 □试用期结束 □其他
员工开始担任该职位的日期____/____/____
上一次评价的日期____/____/____正式评价日期____/____/____
说明：请根据员工从事工作的现有要求仔细地对员工的工作业绩加以评价。请核查各代表员工绩效等级的小方框。如果绩效等级不合适，请以“不适合评价”（N/A）字样标明。请按照尺度中所标明的等级来核定员工的工作绩效分数，并将其填写在相应的用于填写分数的方框内。最终的工作绩效结果通过将所有分数进行加总平均而得出。

评价等级说明

O：杰出（Outstanding）。在所有方面的绩效都十分突出，并且明显的比其他人的绩效要优异得多。

V：很好（Very Good）。工作业绩的大多数方面明显超出职位的要求。工作绩效是高质量的并且在考核期间一贯如此。

G：好（Good）。是一种称职的和可信赖的工作绩效水平，达到了工作绩效的要求。

I：需要改进（Improvement Needed）。在绩效的某一方面存在缺陷，需要进行改进。

U：不令人满意（Unsatisfactory）。工作绩效水平总的来说无法让人接受，必须立即加以改进。绩效评价等级在这一水平上的员工不能增加工资。

N：不做评论（Not Rated）。在绩效等级表中无法利用标准或因时间太短而无法得出结论。

一般性工作绩效评价要素	评价尺度	评价事实依据或评语
1：质量：所完成工作的精确度、彻底性和接受性	O □ 100-90 V □ 90-80 G □ 80-70 I □ 70-60 U □ 60 以下	得分________
2：生产率：在某一特定时间周期内所完成的工作数量和工作效率	O □ 100-90 V □ 90-80 G □ 80-70 I □ 70-60 U □ 60 以下	得分________
3：工作知识：在工作中所运用实践经验、技能以及信息的情况	O □ 100-90 V □ 90-80 G □ 80-70 I □ 70-60 U □ 60 以下	得分________
4：可靠性：雇员在完成工作任务并持续改进方面值得信赖的程度	O □ 100-90 V □ 90-80 G □ 80-70 I □ 70-60 U □ 60 以下	得分________
5：勤勉性：雇员上下班的准时程度、遵守规定的工间休息/用餐时间的情况以及总体的出勤率	O □ 100-90 V □ 90-80 G □ 80-70 I □ 70-60 U □ 60 以下	得分________
6：独立性：在需要很少监督或不需要监督情况下完成工作的程度	O □ 100-90 V □ 90-80 G □ 80-70 I □ 70-60 U □ 60 以下	得分________

资料来源：德斯勒. 人力资源管理. 吴雯芳，刘昕，译. 北京：中国人民大学出版社，2005.

2）行为锚定量表法

行为锚定量表法（Behaviorally Anchored Ratings Method，BARM），是由美国学者史密斯和肯德尔于1963年在美国“全国护士联合会”的资助下研究提出的，是一种利用特定行为锚定量表上不同的点的图形评价方法，由传统的绩效评定表（图尺度量表法或等级择一法等）演变而来，是图尺度量表法与关键事件法的结合，是行为导向型量表法最典型的代表。

行为锚定等级评价法通过用一些特定的关于优良绩效和不良绩效的描述性事例来对一个量化的尺度加以解释或锚定，将描述性的关键事件评价法和量化的等级评价法（像图尺度量表法这样的评价工具）的优点结合了起来，即量化等级对应的关键事件。

（1）行为等级锚定法的步骤

① 获取关键事件。首先要求对某一职位比较了解的人（职位承担者及其上级主管）对一些代表该职位上的优良绩效和不良绩效的关键事件进行描述。

② 开发绩效维度。由上面这些人将这些关键事件合并成为为数不多的几个绩效维度（如5个或10个），并对其中的每一个绩效维度（如责任感、计划能力、组织能力）加以界定。

③ 重新分配关键事件。再由另外一组同样对职位比较了解的人对原始关键事件进行重新分类。他们会得到已经界定好的工作绩效维度及所有的关键事件，所要做的是将所有这些关键事件分别放入他们认为最适合的绩效维度中。如果就同一关键事件而言，第二组中有一定比例（通常是50%～80%）以上的人将其放入的绩效维度与第一组人将其放入的绩效维度相同，那么，这一关键事件的最后位置就可以确定在这一绩效维度中。

④ 对这些关键事件进行评价。在用关键事件来描述行为后，第二组人还要再对这些行为在每一绩效维度方面所代表的有效和无效程度加以评定（一般采用7点尺度或9点尺度）。

⑤ 建立最终的绩效评价工具。对于每一个工作绩效维度来说，选择6～7个关键事件作为其行为锚。

例如，考评销售员的“客户服务质量”指标的行为锚定评分量表由图2-3所示的七个等级构成。

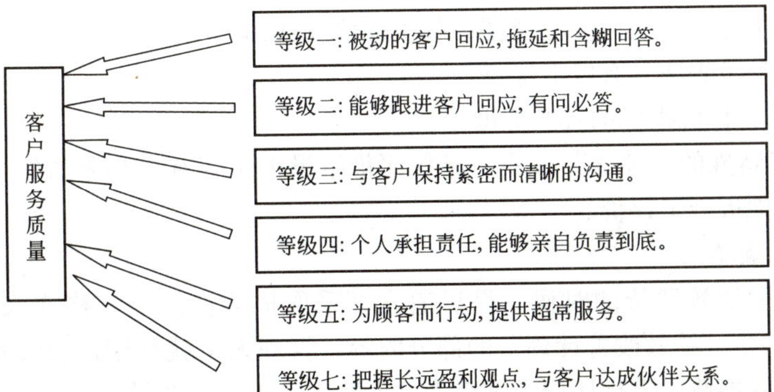

图2-3　销售员的客户服务质量行为锚定评分量表

(2) 行为锚定法的优点

BARM 与一般量表法最大的区别在于它使用特殊的行为锚定方式规定评价指标的尺度。其优点如下。

① 评价指标之间的独立性较高。将众多关键事件归纳为 5～6 种绩效维度（如“知识和判断力”）的做法，使得各绩效维度之间的相对独立性很高。避免在某一维度得分高而导致所有维度得分高。

② 评价尺度更加精确。由那些最为熟悉的人来编制“锚定物”，能更加确切地找出最适合某个特定岗位的评价尺度。以工作分析为基础，依据的是员工的客观行为，有利于评价者更加清楚地理解各个评价等级的含义，避免发生各类评价误差。

③ 具有良好的反馈功能。关键事件可以使评价者更容易向评价者提供反馈。

④ 适合用来为奖金的分配提供依据。一方面，量表法能提供可供员工之间相互比较的评价结果，因而适用于为奖金分配；另一方面，员工参与的程度强，决策依据是客观的事实，作为此类决策的依据容易被员工所接受。

⑤ 具有较好的一致性和较高的信度，即不同评价者对同一个人进行绩效评价时，得出的结论基本相似。

行为锚定评价法和图示法都要求评价者根据个人特征评定员工，与图示不同的是它没有使用数目或一系列的形容词表示不同绩效水平，而使用反映不同绩效水平的具体工作行为的例子来锚定每一个评价指标的标志。

行为锚定法是典型的行为导向型的量表法，要求评价者对正在执行任务的员工进行评价，而不是针对预期的工作目标进行评价。最大的问题可能在于评价者在尝试从量表中选择一种代表员工绩效水平的行为时会有困难。行为表现可能出现在量表的两端。

3) 混合标准量表法

混合标准量表法（Mixed Standard Scales）是美国学者布兰兹 1965 年提出的，属于行为导向型量表法。

行为导向型量表法最主要的特征是所有评价指标的各级标度被混在一起随机排列，而不是按照评价指标的一定顺序进行排列，因而对每一个行为锚定物都作出“高于”、“等于”或“低于”的评价，而不是在一个指标选出某一个水平作为最终的评价。

行为导向型量表法的具体做法是：在确定绩效评价指标之后，分别对每一个维度内代表好、中、差绩效的标度用行为和结果描述相结合的方式加以阐明，最后在实际评价表格中将所有指标的三个标度混合在一起供评价者选择。

行为导向型量表法具有以下优点：

① 打散了各评价指标的各级标度；

② 采用了特殊的“评分”方式，寻找评价结果中是否有自相矛盾的情况来判断评价者是否认真地进行了评价。

4) 描述性表格法

在进行书面绩效评价的时候，最后通常都采取描述性的语言格式来结束。例如，表 2-6 就是一份“绩效改善计划”的部分内容，管理人员就利用这份计划来对雇员所取得的进步与发展情况进行评价。这个人的上级主管人员需要做三件事：

① 针对每一种绩效要素或技能对下属的工作绩效进行评价；

② 写下关键的绩效事例；

③ 制订一份绩效改善计划。

这些做法可以帮助雇员理解自己的绩效在哪些方面是好的、哪些方面是不好的，以及应当如何改善自己的工作绩效。

表 2-6　绩效改善计划

姓名________________________________日期________________________________

职位名称____________________________部门/事业部__________________________

Ⅰ. 目的和目标

设计本表格和流程的目的在于协助主管人员对下属雇员完成工作的情况进行分析，也就是说，对这些下属人员在履行工作职责过程中运用个人的知识和技能的情况进行评价，完成这份绩效分析表并在随后与雇员进行讨论的主要目的是，帮助雇员改善自己的工作绩效。

Ⅱ. 程序与步骤

1. 绩效评价要素和技能要求。这里的个人技能和绩效要素所代表的是：大多数雇员在完成他们的工作时所必须具备的主要能力。请在仔细阅读对每一绩效要素的描述之后，运用下列标准对雇员的技能熟练程度进行评价。

S：强

SA：令人满意

N：需改进

NA：不适用

在本表格的下端留有空格，您可以填写自己认为很重要，但是在表格中没有列举出来的绩效要素或技能。但是我们建议您不要将与工作绩效无关的一些个性特征因素添加进来。

2. 绩效分析与事例。这部分内容要求你提供一些与特定工作绩效有关的、可观察的雇员行为事例来支持你所作出的判断。这些事例均应根据雇员（在完成一项任务或执行项目的时候所表现出来的）行为和言谈与绩效要素之间所存在的关系来加以说明。

3. 绩效改善计划。在这一部分所要列举的是能够帮助雇员改善绩效的那些具体的行动。我们建议最好是由上级主管和下属雇员通过共同讨论来协商制订此计划。这里所说的行动应当集中在那些能够为雇员开发必需的技能提供机会的各种活动、任务、培训及工作职责的增加等方面。书面的绩效改善计划还需要指明应当由谁来对计划实施的每一步骤负责，同时还要制定一个完成计划的时间表以及对绩效改善进展情况进行监控的绩效反馈或跟踪过程。

4. 与雇员进行讨论。对每一种绩效要素或技能的评价和分析都应当与雇员进行讨论。这种讨论的主要着眼点应当是解决问题，也就是说，激发雇员去思考引起技能或知识不足的可能原因是什么，同时使他们去考虑应当采取何种措施来改善不良的工作绩效。主管人员和雇员应当通过共同讨论来找出引起雇员绩效不良的原因，并且就改善绩效的行动方案达成一致。总之，绩效改善计划必须具有现实性，应采取书面形式，并且在未来的工作中进行跟踪。

绩效要素/技能	绩效分析或事例	绩效改善计划
计划能力：进行预测，制定目标、战略和行动方案，编制预算，制作工作时间表，制定项目规划，编写程序等方面的能力。		
组织能力：组织各种活动以达到预定目标、进行授权、完成人员配备及利用各种可用资源的能力		

资料来源：Handbook of personnel forms，records，and reports. New York：McGraw-Hill，1982：216-219.

3. 目标管理法（MBO）

目标管理法是指企业内部各层管理者通过重要工作目标的设立，以对其工作进度和工作效率进行自我控制和自我评价，从而使员工在工作完成后得到满足感，以激励员工的责任心和荣誉感，发挥工作潜能，进而提升企业效率的一种管理方法。MBO 导向绩效管理通常分为四个阶段：计划、指导、考评和激励。这与目标管理的计划、执行、检查和反馈四个阶段相对应。

目标管理法要求管理人员与每一位雇员共同制定一套便于衡量的具体工作目标，并定期与雇员共同审查其目标完成情况。要想建立一套实用的目标管理计划，需要与下属一起共同制定目标，并定期向他们提供反馈。不过，目标管理法通常是指一种复杂的、涵盖整个组织的目标设立和评价体系。

1）目标管理法的步骤

目标管理评价方法主要包括6个实施步骤。

① 制定组织目标：制订下一年工作计划，确定公司相应的目标。

② 制定部门目标：各部门负责人在了解到公司目标（如将利润提高20%）后，还要与其上级共同制定本部门的工作目标。

③ 讨论部门目标：就本部门的目标与下属展开讨论（部门全会），并要求雇员初步制定自己个人的工作目标。

④ 对预期成果的界定（确定个人目标）：部门负责人与其下属人员共同制定短期的个人绩效目标。

⑤ 工作绩效评估：部门负责人对每一位雇员的实际工作绩效与他们事前商定的雇员个人工作目标进行比较。

⑥ 提供反馈：部门负责人与下属雇员一起讨论和评价雇员在目标实现方面所取得的成就。

2）运用目标管理法可能出现的问题

① 所制定的目标不够明确，不具有可衡量性是一个最主要的问题，如“更好地做好培训工作”，这个目标就不具有可衡量性，何谓“更好”？没有确切的标准，而“使4名下属在本年度得到提升”才是可以衡量的。

② 目标管理法比较费时间：订立目标、衡量雇员在目标实现方面的进展、向雇员反馈等，这些会导致每年必须在每一位雇员身上至少花费几个小时的时间，而这通常超出以前对雇员的工作绩效进行评价所花费的时间。

③ 与下属共同制定目标的过程会变成“口舌战”。这就需要对职位和雇员能力都十分了解。因为想要激励雇员达成工作绩效，就必须使目标本身不仅是公平的，而且是雇员能够达到的。对下属人员的能力越了解，所制定的绩效标准就会越有信心。

其他学者对于目标管理方法的评价既有正面的也有负面的。南方卫理工会大学商学院的理查德·H·巴斯柯克指出了MBO的观点具有哥白尼般的突破性效应：“他注重管理行为的结果而不是对行为的监控，这是一个重大的贡献，因为他已经把管理的整个重点从工作努力，即输入—转移到生产率，即输出上来。”而“质量革命之父”W·爱德华兹·戴明则认为，目标管理与质量是相抵触的：它只强调目标，而不是过程；它解决的是最终结果的问题，而不是实现这一结果所采取的手段的问题。一个组织可以用任何手段达到所需要的任何目的，这是一种短期行为。事实上，目标管理的方法在绩效评价过程中，其主要作用在于发挥员工的自我监督与控制能力，从而取代外部监控，并得到较之以前外部施压监管之下更好的绩效。然而，正如戴明所指出的那样，MBO并不能对企业经营过程给予有力的追踪与控制。

4. 基于计算机和网络的绩效评价

绩效评价软件系统，让管理人员对下属在全年的表现加以记录，并且使他们可以电子化的方式对下属一系列绩效特征的等级作出评价，尔后生成一份书面电子文档，来对每一个部分的评价提供支持。例如，有些产品以菜单的形式提供了10多种绩效评价维度，包括可靠性、主动性、沟通能力、决策能力、领导能力、判断力、计划能力及生产率等。在每一个绩效评价维度内又包含若干个不同的绩效评价要素，也是以菜单的形式提供的，如沟通能力进一步细分为：书面沟通能力、语言表达能力、对反馈和批评的接受性、倾听能力、集中于所要达到的结果进行沟通的能力、向他人通报信息的能力及开放性等。当软件的使用者单击某一个绩效要素时，则会看到一个较为复杂的图形等级量表法，不过，在这一雇员评价系统中，图形等级量表法不是以数字形式表示的，而是采取行为锚定事例来加以区分的。例如，对“语言表达能力”这一绩效要素来说，从“能够清楚地表达自己的观点”到“表达缺乏结构性”之间，一共可以找到6种选择。当管理人员选择了能够最有效地描述下属的词句后，软件就会生成一份对雇员的绩效进行评价的文字范本。

绩效评价网，可以让管理人员根据雇员的工作胜任能力、目标及开发计划来对下属进行在线评价。管理人员可以从标准能力库中选择像“沟通能力”这样的工作胜任能力，也可以创建自己的能力类型。

电子化绩效监控系统是计算机化绩效评价的一个最终结果。主管人员可以通过电子手段来监控雇员每天处理的计算机化数据的数量，进而对其工作绩效进行监控。在接受调查的雇员中，那些确切知道他们是什么时候被监控的人，往往比那些不知道自己何时被监控的人所表现出来的自控感更低一些。

2.2.2 360°考核法

360°，顾名思义，就是多角度或全视角。它是一种从不同层面的人员中收集考评信息，从多个视角对员工进行综合绩效考评并提供反馈的方法，或者说是一种基于上级、同事、下级和客户及自身等信息资源的收集来评估绩效的方法。

360°考核定义为：一个组织中各个级别的、了解和熟悉被评价对象的人员，如直接主管或上级、同事及下属等，以及与其经常打交道的外部顾客对其效绩、重要的工作能力和特定的工作行为与技巧等提供客观、真实的反馈信息，以考核评价被评对象的绩效及贡献。360°考核模式综合运用了心理学、心理统计与评价、社会学、组织行为学、管理学、人力资源管理等科学理论，多角度、多来源地对组织及个人的效绩、发展需要等方面作出客观、准确的评估，促使企业人员提高管理技能和工作业绩，改善团队工作，为组织的变化与未来发展打下坚实的基础。360°考核的合理性使得这种被称为“一致评价过程”的方法能够产生更富有意义的评价。

1. 360°考核的优点

1）广泛、全面的信息

360°考核使用包含外部和内部评价的各种来源，涉及各级评价者：直接主管人员、同事、下级和顾客。有全方位的评价信息提供者，会使评价更为全面，涵盖被考评对象的各类工作胜任特征。它同传统的绩效管理方法相比具有更多的信息渠道，与只有上级介入的方法相比更有可能发现问题。

2）多方位、多角度

从任何一个方面去观察，作出的判断都难免片面，运用多角度、全方位的考核评价则可以减少个人偏见及误差，使评价结果更加准确、客观。360°考核的考核者来自企业内外的不同层面，这样得到的信息更准确，得到的考评信息角度更多，考核评价更全面、更客观。

3）误差小

360°考核的考评者不仅来自不同层面，而且每个层面的考核者都有若干名，考核结果取其平均值，从统计学的角度看，其结果更接近于客观情况，可减少个人偏见及评分误差。

2. 360°考核的可靠性分析

360°考核要求所有的评价来源必须是那些最了解被评价对象工作行为的人，或至少要能够有机会观察和了解被评价对象。要求使用科学、标准化的操作程序进行评价，保证所有的评价参与者对评价具体过程、评价技术与工具等都要有一个统一、正确的认识与理解，以保证公平、有效、客观和准确。但是由于被考评者处在一个动态的人际环境中，被评者与评价者之间有着复杂的人际关系，在评价过程中，人的心理因素、行为因素等会使考核的可靠性受到一定影响。

1）员工在自评过程中往往自我估计过高或过低

有人说自己最了解自己，但事实上并不完全如此。许多研究表明，员工对自身的了解并不全面，自我知觉通常是不准确的。自我评价者会寻找借口为自己开脱，隐瞒或夸大实际情况。

2）其他考评者对被考评者没有上级了解全面

上级最清楚被评者的目标达成率，而目标完成情况是其他考评者的回馈无法提供的。如平级部门之间，在日常工作中，并不会与企业内所有部门都有密切的工作关系，所以对其他部门的工作也很难全面地了解。而下级员工对其领导者的工作，一般来说也很难有全面和较客观的认识，因为平时工作中接触到的只是与其相关的部分内容，而这位领导者真正的全面表现也只有直接上级才能全面了解和掌握员工的工作情况和业绩。

3）存在评价者的个人偏见

在绩效考核中，被评者之间的个人差异（主要是指年龄、种族和性别这一类个人特点方面的差异），有时候也会影响其所得到的评价，甚至会导致其所得到的评价大大偏离其实际工作绩效。而且员工过去的绩效状况也可能影响他们当前所得到的绩效评价水平。这种历史事实所造成的误导可能会以偏见形式表现出来。另外，人们可能强调被考核人绩效的某一方面，而忽视其他方面。

4）有利害关系的权衡

在考核过程中，会出现因同事竞争、下级对上级权威的惧怕感而使考评有偏移。例如，下属对上级进行评价有可能担心遭到报复而舞弊，同事评价中可能会有私心存在。另外，在实际情况中，采用上级、平级（相关部门）、下级360°评价的考核方式，会使员工的考核趋向于考察员工的“人缘状况”如何，一个员工为人处世水平会在心理上极大地影响其他员工对他的考核结果。这种权衡利害关系的心理状态在日常工作中很难量化测定，其负面影响使得考核工作更加困难。

5）非正式组织的影响

非正式组织是没有正式规定的群体，其成员之间的相互关系带有明显的情绪色彩，以个人之间的好感、喜爱为基础。非正式组织的成员希望被组织接受和重视的愿望可能会导致不同意见被压制。在决策和评价时组织成员都追求观点的统一，这将使得考核结果趋同，不能反映真实情况。而且非正式组织中的群体思维会给绩效评价的客观性带来一定的冲击。群体思维是这样一种情况，群体对于从众的压力使群体对不寻常的、少数人的或不受欢迎的观点得不出客观的评价。如果非正式组织中存在着较强的群体思维，则会直接影响绩效评价的可靠性。

3. 对360°考核的改进

对于由以上原因造成的360°考核可靠性较差的问题，可以从以下几个方面进行改进，使360°考核更真实、公正、可信。

1）对不同的评价者定不同的考核内容

上级考核者主要注重考核被考核人的业务知识、业务技能、应变能力、创新能力、工作效率、工作主动性、解决问题的能力和目标完成情况等。因为直接领导通常处于最佳的位置观察员工的工作业绩及工作素质，从一位上级主管人员那里获得的对其下属员工的关于业务知识、业务技能、应变能力、创新能力、工作效率、工作主动性、解决问题的能力和目标完成情况等的评价较为准确，并且主管人员对员工评价的内容通常也较为熟悉。同级考核者主要考核被考核人的协作精神、计划能力、人际技能、工作态度、创造和维护良好的工作氛围等。部门内部的同事比任何人对彼此的工作中表现出来的特质更为了解，故能更为准确地对对方在工作中体现出来的计划能力、人际技能、团队协作和工作态度作出评价。而且同级评价中包括众多的观点且不针对某一个人，评价结果可以使被考评者认识到自身的长处及缺陷，并在工作中去注重培养相关的技能。

下级考核者主要考核被考核人的领导控制能力、决策能力、业务能力、组织能力、正确识才用人能力、对下属绩效管理能力及品行操守等。这可使企业的中、高层管理者对自身的管理风格进行诊断，认识到工作中所存在的领导行为问题。下属处于一个较为有利的位置来观察其领导的管理效果，可有效地激励管理者改进工作方式。

顾客考核人主要考核被考核人的服务态度、服务水平、服务质量、服务效果等。现代企业通过对企业顾客、消费者、客户的关注、维持与发展来提高企业的竞争优势和经营业绩。顾客的评价可以使被考评者在服务态度、服务水平、服务质量、服务效果等方面做一些改进。

2）对不同的评价者定不同的考核权重

因为不同的评价者所处的角度不同，观察到被评价者的内容也不同，对整体的考评结果有不同的影响。因此需根据企业的实际情况、企业发展所处的生命周期及企业的使命对不同的评价者定不同的权重。如企业处于创业期，鼓励员工为实现企业的项目利润而努力，则应给上级考核者的评价定一个高的权重，以使员工注重开拓业务能力，促使目标完成。若企业鼓励以客户为导向的经营方式，则顾客参与360°考核所占的权重应大一些。如若企业在某一时段注重建立相互协作、共同进步的企业文化，则应赋予同级考核者较高的权重。若企业有意挖掘具有管理潜力的人才，则应提高下级考核者考评的权重。

3）明确的工作绩效评价标准与严格的培训

为了保证360°考核的可靠性，使考评达到预期的目标，要对整个360°考核的实施过程严格把关，有明确的工作绩效评价标准，并对参与评价者进行如何向他人提供反馈和评估方法的训练和指导，形成让人们严格遵守考核评价标准来考核的动力。否则，只是改变现有评估的测度和方式，不仅不能体现其优越性，而且可能会带来许多问题。在360°考核的实施过程中，要加强监控和管理，更要建立对于评价目的和方法的可靠性的认同。

2.2.3　KPI 考评法

Key Performance Indicators（KPI）即关键绩效指标，发端于财务管理时代的财务控制指标，后来应用于绩效考评中，并经过近半个世纪的演变后发展成为一种衡量组织和员工个人工作绩效的重要考评方法，即 KPI 考评法。

1. KPI 考评法的产生与发展

在绩效考评的发展过程中，由于初期人们对绩效的理解仅限于“结果”，尤其是财务意义上的“结果”，因此，来自财务方面的少数指标必然成为各种考评方法中的考评指标。这个时期的考评指标虽然不叫 KPI，也不能对组织战略目标的实现起到直接的促进作用，但是这种抓住关键、以少治多的做法体现了 KPI 的思想，是 KPI 的雏形和发展基础。随着人们对战略管理的日益重视，人们发现企业战略目标的实现往往依赖于关键业务领域的某些关键要素，即关键成功要素，实施战略管理的重点在于抓住这些关键成功要素。因此，如何确定关键业务领域、如何区分关键成功要素以及如何对这些关键成功要素进行控制和考评便成了理论界和实践领域关注的焦点。在这种情况下，人们开始研究通过绩效考评指标的设置来实现对关键成功要素的控制，进而促进企业战略目标实现的方法，考评法应运而生。此后，人们普遍意识到 KPI 考评法对战略实施的重要意义，开始细致入微地关注于对 KPI 考评法各个方面的研究，具体针对 KPI 的含义、KPI 的标准、KPI 的内容、KPI 指标体系设置的方法等一系列问题展开了深刻的探讨，并在诸多问题上得出了较为一致的研究结果，使 KPI 考评法不断趋于完善。

2. KPI 考评法的概念

企业的战略目标通常都是整体的、概括的、抽象的和不易直接实施的，必须将其进一步细分成若干个业务领域的具体任务并经由特殊的流程具体实施，方案方能最终实现。在这些细分后的业务领域中，有一些对战略目标的实现起关键影响作用，我们称其为关键业务领域。在这些关键业务领域中又存在着一些关键成功要素，它们分布在业务流程的各个节点上，其状况好坏直接影响着关键业务的绩效，并最终决定着企业战略目标的实现程度。按照这种逻辑关系，在关键业务流程的节点处设置关键绩效指标以便控制关键成功因素并对关键业务进行考评，便是实施战略管理过程控制的关键所在。

KPI，即关键绩效指标，是通过对组织内部某一流程的输入端、输出端的关键参数进行设置、取样、计算、分析来衡量流程绩效的一种目标式量化管理指标。相应地，KPI 考评法就是以 KPI 为基础的绩效考评方法。在这种考评方法中，绩效考评指标均源自对企业及其运作过程中关键成功要素的提炼和归纳，其目的是建立一种机制，借以将企业战略转化为内部过程和活动，使企业全体成员了解公司战略方向，明确自己的目标任务，并把绩效考评建立在量化的基础之上，从而起到落实战略目标和传递公司价值的作用。

为了更好地理解 KPI 考评法，必须注意以下几点。

① 关键绩效指标是绩效考评指标而不是绩效目标。关键绩效指标源于对关键成功要素的提炼和归纳，与战略目标密切相关却不等同于绩效目标。实际上，关键绩效指标体系加上赋值便可成为绩效目标，也就是说关键绩效指标体系为制定绩效目标奠定了基础。

② 关键绩效指标是可量化的或可行为化的标准指标体系，而不是能力或态度指标体系。也就是说，关键绩效指标必须是可以量化的，如果难以去量化也必须是可以行为化的。如果既不可量化也不可行为化，那么它便不能成为关键绩效指标。

③ 关键绩效指标是关键的绩效指标，而不是一般的或全部的绩效指标。任何一个岗位都有许多绩效考评指标，但是 KPI 仅仅是那些对战略实施具有重要意义的关键性指标。也就是说，关键绩效指标是绩效考评指标，但是并不是所有的绩效考评指标都是关键绩效指标。

④ 关键绩效指标是对组织战略目标有增值作用的绩效指标。企业战略实施过程实质上是一个价值创造和价值增值的过程，关键绩效指标是连接个体绩效与组织目标的桥梁，它能引导员工为实现组织战略目标而努力，任何一个 KPI 对应的关键绩效目标的实现都有利于企业价值的提高。

关键绩效指标之“关键”二字是指企业在某一阶段战略上要解决的最主要的问题，因此，关键绩效指标考评法的最大特点就是其指标设置与企业的战略挂钩。同时，与一般绩效指标相比，关键绩效指标把个人和部门的目标与公司整体的成败联系起来，更具有长远的战略意义和实践意义。

3. KPI 考评法的原理

1）“二八”原理

管理学中存在一个重要的管理原理，即“二八原理”，基本含义是在一个企业的价值创造过程中，存在着“20/80”的规律，即 20%的骨干人员创造企业 80%的价值。同样地，在每一位员工身上“二八原理”同样适用，即 80%的工作任务是由 20%的关键行为完成的。因此，只要抓住这 20%的关键行为，对之进行分析和衡量就能抓住绩效考评的重心。关键绩效考评法之“关键”二字正是此意。

2）目标管理原理

目标管理的实质在于将组织战略目标逐层分解，为每个部门、每个员工制定具体、翔实、具有可操作性的目标，使部门和员工明确自己的目标和行动方向，并在目标的激励下自发、自主地工作，完成各自的目标。KPI 考评法与此同理，它将组织战略落实到关键业务领域的关键任务上，为关键成功要素设置控制、评价指标，通过这些关键绩效指标使部门和员工进一步明确工作重点和努力方向，使他们能够把精力集中在业务上面，高效率地完成关键业务。

3）木桶原理

“木桶原理”是管理学中的又一重要原理，基本含义是木桶的最大盛水量不取决于木桶的长板，而取决于木桶的短板。在管理学中“木桶原理”是指企业经营业绩的好坏不在于企业擅长什么，而在于企业不擅长什么，企业不擅长的地方往往是进一步发展的关键所在，管理的重心应该放在这些关键的薄弱环节，而不是每时每刻都进行全面管理。这一点与“二八原理”如出一辙，也正是关键绩效指标考评法之关键所在。

4. KPI考评法的作用

1）对绩效管理实施的作用

基于KPI的绩效管理是现行的比较常用的绩效管理模式之一，而KPI考评法为企业绩效管理提供了基础性数据。由于关键绩效指标大多是可量化和可行为化的，KPI考评法是量化考评的一种重要形式，因此，它提供的数据具有很强的客观性和公正性，能够最大限度地避免各种人为因素造成的评价偏差，确保考评的公平公正性，保障绩效管理的有效实施。

2）对战略实施的作用

企业的战略目标通常都是整体的、概括的、抽象的和不易直接实施的，无数的例子都表明准确地传递和落实战略目标并不是一件容易的事情。因此，如何使战略落实一直是企业头疼的问题。要解决这个问题，需要借助一些方法和工具，KPI考评法便是其中之一。

KPI考评法中的绩效考评指标体系都是从企业的战略目标中分析得出的，是由企业决策层负责制定的指标体系，它架起了战略性目标和员工具体工作目标之间的桥梁。具体而言，一套完整的KPI体系反映了企业对战略不同方面的衡量，构成了支撑战略目标的框架；按照这个框架添加内容，给关键绩效指标赋值便可将其变成具有可操作性的绩效目标，整个企业的目标体系便唾手可得。

除此之外，KPI提供了一个战略牵引方向，引导企业所有员工都围绕这个指向战略实施的指针开展工作，目标明确，方向一致，容易形成各司其职、戮力同心的局面，避免资源浪费在无关紧要的事务上。

5. KPI体系的设计思路

关键绩效指标体系包括三个层面的指标：第一个层面是企业级的KPI，是通过基于战略的关键成功要素法分析得出的；第二个层面是部门级的KPI，是根据企业级KPI、部门职责、业务流程等分解而来的；第三个层面是个人的KPI，是根据部门KPI、岗位职责和业务流程演化而来的。这三个层面的指标共同构成企业关键绩效指标体系。它们以企业级KPI分解、组织职能分工及业务流程等内在逻辑为线索纵横交织、相互支持，成为一个有机的整体。

KPI体系的设计是一个由上至下的过程，应遵循以下思路。

1）制定企业级KPI

首先要明确企业的战略，并在企业高层和KPI专家参与的企业会议上利用头脑风暴法和鱼骨分析法找出企业的业务重点，即关键业务领域。然后，再用头脑风暴法等找出这些关键业务领域的关键成功要素，并由此提取、归纳出企业级的KPI。

2）制定部门级KPI

在企业级KPI制定之后，在专家的指导下，部门主管或根据部门职责，或根据业务流程，抑或根据企业级的KPI制定本部门的KPI。这三种途径都各有利弊，具有不同的适用情况。通常情况是，三种途径都要考虑才能保障KPI体系科学严谨、繁简得当。当然，这个过程并不是部门主管一个人闭门造车的过程，相反，因为涉及KPI指标的统筹协调，所以通常需要由来自高层的管理者协助各部门主管完成KPI的协调工作。

3）制定员工个人 KPI

与部门级 KPI 类似，员工个人的 KPI 也要依据部门级 KPI、岗位职责及业务流程等来制定，需要部门主管负责完成员工 KPI 在部门内的协调。对于那些涉及多个部门的业务，在设定员工 KPI 时还应由这些部门的主管协同相关员工共同完成。

不管是部门级 KPI 还是员工个人 KPI，都必须保障能够对各自的关键成功要素进行控制、对关键业务进行衡量，都能够支持上一级 KPI，并能够服务于企业战略目标的实现。

4）设定绩效考评标准

设定考评标准往往与建立关键绩效考评指标体系同步完成，之所以将其分开介绍，主要是为了分清两个概念的差异，并引起对绩效标准设置的重视。一般而言，关键绩效指标指的是从哪些方面对工作进行衡量，而标准指的是被考评者在各个指标上分别应该达到什么样的水平。

考评标准的设置较之关键绩效指标体系的建立相对容易，但要想制定一个有激励作用的绩效标准也并非易事。标准过高会让人望而生畏，过低则无法激发人们努力的激情，而"高"与"低"又都是相对而言的，因人而异。通常的做法是为每个关键绩效指标设置两个标准——一个基本标准和一个卓越标准。基本标准代表完成工作任务的基本要求，大多数人经过努力都可以达到；卓越标准表达了组织对员工作出进一步努力的期望，只有少数人经过努力才能达到。这一高一低、一难一易，中间的差距恰能起到激励所有员工向更高标准迈进的作用。

5）审核关键绩效指标体系

对关键绩效指标进行审核的目的主要是为了检验这些关键指标能否全面、客观地反映被考察对象的工作绩效，是否适合于考核操作，从而为适时调整工作产出及重新设置考评标准提供依据。对关键绩效指标体系进行审核通常需要考虑以下问题：关键绩效指标是否可以证明和观察；不同考评主体对同一考评对象用同一指标进行考评，结果是否一致；关键绩效指标体系是否可以解释考评对象 80%以上的工作目标，以及这些关键绩效指标是否便于跟踪和监控。

关键绩效指标体系的建立并不是一次性完成的，需要经过无数次的审核、调整、再审核、再调整方能最终确立。

6. KPI 考评法的设计与实施要点

1）KPI 体系设计的原则和标准

与普通的绩效考评指标相比，KPI 考评法中的考评指标必须是关键的、可量化或可行为化的，同时也是对战略目标具有增值意义的。因此其设计除了遵循一般考评指标必须遵循的 SMART 原则之外，还必须达到一定的标准。

（1）SMART 原则

SMART 是五个英文单词第一个字母的缩写，其中，S（Specific）指的是"具体的"，即关键绩效指标必须是具体的，具有明确的指导性；M（Measurable）指的是"可测量的"，即关键绩效指标必须是可量化的或者是可行为化的，验证这些绩效指标的数据和信息是可以获得的；A（Attainable）指的是"可达到的"，即关键绩效指标对应的绩效标准通过员工的努力或流程的改进是可以达到的；R（Realistic）指的是"实际的"，即关键绩效指标必须与公司的战略目标、部门任务及职位职责相联系，而不能是虚拟的或者是凭空假设的；T（Time-bound）指的是“有时间限制的”，即完成或达到预定标准是在一定时间限制内的，体现了实施 KPI 考评体系的效率性。

(2) KPI 体系的标准

首先，关键绩效指标必须满足“关键”、“可量化或可行为化”、“对战略目标具有增值意义”等标准，这是关键绩效指标的首要标准。在 KPI 概念的解释中已经体现了这一点。其次，关键绩效指标体系必须主线明确，重点突出，且简洁实用。关键绩效指标之“关键”二字的另一层含义就是“少数”、“简洁”，而非“全面”、“复杂”，这就要求关键绩效指标体系必须抓住关键，主线清晰，并能够起到纲举目张的作用。再次，关键绩效指标体系在责任明确的基础上，要强调各部门的连带责任，能够促进各部门的协调，且不迁就部门的可控性和权限。关键绩效指标来源于对企业关键业务领域、关键成功元素的提炼与归纳。从业务流程的角度看，关键业务往往涉及多个部门，因此，其完成既需要各部门各司其职，也需要各部门通力合作，共同对关键业务的实现负责。强调连带责任、不迁就部门的可控性和权限使各部门都围绕关键业务行动，有助于打破部门本位主义，保障各项关键绩效指标都无一遗漏地得到执行。

2）部门级 KPI 和员工个人 KPI 构建的方法

在企业级 KPI、部门级 KPI 和员工个人 KPI 中，企业级 KPI 主要由企业高层人员和 KPI 专家在充分研究企业战略目标的基础上，通过鱼骨分析技术对关键业务领域的关键成功要素进行提炼和归纳而来，这已是公认的行之有效的方法。而部门级 KPI、员工个人 KPI 或源自对上一级 KPI 的分解，或源自部门（岗位）职责，或源自业务流程分析，学者们的研究众说纷纭，莫衷一是。

有学者认为，纯粹地通过分解上一级 KPI 来构建部门级和员工级 KPI 会使部门和员工滋生本位主义，即只关注于自己的 KPI 而忽视对其他部门的支持和协助。业务流程分析法（又称内部客户关系图法或部门单处法）虽然考虑到了部门之间的协作与支持问题，将对其他部门的支持纳入部门的 KPI 体系，但其结果并不理想，因为，这些部门只会为了支持而支持，并不会关心自己的支持是否真的可以帮助其他部门完成其 KPI，因此，这种“支持性”的 KPI 也就没有意义了。而片面强调部门（岗位）职责的方法更是割裂了部门和员工 KPI 与企业战略目标之间的联系，很容易制定出一些关乎部门而不关乎企业战略的所谓的 KPI，它们并不是真正的 KPI。由此可见，上述三种方法都不足以独立指导部门和员工个人 KPI 的制定，应该将三者有机结合起来或者再开发出一种更为有效的方法。

7. KPI 考评法的优缺点

1）优点

与传统的考评方法相比，KPI 作为一种系统的考评方法具有自身显著的优点。

① 避免了因战略性目标本身的整体性和沟通风险造成的传递困难，给各级管理者提供了客观的标准和角度来制定基于战略、支持战略的各级目标。

② KPI 考评法有助于各级管理者意识到本身、本部门在组织战略实施中的位置和职责。KPI 体系是属于整个系统的，相应的部门要承担起相应的 KPI，而其承担的 KPI 代表了部门对整个企业的价值，这有助于打破部门本位主义。

2）缺点

KPI 考评法尚处于发展完善阶段，诸多方面尚不尽如人意，其主要缺点表现在以下几个方面。

① 虽然它正确地强调了战略的成功实施必须有一套与战略紧密相关的关键绩效指标体系来保证，却没有提供一套明确的、具有操作性的、行之有效的流程作为制定关键绩效指标体系的指导，KPI 考评法总体上显得比较粗糙。

② KPI 考评法没有提供一套完整的、对操作具有指导意义的指标框架体系。虽然每个组织的战略不一样，关键的业务领域和关键成功要素也不同，很难制定出通用的关键绩效指标体系。但是企业运营具有共通之处，还是有可能制定出一套具有指导意义的 KPI 指标体系框架，或者 KPI 规划蓝图以便参考之用。目前，KPI 考评法尚没有开发出这样一套指导框架体系。

2.2.4 BSC 考评法

1. 平衡记分卡的由来

由于战略本身的长远性，组织中的员工对它的理解可能会有很大不同，在实施过程中产生与之不一致的行为，形成达到战略目标的障碍。基于战略管理的重要性和在实际操作中的不尽如人意，美国哈佛大学的 Robert S. Kaplan 和 David P. Norton 教授在 20 世纪 90 年代提出了平衡计分卡（Balance Score card，BSC）理论。

2. 平衡记分卡的产生背景

1）平衡记分卡产生的管理实践背景

20 世纪 70—80 年代日本企业竞争力的崛起对美国企业提出了巨大的挑战，这种挑战使得美国企业和学者去研究日本企业的制胜之道。于是在美国先后兴起了战略管理热潮与全面质量管理运动。平衡记分卡自身的发展延续当代管理会计从会计向管理的提升轨迹：一方面对内深化，一方面对外扩展。不断向组织管理的上游和核心进军，摆脱因受财务会计牵连失去相关性而被边缘化的危机（黄志强，2006）。

平衡记分卡的诞生，赋予了管理者思考非财务绩效指标的合法性及恰当方法。在实践中的意义就是使企业更加关注长远发展、无形资产的保值和增值，以及整个企业的战略制定、执行、监控和反馈。

2）平衡记分卡产生的绩效考评技术背景

在 20 世纪以前两权合一的传统企业里，简单成本指标及后来的标准成本指标曾是评价企业经营业绩的主要方法，这种指标曾经对于降低生产成本、提高生产效率起到过积极的作用。进入 20 世纪以后，资本主义市场经济开始由自由竞争过渡到垄断竞争，然而成本指标却难以适应企业面临的市场竞争加剧的现实，急需进一步改进。到 20 世纪 60 年代利润率开始成为评价企业业绩的主要指标。但是利润指标本身所具有的短期性特征，容易导致经营者行为短期化，难以适应现代企业业绩评价的需要。于是人们开始寻求更好的业绩评价方法，斯图尔特提出了经济增加值（EVA）的概念。EVA 考虑了企业经营的全部成本，因而被称为是股东利润。它的产生适应了两权分离的现代公司治理的需要，然而却无法摆脱财务指标所固有的缺陷——短期导向，体现在它无法有效地反映顾客、雇员、供应商等利益相关者对促进企业将来绩效的重要作用。在提高 EVA 的同时可能损害了利益相关者的利益，从而最终破坏企业的长期价值，因而迫切需要作出进一步的改进，即融合非财务业绩评价方法。于是，克罗斯（Kelvin Cross）

和林齐（Richard Lynch）在 20 世纪 90 年代初提出了一个把企业的总体战略与财务和非财务信息结合起来的业绩评价系统，即业绩金字塔。

在业绩金字塔中，企业总体战略位于最高层，由此产生企业的具体战略目标。战略目标的传递呈多级瀑布式向企业组织逐级传递，直到最基层的作业中心。制定了科学的战略目标，作业中心就可以开始建立合理的经营业绩指标，以满足战略目标的要求，然后，这些指标再反馈给企业高层管理人员，作为企业制定未来战略目标的基础。其结构如图 2－4 所示。

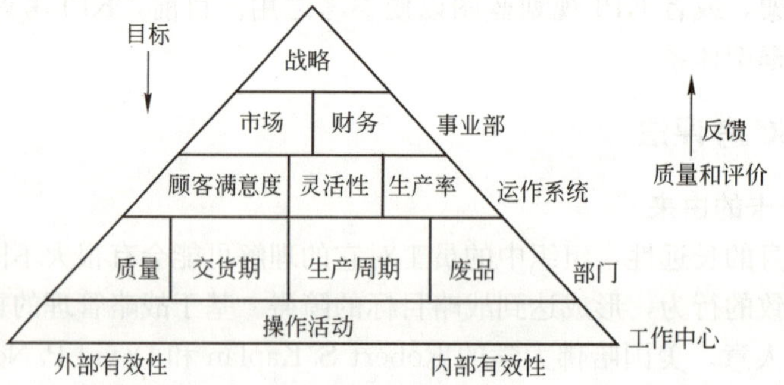

图 2－4　业绩金字塔

在这个体系中，着重强调了组织战略在确定业绩评价指标中所扮演的重要角色，反映了业绩目标和业绩指标的互赢性，揭示了战略目标从上而下和经营指标从下而上逐级重复运动的等级制度。这个逐级循环的过程揭示了企业的持续发展能力，对正确评价企业业绩有着十分重要的意义。然而，业绩金字塔模型最主要的缺点是在评价指标中没有涉及组织学习能力方面的内容。而在竞争日趋激烈的今天，对组织学习能力的评价却尤为重要。这正是虽然该模型在理论上已经比较完善，但在实际工作中利用率偏低的主要原因之一。

在业绩金字塔的启发之下，平衡记分卡以一种更为精练和简洁的方式开始出现。它加入组织学习与成长的指标体系，逻辑和应用上更符合时代的需要。

3. 平衡记分卡的发展历史

1）平衡记分卡的萌芽时期（1987—1989 年）

在 Robert S. Kaplan 和 David P. Norton 研究平衡记分卡之前，Analog Device（简称 ADI）公司最早于 1987 年就进行了平衡记分卡实践尝试。

在 1987 年，ADI 公司又开始了公司战略方案的调整。与以前所不同的是，这次的战略方案制订，公司决策层意识到战略不仅仅要注重制定过程的本身，还要更加注意战略实施。为了确保战略目标特别是重点的 3 个战略重点目标的实现，ADI 推行了一个名为“质量提高”的子项目，简称 QIP（Quality Improvement Process）。在该项目进行的同时，ADI 公司继续将战略目标实现的关键成功要素转化为年度经营绩效计划，由此衍生出了世界上第一张平衡记分卡的雏形。

在 ADI 公司实施全面质量管理的过程中，公司为了推行作业成本法特地邀请了一部分管理学者参与，哈佛商学院的教授 Robert S. Kaplan 就是其中的一位，他本人是这样描述他是如何发现 ADI 公司记分卡过程的：“在参观和整理案例的过程中，我们也将一个公司高层用来评价公司整体绩效的记分卡加以文本化。这个记分卡除了传统的财务指标外，还包括客户服务指标（主要涉及供货时间、及时交货）、内部生产流程（产量、质量和成本）和新产品发展（革新）……”

在帮助ADI公司推行ABC的过程中，Kaplan发现了ADI的平衡记分卡，并认识到它的重要价值。Kaplan与Norton在后期又做了学术上的深化，并把它推广到全球的企业中。

2）平衡记分卡的理论研究时期（1990—1993年）

在Robert S. Kaplan教授发现ADI公司的第一张平衡记分卡后的日子里，他与复兴全球战略集团（Nolan-Norton）总裁David P. Norton开始了平衡记分卡的理论研究。

平衡记分卡的研究课题首先是从公司绩效考核开始的。1990年美国的复兴全球战略集团Nolan-Norton专门设立了一个为期一年的新的公司绩效考核模式开发，Nolan-Norton的执行总裁David P. Norton任该项目的项目经理，Robert S. Kaplan担任学术顾问，参加此次项目开发的还有通用电气公司、杜邦、惠普等12家著名的公司。项目小组重点对ADI公司的记分卡进行了深入的研究并将其在公司绩效考核方面扩展、深化，并将研究成果命名为“平衡记分卡（Balanced Scorecard）”。该小组的最终研究报告详细地阐述了平衡记分卡对公司绩效考核的重大贡献意义，并建立了平衡记分卡的四个考核维度：财务、顾客、内部运营与学习发展。

1992年初，Kaplan和Norton将平衡记分卡的研究结果在《哈佛商业评论》上进行了总结，这是他们公开发表的第一篇关于平衡记分卡的论文。论文的名称为《平衡记分卡——驱动绩效指标》，在论文中Kaplan和Norton详细阐述了1990年参加最初研究项目采用平衡记分卡进行公司绩效考核所获得的益处。该论文发表后Kaplan和Norton很快就受到了几家公司的邀请，平衡记分卡开始得到企业界的关注。

平衡记分卡理论研究的第二个重要里程碑是：1993年Kaplan和Norton将平衡记分卡延伸到企业的战略管理之中。在最初的企业平衡记分卡实践中，Kaplan和Norton发现平衡记分卡能够传递公司的战略。他们认为平衡记分卡不仅仅是公司绩效考核的工具，更为重要的，它还是一个公司战略管理的工具。Kaplan和Norton为此发表了在《哈佛商业评论》的第二篇关于平衡记分卡的重要论文《在实践中运用平衡记分卡》，在这篇文章中他们明确指出企业应当根据企业战略实施的关键成功要素来选择绩效考核的指标。

3）平衡记分卡的推广应用时期（1994至今）

1993年Kaplan和Norton将平衡记分卡延伸到企业的战略管理系统之后，平衡记分卡开始广泛得到全球企业界的接受与认同，越来越多的企业在平衡记分卡的实践项目中受益，同时平衡记分卡还延伸到非营利性的组织机构中。

1996年，Kaplan和Norton继续在《哈佛商业评论》上发表第三篇关于平衡记分卡的论文，他们一方面重申了平衡记分卡作为战略管理工具对于企业战略实践的重要性；另一方面从管理大师彼得·德鲁克的目标管理中吸取精髓，在论文中解释了平衡记分卡作为战略与绩效管理工具的框架，该框架包括设定目标、编制行动计划、分配预算资金、绩效的指导与反馈及连接薪酬激励机制等内容。同年，他们还出版了第一本关于平衡记分卡的专著《平衡记分卡》，该著作更加详尽地阐述了平衡记分卡的上述两方面内容。

2001年随着平衡记分卡在全球的风靡，Kaplan和Norton在总结众多企业实践成功经验的基础上，又出版了其第二部关于平衡记分卡的专著《战略中心组织》。在该著作中，Kaplan和Norton指出企业可以通过平衡记分卡，依据公司的战略来建立企业内部的组织管理模式，要让企业的核心流程聚焦于企业的战略实践。该著作的出版又标志着平衡记分卡开始成为组织管理的重要工具。

4. 平衡记分卡的概念、内容及功能

平衡记分卡是把企业的使命和战略转化为一套全方位的运作目标和绩效指标，作为执行战略和监控的工具，同时也是一种管理方法和有效的沟通工具。

平衡记分卡是一张从四个角度（通常是四个角度）出发，应用一系列绩效考核指标描述企业经营活动行为的表格，它是从四个角度为企业的经营活动制定相应绩效考核的短期及长期指标，经过企业一定时期的经营活动，最终检验企业是否达到当初制定的目标、计划，以及评价这些目标计划的可行性。

平衡记分卡包括四个角度的内容。

1）财务角度

财务指标概括了过去的容易衡量的经济结果，可以显示企业的战略及其实施和执行是否对改善企业盈利做出贡献。例如，

① 财务效益指标：净资产收益率、总资产报酬率、销售（营业）利润率、成本费用利润率。

② 衡量资产运营状态的指标：总资产周转率、流动资产周转率、存货周转率、应收账款周转率。

③ 衡量偿债能力的指标：资产负债率、流动比率、速动比率、现金流转负债率、长期资产适合率。

④ 衡量成长的指标：销售增长率、人均销售增长率、人均利润增长率、总资产增长率。

⑤ 常用其他财务指标：投资回报率、资本保值增值率、社会贡献率、总资产贡献率、全员劳动生产率、产品销售率、附加价值率。

2）客户角度

管理者确立了企业将要参与竞争的客户和市场部分，以及在这些目标客户和市场中的衡量指标。例如：

① 市场占有率；

② 客户维系率、新顾客开发率；

③ 顾客满意度；

④ 顾客盈利率；

⑤ 产品和服务属性——供货时间、产品合格率、服务保证、退货率、价格、形象和商誉等。

3）内部流程角度

管理者要确认组织必须擅长的关键的内部流程，帮助企业提供价值主张，以吸引和留住目标细分市场的客户，并满足股东对卓越财务回报的期望。例如，新产品推出的速

度、设计能力、技术水准、制造效率、安全性、售后服务等指标。

4）学习和创新角度

确立了企业要创造长期的成长和改善就必须建立的基础框架。激烈的全球竞争迫使企业必须投资于员工技术的再造、信息技术和系统的加强、组织程序和日常工作的理顺。具体如下。

① 员工能力：员工满意度、员工流动性、员工生产力、劳动效率、员工培训次数、奖励与员工士气。

② 信息系统状况：信息覆盖率、信息系统灵敏度（反应时间、周期、成本）、信息系统更新率。

③ 员工提案建议数、建议节约额、授权与分权程度。

④ 新产品：新产品数量、新产品推出速度、新产品销售额占总销售额的比例。

⑤ 制造相关：制造改善状况、废料降低情况。

一般而言，上述指标体系不可能全部应用和反映到平衡记分卡里面，否则会给企业的绩效管理带来严重的信息超载。不仅起不到全面的考察作用，相反会使企业的绩效考核系统实际处于无效状态。所以企业在应用和开发平衡记分卡的时候一定要结合自己企业的实际状况开发相应的指标体系（Kaplan & Norton，1992）。图 2－5 显示了一个简单的平衡记分卡。

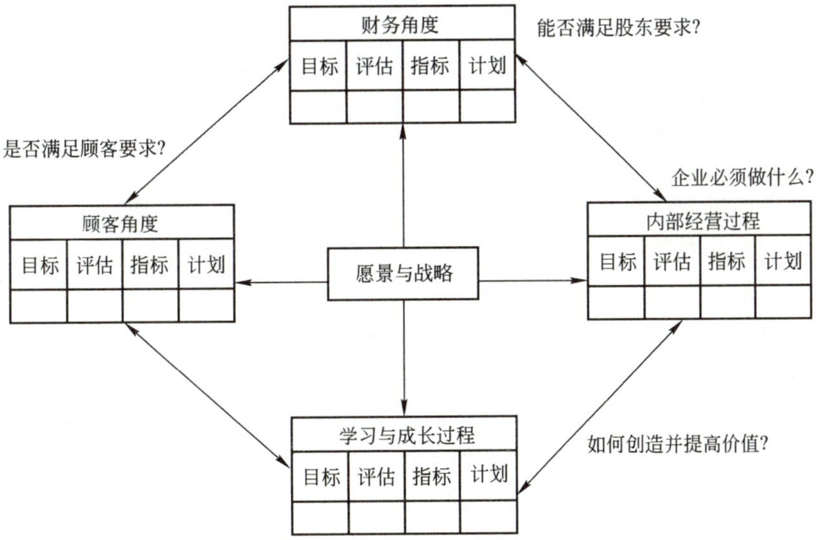

图 2－5　平衡记分卡

5. 平衡记分卡的设计思路

平衡记分卡的设计，需要分阶段、分层次、循序渐进地进行。为了分析方便，可依据特定情况将其分为以下四个阶段。

第一，在愿景陈述和阐明战略阶段，由于基层员工很难将企业的愿景和战略与自己的工作联系起来，因此应将平衡记分卡与战略挂钩，把企业的战略转换为特定的战略目标，并为实现战略目标确认几个关键的驱动因素。在确定财务目标时，管理层必须考虑是注重收入和市场成长、盈利能力，还是创造现金流量；在客户方面，管理层必须明确指出他们应该在哪些客户群体和市场中竞争，平衡记分卡的设计使他们明确在哪些客户群体最可取、应该为这些目标客户提供哪些产品和服务；内部流程方面，强调为客户和股东获得突破性业绩的流程是最关键的，结果往往揭示了企业要使其战略获得成功所必须做好的、全新的内部流程；学习与成长目标，揭示了企业为什么必须大量投资于员工的知识更新、信息技术和系统以及强化企业管理程序等。

第二，在沟通和整合阶段，可以利用平衡记分卡宣传战略。通过宣传可以使员工加深对战略的了解，让他们明白必须完成哪些重大目标，企业的战略才能获得成功。

当所有员工都了解了高层目标和指标后，他们就能确定局部目标来支持企业的整体战略。

同时，平衡记分卡为企业管理者和董事会对企业的战略进行沟通和作出承诺提供了基础，不但讨论短期的财务目标，而且涉及制定和实施一个为获得未来突破性业绩的战略。董事会成员也应通过了解平衡计分卡来监督企业的高级管理者和整个企业的业绩表现。

第三，在业务规划阶段，可以把平衡记分卡用于执行战略和计划的过程，将战略转化为行动。首先，为战略性的衡量指标制定长期的目标，高层管理者应当为记分卡指标设计 3～5 年的财务目标值，并为客户、内部流程及学习与成长等层面确定挑战性目标值。其次，制订能够实现这一目标的战略性计划，包括企业经营战略的定位与选择、企业资源计划、行动方案及企业应完善和改造的对企业战略成功至关重要的流程。最后，为战略计划确定短期目标，即把长期目标中的第一年目标转化为平衡记分卡中四类具体的指标，并找出其最具有意义的绩效衡量指标。这些步骤为组织目标转化为切实的行动提供了途径。

第四，反馈与学习阶段，这在瞬息万变的经营环境中显得格外重要。平衡记分卡使他们能监督和调整自身战略的实施，并在必要时对战略本身进行根本性的改变。在反馈阶段，管理者通过为财务及其他记分卡指标制定近期里程碑，使得每月和每季的管理研讨都能检验企业的财务结果。管理者还能仔细研究企业在客户、内部经营与革新、员工、系统和程序等方面是否达到了其所规定的目标值，当某项指标未达到预期目标值时，管理者需要对企业内外部环境进行重新分析、检查，据以确定战略的环境因素是否已发生变化，是否需要调整战略。

在学习阶段，要将平衡记分卡融入战略学习的框架之中，这一阶段是最具创新性也最为重要的方面，它使组织学习得以在高级管理层中进行。通过以上四个阶段，企业可以建立起一个战略管理体系。这四个阶段形成一个循环往复的过程，如反馈与学习流程可融入到下一个愿景和战略流程之中，以符合最新的战略要求，并成为驱动下一期业绩改进的重要因素。

6. 平衡记分卡的新应用

平衡记分卡的卓越表现使得在实际应用之中，很多企业和学者尝试将其基本框架和思想引入到企业管理的其他领域来改进这个领域的管理，实践证明，这种创新性的引用如果结合实际作出有效的和合理的调整，将会有不错的实施效果。下面试举几例对平衡记分卡的新应用进行探索。

1）将平衡记分卡引入企业激励机制的思考

平衡记分卡是把企业及其内部各部门的任务和决策转化为多样的、相互联系的目标，然后再把目标分解成多项指标的多元业绩评价系统（黄跃辉、陈晶瑛，2007）。它不仅是一种评价体系，还是一种有利于企业取得突破性竞争业绩的战略管理工具，并且可以进一步作为企业有效激励机制的基石。他们认为平衡记分卡的激励作用主要表现为：保证激励的公开、公平性；保证激励的客观性；实现内在激励与外在激励的有机结合。

2）将平衡记分卡引入战略预警体系

根据经济预警理论与方法、企业预警系统的运行原理，利用平衡记分卡的思想设计预警指标体系，并通过对传统功效系数法的优化，规范预警指标体系，可以为企业建立战略预警系统提供指导和借鉴（韩彦峰，2006）。

传统的基于财务指标构建的企业预警系统，能够对财务预算及其执行情况进行较好的评价和警报，但由于其指标局限于财务方面，因此并不能全面地反映企业经营战略的执行情况。平衡记分卡可以有效地分解企业经营战略，而且，基于平衡记分卡的预警系统可以对战略的执行情况进行综合评价和警报，这可以促进企业在日益激烈的市场竞争中，正确地评价企业的经营能力和战略执行的正确性，进而对提高其核心竞争能力发挥促进作用。

3）将平衡记分卡作为系统提升的工具

平衡记分卡虽然是一种非常好的基于战略目标基础衍生而来的有效的绩效考核方式，但是它的使用并非是毫无基础的（刘瑾，2006）。相反，平衡记分卡在企业的成功应用是以企业良好的管理基础、清晰的工作流程为基础的。全面预算管理、优化流程、明晰组织架构与职位职责、建立任职资格体系及取得内部人员的支持与配合都是一个公司实施平衡记分卡与绩效管理系统的必要条件。

在中国企业基础工作普遍不够扎实的情况下，可以换一种思路在企业应用这种工具，即在目前状况下暂时不把平衡记分卡看作是一种战略管理工具，而把它看成是一种有效的管理提升工具。企业可以应用平衡记分卡来顺藤摸瓜、查遗补缺，提升管理水平。一是检查组织机构及人员设置，先检查企业是否有合乎实际的、明确清晰的企业战略；再检查企业的组织机构是否是围绕着企业战略目标的实现而设立的，并且检查各部门边界及职责是否清晰；接着是部门职位设置是否合理，职位职责是否清楚，各部门职位职责的综合是否能够满足需要，职位任职资格体系是否建立。二是检查企业的各项基础性管理工作是否健全，管理流程、业务流程是否清晰、健全。三是加强培训，将平衡记分卡管理理念、操作方法传达给各级领导和员工，取得他们的支持。

4）将平衡记分卡作为实施 KPI 的依据

有些学者考虑到实施和选择 KPI 的难度，认为平衡记分卡可以作为确定 KPI 的基础（王忠江，2006）。作为战略管理的工具，平衡记分卡把战略放在了公司管理过程的核心地位，并使得企业战略在公司各个层面都得到了具体体现，有效地向公司管理层传达了业绩的推动要素是什么，以及如何通过对客户、内部运营、员工等方面的投资来实现新的股东价值。这为我们建立 KPI 指标体系指明了一个方向，即通过多维度的视角来分析公司的战略目标，通过对战略目标的层层分解来传达公司的战略要求，使公司的各个部门、员工的工作内容紧密围绕企业的战略目标，并通过具体行动计划的实施确保企业战略的实现。

5）将平衡记分卡引入到供应链管理

平衡记分卡作为供应链绩效评价的手段，以战略目标为出发点，把企业各部门的任务、决策、流程转化为既独立又相互联系的目标，然后再把目标分解成多项指标进行评价。基于平衡记分卡的思想，结合主成分分析法和数据包络分析，建立供应链企业绩效评价模型，全面反映供应链的绩效，为供应链的持续改进提供帮助（喻伟、周国华，2007）。

6）将平衡记分卡引入到知识链管理

刘军（2004）认为在实施知识链管理的过程中，企业的目标应该更加具体、明确，容易衡量。平衡记分卡作为一种管理工具，为我们提供了很好的思路。运用平衡记分卡进行知识链管理在企业实际管理中更具有可操作性。

从平衡记分卡角度分析，进行知识链管理应该实现财务、客户、学习和发展及过程四个方面的平衡。“财务”是指知识链管理需要协助企业创造直接的经济绩效；“学习和发展”则是要帮助企业员工和组织增强业务能力和实现个人职业发展；“客户”和“过程”则描述了知识链管理在协助企业实现具体的业务目标中应起的作用——创造客户价值和改善业务过程。

把知识识别、知识捕获、知识组织、知识外化、知识创新归结为知识活动。把知识价值用员工发展链、过程改善链、客户服务链、财务盈利链四个价值链表示。

——员工发展链。企业进行知识管理要能够促进员工的全面发展，提升员工素质，激发员工的工作动力。

——过程改善链。企业进行知识管理要注重企业本身工作流程的不断改善，减少内部各部门的不和谐因素，提高工作效率。

——客户服务链。企业进行知识管理要为客户提供更加优质的服务和产品，提升客户价值，吸引更多的客户。

——财务盈利链。企业进行知识管理要能够实现财务上的盈利，这是企业生存的根本，也是企业实施知识管理的根本原因。

知识链的管理中，价值的形成应该是在这四条链中实现平衡，不能只注重一点，不及其余。为使知识链管理落到实处，对每条知识链分别制定可量化或可具体评估的衡量标准，并找出每个知识链中的关键价值贡献点，作为此条知识链管理的方向。

7. 平衡记分卡的功能

平衡记分卡的基本功能，在于其实现了以下几个方面的平衡。

① 外部衡量和内部衡量，平衡记分卡将评价的视线范围由传统企业内部评价，扩大到企业外部，包括股东、顾客；同时以全新的眼光重新认识企业内部，即注重结果的同时还注意企业内部流程及企业的学习和成长这种企业的无形资产。

② 结果性指标与动因性指标，企业应当清楚其所追求的结果性指标（如利润、市场占有率）和产生这些结果的动因性指标（如新产品开发投资、员工训练、信息更新）。只有正确地找到这些动因，企业才可能有效地获得所要的成果。

③ 领先指标与滞后指标，财务指标是一个滞后指标，它只能反映公司过去的业绩。平衡记分卡对于领先指标（客户、内部流程、学习与成长）的关注，使企业更关注于过程，而不仅仅是事后的结果。此外，平衡记分卡还实现了定量衡量和定性衡量之间、短

期目标和长期目标之间及财务指标和非财务指标等的平衡。

鉴于战略管理存在着一些自身无法克服的缺陷，各国专家、学者在寻求解决方法时发现，一种绩效管理工具——平衡记分卡能比较全面地弥补战略管理的不足。

首先，平衡记分卡可以帮助企业建立一套战略管理的基础框架，它从四个角度为企业战略管理的制定做全方位的思考，来理清其管理思路，将企业战略详尽地描述出来。

其次，平衡记分卡可以协调战略行动方案，帮助实施企业战略，能将企业的日常运作管理与发展战略和愿景结合起来。将具体的战略行动计划分解到每个部门、每个员工，加强企业与员工之间的沟通与交流，并使他们都能明确自己的任务和职责。

再次，平衡记分卡将战略分成四个不同象限的运作目标，并依此四象限分别设计适量的绩效衡量指标，提供企业运作所必需的信息。它还采用了衡量未来业绩的驱动因素指标，弥补了仅仅衡量过去业绩的财务指标的不足。

8. 平衡记分卡的优缺点

1）优点

平衡记分卡自从产生那一日起就受到了广泛的关注和赞誉。《哈佛商业评论》庆祝创刊80年之际，隆重评选出了“过去80年来最具影响力的十大管理理念”，平衡记分卡名列第二，足见其影响之广、价值之大。以美国为例，有关统计数字显示，到1997年，美国财富500强企业已有60%左右实施了绩效管理，而在银行、保险公司等所谓的财务服务行业，这一比例则更高，这与美国企业在20世纪90年代整体的优秀表现不能说毫无关系。再看一看政府方面，BSC在90年代初提出，到了1993年美国政府就通过了《政府绩效与结果法案》（*The Government Performance and Result Act*）。今天，美国联邦政府的几乎所有部门、各兵种及大部分州政府都已建立和实施了绩效管理，目前的重心已转入在城市及县一级的政府推行绩效管理。

平衡记分卡首先是在美国的众多企业得到实施，现今已经推广到全球很多国家的企业。在行业上，平衡记分卡几乎涉足各个行业，全球各个行业的企业（甚至包括一些非营利性机构）对平衡记分卡的需求每年也以成倍的速度增长。2003年Balanced Scorecard Collaborative Pty Ltd的调查统计显示：在全世界范围内有73%的受访企业正在或计划在不久的将来实施平衡记分卡；有21%的企业对平衡记分卡保持观望态度；只有6%的企业不打算实施平衡记分卡。

平衡记分卡的风行源于它卓越的应用价值，实践证明用平衡记分卡能够带来好的投资回报率，具体而言其价值体现在以下几个方面。

（1）简洁、精练

平衡记分卡只选择了有限但是非常有效的四个关键战略方面来衡量企业绩效，“企业的问题不是他们的指标太少，而是太多，企业在听到每一个咨询顾问或是员工提出的合理建议时都会试图增加考核指标”，卡普兰和诺顿认为，平衡记分卡可以一目了然地给经理人员提供企业绩效信息，大大降低了信息超载的程度（Kaplan & Norton，1992）。

（2）全面、系统

平衡记分卡在一份报告中综合了看起来在公司的竞争战略中互不关联的要素：客户导向、缩短反应时间、改进质量、强调团队、加快新产品的推出速度、长期导向等（Kaplan & Norton，1992）。它的优点在于避免了单一的财务指标带来的滞后性和片面性，使得企业在关注财务指标的同时还可以关注非财务指标。

(3) 防止次优选择

平衡记分卡综合了四个方面的内容，强迫经理们在决策的时候考虑各方面的因素，防止重大的运营决策建立获得一方面的成效却牺牲了其他方面的利益（Kaplan & Norton，1992）。

(4) 适应了知识管理和竞争发展的需要

进入21世纪，企业的员工日益知识化，竞争也逐渐从技术、资本、原材料等转化为知识的竞争、人才的竞争。这就要求企业关注知识管理和长期导向，要能在绩效考核与管理的系统之中反映出企业知识和技能管理的现状、前景和成效。平衡记分卡通过学习与成长的指标体系的引进满足了这一要求（Kaplan & Norton，1992）。

(5) 平衡性

平衡记分卡的理论出发点在于追求战略实施过程中矛盾的平衡，包括了战略目标与其驱动因素之间的平衡、近期目标与战略愿景之间的平衡、内部经营与外部需求之间的平衡，旨在全过程地进行战略沟通、全方位地促进企业战略的实施。平衡记分卡开创了综合性业绩评价模式的先河。

平衡记分卡集中体现了企业作为一个独立经营的经济实体，它在运行过程中所涉及的人力、物力和财力三大要素之间的交互作用及其相互关系，充分揭示了企业的资金流、物流与人力资源流之间如何在一定的环境条件下实现有效配置与平衡的客观规律性（华琦，2006）。

——企业的长期目标和短期目标的平衡

平衡记分卡主要是一种战略管理工具，如果以系统理论的观点来考虑平衡记分卡的实施过程，战略是输入，管理报告是输出，由此可以看出，平衡记分卡是从企业的战略开始，也就是从企业的长期目标开始，逐步分解到企业的短期目标。在关注企业长期发展的同时，平衡记分卡也关注了企业近期目标的完成，使企业的战略规划和年度计划很好地结合起来，解决了企业战略规划可操作性差的缺点。

——财务指标和非财务指标的平衡

目前企业考核的一般是财务指标，而对非财务指标（客户、内部业务流程、学习与成长）的考核很少，即使有，也只是定性的说明，缺乏量化的考核，缺乏系统性和全面性，而平衡记分卡是从四个维度全面地考察企业。这四个维度是财务、客户、内部业务流程及学习与创新，它体现了财务指标（财务）与非财务指标（客户、内部业务流程及学习与创新）之间的平衡。

——有形资产与无形资产的平衡

平衡记分卡不但关注企业的有形资产，同时关注为企业带来超额利润的无形资产。这种无形资产包括企业的品牌、人力资源、企业的信息系统和企业的组织优势等。

——企业组织内部群体与外部群体的平衡

平衡记分卡中，股东与客户为外部群体，员工和内部业务流程是内部群体，平衡记分卡认识到在有效实施战略的过程中平衡这些群体间矛盾的重要性。

——领先指标与滞后指标之间的平衡

财务、客户、内部业务流程、学习与成长这四个方面包含了领先指标和滞后指标。

财务指标就是一个滞后指标，它只能反映公司上一年度发生的情况，不能告诉企业如何改善业绩。平衡记分卡对于领先指标（客户、内部业务流程、学习与成长）的关注，使企业更关注于过程，而不仅仅是事后的结果，从而达到了领先指标和滞后指标之间的平衡。

（6）战略实施价值

平衡记分卡在战略实施方面有以下优点（刘瑾，2006）。

① 可以使员工充分理解企业战略。

只有企业组织的各个层次都理解并执行战略，战略才能成功地实施。企业战略制定以后，企业会通过各种形式和方法让员工通晓和理解企业发展战略，尽管如此，企业的底层员工还是会认为企业战略高高在上，与他们毫不相关，平衡记分卡有助于员工充分理解企业战略，并通过平衡记分卡使战略规划执行下去。

② 可以消除员工激励与企业目标不相匹配的障碍。

企业的各个层次通过制定与战略目标相联系的平衡记分卡凸显其价值创造活动，在四个维度的指标设计中，要突出与近阶段目标相一致的指标权重，把对这些指标考核评价结果直接与相关激励挂起钩来。只有所有员工真正了解能够带来未来价值的绩效动因并明确自己今后努力的方向，企业才会有持久竞争力。

③ 可以不断进行战略的调整。

战略是在变化的环境中实践的，企业只有加强对执行战略过程的控制与评价，才能适应环境的变化，不断调整和更新战略目标，完成战略任务。如何让企业各部门和员工理解和贯彻这种变化呢？最好的也是最有效的方式就是使用平衡记分卡，通过平衡记分卡四个维度指标的调整过程，把战略调整的思想由上至下地传递到各个岗位的任职人。

④ 可以消除资源不相匹配的障碍。

企业制定发展战略时常常把对企业实力的分析与企业战略规划这两个独立过程完全割裂开来，企业战略是一个长远的、具有前瞻性的目标规划，它不可能完全与现实的企业实力相匹配，因此，企业有必要分部门开发各种资源，积累各种资源，同时要在各个部门协调使用这些资源。而人力资源是企业的第一资源，在平衡记分卡的指标设置中要突出人才培养指标的权重，进行人才规划，以更好地使人“驾驭”财力资源和物力资源，达到资源匹配。

2）缺点

平衡记分卡自从产生的那一天起，甚至包括它最为辉煌的时候，就一直面对着各种各样的质疑与批评。对平衡记分卡的批评主要集中在对其理论结构的批评和对其实施过程中的障碍反思两个方面。

首先，对平衡记分卡的理论结构批评包括以下几个方面。

（1）平衡记分卡不适合作为运营管理工具

平衡记分卡的设计初衷是为了使高层管理者能够较为直观地看到企业绩效的现状，它缺乏一些过程指标和记录，所以不适合用于企业的操作层。而且平衡记分卡是一种管理和控制工具而非一种绩效改进工具。

虽然平衡记分卡指出了一些可能具有战略和竞争价值的关键领域让企业去关注，但是它本身没有很好地指出如何识别那些关键领域，如何测量这些关键领域以及如何用它指导企业的管理实践（Neely，1999）。

（2）平衡记分卡忽视了一些重要的利益相关者

平衡记分卡虽然克服了仅仅从财务方面反映绩效的片面性，但是根据它的逻辑结构可以看出其最终目的是促进股东的利益实现。按照利益相关者理论，平衡记分卡仅反映了利益相关者中的股东利益（财务角度）、顾客利益（顾客角度）、学习和创新（员工角度），但是企业利益相关者的范围远远不局限于这三个方面，还包括债权人、供应商、间接顾客、地理邻居及政府等，所以平衡记分卡有可能忽视了一些重要的利益相关者，从而使企业的绩效考核与绩效管理失效。

平衡记分卡忽视了供应商的利益，这样不利于企业快速反应市场、建立良好的供应商支持等（Atkinson，1997）。而其忽视了外部的供应链管理，内部的流程也很难实行优化。

平衡记分卡中完全忽视了竞争者的表现（Neely，1999）。而竞争者对企业而言是一个非常重要的利益相关者，如果脱离对竞争者行为和表现的观测、记录、测量及分析，企业就可能只生活在自己的世界中，忽视外界的变化，从而被时代抛弃。

就连卡普兰和诺顿也认为，必要的时候要将平衡记分卡的四个维度扩大，以容纳更多的利益相关者（Kaplan & Norton，1996）。但是扩大的维度在现有的因果关系链之中的位置如何处理，他们并没有论及。其次，股东利益与顾客利益、雇员利益的平衡也很难真正实现。平衡记分卡虽然也强调股东利益与顾客利益、员工利益的平衡，但从绩效动因来看，顾客利益和员工利益的满足不过是为了实现股东利益的手段，而不是价值创造的目标。当手段（顾客利益与员工利益）和目标（股东利益）发生矛盾时，手段往往屈服于目标。在这种思想的支配之下，真正的利益平衡是很难实现的（殷俊明等，2006）。一项通过对德国、奥地利和瑞士这三个德语国家公司的调查研究（Speckbacher，2003）也表明，在实践中，平衡记分卡仍然被看作是一个提高股东价值的工具，而不是像很多研究者认为的那样：平衡记分卡是一个整合相关者利益的管理工具。

（3）平衡记分卡的因果关系链存在缺陷

BSC的因果关系链和控制链存在缺陷。因果关系链被视作是BSC的核心和最具创造性的因子，同时也是BSC区别于其他绩效考核工具的理论精髓。然而对于这种因果关系链，卡普兰和诺顿（1996）在使用时没有给予严格的定义。BSC的四个维度之间的因果关系存在问题（Hanne，2000）：首先四个维度指标处于同一时点之上，BSC没有进行时间序列分析，不符合因果关系的前后关系；其次，各维度逻辑上不是相互独立的，如BSC假设顾客满意度和顾客忠诚度之间存在因果关系，即可以推出满意的顾客是忠诚的顾客，这本质上是概念之间的推导，即所谓的逻辑关系；此外，根据统计学原理，存在协方差的两个变量之间不具有因果关系，而卡普兰所依赖的Reichheld和Sasser1990年的研究恰恰表明，这两个变量之间存在协方差。因此顾客忠诚度和财务结果之间也不存在因果关系，即BSC中的顾客满意度高→顾客忠诚度高→财务结果好，这个因果链条并不存在。调查研究也发现，在大部分采用BSC的企业并没有理解4个维度之间、各维度与相应的测量指标之间的这种因果关系（Malmi，2001）。

（4）平衡记分卡的控制链存在缺陷

Hanne（2000）还认为，BSC的管理控制系统本质上也是一种自上而下的层级控制系统，存在着不能双向交流和有效与公司现有文化融合的问题。他引用一位被调查的经理的话说，“我知道有很多管理控制系统要比我们的好，BSC可能就是一个好的系统，但我们怕破坏了我们的企业文化，因为你知道，它的重建将是多么的困难。”

一项研究中也指出，要使得员工的行为有效，内部约束比外部约束更为重要，外部约束如规章制度能使员工成为一个好的执行者，但不能使员工成为一个具有主动性的问题解决者，这需要员工自身内部约束，需要员工对企业和组织文化的认同感和事业责任心，而这些显然不是通过股东利益→顾客满意→内部流程→员工行为这个因果链所能推导的（Argyris，1994）。

（5）平衡记分卡对外界环境的跟踪和调整能力不强

战略和衡量其业绩的BSC指标之间的密切关系一直被认为是BSC的一大创新和重要优点，但是这一点在信息时代不断遭到责难。随着市场变化和竞争激烈程度的加深，战略和目标也应该随着企业的经营环境而连续修正，这样，像BSC这样相对缺乏弹性的业绩评价系统就被认为不太适合或是需要修正（Atkinson，1997）。同时，对外部环境变化的认识，需要公司能不断监控竞争和科技的变化，也就是说BSC应该把外部环境加进去，成为一个不断接受环境变化而连续调整战略和行为的工具，而不是一种脉冲式的、间断的控制手段。

其次，平衡记分卡还存在一定程度上的实施障碍，包括以下几个方面。

（1）平衡记分卡的信息超载

虽然卡普兰试图避免考核指标过多带来的信息超载问题，但事实上，这个问题依然存在。Towers Perrin（1996）的调查表明40%的受访者认为大量的指标削弱了平衡记分卡的作用，削弱了业绩评价的有效性。

（2）平衡记分卡的多指标之间的权衡问题

平衡记分卡从四个方面、20多个指标对公司的业绩进行评价，但是同时使各个方面得到优化是不可能的。这就存在着各指标的权重之争，应该将对平衡记分卡的“平衡”的具体含义进行深入研究（Ittner，Larcker，Meyer，1997）。还有就是财务目标同其他三个目标甚至更多目标之间的竞争问题，其重要性会降低，不容易引起管理者的注意（Butler，1997）。

调查发现，虽然平衡记分卡传递了很多有用的信息，有利于员工之间和部门之间的交流，但是它并没有给出一个最终的综合性的评价，根本性的问题应该是平衡记分卡的权重问题悬而未决（Perrin，1996）。

（3）平衡记分卡的高成本

平衡记分卡实施的高成本也是使它深受诟病的原因之一。由于指标繁杂，开发比较困难，各种指标的协调也很难做到，BSC的优秀增加了使用它的难度。

9. 平衡记分卡在具体实施过程中应注意的问题

平衡记分卡并不能解决企业战略管理存在的所有问题。例如，战略管理存在的一个最大不足就是没有全面涉及企业的社会责任问题（如社会公益活动，环保等）。在越来越注重人类福利的社会，企业要想永远立于不败之地，就必须承担起自己应有的社会责任。除此之外，在具体实施过程中还应注意以下问题。

第一，不同的企业，其战略取向不同，由战略导出的平衡记分卡也完全不同。财务、客户、内部业务流程、学习与成长等策略并不一定体现在所有企业上，也并不是所有企业都只有这四个方面。因此，每个企业必须根据自己的愿景、任务与战略设计出能反映自己战略特色的平衡记分卡。

第二，注重沟通。在传递企业战略目标时，管理层必须能够向员工阐明公司的经营策略并取得员工的认同；在制订绩效计划及开展具体工作之前，管理层必须先与员工讨论并达成共识。在上下达到一定程度的沟通后，企业战略才能通过平衡记分卡有效地表达出来。

第三，在指标设置的权重上，四个指标应该一视同仁，没有偏向。四个方面构成一个整体的循环，如果在某一方面有所偏废，企业最后必然还是失败的。因为其循环发生了断裂，到后期必然成为企业的"短板"，限制企业的发展。综上所述，平衡记分卡通过联合企业所有部门的活动，围绕共同理解的目标，来支持战略计划的编制和实施，并辅助战略的评估和更新。然而，到这里并不是终止，而是新的开始。这一过程并不是完美的，平衡记分卡还有些无法解决的问题（如上述的社会责任等），需要专家、学者们进一步研究探索。

10. 对平衡记分卡的改进

针对平衡记分卡存在的问题，很多企业和学者进行了反思和总结，他们试图从各个角度去完善平衡记分卡，改进企业的绩效考核和绩效管理系统。现对后人的思考和改进总结如下。

1）利益相关者理论的提出

针对平衡记分卡存在的缺陷，阿特金森、詹森等对其进行了改进。阿特金森提出了利益相关者的战略业绩评价系统，他认为组织是由许多利益相关者构成的，主要包括：股东、雇员、顾客、供应商、社区、政府等，他分析了利益相关者的特征及其相互关系。

利益相关者对促进企业将来绩效具有重要的影响作用。

① 在帮助组织实现其目标的同时，要求得到相应的回报，利益相关者利益的满足是企业取得良好业绩的前提。

② 由于资本的稀缺性，在企业知识资本还不丰富的情况下，财务资本还是企业的主要资源，因此企业价值最大化在一定程度上就是股东价值最大化，股东价值最大化是企业的根本目标，其他利益相关者价值最大化是第二层次的目标。

③ 与平衡记分卡相比，阿特金森提出的战略业绩评价系统的可贵之处在于：提出了更全面的利益相关者概念，分析了促进企业将来绩效的因素。

2）以R&D绩效为核心的创新业绩评价：对平衡记分卡的发展

在当代，高新技术将成为未来推动经济增长最重要的力量。在企业，特别是高新技术企业，关键成员如核心技术研发人员对企业的生存和发展具有极其重要的作用，他们的离开将会对企业价值产生致命的打击。因而关键成员所拥有的知识资本开始被认为是与财务资本同等甚至更为重要的资源，这也将会打破长期以来所形成的"财务资本第一，股东利益至上"的观念，从而将会在高新技术企业率先形成不同于以前的全新的企业制度，即不仅是在理论上，而且在实践中企业越来越发展为财务资本与人力资本的结合。人力资本产权将是未来对企业关键成员的主要激励形式，而产权激励份额的大小则是他们对企业所做的贡献，衡量其贡献的形式就是业绩评价。然而当前的业绩评价研究主要偏重于评价企业高层管理者的经营业绩，而对核心技术研发人员等其他人力资本所有者的业绩评价方法研究甚少，因此如何评价其业绩将是业绩评价理论研究面临的新问题。

由于现代企业之间的竞争主要表现为核心能力的竞争，而企业之间的核心能力和核心价值更多地体现在技术和市场创新上，连续高效的研究与开发（R&D）能力正是企业培养创新能力的基石，因此新型企业的业绩评价应主要是以R&D绩效为核心的创新业绩评价。由于单一的财务业绩评价方法受到广泛的批评，对R&D绩效的评价也偏重于融合财务与财务绩效评价方法。而卡普兰和诺顿提出的平衡记分卡由于对R&D特点（因果关系含糊、结果不确定、长时间的结果延滞）的不适应，不能很好地解决R&D绩效的评价问题。针对R&D的特点，四个方面的指标被进行了改进，以多种指标综合测量的绩效，建立了适用于研发部门绩效评价的改进型平衡记分卡系统模型。

3）动态平衡记分卡

针对平衡记分卡在使用过程中反馈时间过长的缺陷，有学者在其基本原理的基础上做了进一步的研究，其中有Jensen Anne J. and Sage Peter（2000）提出的动态平衡记分卡（DBSC）。动态平衡记分卡主要是应用系统动态学原理，以平衡记分卡的四个维度为研究基础，依据个案公司的特性与历史资料进行基本仿真，将模型做效度测试和最适化仿真，然后在不同策略中选取最优的策略。动态平衡记分卡主要是针对静态记分卡策略和绩效之间的反馈时间过长提出的，目的是要达到策略与中短期的绩效相联系，动态地产生一个最佳的业绩指标评价系统。

4）KBS（Kanji's Business Scorecard）

针对平衡记分卡中四个因素的因果关系不明确，并且对主要的资金管理者和供应商的贡献阐述不明确的问题，谢菲尔德大学的Kanji教授在2001年提出了KBS（Kanji's Business Scorecard）的概念，KBS结合了TQM（Total Quality Management）和KBEM（Kanji's Business Excellence Model）的基本原理和分析方法，试图取得这样一个不断发展进步的循环：资金持有者的满意度提高促使收入的增长和投资者的高回报；收入的增长加大了内部经营和学习发展的资金投入；内部经营和学习的改善有助于提高资金持有者的满意度并给企业创造更大的财富。

5）战略图

针对平衡记分卡的不足，卡普兰和诺顿也一直在思考和改进，于是他们提出了战略图的概念。战略图是将战略进行充分的提炼，并将这些战略要点以一种逻辑关系体现在一张纸上，战略图的构成要素主要包括：角度、主题和战略目标。

角度：分财务、客户、内部业务流程和学习与成长。战略图的一个特点在于不仅仅从财务角度评估组织战略的达成情况，而是通过四个角度将组织的战略进行系统的呈现。

主题：对于一个企业来说，在一定时期内，往往只有几个战略板块需要重点关注，通过对这些板块内的战略重点进行提炼、筛选和整合，形成战略图中的战略主题，对战略主题的关注能够从整体上把握组织在这些重点板块方面的进展。

战略目标：战略目标是战略图最基本的要素，体现组织在一段时期内的战略重点、战略方向和思路。战略目标通过因果关系形成有机的整体，通过将战略目标以逻辑的思路体现在战略图的四个角度内，就体现了组织价值创造的思路和战略路径。战略目标也是进一步开发计分卡中衡量指标和行动方案的前提和基础。

战略图提供了一个框架阐释战略如何与无形资产和价值创造流程相联系。财务结果描述了战略用传统财务术语表示的有形结果：诸如投资回报率、股东价值、盈利率、收入增长和单位成本这样的指标都是显示组织战略成败的滞后指标。客户维度定义了目标客户的价值议题，也就是客户认为有价值的产品/服务特性，价值议题提供了无形资产创造价值的背景，坚持按客户价值议题安排行为和能力是战略执行的核心。在战略图中，财务和客户维度描述了战略所希望的结果、组织如何创造这些所希望的结果。内部业务流程维度识别预期使战略产生最重要影响的关键数量流程。学习与成长维度识别对战略最重要的无形资产，该维度的目标是识别什么是工作人力资本、什么是系统信息资本、什么是气氛组织资本。可以支持价值创造的内部流程，这些无形资产必须按照内部的流程需要来安排。四个维度的目标用因果关系连接，上面的起始假设是只有满足目标客户才能实现财务结果，客户价值议题决定了如何获得客户的销售额与忠诚。内部业务流程建立和配合客户价值议题，而支持内部业务流程的无形资产提供战略的基础，这种连接四个维度的因果架构就是战略图围绕建立的结构，构建战略图使组织聚焦清晰化“为谁以及如何创造价值”的逻辑。在建立其内部流程的战略图时，管理者识别对其战略最重要的流程，财务产品领先战略的公司会强调创新流程的卓越。采用低成本的公司会强调运营流程。采用客户解决方案战略的公司会重视客户管理流程，在一个组织中有数以百计的流程同时发生，每一种都以某种方式创造价值。战略的艺术就是识别和超越在少数对客户价值议题最为重要的关键流程，所有流程都应该管理良好，但是少数战略流程必须受到特别的注意和聚焦，因为这导致了战略的差异，因此少数关键的战略流程经常被组织确定为战略主题。

6）战略绩效管理——超越平衡记分卡

针对平衡记分卡的不足，Neely 等（2002）提出了绩效棱柱理论（Performance Ptism）。“现在以及将来，对组织来讲，能够长期生存和繁荣的最好途径是考虑其所有重要的利益相关者的需求，并且努力满足他们的需求。”这一框架由五个部分构成，即利益相关者贡献度、利益相关者满意度、战略、过程和能力。绩效棱柱设计的起点和宗旨是利益相关者的满意度，并由此出发来形成企业的战略、确定企业的内部过程、发展企业的能力并评价利益相关者的贡献程度，从而使这五个部分在逻辑上形成一条因果环。绩效棱柱模式最大的特点是将所有关键利益相关者都加以考虑并作为业绩评价的立足点，从而降低了企业的经营风险并为企业未来的发展创造一个良好的内外部环境。

正如斯图尔特（1999）在《管理百年》中所说的那样：管理没有终结的答案，只有永恒的问题。同样随着世界经济的发展，经济全球化、知识化、竞争的加剧、人才流动性增加这些因素对管理实践提出了日益严格的要求，而管理实践的发展则要求管理理论和管理科学能与时代的要求保持一致。

平衡记分卡的产生源于一种试图纠正人们在评价企业业绩的时候仅仅从财务角度出发的误区的冲动，但是那个时代的企业管理仍然相信股东价值是企业的根本目标。所以卡普兰和诺顿的努力仍然没有摆脱以财务为目的的缺陷，虽然他们试图避免这一点。这些不是研究者的问题，而是属于环境的制约。

同样，脱离开理论的时代和理论的背景来谈论理论是没有意义的，平衡记分卡产生的原始目的是给企业高层人员提供一个清晰观察企业在四个关键绩效领域表现的工具。正是这个目的造就了平衡记分卡的理念、逻辑和结构，也为平衡记分卡带来了数不清的批评。个中原因在于人们赋予了平衡记分卡战略绩效考核、战略管理、运营管理的使命，但是没有付出相应的努力和改进。

在当今社会，随着财富的增加，金钱资本的价值相对下降，与此同时知识在经济中的贡献率却在逐年提高。这不得不引起人们对企业的目标、员工的价值进行新的平衡和思考。这一切不仅对平衡记分卡的结构提出了巨大的挑战，更对管理方式、管理理念、战略方针提出了新的要求。也许该做的不是像懒惰的孩子一样只把脖子上的煎饼吃完，不是坐在平衡记分卡的坟墓前叹息，而是应该行动起来，去寻找新的战略记分卡。

面对各种各样的质疑，卡普兰提出了自己的看法：失败的不是平衡记分卡。他说：平衡记分卡是一种能够科学地衡量企业的无形资产在创造持续的经济价值方面所起的作用，这里所指的无形资产是包括客户关系、创新、质量、员工积极性和能力、数据库和信息系统等在内的工具。没有一种工具是完美的，平衡记分卡也不例外。

但据他估计，即使是在美国宣称已经采用 BSC 的企业，至少有 50%没有完全地发挥这个工具应有的潜力，大多数企业更多的是将其作为“点名册”或者是给员工发补偿金的参考依据，而不能发挥其执行战略和调整战略的价值。对于那些不选择使用 BSC 的企业，大多数恐怕都存在着这样的问题，如拒绝变化的惰性，缺乏领导力或者沾沾自喜。问题不是出在工具上，而是出在实施和执行方面。

在应用管理理论的时候如果能密切联系企业自身实际，踏实有效执行，相信结果会好得多。所以也许我们真应该反思卡普兰的话，失败的不是平衡记分卡，而是我们。

注：创始人介绍：

罗伯特·S·卡普兰

罗伯特·S·卡普兰（Robert S. Kaplan ）是哈佛商学院的领导力开发（Leadership Development）课程教授。他的研究、教学和咨询活动集中于新的成本和绩效评价体系，主要是基于作业成本法和平衡记分卡。主要著作：与罗宾·库珀和朱德《成本与效应：利用一体化的成本系统推动盈利和绩效》（哈佛商学院出版社，1998），以及和大卫·P·诺顿合著的《平衡记分卡：把战略转化为行动》（哈佛商学院出版社，1996）。

大卫·P·诺顿

大卫·P·诺顿（David P. Norton）是复兴全球战略集团（Renaissance Worldwide Strategy Group）的创始人兼总裁。这是一家专门从事经营战略、绩效评价和组织更新的国际咨询公司。他的著作很多，并且是《战略绩效管理》杂志的专栏撰稿人。他与罗伯特·S·卡普兰教授合著了《平衡记分卡：把战略转化为行动》（哈佛商学院出版社，1996）。诺顿先生常常发表演讲。他关于平衡记分卡的著作已经成为很多学者和专家讨论的主题。

平衡计分卡首先是为了衡量未来组织的绩效而提出来的，后来逐步发展成为一种战略管理方法。平衡计分卡将公司战略管理控制体系划分为财务、顾客、内部流程和学习与创新等 4 个方面，通过将这 4 个方面的指标衡量与公司战略相衔接，实现对战略的管理与控制（Kaplan & Norton，1992）。

2.2.5 EVA评价法

经济增加值（EVA）是指企业资本收益与资本成本的差额，即企业税后营业净利润与全部资本（借入资本和自有资本之和）成本的差额。EVA 的计算以传统利润计算为基础，并作了适当的调整。对于不同企业，EVA 计算的调整内容是不同的。所以，EVA 计算并没有固定的公式，但所体现的核心思想和遵循的基本原则是不变的，即 EVA 是企业为股东新创造的价值，是资本收益与资本成本的差额。如果这一差额是正数，说明企业创造了价值，股东增加了财富；反之，如果差额是负数，则表示企业发生了价值损失；如果差额为零，说明企业的利润仅能满足债权人和投资者的收益要求。

1. EVA 绩效评价体系构成要素

EVA 绩效评价体系由评价目标、评价对象、评价指标、评价标准、评价方法和分析报告六要素组成。其中，评价目标为股东创造价值，是绩效评价体系的中枢，决定了其他要素的内容和形式。

1）评价目标

绩效评价体系的目标必须直接服从和服务于企业的主要目标，是实施企业目标的基础。现代企业的根本目标是为股东创造价值，因此，企业是否为其股东创造价值就成为业绩评价的主要目标。

2）评价对象

绩效评价体系一般有两个评价对象，即企业和企业管理者。在现代分权管理体制下，对企业管理者的评价一般又分为两个基本层次：外部出资者对核心管理层的评价和内部管理者对下属机构、人员的评价。EVA 绩效评价体系主要着眼于对核心管理层的评价。

3）评价指标

可以建立 EVA 和平衡计分卡相结合的战略绩效评价指标体系，将财务指标与非财务指标、静态评价与动态评价、有形业绩评价与无形业绩评价有机地结合在一起。

4）评价标准

绩效评价标准是判断评价对象业绩优劣的基准。评价标准的选择取决于评价目的，常用的业绩评价标准有：年度预算标准、资本预算标准及竞争对手标准等。

5）评价方法

任何一项评价指标都不足以全面评价企业财务状况和经营效果，只有对各项指标进行系统、综合的分析，才能对企业经营业绩作出全面、合理的评价。因此，在 EVA 基本比较的基础上，还应围绕 EVA 采用综合评分法进行综合评价。

6）分析报告

绩效分析报告是绩效评价体系的输出信息，也是绩效评价的结论性文件。EVA 绩效评价体系以业绩评价对象为单位，通过会计信息系统及其他信息系统获取业绩评价所需信息，经加工整理后得出对绩效评价对象的评价指标值，并将其与预先确定的评价标准进行对比，通过差异分析找出产生差异的原因、责任及影响，得出评价对象业绩优劣的结论，并形成绩效评价报告。

2. EVA 绩效评价指标设计

EVA 绩效评价主要应用于两方面：一是推进企业整体与各核心业务单元的战略实施、战略推进；二是衡量核心管理层业绩。基于价值创造的业绩衡量体系，EVA 的设计，一要考虑企业战略及业务转变要求；二要考虑各项业务的关键价值驱动要素；同时要考虑将价值创造的责任落实到价值链的各环节。将 EVA 与激励体系相结合，需根据管理级别和岗位的不同确定考核指标及其权重。对企业高管层主要考核其价值创造结果，并且通过引入奖金库的方法将其中长期业绩与奖金相联系；对于中层管理者和其他人员，考核以过程指标为主。通过对 EVA 指标的分解和敏感性分析，可以将其他财务指标和非财务指标与企业价值衡量标准紧密地联系在一起，并找出对 EVA 影响较大的指标，即关键价值驱动杠杆。虽然 EVA 无法直接对基层管理者和员工进行评估，但可以通过 EVA 的力学原理和其他指标的杠杆效应，即通过衡量其他财务指标和非财务指标，并分析这些指标对 EVA 指标的影响力度，间接考核基层管理者和员工的业绩。企业在选取与价值创造决策相联系的业绩评价指标时，需在简单易行与准确之间进行权衡。因为指标体系过于复杂，企业会因数据和信息过多而难以抉择，指标体系过于简单又可能误导管理者决策。基于此，本文构建出以下 EVA 绩效评价指标。

1）企业目标层指标

对企业目标层的绩效考核可以从财务和研究开发两方面进行。以 EVA 为指标核心的财务指标包括 EVA、EVA 增长率、EVA 总资本创值率、EVA 股权创值率。其计算公式分别为：

$$EVA=NOPAT-NA\cdot K_w$$

EVA 增长率＝(本年度 EVA－上年度 EVA)/上年度 EVA×100％

EVA 总资本创值率＝EVA 资本投入总额×100％

＝投入资本回报率－加权资本成本率

EVA 股权创值率＝EVA/股权资本投入总额×100％

式中，NOPAT 表示税后净营业利润，NA 表示资本总额，K_w 表示加权平均资本成本率。研究开发评价指标包括销售增长率、总资产增长率、研究与开发费用增长率等定量指标和员工知识水平、企业管理水平、环境保护状况等定性指标，定性指标评价结果可由专业评估机构或行业协会给出。定量指标的计算公式为：

销售增长率＝(报告期销售收入－上期销售收入)/上期销售收入×100％

总资产增长率＝(报告期总资产－上期总资产)/上期总资产×100％

研究与开发费用增长率＝(报告期研发费用－上期研发费用)/上期研发费用×100％

2）关键价值驱动杠杆指标

关键价值驱动杠杆指标包括财务、客户、过程和研究与开发四方面具体指标。

(1) 财务指标

财务指标主要有营业现金流量、股权资本成本、债务利息、销售利润率、成本费用利润率等指标。其中，营业现金流量数据可从现金流量表中取得，债务利息根据现金流量表中“偿付利息所支付的现金”一项估算获得，其他指标计算公式为：

$$股权资本成本=r_f+\beta(r_m-r_f)$$

销售利润率＝净利润/销售收入净额×100％

$$成本费用利润率=净利润/成本费用总额\times100\%$$

其中 r_f 为无风险报酬率（如国债利率），r_m 为股权资本的市场报酬率，β 为该种股票的市场风险系数。

(2) 客户评价指标

包括产品质量等级、交货期、对顾客要求的应答时间、合格品率、顾客满意程度等指标。其中，顾客满意程度通过客户回访取得评价结果，其他指标标准值根据企业具体情况，以最大限度满足客户要求为原则制定。

(3) 过程评价指标

包括产品制造期、产品设计水平、生产准备时间等指标，根据企业产品的生产工艺流程制定。其中，生产能力利用率、设备利用率、缺勤率的计算公式为：

$$生产能力利用率=实际开工日/日历小时\times100\%$$

$$设备利用率=设备实际作业小时/日历小时\times100\%$$

$$缺勤率=缺勤时日/法定工作日\times100\%$$

(4) 研究开发评价指标

包括新产品开发周期、新专利数量、新产品收入占总收入比重、员工培训率等指标，可从企业研发机构和人力资源部取得评价信息。其中，新产品收入占总收入比、员工培训率指标的计算公式为：

$$新产品收入占总收入比=新产品收入/总收入\times100\%$$

$$员工培训率=接受培训员工人数/员工总人数\times100\%$$

将企业目标层指标和关键价值驱动杠杆指标综合在一起，即形成 EVA 与平衡积分卡相结合的战略绩效评价指标体系，如表 2-7 所示。

表 2-7　EVA 与平衡计分卡相结合的战略绩效评价指标体系

层次	企业目标层次	关键价值驱动杠杆
财务评价	EVA，EVA 增长率、EVA 总资本创值率、EVA 股权创值率等	营业现金流量、股权资本成本、债务利息、销售利润率、成本费用利润率等
客户评价	股票市场	产品质量等级、交货期、顾客满意程度、对顾客要求的应答时间、合格品率等
过程评价	股票市场	产品制造期、产品设计水平、生产能力利用率、生产准备时间、设备利用率、缺勤率等
研究开发评价	销售增长率、总资产增长率、研究开发费用增长率、员工知识水平、企业管理水平、环境保护状况	新产品开发时间、新专利数量、新产品收入占总收入比重、员工培训率、员工流动率等

3. EVA 绩效评价体系实施

要使 EVA 绩效评价体系有效运转，必须按以下步骤实施。

① 建立合适的 EVA 中心，EVA 中心是指以永续经营的假设前提，对其创造的 EVA 进行度量和管理的企业内部各经营单位。整个企业是最大的 EVA 中心，各产品和工厂构成下一层次的 EVA 中心，将企业划分为多层次的 EVA 中心可以使管理者在决策与后果、报酬与业绩之间建立更加紧密的联系。但是，EVA 中心并非越细分越好，边际收益递减和反向成本增加将会抵消进一步细分所带来的收益。EVA 中心过多，不

仅会增加数据处理成本，而且会诱导单个 EVA 中心不顾企业整体业绩，追求局部 EVA 最大化。因此，EVA 中心细化到一定程度就开始产生负面效应。

② 确定 EVA 度量公式 EVA 计算时，首先需定义 EVA，根据 EVA 定义对会计报表做一定调整。定义 EVA 时，EVA 实施小组要特别考虑企业的组织结构、业务组合、战略和会计政策，以便在简单与精确之间实现最佳平衡。“简单”是指 EVA 指标容易计算和理解，“精确”是指 EVA 指标能够准确反映股东价值创造额，只有兼顾这两项要求的 EVA 度量公式才能在企业内部有效运行。企业要根据具体情况，合理定义 EVA 指标，将会计报表调整范围控制在真正必要的范围内。EVA 的定义一旦确定，就必须在一定时期内保持相对稳定。

③ 实施 EVA 驱动因素报告制度。EVA 绩效评价体系运行一段时间以后，企业经营管理人员应对各 EVA 中心所创造的价值与预算或上年结果相比较，标示出显著的差异。EVA 驱动因素报告是对这种差异进行系统性反映的绩效报告。EVA 驱动因素可以按照职能、市场或业务流程进行归类，驱动因素报告实质上是将一系列驱动因素联系在一个因果链条上，解释 EVA 的变化。驱动因素报告如同一个金字塔状的整合记分卡，塔尖是 EVA，塔底是一组精选的经营指标，这些指标都与一线员工的行为相关，并能被一线员工直接控制，这些指标反映的经营信息与一组财务信息联系起来，直接解释 EVA 的变化。EVA 驱动因素报告对于绩效评价、业绩改进、向有关人员交代其在 EVA 改进中应起的作用都十分有用。最重要的是，EVA 驱动因素报告可以提醒管理者和员工：创造 EVA 才是其主要目标。

2.2.6 各种评价方法的比较和选择

每一种绩效评价方法都有其优缺点。例如，直接排序法能避免居中趋势，但是在所有员工的绩效确实都应该被评定为“优”的情况下，这种评价法会引起员工的不良感受。各种绩效评价工具的主要优缺点如表 2-8 所示。

表 2-8 各种绩效评价工具的主要优点和缺点

工　具	优　点	缺　点
图尺度评价法	使用起来较为简单，能为每一位员工提供一种定量的绩效评估结果	标准模糊、晕轮效应、居中趋势、松紧倾向和评价者的个人偏见都有可能发生
行为锚定法	能够为评价者提供一种“行为锚”，评价结果非常精确	设计较为困难
交替排序法	便于使用（但可能不如图尺度评价法简单），能避免居中趋势及图尺度评价法中出现的其他问题	可能会引起员工的不同意见，而且所有的员工绩效事实上都很优秀时，会造成不公平
强制分配法	在每一绩效等级中都会有预订数量的人数	评价结果取决于最初确定的分布比例
关键事件法	有助于确认员工的何种绩效为“正确”，何种绩效为“错误”，确保主管人员对员工的当前绩效作出评价	难以对员工之间的相对绩效进行评价或排序
目标管理法	有利于评价者与被评价者对工作绩效目标的共同认可	耗费时间

续表

工　具	优　点	缺　点
KPI 考评法	适用于高速成长的中小企业，岗位的指标易量化	需要专业详尽的分析，指标的合理值不易确定
BSC 考评法	适用于行业领袖，依靠综合实力全面发展的企业	需要花大量时间和精力全方位地搜集考核数据以及整理审查
EVA 考评法	适用于上市公司和大型的股份制公司	片面强调财务指标
360°考核	考核全面，多方位，误差小	容易导致人员间的不客观评价

小　结

科学有效的绩效指标具有五个特点。(1) 独立性。独立性包含三层含义：指标内容清晰，指标内容差异明显，指标之间相互影响和相互作用的程度较低。(2) 一致性：一致性包含着指标与组织战略的一致性，而且，指标必须与具体的绩效评价目的相一致，也就是要具有高效度。(3) 稳定性：涉及信度的概念。(4) 可操作性：是指此指标能够在实际中被清晰地衡量和操作。(5) 可接受性：绩效评价指标的选择，在保证其效用的前提下，要力求简洁，便于操作和管理，容易被管理者接受。

绩效评价指标的选择依据包括：(1) 绩效评价的目的；(2) 被评价人员所承担的工作内容和绩效标准；(3) 取得评价所需信息的便利程度。

绩效评价指标有多种分类方式。如按照 4E 来划分，即经济（Economic）、效率（Efficiency）、效果（Effectiveness），公平（Equity）。绩效评价指标可以分为工作业绩、工作能力、工作潜力和工作态度四类。指标也可以分为软指标和硬指标，硬指标指的是那些可以统计数据为基础，把统计数据作为主要评价信息，建立评价数学模型，以数学手段求得评价结果，并以数量表示评价结果的评价指标。软指标指的是主要通过人的主观评价方能得出评价结果的评价指标。指标又可分为财务指标和非财务指标，财务指标相对客观，但非财务指标的重要性也不能忽视。根据绩效评价的对象可以将指标分为“特质、行为、结果”三类绩效评价指标。

绩效评价有多种方法。常用的一般方法包括比较法和量表法。比较法包括排序法和强制分配法等。量表法包括图尺度量表法、行为锚定量表法、混合标准量表法、描述性表格法等。目标管理法也是一种重要的绩效评价方法。

360°考核以及 KPI、BSC 考核法是当前企业运用比较多的考评方法。

360°考核是一种从不同层面的人员中收集考评信息，从多个视角对员工进行综合绩效考评并提供反馈的方法，这种方法能够多方位、多角度收集广泛、全面的信息，误差小。但是其缺点也相当明显，如员工在自评过程中往往自我估计过高或过低，有利害关系的权衡等。

KPI，即关键绩效指标，是通过对组织内部某一流程的输入端、输出端的关键参数进行设置、取样、计算、分析来衡量流程绩效的一种目标式量化管理指标。KPI体系的设计是一个由上至下的过程，常遵循以下思路：(1) 制定企业级KPI；(2) 制定部门级KPI；(3) 制定员工个人KPI；(4) 设定绩效考评标准；(5) 审核关键绩效指标体系。KPI考核法具有很多优点，如可以支撑战略，打破部门本位主义等，但是它没有提供一套明确的、具有操作性的、行之有效的流程作为制定关键绩效指标体系的指导，KPI考评法总体上显得比较粗糙。

平衡记分卡是把企业的使命和战略转化为一套全方位的运作目标和绩效指标，作为执行战略和监控的工具，同时也是一种管理方法和有效的沟通工具。

平衡记分卡包括四个角度的内容：财务角度，客户角度，内部流程角度，学习和创新角度。平衡记分卡的设计，需要分阶段、分层次、循序渐进地进行，包含四个阶段：第一，愿景陈述和阐明战略阶段，第二，沟通和整合阶段，第三，业务规划阶段，第四，反馈与学习阶段。平衡记分卡可以有许多新的应用，如将平衡记分卡引入企业激励机制，将平衡记分卡引入到供应链管理等。平衡记分卡最大的优点在于其平衡性，但是由于覆盖面太广，操作起来往往比较费时费力。

经济增加值（EVA）是指企业资本收益与资本成本的差额，即企业税后营业净利润与全部资本（借入资本和自有资本之和）成本的差额。EVA绩效评价体系由评价目标、评价对象、评价指标、评价标准、评价方法和分析报告六要素组成。其中，评价目标为股东创造价值，是绩效评价体系的中枢，决定了其他要素的内容和形式。

思考题

1. 有效合理的绩效指标具有什么特点？
2. 财务指标和非财务指标各自有什么优缺点？你个人认为哪种有效？
3. 你认为360°考核法在中国国情下适用吗？你认为该如何改进？
4. 你认为平衡记分卡为什么在实际管理中会遭遇失败，要如何避免？
5. 有人认为如果按照EVA考评法，把国内一些大企业所使用的国家的政治资源也算作成本的话，这些企业都是负盈利的，你对此怎么看？

本章案例

光明乳业：实施平衡计分卡管理

光明乳业是中国著名乳制品公司，其业务在近几年中不断增长。企业的规模和经营效益也不断提高。面对着不断扩大的企业规模，企业的最高决策者逐步感受到如何管理和评价管理团队的重要性。决策层决定聘请外部咨询公司协助制定绩效考核体系。在这次绩效管理体系优化的项目中，在咨询公司的协助下，光明乳业引入了战略性的绩效管理体系——平衡计分卡。平衡计分卡的设立是为了在公司内部有效沟通公司战略目标、引导公司实现流程最佳组合并控制流程风险和引导员工行为以求实现公司战略。因此，公司在制定绩效管理体系时是以企业战略为切入点的。公司原先虽然有自己的明确的发展战略，但并没有制定相应的考核指标，或者是指标并没有与战略相匹配。因此设计指标时，首先对公司的战略目标与发展方向等重新进行理解、分析与归纳。基于对公司整体战略的理解，明确公司整体优化的关键成功要素。而管理人员普遍反映通过战略导出的绩效指标比以前更能体现公司和事业部发展的方向。主要流程如下所示。

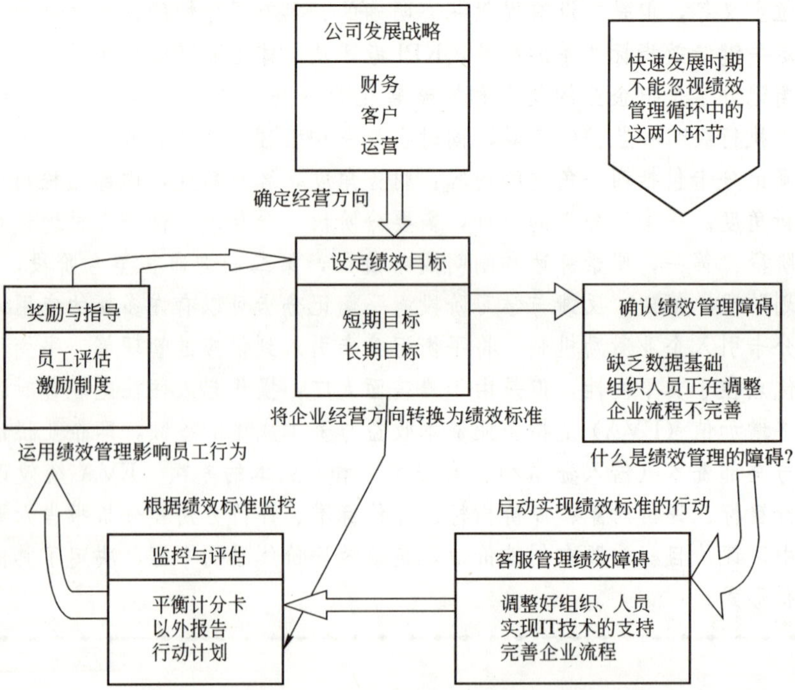

在绩效指标设计过程中，首先应当全面反映企业战略的要求。由于光明乳业是多个不同事业部组成的，那么绩效指标也应根据各事业部自身的业务特点及战略要求而确定。以平衡记分卡的思想作为绩效指标体系建立的基础，指标不仅包括财务面的结果性指标，也包括客户面、内部运营面和学习成长面的过程性指标。同时，指标体系中针对前期诊断工作中发现需解决的重要问题设计了相应指标。如发现财务部门财务分析的工作做得不够，而这个工作对企业很重要，就对相关的财务人员设立了财务分析管理报告数量和提交及时性的指标。对职能部门的指标，尽可能选择该部门能直接影响的指标，如取消了原来对人力资源部门考核不可控的销售额和净利润的指标。不同指标对一个岗位来讲，其重要度是不一样的，这就是所谓指标的权重。相对而言，上级较下级的财务性指标的权重高一些、非财务性指标的权重低一些；较面向市场的岗位（如销售经理等）相对内部管理的岗位（如人事经理等）的财务性指标的权重高一些、非财务性指标的权重低一些。基于以上原则设计出来的绩效指标，各级管理人员普遍认为比以前更合理，在签订绩效合同时，减少了争议，非常顺利。

结构完备性主要考察指标是否从财务、客户、内部运营和学习成长四个角度来衡量，是否与实现企业战略所需的关键成功要素相对应，对岗位的考核指标是否与该岗位的职责与权限相对应，是否对岗位重复考核，或者是否遗漏考核；内容完整性主要考察指标是否有明确的名称、具体的计算方法，是否说明数据来源、考核频度，是否合理确定权重以及是否有明确、合理的目标值；操作可行性主要考察指标是否具有可评价性，支持数据是否具有可获取性，数据来源是否具有可靠性，目标值是否具有可实现性。

绩效评估确实是一个相当关键的环节，而且是整个过程中时间最长、贯穿于日常工作中的每一个环节。从绩效评估的步骤来讲，主要有以下工作。

(1) 收集并审核有关绩效数据。

(2) 对每一个KPI在绩效合同上进行打分并可写下注解也可由你的下属先做自我评估。

(3) 和你的下属进行一次正式的交流，并作必要的解释和讨论。如你的下属有异议，可给予他一定时间去核实绩效数据。如有偏差之处应纠正。

(4) 与你的下属讨论哪些领域是需要提高和改善的。

(5) 与你的下属讨论其个人技能提高及职业成长的需求。

(6) 与你的下属达成共识。

而在绩效评估过程中应当注意：

(1) 评估应针对预先制定的KPI及其标准进行，而不是与其他人或部门的评估结果相比；

(2) 阶段性的评估和沟通应在一年内多次进行；

(3) 绩效考核的数据应定期收集；

(4) 相似的岗位应有可比较的绩效标准和评分，如不同部门的秘书。

指标的设定并不只是为了年底的评估有据可依。作为一个主管，更应该在日常工作中对下属给以支持，帮助下属完成指标，这就是所谓的绩效支持工作。其实绩效支持工作可以包括很多内容，如实践中指导、实践机会、能力、知识的培训、提供有效工具、工作环境、团队气氛、授权和下放工作、制订个人发展计划、信息分享、处理矛盾和冲突等。绩效评估的结果不仅可以用于年终奖发放工作，还有其他的工作可以做，这就是绩效结果管理的工作。一般来讲，绩效评估结果可以作为奖金发放、年度加薪、员工晋升、员工培训、聘用与否、职业发展规划和企业/部门明年目标设定的依据。在实施绩效管理的过程中，人力资源部只是作为变革管理者来推动实施工作的进行，而企业的总经理是绩效管理体系的源动力和带头人，各职能部门负责人是主角，财务部是数据供货商。

中国经济目前正处于高速发展的阶段，许多企业的管理还是处于逐步完善的过程之中，基础数据不完整，业务流程不完善，组织结构和人员时常变动。但不可能等到管理完善以后，才去采用更先进的管理方法。而且，实施平衡计分卡的过程既是帮助企业完善管理的过程，也是帮助企业发现问题的过程。另外，平衡计分卡的实施本身也需要不断完善，企业需要在实施过程中积累经验和教训，找到符合自身特点的绩效指标，使目标值的设定更趋合理。

总之，以平衡记分卡为核心的绩效管理体系是：推动变革的工具，企业进步的衡量尺度，主管的管理手段，对员工的投资。

参考文献

[1] 毕意文，孙永玲. 平衡计分卡中国战略实践 [M]. 北京：机械工业出版社，2003.

[2] 顾琴轩. 绩效管理 [M]. 上海：上海交通大学出版社，2006.

[3] 郝忠胜，李虹. 人力资源主管：绩效管理方法 [M]. 北京：中国经济出版社，2003.

[4] 侯坤. 绩效管理制度设计 [M]. 北京：中国工人出版社，2004.

[5] 姜定维，蔡巍. KPI："关键绩效"指引成功 [M]. 北京：北京大学出版社，2004.

[6] 德斯勒. 人力资源管理 [M]. 吴雯芳，刘昕，译. 北京：中国人民大学出版社，2003.

[7] 梅洛. 战略人力资源管理 [M]. 吴雯芳，译. 北京：中国财政经济出版社，2004.

[8] 莱普辛格，路希亚. 360 度反馈的艺术和科学 [M]. 逸文，译. 北京：企业管理出版社，2003.

[9] 卡普兰，诺顿. 综合计分卡：一种革命性的评估和管理系统 [M]. 北京：新华出版社，1998.

[10] 彭剑锋. 人力资源管理 [M]. 上海：复旦大学出版社，2003.

[11] 沃纳. 双面神绩效管理系统 [M]. 徐联仓，译，北京：电子工业出版社，2005.

[12] 秦志华. 人力资源管理 [M]. 北京：中国人民大学出版社，2000.

[13] 饶政，孙波. 以 KPI 为核心的绩效管理 [M]. 北京：中国人民大学出版社，2003.

[14] 罗宾斯. 组织行为学 [M]. 孙健敏，译. 北京：中国人民大学出版社，2003.

[15] 苏钧. 员工工作分析、薪酬设计与绩效考核事务全书 [M]. 北京：经济科学出版社，2007.

[16] 许玉林，付亚和. 绩效考核 [M]. 上海：复旦大学出版社，2003.

[17] 赵春明. 企业战略管理：理论与实践 [M]. 北京：人民出版社，2003.

[18] 张建国，徐伟. 绩效体系设计：战略导向设计方法 [M]. 北京：北京工业大学出版社，2003.

[19] 张一弛. 人力资源管理教程 [M]. 北京：北京大学出版社，2001.

[20] 郑海航，吴冬梅. 人力资源管理：理论、实务、案例 [M]. 北京：经济管理出版社，2006.

[21] 朱江. 中层管理执行手册 [M]. 北京：北京大学出版社，2005.

[22] 韩彦峰. 平衡记分卡在企业战略预警系统中的应用 [J]. 统计与决策，2006，18.

[23] 何贵兵，王重鸣. 职务绩效评估的因果模型 [J]. 应用心理学，1998 (1).

[24] 华琦. 平衡记分卡在企业绩效管理中的应用 [J]. 统计与决策，2006，23.

[25] 黄志强. 业绩评价新工具：平衡记分卡 [J]. 集团经济研究，2006，27.

[26] 黄跃辉，陈晶瑛. 将平衡记分卡引入企业激励机制的思考 [J]. 企业经济，2007 (2).

[27] 刘凤瑜. 一种有效的效绩评价模式：360 度反馈的基本原理与过程 [J]. 南开管理评论，2000 (1).

[28] 刘军. 基于平衡记分卡的知识链管理 [J]. 经济论坛，2004 (9).

[29] 刘瑾. 平衡记分卡在企业管理中的应用 [J]. 人口与经济，2006 (1).

[30] 陆昌勤，方俐洛，凌文辁. 360 度反馈及其在人力资源管理中的效用 [J]，中国管理科学，2001 (3).

[31] 邱伟年，李超佐. 非财务指标评价研究 [J]. 现代管理科学，2006 (6).

[32] 时勘. 转型期人力资源开发的心理学研究 [J]. 中国人力资源开发，2000 (11).

[33] 王忠江. 运用平衡记分卡思想建立企业 KPI 指标体系 [J]. 人口与经济，2006 (1).

[34] 熊英子，刘爽. KPI 设计误区分析及解决思路 [J]. 企业人力资源管理，2004 (10).

[35] 辛玲，李灿. 电子政务综合评价指标体系的研究 [J]. 中国管理信息化：综合版，2007 (2).

[36] 尹建锋. 建筑企业"KPI 绩效考核"管理体系研究初探 [J]. 山西建筑，2004 (17).

[37] 殷俊明. 平衡记分卡研究述评 [J]. 经济管理，2005 (2).

[38] 余晓燕. 经济增加值研究：回顾与展望 [J]. 经济问题探索，2005 (9).

[39] 喻伟，周国华. 基于平衡记分卡的供应链绩效评价 [J]. 铁道运输与经济，2007 (1).

[40] 张宏云，时堪，杨继锋. 360 度反馈评价技术 [J]. 中国人力资源开发，2000 (12).

[41] 钟颖. 基于 BSC 理论的 KPI 绩效管理指标体系设计 [J]. 技术经济，2005 (12).

[42] 周仁俊，张建芳. EVA 与 BSC 结合的业绩评价系统之尝试 [J]. 当代经济，2005 (5).

[43] 蒋培宇. EVA：最炙手可热的财务理念 [N]. 21 世纪经济报道，2002 - 7 - 22.

[44] http://www. chinahrd. net/.

[45] 牛新立. 目标管理和 KPI 法. HR 论坛，2007.

[46] ATKINSON A A，BANKER R D，KAPLAN R S，et al. Management Accounting [M]. 2nd ed. Prentice-Hall，1997.

[47] ARGYRIS，CHRIS. Litigation mentality and organizational learning [M]. In Sim B Sitkin and Robert J. Bies (eds.) The legalistic organization. Thousand Oaks：Sage Publications，1994.

[48] BANKER R，POTTER G SRINIVASAN D. An empirical investigation of an incentive plan based on nonfinancial performance measures [M]. Working paper. University of Texas at Dallas，1998.

[49] NEELY A. Measuring business performance：why，what and how [M]. London：Economist Books，1998.

[50] KAPLAN R S，NORTON D P. The balanced scorecard：measures that drive performance [M]. HarvardBusiness Review，1992.

[51] KAPLAN R S，NORTON D P. The balanced scorecard：translating strategy into action [M]. HarvardBusiness Review，1996.

[52] ANDERSON E C，FORNELL，Lehmann D. Customer satisfaction，market share and profitability：findings from sweden [J]. Journal of Marketing，1994 (58)：53 - 66.

[53] BOURGUIGNON A, VÉRONIQUE MALLERET, NORREKLIT H. The American balanced scorecard versus the French Tableau de Bord: the ideological dimension [J]. Management Accounting Research, 2004 (15): 107~134. Anthony.

[54] ATKINSON A, BALAKRISHNAN R, BOOTH P, et al. New diections in management accounting research [J]. Journal of Management Accounting Research, 1997 (9): 64-108.

[55] BANKER, RAJIV D, POTTER, et al. An empirical investigation of an incentive plan that includes nonfinancial performance measures [J]. Accounting Review, 2000, 75 (1): 65-93.

[56] BUTLER A S, LETZA R, NEALE B. Linking the balanced scorecard to strategy [J]. Long Range Planning, 1997, 12.

[57] DANIEL S, REITSPERGER W. Management control systems for quality: an empirical comparison of the U. S. and Japanese electronics industries [J]. Journal of Management Accounting Research, 1992 (4): 64-78.

[58] DANIEL S, REITSPERGER W, GREGSON T. Quality consciousness in Japanese and U. S. electronics manufacturers: an examination of the impact of quality strategy and management control systems on perceptions of the importance of quality to expected management rewards [J]. Management Accounting Research, 1995 (6): 367-382.

[59] FOSTER G, GUPTA M. Manufacturing overhead cost driver analysis [J]. Journal of Accounting and Economics, 1990.

[60] JENSEN A J, SAGE P. A systems management approach for improvement of organization performance measurement systems [J]. Information, Knowledge, Systems Management, 2000, 2: 33-61.

[61] NERREKLIT H. The balance on the balanced scorecard-a critical analysis of some of its assumptions [J]. Management Accounting Research, 2000, 11.

[62] HOLMSTROM B. Moral Hazard and Observability [J]. Bell Journal of Economic, 1979 (10): 74-91.

[63] ITTNER C D, LARCKER D F. Total quality management and the choice of information and reward systems [J]. Journal of Accounting Research, 1995, 33: 1-34.

[64] ITTNER C D, LARCKER D F, RAJAN M V. The choice of performance measures in annual bonus contracts [J]. The Accounting Review, 1997 (72): 231-255.

[65] ITTNER C D, LARCKER, MEYER M. Performance, compensation, and the balanced scorecard, working paper, University of Pennsylvania, 1997.

[66] ITTNER C D, LARCKER D F. Innovations in performance measurement: trends and research implications [J]. lournai of Management Accounting Research, 1998 (6): 205-238.

[67] ITTNER C D, Larcker D F. Assessing empirical research in managerial ac-

counting: a value-based management perspective [J]. Journal of Accounting and Economics 2001 (32): 349 - 410.

[68] PERERA S, HARRISON G, POOLE M. Customer-focused manufacturing strategy and use of operations-based nonfinancial performance measures: a research note [J]. Accounting, Organizations and Society, 1997, 22 (6): 557 - 572.

[69] MALMI T. Balanced scorecards in Finnish companies: a research note [J]. Management Accounting Research, 2001, 12 (2): 207-20.

[70] NEELY. The Performance Measurement Revolution: Why Now and What Next [J]. International Journal of Operations & Production Management, 1999, 19 (2): 205 - 228.

[71] SPECKBACHER, GERHARD, BISCHOF, et al. A descriptive analysis on the implementation of balanced scorecards in German-speaking countries [J]. Management Accounting Research, 2003, 14 (4): 361 - 389.

[72] TOWERS P. Inside the balanced scorecard [J]. Compuscan Report, 1996 (1): 1 - 5.

第3章 绩效管理实施

绩效管理是一个过程，在建立了企业绩效管理体系，明确了企业绩效目标及确定了员工绩效评估指标之后，就要考核员工的绩效，将企业绩效管理付诸实施。绩效管理实施是绩效评估人员对被考评人员进行考核与评价，从而获取素质能力数据的过程。绩效管理体系的实施通常会对整个企业产生影响，因此必须有计划地进行。

3.1 绩效管理的导入

绩效管理培训是绩效管理体系实施中的一个重要环节。在具体实施绩效管理之前，对绩效管理的相关人员进行培训，能够使企业的绩效管理正确执行。但在很多企业中，这一环节常常被忽略，或者即使一些企业开始重视绩效管理培训，也往往在培训程序和方法上存在不足。本节内容将对此作详细的介绍。

3.1.1 绩效管理培训计划

一般来说，制订计划对绩效的影响是积极的，正式的计划工作通常带来较高的绩效、较高的回报率及其他积极的结果。如果要有效地对相关人员进行绩效管理培训，就必须作好绩效管理培训计划。绩效管理培训计划是绩效管理培训实施的指导方案，是将绩效管理培训目标变为现实的途径。培训计划主要包括设立培训目标、确定培训内容、评估者的选择与培训、选择培训方法等。

1. 绩效管理培训目标

绩效管理培训目标是通过绩效管理培训使员工理解企业实施绩效管理的意义与目的，认识和接受企业的绩效管理体系，了解绩效管理的基本内容和操作流程、技术和方法，以此来实现企业的绩效管理目标。绩效管理培训目标主要表现为以下几点。

1）帮助和促进管理者和员工认识、理解和接受绩效管理体系

绩效管理系统本身比较复杂，涉及企业的方方面面，而且与被管理者的利益密切相关。通过培训，使员工认识到组织的运行和发展都是以达成组织的绩效目标为根本目的的，人力资源管理活动的计划、招聘培训、奖惩的最终目的都是为了提高员工的工作绩效。要让评估人和被评估人真正理解绩效管理的意义、绩效管理指标和标准的含义与目的，促使管理者和员工端正态度、转变观念，认同企业绩效评估指标，接受企业绩效管理体系。这样可以减少管理者与员工之间不必要的摩擦，让双方明白各自的角色和职责。

2）培养责任感

实践证明，企业在员工个人内心和组织内部树立强烈的负责精神可带来收益，这样做会令员工更多地投入工作，以改进自身、业务部门及整个企业的业绩。员工清楚地理

解责任，就会将个人努力与全局紧密相连。绩效管理是一项从公司战略目标着眼，本着提高公司总体绩效为目的，从员工个人业绩出发，对员工和公司整体进行考核的绩效管理制度。通过绩效管理培训，培养管理者和员工的责任感，这种责任感是有效实施绩效管理的必要条件。

3）掌握绩效管理的技巧和方法

一个完整的绩效管理系统，涉及多种绩效管理的评估方法和技巧，每种评估方法都有其自身的特点与要求。通过绩效管理的技巧与方法的培训，使管理者能制定出下属的工作职责和工作目标；掌握绩效管理评估方法、程序和评估标准；掌握绩效评估面谈、绩效管理指导和绩效改进计划技巧；掌握如何克服和避免绩效管理和评估过程中的主观偏差等。通过培训，使员工能够了解企业采取的评估方法是如何对员工进行绩效评估的，这种评估方法要求员工提供什么样的信息，帮助评估者对员工作出正确的评价，以及员工该如何进行绩效反馈才能帮助自身提高绩效等。

2. 绩效管理培训的主要内容

根据绩效管理培训目标，绩效管理培训内容一般表现为观念和意识、知识和理论、技巧和方法三类。

1）绩效管理的观念和意识的培训

在绩效管理培训中，观念和意识的转变需要培训先行。企业实施绩效管理的意义与目的、绩效管理体系的基本内容及操作流程和政策等需要通过宣传、培训的手段，灌输给员工，让员工认识、理解和接受。观念和意义的培训通常是全员性的，以绩效管理的动员大会拉开序幕。

向员工培训和渗透绩效管理的理念，应该引导企业和员工双方认识到：①实施绩效管理的唯一目的是提供一条管理者与员工之间真诚合作的途径，帮助员工和企业改进绩效，是为了及时有效地解决问题，并非为了批评和指责员工；②通过培训和渗透绩效管理理念，让企业所有成员明白虽然绩效管理表面上关注的是绩效低下的问题，却旨在成功与进步；③绩效管理虽然平时需要投入大量的沟通时间，但却能使企业防患于未然，最终将给企业带来长远效益。

通过系统的培训，应该让员工明确：企业为什么推行绩效管理制度？企业如何进行绩效管理？绩效管理采用的技术和方法是什么？绩效管理能帮助企业、部门和个人达到什么样的目标，能提出什么样的改进计划？只有当员工明确这些问题后，才会予以广泛的支持。

2）绩效管理的知识和理论的培训

这种内容的培训既系统又有一定的专业深度，一般是针对人力资源职能管理人员进行。这种培训通常需要基于人力资源管理理论系统展开，结合薪酬管理和员工开发的知识和理论，集中于绩效管理，对绩效管理的系统知识和理论进行培训。这种职能性的培训，企业可以请专业培训机构的专业人士、从事研究人力资源管理的专业人员、本公司资深的人力资源管理专家进行培训。例如，企业可聘请专家或专业咨询公司对企业高层管理人员和本公司的人力资源管理人员进行平衡计分卡理论知识的培训，使其了解什么是平衡记分卡；如何实施平衡计分卡；实施过程中的可能陷阱及解决方案；本行业特点的关注与实施侧重点；平衡计分卡之后续管理与维护等相关理论和知识。如果公司是规模经营的集团公司，可根据需要分别组织各子公司和分公司的人力资源职能管理人员进行培训。

3）绩效管理的技巧和方法的培训

企业对员工进行绩效管理的技巧和方法的培训主要是要让其了解企业的绩效管理体系。但在绩效管理体系中，一定存在考核者和被考核者。充当考核者的一般是管理人员，而被考核者一般是员工，两者在绩效管理中的角色是非常不同的，因此对管理人员和一般员工绩效管理技巧与方法的培训内容也是有差别的。

（1）管理人员的培训

管理人员在绩效管理中一般充当的是考核者，所以对管理人员的培训主要是如何使用绩效考核的方法对员工进行考核。通过对管理人员的培训，可以提高其业务能力，以减少绩效评估中人为的非正常错误。管理者绩效管理培训的主要内容见表 3－1。详细内容见本节评估者培训。

表 3－1　管理者绩效管理培训的主要内容

序　号	主要内容
1	目标设定和工作计划，其中包括业绩衡量制度的建立——培训不仅仅包括“技巧”方面的问题，还应该包括激励问题及相关的人际关系技巧
2	管理工作环境——协助寻找克服工作障碍的技巧
3	了解员工的岗位胜任力和具体工作行为
4	收集业绩信息和进行业绩衡量，主观偏差如何克服
5	提供反馈/核对反馈作出接受/应答
6	检查/确认产生业绩的原因——区分系统因素和个人因素
7	绩效指导
8	讨论员工发展
9	进行非正式和正式的业绩检查
10	管理奖励

（2）员工的培训

在绩效管理中员工一般充当的是被考核者，所以对员工的培训不是让其清楚掌握绩效考核工具的使用，而是如何进行绩效反馈。通过对员工的培训，一方面可以加强员工对绩效评估意义的认识；另一方面也可以提高员工有关绩效评估的综合技能。员工绩效管理培训的主要内容见表 3－2。

表 3－2　员工绩效管理培训的主要内容

序　号	主要内容
1	参与工作目标和个人发展目标的设置
2	理解工作中需要的胜任力和特定工作行为
3	自我评价绩效
4	进行绩效自我管理
5	提供绩效反馈
6	接受反馈

3.1.2 评估者的选择

1. 绩效评估主体选择的一般原则

绩效评估主体指的是对被评估者作出评价的人。在设计绩效评估体系时，评价主体与评价内容相匹配是一个非常重要的原则。选择什么样的评价主体在很大程度上与所要评价的内容相关，同时也影响着评价内容的选择。绩效评估主体选择的一般原则有以下三条。

1）绩效主体所评价的内容必须基于他所掌握的情况

如果要求评估者对于他所不能看到的情况作出评价，那么这种评价一定是不正确的，必将对整个绩效评估的准确性和公正性产生不良影响。

2）绩效评估主体对所评价岗位的工作内容有一定的了解

绩效评估的主体不但应该了解所评价的内容，而且对于该岗位的工作内容也应该有一定程度的了解。员工的任何职务行为都是基于实现一定职责任务的目的，并不是孤立的行为。缺乏对岗位的全面了解往往可能作出以偏赅全的判断。

3）有助于实现一定的管理目的

员工的直接上级往往是最重要的评价主体。因为员工的直接上级应该对员工的职务工作履行监督和指导的职能。在这种情况下，直接上级可以通过绩效评估者的身份更好地监督、了解并控制员工的绩效表现，更好地整合全部下属员工的工作，从而更好地实现团队或部门的整体工作目标。

2. 不同评价主体的对比

绩效评估主体是多种多样的，不同评价主体具有不同的特点，在绩效评估中承担了不同的评价责任乃至管理责任。选择不同评价主体不仅是绩效评估的需要，同时也是实现绩效管理目的的需要。从这一点看，绩效评估主体的选择并不仅仅是为了更好地落实绩效评估工作，也是为了更好地对员工绩效进行管理。如图 3－1 所示，参与绩效评估的主体主要包括上级、同级、本人、下级和顾客、供应商评价。

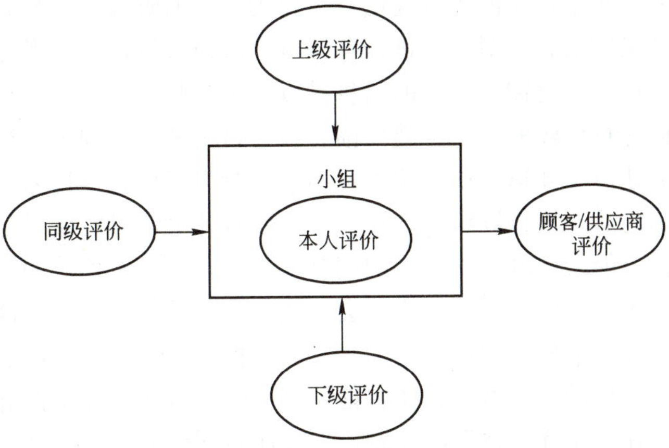

图 3－1　绩效评估主体

1）上级评价

员工的工作目标是与上级共同制定的，因此上级往往对员工的行为是否符合组织的期望以及工作目标完成得怎样最有发言权，而且评估下属的绩效也是每个管理者不可推卸的责任。有很多组织将绩效评估视为员工直接上级的责任。因为员工的直接上级通常是最熟悉下属工作情况的人，而且他们对评价内容通常也比较熟悉。因此，上级评价方式在实践中被广泛地运用，并没有引发过多的争议。相对于其他评价主体而言，上级评价能够公正和客观地对下级员工进行考评。为了某些特定事实上的目的（如避免冲突、培养忠诚的下属、解雇某位员工），评价者故意扭曲评价结果的行为常有发生。另外，晕轮效应（指从一个人工作绩效的一个方面出发而对其工作绩效的所有方面作出不确切的归纳评价）和过宽误差（指在绩效评估中，出现一些评估者对所有被评估者的评分都偏低的现象）是上级考评认识过程中常见的两项影响评价效度的重要因素（许瑞庆，2002）。

2）同级评价

共同工作的同级别员工参与员工绩效评估的机会正日益增加。虽然上级的评分很有价值，但是一些组织还是增加了同级评价来补充甚至取代那些由上级作出的评价。同级和上级是从不同的角度来看待某个人的绩效的。通常，上级掌握着更多的有关绩效期望和绩效结果的资料，而同事们则经常以一种不同的眼光来看待他人的工作绩效。同级在评估一个员工的优缺点的同时，能够很容易观察到员工的领导能力和人际交往能力。另外，人们往往倾向于在老板面前表现得与在同事面前不一样。这一点也是同级评价的一个特殊意义。此外，使用同级作为评价主体来补充上级评价有助于形成关于个人绩效的一致性意见，并帮助人们消除偏见，促进被评估者更好地接受绩效评估的结果乃至整个绩效评估系统和绩效管理系统。

同级人员考评有三种方式可以选择：同级人员提名、同级人员评价和同级人员排名。同级人员提名是指让每一个员工指出在工作绩效的某个特定方面（如信用管理、团体关系、存货控制）表现得最高或最好（最低或最差）的特定数量的同级人员。同级人员评价要求每个员工根据一系列给定的考评标准对团队中所有的其他员工进行评价。同级人员排名是指每个员工要根据一个或几个考评标准将团队内的所有员工由最好到最差进行排名。根据凯恩和劳勒的研究，在确认绩效最好和最差的员工时，同级人员提名最有效。但是它没有给每个员工的得分提供有关行为方面的解释，也没有给未收到提名的员工提供任何有意义的信息。对员工进行考评时，同级人员评价在考评反馈和设定随后的目标方面是最有用的，反馈给员工的信息是以行为为基础的，而不只是将员工与极端或非极端的子群体进行比较的结果。就反馈和设立目标来说，同级人员排名本身是不起什么作用的，除非让员工知道那些必须表现出来的行为以提高其排名。在为晋升决策进行的同级人员排名之后，进行同级人员评价，而同级评价的目的仅仅是为了辅导员工。

使用同级评价可能会出现一些特殊的问题。例如，当绩效评估的结果与薪酬和晋升等激励机制结合得十分密切时，同级之间会产生某种利益上的冲突。这将限制同事评分的可行程度和公正性。另外，同级之间的个人关系也可能影响绩效评估的可信程度。有的人可能会担心给一位同事评低分会伤害他们之间的友谊或破坏工作群体的凝聚力。同事评价中可能会存在“相互标榜”的问题，以及所有同事都串通起来，相互将对方的工作绩效评估为较高的等级。同时，一些人对于私交较差的同事往往会受到厌恶情绪的影响而给低分。

目前，越来越多的组织开始使用自我管理小组的管理形式，很多组织采用小组评估的形式来评价其绩效。小组评估是同级评估的延伸。尽管同事之间地位相等，但未必有机会密切合作，而在一个小组内几乎很难将每个人的贡献单独区分出来。在某些情况下，个人评估会造成评估体系的混乱，因为个人评估所关注的重点可能并不是小组的工作重点。很多公司的组织已经开始采用小组评估的方法，即将其所有成员的工作看成一个整体来评估，以小组评估的结果部分代替对于员工的绩效评估。小组评估对于难以明确区分个人业绩的团队进行考评是有价值的。同时，建立在小组评估基础上的绩效评估，可以减少团队中成员间的彼此竞争，强化其凝聚力，使每一个小组成员都来关心团队。

3）本人评价

有些企业在进行工作绩效评估时，还采用员工自我评价法，当然，通常是与上级评价结合起来使用的。如果员工理解了他们所期望取得的目标以及将来评价他们所采用的标准，则他们在很大程度上处于评价自己业绩的最佳位置。另外，当自我评价用于员工自我发展目的而非管理目的时，自我评价会更严格；当评估的目的是制订雇员发展计划而非用于行政决策时，自我考评的效度相对较好。所以，自我考评较宜用于发展而非行政目的的评价。自我评价的员工会在自我工作技能开发等方面变得更加积极和主动。自我评价受到那些重视员工参与和发展的管理者的认同与欢迎。

当然，这种评价方式也存在很多问题。员工对自己的工作绩效所作出的评价，一般总是比其主管人员或同事对他们所得出的绩效等级要高。比如，当员工被要求对自己的工作绩效进行评价时，各种类型员工中有40%的人将自己放到绩效最好的10%（“最好者之一”）之中；剩下的人要么是将自己放入前25%（“大大超出一般水平”）之列；要么是将自己放入前50%（“超出一般水平”）之列。通常情况下，只有极少数的人（占该研究样本总数的2%左右）将自己列入低绩效等级范围之列，而那些总是将自己列入高绩效等级的员工，在很多时候往往是低于一般绩效水平的（方振邦，2003）。

4）下级评价

如今，越来越多的组织让被评估者的下级以不署名的方式参与对其上级的绩效评估。这种过程通常被称为自下而上的绩效反馈。在观察领导行为方面，下属有直接源自于亲身体验的信息来源，尤其在有关领导、指导、业绩反馈、对下属需求的敏感度等方面，下级的信息优势更明显。但在实际中，下属考评的考评方式受到较多管理者的否定和抵制。许多领导认为，该考评方式是对上级权威的一种挑战。佰纳帝恩（Bernardin，1986）对影响下属评价被接受的观念进行了较系统的总结，见表3-3。

表3-3　下属考评应用受限的主要原因分析

阻碍下属评价被接受的观念
1. 下属缺乏作出有效评定所需的信息和技巧；
2. 作为评估者，下属缺乏经验；
3. 下属缺乏进行正确评价的培训；
4. 为避免上级的报复，下属通常会夸大对上级的评价；
5. 领导会极力讨好下属；
6. 领导的权威会受到削弱；
7. 管理人员在选择工作单位时，会避免选择采用下属评价的单位，从而导致招聘和留住管理人员的困难；
8. 下属对那些命令式的上级评价苛刻

资料来源：许庆瑞，王勇，陈劲. 绩效评价源与多源评价 [J]. 科研管理，2002，5：86.

迈克依沃依（McEvoy）1990 年对下属评价接受度的调查表明，当评价用于发展目的时，接受该评价方式的管理人员超过 50%，而当评价的目的是用于行政人事决策时，接受度会大幅减少。另外，接受度受评价维度的影响较大。领导者相信在某些业绩维度上下属能够给出正确的评价，而在某些维度上则不能（见表 3-4）。

表 3-4　领导认为能够被下属和不能够被下属有效评价的业绩维度

能够被评价的维度	不能够被评价的维度	能够被评价的维度	不能够被评价的维度
领导能力	计划和组织	业绩反馈	工作质量
口头沟通	预算	提供工作指导	工作数量
指派	目标设定	冷静沉着和自我控制	分析能力
协调	制定决策	人际关系	技术能力
关心员工	创造性		

资料来源：许庆瑞，王勇，陈劲．绩效评价源与多源评价［J］．科研管理，2002，5：86．

5）*顾客评价与供应商评价*

在一些特殊组织中，一些了解员工工作情况的组织外部人员也成为绩效评估的主体之一。最常见的做法就是将顾客和供应商纳入评价主体之中。这种做法是为了可以了解那些只有特定外部成员能够感知的绩效情况，或通过设定特殊的评价主体引导被评估者的行为。例如，在服务行业中，由一些组织以顾客为评价主体对那些直接面对客户的服务人员进行绩效评估，从而更多地了解他们在实际工作中的表现。更重要的是，由于顾客的满意度成为企业成功的关键影响因素，这类组织通过将顾客作为评价主体，以促进员工更好地为顾客提供服务。

通过以上几种主要评估者所进行的分析可以看出，每一种都有其自身的优缺点，见表 3-5。

表 3-5　几种主要评估者的优缺点

评估者	优点	缺点
上级	熟悉被评估者的工作情况 对考评的责任心强 符合逻辑	个人偏见和私人关系有可能影响考评的公正性 容易出现操纵评估结果的情况
同级	有充分的机会观察被评估者的工作情况	容易出现相互之间达成默契，把对方评为较高的等级
本人	给予员工参与评价的机会 有利于减少对工作绩效评估的抵触情绪	人们对自己更加宽容，倾向于作出更高的评价
下级	有充分的机会观察被评估者的工作情况 熟悉被评估者所从事的工作	可能削弱管理者的权威 担心所作的考评被上级察觉而作出有利的评价
顾客/供应商	能够获得其他渠道难以获得的信息	考评目的不同 可能会忽视被评估者的一些重要方面

3.1.3　评估者的培训

评估者往往是被评估者的直接主管人员，以及其他方面的有关人员，他们通常都不是人力资源管理及绩效评估方面的专家。绩效评估中的指标和标准，以及所借助的考评方法在理解上都具有较大的难度，在运用上都很复杂。在考评过程中，评估者也容易受自身主观因素的影响而出现错误。所有这些都要求评估者掌握更多的考评技能和提高自身素质，因此对评估者进行培训具有重要意义，有利于评估者更好地利用考评系统对被评估者进行准确、公正的考评。

因此，人力资源管理部门应制定完善的评估者培训制度，通过评估者培训达到以下几个方面的目的：

- 使评估者认识到绩效评估在人力资源管理中的地位和作用，认识到自身在绩效评估过程中的作用；
- 统一各个评估者对于评价指标、评价标准的理解；
- 使评估者理解具体的评价方法，熟悉绩效评估中使用的各种表格，并了解具体的评价程序；
- 避免绩效评估偏差的发生，使评估者了解如何尽可能地消除误差与偏见；
- 帮助管理者学习如何进行绩效反馈和绩效指导。

1. 评估者培训的主要内容

评估者培训的内容主要包括评价纪律和道德培训、基础知识培训和考核技能培训这三类。

1）评价纪律和道德培训

评估主体道德品质的高低影响着评估结果的客观性和公正性，而评估主体是否遵守考核纪律会影响评估结果的科学性和严肃性。由于考核带有一定的政策性、群众性和复杂性，所以要求每个评估者严格遵守评价的规章制度和组织纪律。考核道德的培训主要是对评估主体价值观念的教育，包括组织核心价值观、职业道德、不徇私情等内容。道德素养的培训应当是启发式的，不应是灌输式的。在进行道德素质培训时，培训的内容首先是从评价人员的“自我”出发来启发其进行规范的评价操作，建立并且强化评价人员的爱才之心和识才之道；其次是向评价人员讲解评价道德在整个评价过程中的各种表现，以培养评估者的良好品质，包括在评价准备、实施、统计和反馈阶段的注意行为。

考核纪律培训的主要内容包括绩效评估制度、绩效评估规程、严肃认真的办事作风等。这种培训一般采取学习规章制度、开会、集中讲解等方式进行。

2）基础知识培训

① 基础知识的培训主要包括以下几方面的内容：

- 人力资源管理的有关理论；
- 心理学基本理论和有关知识；
- 心理测量与统计的有关知识；
- 系统论、信息论和控制论的基本原理；
- 电子计算机应用知识等。

② 在培训时，可根据缺什么补什么的原则，按学员文化水平、专业和自学状况确定培训内容与方式。一般来说，对大学文科毕业的员工，应多讲解一些统计和电子计算机在管理中的应用知识；对大学理工科毕业的员工可多讲一些心理学方面的知识。对初中、高中文化程度的员工，则都应讲到。

3）考核技能培训

评估主体的考核技能培训主要包括以下内容。

（1）评价基本原理的培训

例如，企业采用平衡计分卡的方法进行绩效评估，就需要对评估者介绍平衡计分卡的基本原理。让评估者了解到平衡计分卡是以组织战略为导向，寻找能够驱动战略成功的关键成功因素，并建立与之具有密切因果联系的指标体系来衡量战略实施过程的状态，同时采取必要的修改以维持战略的持续成功，其工作原理是通过在四个常常冲突的衡量标准中实现平衡而发挥作用，将管理层制定的战略与运作层面的活动整合起来。平衡计分卡包含财务指标，同时以客户满意度、内部流程及组织创新和改善活动等业务指标作为补充等相关的内容。

（2）绩效评估指标的培训

通过对评估者进行培训，使其能够熟悉在评价过程中将使用的各个绩效指标，了解各指标的定义、内容，学会设定绩效指标，讨论绩效指标的重要性；学会设定关键绩效指标和标准等。讲师可以与学员讨论和分享目前绩效指标设定中的问题；通过实际操作性的活动使学员学会如何定义工作产出和关键绩效指标。另外，针对员工的绩效评估指标往往是由人力资源部门在与管理者进行充分沟通的基础上确定的。因此，对于绩效评估指标的培训更重要的在于让评估者接受专业人员的最终选择，不要因制定过程中的矛盾影响了在评价过程中对评价指标的理解。

（3）如何确定绩效标准的培训

绩效标准培训指的是通过培训向评估者提供评价时的比较标准或者是参考框架。评估者如何理解绩效标准将在很大程度上影响他们对每个被评估者的评价结果。进行绩效标准培训是实现绩效管理中程序公平的前提条件。可以结合实例讲解分析评价标准，使评估者懂得如何把握标准。

（4）收集绩效信息方法的培训

如何收集绩效信息也是评估者培训中的一个重要项目。为了使评价结果更有说服力，为了给评价之后的绩效反馈提供充分的信息，评估者必须在绩效期间充分收集各种与员工绩效表现相关的信息。因为不同岗位的工作性质不同，能够获取有关工作绩效信息的渠道各不相同，所以在进行这方面培训时应根据被评估者的不同情况有针对性地进行。

（5）评价方法的培训

绩效评估中可能采用的具体方法是多种多样的。每种方法都有其优点和缺陷。应该通过培训使评估者充分掌握在实际进行评价时需要采用的各种操作方法，填写表格的注意事项等，以充分发挥该评价方法所具有的优势，并使评估者对评价方法产生认同感和信任感。这种认同感将有助于绩效评估结果得到管理者乃至所有被评估者的认同。

（6）评估者误区培训

造成绩效评估不准确的原因最常见的就是评估者的主观错误。因此，评估者培训中的一项重要内容就是告诉评估者在评价过程中可能会产生的评估误差有哪些，以防止这些误差的发生。可以使用角色扮演、案例分析、录像带等方法使学员认识到光环效应、趋中误差、首因效应、对比效应等评估误差及避免的方法，使评估者了解自己在有效的绩效管理操作过程中的影响，以便更好地实施绩效评估。

(7) 绩效反馈培训

绩效反馈是评价者将绩效信息反馈给员工，从而帮助他们纠正自己的绩效不足。评价者通过绩效反馈，帮助被评价者更好地认识自身在工作中存在的问题。通过讲解、练习等方法使评价者正确掌握如何准备绩效反馈面谈、如何计划面谈各个环节的时间、预计在面谈中可能出现的问题及掌握面谈中的各种技巧等。绩效反馈培训是评价者培训中的一个重要内容，它关系到绩效管理系统能否达到预期的目标。

考核技能培训一般采用专题培训的方式，可以将一个主体作为一项培训，可以根据不同的评估主体在考核中所起的不同作用，要求他们参加相关的专题培训。这种专题培训大多适宜安排在考核工作开展之前的一段时间内进行，这样评估主体就能做到学以致用。

评价者培训的主要内容要根据组织的不同情况而确定，并没有统一的模式，每一次的培训内容可以针对不同的问题来进行。

2. 评价者培训的方法

对于评价者的培训方法，主要分为以下四类。

1) 评价者误区培训法（Rater Error Training，RET）

评估者误区培训法是早期运用较多的一种培训方法。在评价过程中会存在如首因效应、晕轮效应、趋中效应等误差，评价者误区培训法就是通过对评价者进行培训减少这些评估误差，提高评分的准确性。这种培训方法的假设是使评估者了解并熟悉这些评估误差，并且帮助评估者避免这些误差，这将会直接减少评分误差而使评分更有效。Latham（1986）认为评分者误差培训降低了评估准确性是因为在培训中为了使评估者避免评分误差而让评分者过分关注所谓的“不正确的评分分布”（Incorrect Rating Distribution）（各维度之间的高相关）和“正确的评分分布”（Correct Rating Distribution）（各维度之间评分的低相关）。因此，为了减少评分误差，在评分时就可能刻意避免各维度之间的关联性，从而使评分准确性降低。但是如果培训时只让评分者认识评分误差的类型并教他们如何避免，而不过分强调所谓的“正确评分分布”，评分者误差培训仍然可以提高评分的准确性。

2) 绩效维度培训法（Performance Dimension Training，PDT）

绩效维度培训法是对评价者在评价前进行绩效维度培训，使其正确理解并掌握每个维度的含义及具体事项。研究者发现人们是在对行为进行观察的同时作出评价，而不是在观察之后再进行评价，所以应该在评价之前对评价者进行绩效培训，而且培训的重点应放在评分的维度上。这样，评价者在进行评分时，就会按照评价维度进行评分而不是只给出一个整体的评价。绩效维度培训能够提高评分的准确性，它是评估者培训过程的一个关键组成部分。每一个绩效维度，或者能力维度，都应当经过所有评价者的审查。

例如，在考核领导干部政绩时，可以分为四个维度进行考核，即自身的努力程度、群众的满意程度、目标的可行程度、政绩的可信程度（庄国波，2007）。评价者只有准确理解四个维度的含义才能作出正确的评价，这就需要对评价者进行培训。如政绩的可信程度即领导在任期内作出的政绩是否经得起实践检验？是否有水分？统计方法是否科学？数据是否准确？其施政的成本与施政的成效之比如何等具体内容（庄国波，2007）。在培训时，只有将该维度包含的具体事项或行为向评价者解释清楚，才能提高评价者绩效评价的准确性。

3）参照框架培训法（Frame-of-Reference Training，FOR）

参照框架培训法是在绩效维度培训法的基础上发展起来的一种更完善的方法。这两种方法都强调评分的多维性及评估者对于评分维度的理解和掌握，但参照框架培训法更强调按照统一的评分标准来培训评估者，即在所有评估者头脑中形成统一的评分参照框架。在参照框架培训中，培训者要求评估者按照事先制定的统一的评分标准（或称图式）去仔细观察被评价者所表现出的典型行为，并同时作出评价。参照框架培训法能使评估者对绩效的概念一致，使他们能进行更准确的评估。研究已经证明，在提高绩效评估准确性方面，参照框架培训法是最有效的（Bernardin，1981）。FOR 培训程序的执行步骤如下（韦恩·卡西欧，2006）。

- 告诉参与者他们将在三个不同绩效维度上对三个被评价者的绩效进行评估。
- 把评定量表发给参与者，并指导他们进行阅读，同时培训者大声朗读绩效维度的定义和量表的锚定。
- 然后培训者在每个量表上讨论那些能详细说明不同绩效水平的被评价者的行为。其目标是在评价者中创设一种共同绩效理论（参照框架），以便使评价者在适宜的绩效维度及不同行为的有效水平上达成一致。
- 让参与者观看一段工作实践录像，并要求他们使用所提供的量表来评价管理者。
- 把评价等级写在黑板上，参与者小组对此进行讨论。培训者试图确定参与者是根据什么行为来进行评价的，同时也要明确不同评价等级之间的不一致性。
- 培训者向参与者提供反馈，并解释为什么被评价者在某个绩效维度上应该得到一个特定的评价等级（目标得分）。

FOR 培训为被培训者提供了一种“绩效理论（Theory of Performance）”，该理论可以让他们理解各种不同的绩效维度，知道如何把这些绩效维度与评价行为匹配起来，如何评价被评价者行为的有效性，如何把这些判断与整体绩效评估加以整合。另外，提供评价标准和行为范例似乎也可以提高评价的准确性。在绩效范例中使用目标分数，在练习评价时对评价准确性进行反馈，可以使评价者通过直接经验学会如何应用不同的评价标准。

例如，某超市考核服务员绩效的维度划分为热情待客、意识、人际关系技能、装袋能力、观察能力。绩效维度培训就是让评价者了解这五个维度的含义与其具体行为。如热情待客是指是否热情地向顾客打招呼并主动上前提供购物引导和帮助。具体行为如下。

对于进入店门的顾客，一贯报以热情友好的招呼，并且主动上前提供购物引导和帮助；

对于进入店门的顾客，经常报以热情友好的招呼，并且主动上前提供购物引导和帮助；

对于进入店门的顾客，能够报以热情友好的招呼；

对于进入店门的顾客，能够打招呼；

对于进入店门的顾客，能够打招呼，但是态度不友好；

对于进入店门的顾客，很少打招呼，也不主动上前提供购物引导和帮助；

对于进入店门的顾客，从不打招呼，也不主动上前提供购物引导和帮助然而，上述方法都是假设所有的评价者使用单一的参照框架。已有研究表明，绩效资料的不同来源（同事、下级和上级）已清楚地证明存在着截然不同的参照框架，而且这些不同的参照框架在对待不良绩效事件的重要性上未达成共识（Hauenstein，1989）。因此，培训应该强调这些差异，并重视评价者绩效理论的内容及作出判断的过程。另外，经过培训的管理者在为下属设计开发方案方面特别有效（Davis，1984）。

4）*行为观察培训法*（Behavioral Observation Training，BOT）

行为观察培训法主要是教授给评价者一些观察和记录被评价者行为的方法。BOT鼓励评价者先观察后评价，即观察时先详细记录被评价者的行为表现，待观察完毕后再统一评价。行为观察法关注的是评价者对行为的“观察”，而不是对行为的“评价”。Thornton和Zorich（1980）认为评价者观察的过程包括对被评价者行为表现的觉察、知觉和回忆或再认识。评估误差主要是由于评价者进行评价时掌握的信息不足导致的，因此，对评价者进行行为观察培训就能提高评价的有效性。

有两种常用的提高行为观察能力的BOT培训方法。第一种是简单地增加观测次数，或者增加实际行为的样本量。这有助于改进对行为的回忆，并且实质上给了评价者多次机会来练习技巧。通过大量的行为观察来评价被评价者的绩效，就能够作出较正确的评价判断，避免系统误差。第二种是通过培训评价者注意被评价者的行为并且把观察到的行为做记录，通常称之为“行为日志”。“行为日志”有助于评价者获得被评价者的准确绩效信息。

需要注意的是，在观察一项特定技能的时候观察者要把自己放在正确的位置上，使自己与被评价者的相互影响最小化，并且避免干扰。例如，对一名实习医生对高血压患者进行体检的技巧评分时，观测的简单规则如下。

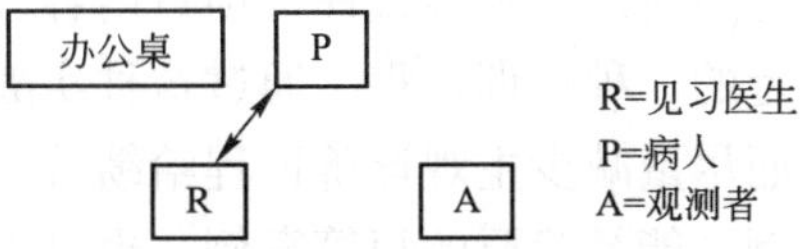

图3－2　运用三角测量原则

① 准确定位。作为观测者，要避免出现在病人和见习医生的视线中。要运用三角测量的原则。如图3－2所示。

② 不要引导。尽量不要打断或者打扰。如果观测者打断了见习医生和病人之间的互动，谈话过程就永久地改变了。

③ 最少化打扰。告诉观测者他（她）将要观察见习医生5到10分钟，在这个过程中不要打扰见习医生，不要进行例行的传话等。

④ 做好准备。在进入房间之前要知道这个观察阶段观测者的目的是什么。比如，在体检中，见习医生拿出病人病历，观测者就要知道体检的要素是什么。

四种培训方法对评分效果都有一定的影响，RET能降低评分误差，PDT和FOR能提高评分准确性，BOT可以提高行为观察准确度，四种培训方法不同程度地对评价者产生积极影响。当然每一种培训方法都有不完善的方面，企业可以根据实际需要来自由组合。

3. 评价者培训的实施方法

1）*评价者培训的时间*

评价者的培训时间主要有三种选择：一是在绩效管理实施前进行培训，这个时期举办培训效果最佳，因为通过培训，评价者可以少走弯路，方向更明确，并对未来可能出现的问题进行预测，从而避免不必要的损失；二是在绩效管理实施过程中进行培训，这类培训多以短期为主，可以解决当时出现的问题；三是在绩效管理完成一个循环之后进行培训，这类培训主要是针对前期工作中出现的问题而开展的，属于问题导向性的培训，它的缺点是在培训开始之前损失已经发生。

2）评价者培训的具体实施形式

根据各企业的实际情况，评价者培训有不同的具体实施方式。根据课程的安排主要有以下两种：一种是与日常的管理技能培训同时进行；另一种则是以独立课程的形式举办。

许多具有正规培训制度的企业都向管理者提供系统化的管理技能培训课程。在这种情况下，有关人员都会在整个课程之中抽出一段时间就绩效评估中的有关问题进行讲解。这既是管理者们关心的问题，也是提高管理者管理技能的重要方面。通常这类管理技能培训的时间不超过一周，而常见的做法是腾出其中的一天讲解有关绩效评估的内容。培训的具体形式和内容包括直接授课讲解有关绩效评估的原理和现行的评价制度与评价技巧等方面的内容。

以独立课程的形式进行评价者培训的培训对象应该是接受过基础管理技能培训的人员。在这种情况下，企业通常会安排两到三天的时间培训，主要包括原理讲解、绩效评估实战培训和绩效反馈面谈的实战培训三个方面的内容。

3）如何进行绩效评估实战培训

所谓绩效评估实战培训，就是针对培训师预先撰写的绩效评估案例，使用公司现有或即将推行的绩效评估标准、评价表格加以评价。通过对比各学员的评价结果，找出个人之间对评价标准或评价项目内容看法上存在的差距，从而实现将各评价者的评价水平拉近的一种培训过程。通过这种实战培训，能够统一评价者对评价标准和尺度的认识，从而尽量减少主观评价过程给绩效评估带来的不准确性。根据培训时间的长短，使用的案例可能是简要的短篇案例，也可以视情况描述非常具体详细的长篇案例。

3.2 绩效沟通

3.2.1 沟通

1. 沟通的含义

一般来说，沟通是人们在互动过程中通过某种途径或方式将一定的信息从发送者传递给接收者，并获得理解和预期反馈的整个过程。实际上，这只是沟通的表层含义，只是信息的传达。信息交流的目的只能告诉人们在绩效沟通中，管理者与员工应该相互交流什么内容，但是，沟通更重要的意义在于传递想法而非传递信息本身。唯有把思想的传递视为沟通的方式，才能够让对方真正领会所传递的信息。因此，让自己的语言与行为引导听者产生自己所希望的想法才是真正有效的沟通。

2. 沟通的过程

沟通实际上是一个很复杂的过程，并不像表面上看起来那么简单。在沟通发生之前，往往存在一个意图，称之为“要被传递的信息”，它在信息发送者与接收者之间传送。信息首先被转化为信号形式，然后通过媒介体传送至接收者，由接收者将收到的信号转译回来。这样信息的意义就从一个人传给了另一个人，图 3-3 就是一个沟通过程模型图。

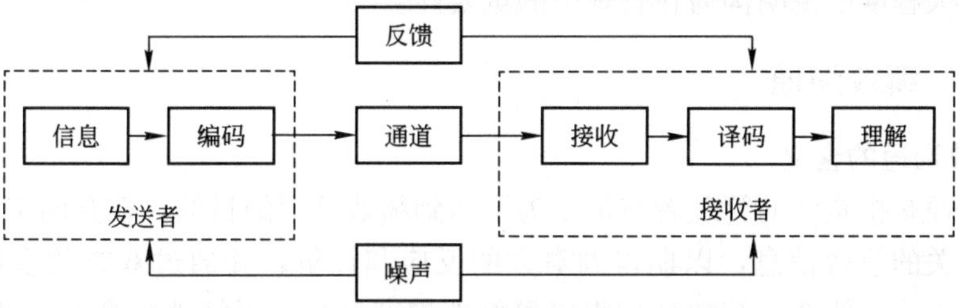

图 3-3　沟通过程模型

可见，沟通过程包括八个组成要素：发送者、编码、信息、通道、接收者、译码、反馈、噪声。编码是发送者将思想信息编成一定的文字等语言符号及其他形式的符号；通道是由发送者用于传递信息的媒介物，如书面通知、电话、电报、网络等；译码是接收者在接收信息后，将符号化的信息还原为思想，并理解其意义；反馈是指接收者把信息返回给发送者，并对信息是否被理解进行核实，在沟通过程中反馈是双向的；噪声是妨碍信息沟通的任何因素，它存在于沟通过程的各个环节，并有可能造成信息失真。

3. 沟通在管理中的重要性

在 20 世纪 60 年代末期，亨利·明茨伯格提出了著名的管理者角色理论。他指出，一是管理者在日常管理活动中扮演着十种不同却高度相关的角色：头面人物、领导者、联络者、监督者、发言人、传播者、企业家、混乱处理者、资源分配者、谈判者。有人将这十种角色进一步归纳为三种角色：愿景设计者、激励者和推动者。无论是为了实现哪类角色，沟通的重要性都是不可忽视的。明茨伯格认为管理者作为愿景设计者，必须把自己设定的愿景转化为下属共同的愿景。这就要求管理者具有高超的沟通技巧。二是管理者要通过愿景激励员工的工作积极性，就要使员工的目标能够与管理者设计的愿景相融合。管理者作为激励者的角色更强化了沟通的重要性。另外，管理者还要通过大量的沟通活动推动组织愿景的实现。因此，管理者在完成愿景设计者、激励者和推动者这三种角色的过程中都需要充分发挥沟通的作用。

在此之后，费雷德·卢森斯和他的助手对 450 名管理者进行了研究。他们发现，三类不同的管理者在这四项活动的时间分配上表现出不同的特征。如图 3-4 所示。

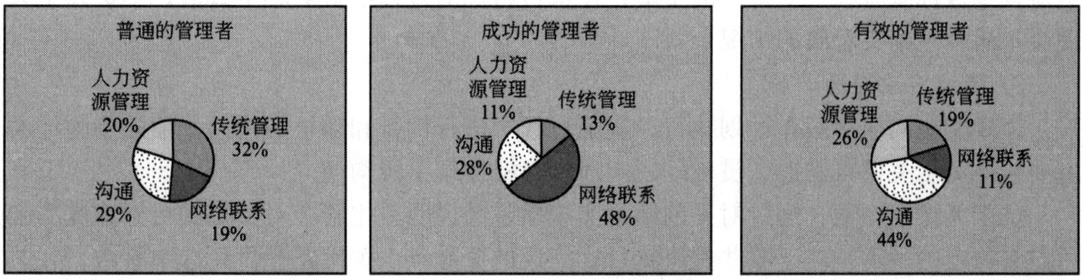

图 3-4　三类管理者的不同特征

该研究表明，有效的管理者花费了最多的时间（44%）用于沟通。就算对于普通的管理者和成功的管理者，沟通在这四类工作中也达到了占用时间第二多的位置。可见，沟通是管理者一项十分重要的管理活动。这一点虽然不是卢森斯的理论研究重点，但同样能够在很大程度上说明沟通在管理中的重要性。

3.2.2 绩效沟通

1. 绩效沟通的含义

绩效沟通是指企业的管理者与员工为了达到绩效管理的目的，在共同工作的过程中分享各类相关的绩效信息，以期得到对方的反应和评价，并通过双方的多种形式、内容、层次的交流，使企业绩效计划得以更好地贯彻执行，更好地提高企业绩效的过程。简而言之，绩效沟通就是管理者与员工之间就绩效问题进行的交流、沟通，是一个关于绩效信息的发送、接收与反馈的过程。可以说绩效沟通贯穿于整个绩效管理过程的始终。绩效管理循环分为绩效计划、绩效实施、绩效反馈、绩效改进四个环节，在各个环节中，持续性的绩效沟通是必不可少的。所以，绩效沟通主要体现在四个方面：绩效计划沟通、绩效实施沟通、绩效反馈沟通和绩效改进沟通。四个方面相互配合，层层递进，共同构成了企业的沟通系统，如图 3-5 所示。但是不同绩效管理阶段沟通的侧重点不同。

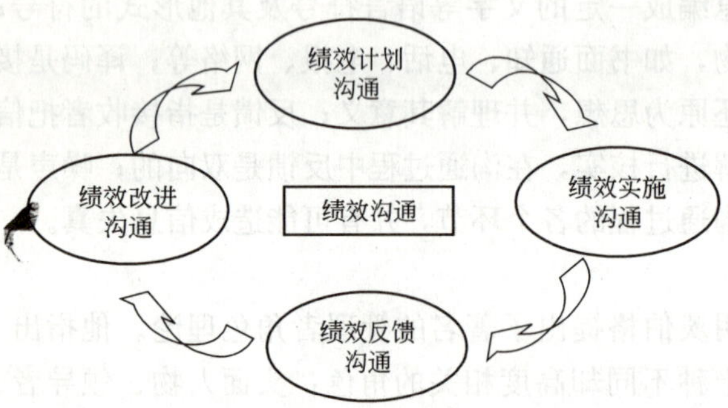

图 3-5　绩效沟通四阶段模型

1）绩效计划沟通

绩效计划沟通一般是在员工绩效目标制定时进行的。绩效计划阶段的沟通内容主要包括三个方面：绩效目标本身、绩效实施措施和实现目标所需的支持。绩效目标和工作标准应是管理者与员工讨论后达成一致的。

在这个过程中需要主管向员工明确说明：企业的整体目标是什么？为了完成这样的整体目标，部门的目标是什么？为了达到这样的目标，对员工的期望是什么？对员工的工作应当制定什么样的标准？为了使员工完成目标，组织应该给员工提供什么样的支持？检查的方法和措施是什么？完成目标后有什么奖惩措施等。通过对目标的交流，员工对自身目标就有了一个全面的了解，在执行目标的过程中就会心中有数，不会发生只埋头干活、不抬头看路的情况。

2）绩效实施沟通

绩效实施沟通一般在计划执行、实施过程中进行例行和随机的沟通。绩效实施沟通主要包括员工关键点沟通、员工问题沟通和目标实现手段沟通。

员工关键点沟通：通过对先前绩效实施措施的说明，主管会对员工的目标完成实施手段有一定的了解，对于哪些是决定目标完成的关键点、关键路径做到心中有数。在关键环节，主管需要适时地监督沟通，看看员工完成的结果怎样、进度怎样。不在关键点沟通，如果员工隐瞒进度或问题，就有可能严重影响目标完成。不仅员工个人目标完不成，还有可能影响整个部门目标的实现。

员工问题沟通：主管布置完任务，并不是就此撒手不管，当甩手掌柜，而是要为员工的绩效完成情况负责。当员工在目标完成过程中出现问题、困难、半路卡壳时，主管应该帮助员工分析原因，解决困难和问题。让员工相信主管是他的坚强后盾，这样员工就会心存感激，心理也会很踏实。

目标实现手段沟通：主管要对员工实施目标的手段进行监督，防止员工为达目的不择手段，采取危害企业长远利益的行为。如果出现这种情况，主管就需要及早制止。对于员工好的方法措施也要及时表扬推广。

3）绩效反馈沟通

绩效反馈沟通一般在主管对员工的绩效评估打分结束后进行。内容主要包括本次评估结果说明、员工完成/未完成目标原因分析、下一阶段目标交流。

本次评估结果说明：主管把本次评估的结果向员工说明，同时把打分的结果、依据和相关证明资料向员工展示，让员工感到主管的评估是有理有据的。同时，主管要听取员工对本次目标自评的结果和相应的依据，并根据实际情况对评估结果进行适当的修正。这样的评估结果就会更有说服力。

员工完成/未完成目标原因分析如下所述。

未完成目标：主管和员工需要从外因和内因上分析员工未完成目标的原因，如果是外因，是因为客观环境变化还是企业内部流程、制度有问题导致；如果是内因，要分析是员工的知识能力不足、经验不够还是态度欠缺；如果是态度欠缺，就需要仔细分析，到底是什么原因导致，是企业激励措施不好、内部管理有问题，还是员工自身态度有问题。对这些问题，都需要穷根究底，找出背后真正的原因，并采取相应的解决措施。如果是员工知识能力不足，就需要安排相应的培训辅导；如果是经验不够，就需要多安排锻炼机会；如果是员工自身态度问题导致完不成任务，就需要进行批评教育，必要时进行惩罚甚至辞退。

完成目标：主管和员工要共同分析员工是如何完成目标的。是个人努力所致还是外部环境有利，如果是外部环境有利，如市场需求激增、所属区域发达等因素，使员工不费吹灰之力就完成了目标，还要分析这种有利因素是暂时的还是长久的，企业是否需要修改应对措施等。如果是个人努力，也需要仔细交流，员工采取了什么样的方法措施，有没有经验可以吸收借鉴，可不可以推而广之等。

下一阶段目标交流：绩效面谈不仅仅是谈过去，更重要的是谈未来发展。绩效管理是一个往复循环的过程，一个考核周期的结束，往往是下一周期的开始。因此，对未来目标的确定就成了本次沟通的重要组成部分。双方对下一阶段目标要达成一致，对实现目标所采取的措施和相应的支持条件也要形成共同意见。

4）绩效改进沟通

绩效改进沟通贯穿于目标完成的全过程。沟通的内容侧重于员工的绩效改进情况，需要主管对员工目标未完成的原因进行深入的分析。如果是员工自身欠缺的因素，或者是不适当的目标完成方式造成目标未完成，那么，在绩效改进过程中，主管要进行跟进监督，看看情况是否得到了落实，是否采取措施予以纠正，并创造性地提高。在一定的时间点上，对员工改进的情况进行评估，让员工看到自己还存在哪些差距和不足。有主管锐利的眼睛在后面，员工就会对自己的不足之处很快改进。如果员工把主管的建议当作耳旁风，同样的错误一犯再犯，这样的人才就属于该淘汰之列。

绩效改进沟通一般不会单独进行，它与绩效实施沟通相互穿插，并贯穿于目标完成的全过程。在绩效实施沟通中，既对本阶段目标执行情况进行沟通，又会对上一阶段绩效改进情况进行沟通，这样员工绩效改进就更有利于目标的执行。

四个阶段的绩效沟通是循序渐进、缺一不可的。员工目标制定得好，执行得好，改进得好，完成绩效目标就是自然而然的事情。绩效结果也就不会出乎意料，因为在平时的沟通中，员工们已就自己的业绩情况和主管达成共识，考核只是对平时沟通的复核和总结而已。人才的优劣也会明显区别出来。通过动态、持续的沟通，主管与员工的关系就会更加融洽，员工的绩效逐步提升，整个团队绩效也会水涨船高。企业的整体绩效就会朝向更好的方向发展。这样，员工、主管和企业就会实现共赢。绩效管理就真正成了企业绩效的促进器，推动着企业不断前进。

2. 绩效沟通的目的

在绩效实施过程中，管理者和员工之间要进行持续的绩效沟通。进行绩效沟通的根本目的是确保绩效计划目标的实现。在绩效计划阶段，虽然管理者和员工通过双向沟通共同制订了绩效计划，确定了具体的工作目标及实现目标的方法和步骤，并形成了绩效契约，但这并不意味着绩效计划就可以自动地、顺利地实施。管理者不能等待员工的绩效会自动地产生，管理者和员工双方要通过持续的沟通解决绩效计划实施过程中出现的各种问题，从而确保绩效目标的实现。因此，持续的绩效沟通也就成为绩效实施过程中的核心问题。通过进行持续的绩效沟通可以实现以下具体目的。

1）通过持续的沟通对绩效计划进行调整

如今的工作环境再也不像过去那样稳定了，环境中的竞争在不断加剧，变化的因素也在逐渐增加。因此，在绩效实施过程中进行持续的绩效沟通的第一个目的就是为了适应环境变化的需要，适时地对计划作出调整。在绩效考核周期开始时制订的绩效计划很可能会随着环境因素的变化变得不切实际或无法实现。因此，通过在绩效实施过程中员工与管理人员的沟通，可以对绩效计划进行调整，使之更加适应环境的需要。

2）管理者通过绩效沟通为员工提供及时的帮助

在绩效管理过程中，尽管所制订的绩效计划可能是很详细和具体的，但在计划实施过程中可能会出现一些事先未曾预料的新情况和新问题，员工在实现绩效目标的过程中可能会遇到一些问题和障碍，管理者不可能通过观察了解到所有情况。通过进行绩效沟通，管理者及时掌握员工工作的进展情况，了解员工在工作过程中遇到的困难和问题，以便及时采取相应的对策，提供及时的帮助和支持，确保计划目标的实现。同时，通过绩效沟通获得的员工绩效相关信息，也为对员工的绩效考评做了相应的准备。

3）员工通过绩效沟通及时获得有关自己工作结果的反馈信息

由于工作环境的变化加剧，员工的工作也变得越来越复杂，在制订绩效计划时很难清楚地预期在绩效实施过程中可能遇到的所有困难和障碍，他们在执行绩效计划的过程中可能会遇到各种各样的困难，需要及时得到关于如何解决工作中困难的信息；员工都希望在工作过程中能不断地得到关于自己绩效的反馈信息，以便及时了解自己哪些方面做得比较好，哪些方面存在缺点和不足；在绩效评估结束后，员工需要得到客观、准确的绩效反馈信息，全面了解自己的工作绩效状况，并获得关于下一步绩效改进的信息。

3. 绩效沟通的方式

绩效沟通是一个充满细节的过程。管理者与员工的每一次交流（不论是书面的还是口头的）都是一次具体的绩效沟通。为了使每一次沟通都能够卓有成效，管理者必须掌握沟通的方式和技巧，从而更好地实现绩效沟通的目的。

总的来说，绩效沟通可以分为正式的绩效沟通和非正式的绩效沟通两大类。正式的绩效沟通是由企业管理制度规定下来的各种定期进行的沟通。非正式的绩效沟通是员工与管理者在工作过程中的信息交流过程。

1）正式的绩效沟通

（1）书面报告

书面报告是绩效管理中比较常用的一种正式沟通的方式，主要是员工使用文字或图表的形式向主管人员报告工作的进展情况，可以是定期的，也可以是不定期的。定期的书面报告主要有工作日志、周报、月报、季报、年报等。不定期的书面报告是管理人员为了了解某些问题而要求下属员工提交的专项书面报告。

书面报告不需要面对面的会谈，不需要员工和经理在同一地点进行沟通。而且，它提供了记录，不需要增加额外的文字工作。此外，书面报告培养了员工理性、系统地考虑问题的能力，提高了员工工作方法的逻辑性，锻炼了员工的书面表达能力，而且能在较短时间内收集到大量关于员工工作状况的信息。

但是，书面报告是从员工到管理人员的单向传递，缺乏双向的信息交流，这种单向流动使大量的信息变成摆设。书面报告的大量文字工作使员工感到这个工作是额外的负担，没有员工喜欢写这种报告，往往只是敷衍了事，使得书面报告演变成浪费时间的、毫无意义的、官僚的、无人看的纸面摆设。在大部分组织中，书面报告仅仅是单个员工和管理人员之间的信息交流，并没有在团队中实现共享。

为了避免这些问题，可以采取一些其他措施配合使用以平衡这种影响。比如，可以将书面报告与面谈、会议等口头沟通方式结合在一起，使单向沟通变为双向沟通；简化书面报告中的文字工作，只保留必要的内容，避免烦琐、官僚的形式；充分利用现代的信息交流手段，使书面报告的交流速度和效率提高，增强时效性，以体现出书面报告的优越性。

（2）面谈沟通

书面报告毕竟不能代替管理者与员工之间的双向沟通。为了更好地寻求解决问题的途径，管理者与员工之间的定期会面就显得非常必要了。最常见的形式就是管理者与员工之间一对一的面谈沟通。正式会谈的目的主要是讨论和交流有关工作任务的信息，以使管理者和员工共同努力提高工作，找到解决方案。

面谈沟通有很多优点：可以使管理人员与员工进行比较深入的沟通；可以保持在两个人的范围内，谈论不易公开的观点；比较容易建立管理人员和员工之间的融洽关系；面谈中可以根据员工的处境和特点，因人而异地给予帮助。

同样，面谈沟通也存在一定缺陷，如无法进行团队沟通，容易带有个人的感情色彩等。因此，在绩效实施过程中管理者应注意以下几点：在每次面谈开始时，应该让员工了解到这次面谈的目的和重点；在面谈进行过程中，面谈的问题应集中在调整员工的工作计划、解决员工个人遇到的问题上；要鼓励员工进行自我评价和报告，鼓励员工尝试着自己找出解决问题的方法；同时要注意记录一些重要的信息，并进行相应的小结，为下次面谈沟通提供必要的基础。

(3) 会议

进行绩效沟通的第三种正规方法就是开小组会议。所有的小组成员都定期参加会议，使其相互掌握工作进展情况。除了进行沟通外，管理者还可以借助于开会的机会向员工传递有关公司战略的信息，传播企业文化的精神，统一价值观，鼓舞士气，消除误解等。

会议沟通的优点是可以提供更加直接的沟通方式，满足团队交流的需要。但是会议沟通也存在着不可避免的缺陷：组织会议比较耗费时间和精力，而且对管理人员的管理及沟通技巧要求较高；与会者对会议的需求不同、目的不同，会对沟通中的信息进行选择性的过滤；时间安排得不好会影响工作；若组织得不够理想，会使会议变得官僚化、形式化。需要特别注意的是，涉及个人绩效方面的严重问题不能成为会议的讨论话题。

(4) 咨询

在绩效管理的实践中，进行咨询的主要目的是：员工没能达到预期的绩效标准时，管理者借助咨询来帮助员工克服工作过程中遇到的障碍。管理者在进行咨询时应该做到：第一，及时，即在问题出现后立即进行咨询；第二，咨询前应做好计划，应该在安静、舒适的环境中进行；第三，双向交流，管理者应该扮演"积极的倾听者"的角色，鼓励员工多发表自己的看法；第四，对于好的绩效应说出事实依据，对于不好的绩效应给予具体的改进建议；第五，共同制订改进绩效的具体行动计划。

(5) 进展回顾

绩效进展回顾是一个直线管理过程，不是一年一度的绩效回顾面谈。在绩效管理实践中，人们应经常进行回顾。一般的工作每季度进行一次回顾；短期工作或新员工，每周或每天进行反馈。在进展回顾时，应注意到：第一，要符合业务流程和员工的工作实际；第二，纳入自己的工作计划；第三，不能因其他工作繁忙而取消进展回顾；第四，进展回顾不是正式或最后的绩效回顾，它的目的是收集信息、分享信息并就实现绩效目标的进一步计划达成共识；第五，如果有必要，可以调整所设定的工作目标。

2) 非正式的绩效沟通

管理者和员工之间的绩效沟通并不仅仅是实现计划好的沟通，或者沟通必须采取正式会面或书面形式。事实上，管理者和员工在工作过程中或工作之余的各种非正式会面，也为他们提供了非常好的沟通机会。

同正式沟通相比，非正式沟通的优点是：沟通形式灵活，直接明了，速度快，省略许多烦琐的程序，容易及时了解到正式沟通难以提供的信息，真实地反映了员工的思想、态度和动机。非正式沟通能够建立团体中良好的人际关系，能够对管理决策起重要作用。

非正式沟通的缺点主要表现在：非正式沟通难以控制，传递的信息不确切，容易失真、被曲解，并且可能促进小集团、小圈子的建立，影响员工关系的稳定和团体的凝聚力。

常见的非正式沟通方式主要有以下几种。

(1) 走动式管理

走动式管理是指主管人员在员工工作期间不时地到员工座位或操作岗位附近走动，

与员工进行交流，或者解决员工提出的问题。主管人员在走动式管理的过程中要注意不要过多干涉员工具体的工作行为，不要对他们指手画脚、品头论足，否则会给员工一种突然袭击检查工作的感觉，容易造成员工的心理压力和逆反情绪。

（2）开放式办公

开放式办公主要是指主管人员的办公室随时向员工开放，只要没有客人在办公室或正在开会，员工随时可以进入办公室与主管人员讨论问题。开放式办公是将员工置于比较主动的位置上，员工可以选择自己愿意与主管沟通的时间，而且员工可以比较多地主导沟通的内容。

（3）工作间歇的沟通

主管人员还可以利用各种各样的工作间歇（如午餐）与员工进行沟通，沟通时要注意不要过多谈论比较严肃的工作问题，要谈论一些比较轻松的话题，在轻松的话题中自然而然地引入一些工作中的问题，而且尽量让员工主动提出这些问题。

（4）非正式的会议

非正式的会议主要包括联欢会、节日聚会等各种形式的非正式团队活动。非正式会议也是一种比较好的沟通方式，主管人员可以在比较轻松的氛围中了解员工的工作情况和遇到需要帮助解决的问题。而且，这种聚会往往是以团队的形式举行的，主管人员可以借此发现团队中的一些问题。

3.3 绩效信息的收集

3.3.1 绩效信息收集的目的

绩效信息的记录和收集是绩效管理的一项基础工作，很多绩效管理失败的原因在于绩效信息的不准确及管理者评价的随意性。准确及时的绩效信息对绩效评估的顺利实施具有重要意义。

1. 提供绩效评估评价的基础依据

绩效评估结果的形成要以可靠的事实依据为基础，通过在绩效管理过程中收集绩效信息，能够为绩效评估提供明确的事实依据，避免出现根据主观臆断或对工作表现的回忆来对工作绩效进行考评，从而确保绩效评估结果的信度及公正性。

2. 发现员工绩效问题并提出改进的绩效目标

通过对员工的绩效进行记录和收集，可以发现员工绩效方面存在的问题。与其他优秀员工进行对比，可以提出改进的绩效目标。例如，当管理者对员工说“你在这个方面做得不够好”或者“你在这个方面还可以做得更好一些”时，需要结合员工本人的具体事例及优秀员工的事例来增强说服力。这样会让员工清楚地看到自己存在的问题以及和优秀员工的差距，有利于员工改进和提高其绩效。

3. 研究发现员工绩效优异或低下的深层次原因

对绩效信息的记录和收集，可以使管理者掌握体现绩效优异和绩效低下的关键事件，可以探寻绩效优异或绩效低下的真实原因。总结并推广绩效优异者的经验，发现绩效低下者的真实原因，并有针对性地进行培训，以提高员工绩效。

4. 为解雇员工提供依据

员工绩效信息的收集可以为企业解雇员工提供合理的依据，避免不必要的麻烦。员工的绩效信息记录反映员工的实际绩效水平，当员工的绩效不能够满足企业的要求时，企业可以解雇员工。新颁布的《劳动合同法》第四十条中明确规定：劳动者不能胜任工作，经过培训或者调整工作岗位，仍不能胜任工作的用人单位可以解除劳动合同。当员工对于解除劳动合同有异议或与企业产生法律纠纷时，员工平时的绩效信息记录就可以作为有效的依据。

3.3.2 绩效信息的来源

无论是定量还是定性指标，考核者在对员工完成情况进行评价时，都需要相应的数据信息作为依据，这些能够反映指标完成情况的数据信息即“绩效信息”。评估者必须根据掌握的绩效信息对被评估者的绩效进行评价，可见评估者所掌握的绩效信息的完整性与准确性直接关系到对被评估者的评价是否客观、公正。

绩效评估的评价源一般有上级、同事、自我、下级和顾客五种，这也是绩效信息来源的主要方面。从理论上讲，如果不同评价源拥有相同的评价信息，那么对同一个人的评价结果应是一致的。但许多实践结果都表明，不同评价源对同一个人的评价结果相关度极低，这不仅是因为处于不同地位的评价源对不同类型的信息有不同的优势，更是因为不同评价源在评价时的认知过程和信息处理过程不同。研究表明，评价依据的信息类型的差异、认知错误和动机错误的差异，是不同评价源评价结果差异产生的主要原因（王悟，2005）。见表 3-6。

表 3-6 异源评价产生的原因

评价	信息类型	认知错误	动机错误
上级	结果（如产品等）	强调人的因素	政治性动机
同事	结果和行为	典型性认知错误	友谊/提升动机
自我	行为	强调环境的因素	自我提升动机
下属	行为	典型性认知错误	报复性动机
顾客	结果/消费过程	典型性认知错误	不明确

资料来源：许庆瑞，王勇，陈劲．绩效评价源与多源评价 [J]．科研管理，2002，5：86.

上级评价注重的是结果，在评价时主要依靠的是工作成果方面的信息，而自我考评更倾向于用行为方面的信息来对自己作出评价；同事由于处在相同的环境中，既拥有结果方面的信息，又拥有工作行为方面的信息，所以评价时会同时依靠这两种信息，这也是同事评价的结果为什么能更好地预测员工未来业绩的原因；通常下属所能观察到的也仅是有关工作行为方面的信息；顾客在评价时注重工作结果的质量，同时关注在消费过程中的感受，这两方面的信息是顾客评价时的主要信息输入源。评价源评价时所采用的信息类型不同，评价结果的不一致也就在情理之中了。

一项对采用不同评价源考核被评价者活动的频率的调查也证实了不同评价源的优势和不足，见表 3-7。

表 3-7　采用不同评价源评价被评价者行为活动的频率

	评价源				
	上级	同事	下级	自我	顾客
与任务有关的					
行为	偶尔	经常	很少	总是	经常
结果	经常	经常	偶尔	经常	经常
与人际关系有关的					
行为	偶尔	经常	经常	总是	经常
结果	偶尔	经常	经常	经常	经常

资料来源：MURPHY K，CLEVELAND J. Performance appraisal：an organizational perspective [M]. Boston：Aallyn & Bacon，1991.

由于上级、同事、自我、下级和顾客对被评价者的绩效拥有不同的信息，并且对信息的加工过程也大不相同，所以期望其对被评价者作出高度一致的评估是不切实际的；同时，正是由于这五种评价源在不同的绩效侧面所拥有的信息丰富程度存在较大差异，每种评价源在其拥有较多信息的方面所作出的绩效评估就具有较高的信度和效度（王悟，2005)。

3.3.3　绩效信息收集的内容和方法

1. 绩效信息收集的内容

并非所有的信息都需要收集，也不是收集到的信息越多越好，因为收集、分析和利用信息需要花费人力、物力、财力和时间，所以要首先确定收集什么信息。收集什么信息取决于组织的目标，主要是与绩效有关的信息。包括：

- 工作目标完成情况；
- 来自外部客户的表扬或批评；
- 证明绩效突出或低下的具体证据；
- 对找出绩效问题的原因和解决问题有帮助的数据；
- 对关键事件的具体描述；
- 与员工就绩效问题进行谈话的记录。（李业昆，128）

收集信息的流程如图 3-6 所示。

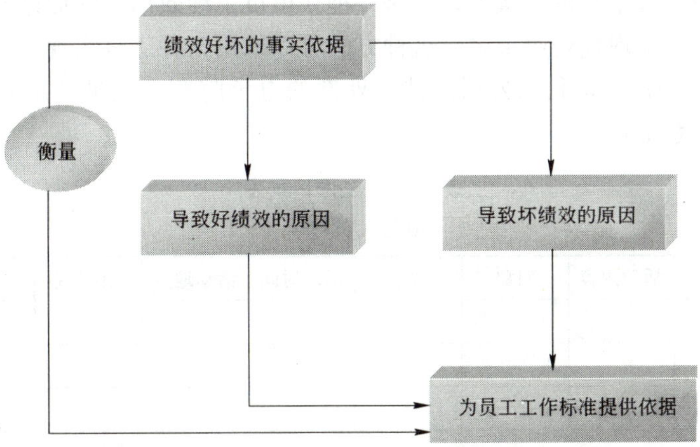

图 3-6　收集信息的流程

为了使绩效数据收集制度化，人力资源部门汇总各个部门应提供的考核指标信息，并提交有关部门，在绩效考核周期结束时，相关部门应该及时提供相关信息，保证绩效评估的顺利进行。

2. 绩效信息收集的方法

信息记录和收集是绩效管理的一项基础工作，这项工作的好坏对绩效管理的效果具有非常重要的影响。收集绩效信息的方法主要有以下几种。

1）观察法

观察法通常是指企业管理人员直接观察员工在工作中的表现，并根据表现做记录。观察法可以分为参与观察法和非参与观察法。参与观察法是主管人员与员工一起工作，在工作过程中记录员工工作表现的方法。这种观察法的优点是主管人员能获得工作的亲身体验，观察的资料详细、具体；缺点是占用时间较长。一般来说，基层管理人员常采用参与观察法记录员工的工作信息。非参与观察法是指主管人员以旁观者的身份观察和记录员工的工作信息。这种观察方法简便易行，缺点是所得到的资料往往是离散的，同时，对员工可能会造成较大的心理压力。表 3－8 是评定某主管的助理时所使用的行为观察量表。

表 3－8　行为观察量表

有效的工作行为	从不	偶尔	有时	经常	总是
1. 该助理会将会议所需的报告准确地准备好	1	2	3	4	5
2. 该助理接待来访者时热情友好	1	2	3	4	5
3. 该助理很好地协助主管面试求职者	1	2	3	4	5
无效的工作行为					
1. 该助理不能为主管准备好所需的文件	1	2	3	4	5
2. 该助理不能为来访者解决问题	1	2	3	4	5
3. 该助理总是要主管提醒才会去做某些事情	1	2	3	4	5

2）工作记录法

工作记录法是指让员工每天记工作日志，把自己每天主要从事的工作和工作过程记录下来，并交由直接主管审核认可，这是一种获得员工绩效信息并促进员工实施绩效计划的重要方法。对于现代企业来讲，这种方法可以采用三种工具实现：一是传统的工作记录表，见表 3－9；二是利用公司内部或外部的电子邮箱；三是利用公司的办公自动化系统（如 OA 系统）。

表 3－9　工作记录表

填写时间：　　　　填写人员姓名：　　　　职位：

编号	名称	活动内容	对象	数量	活动时间	活动地点	工作联系	性质	重要性
1									
2									
3									
						填表人签名：			

3）反馈法

员工在绩效实现中的行为表现和阶段绩效状况，主管通过观察并不能掌握全部真实信息，另外，员工本人也会利用信息不对称而在工作日志中不如实填写信息，这种情况下采用反馈法是比较有效的。反馈法是指企业管理人员通过其他人员的反馈而得到的信息。例如，如果员工的工作是与客户打交道，可以设立意见表，通过客户的满意度调查或者以其他方式从客户那里得到相关的绩效信息，或者从与员工相关部门的其他员工那里得到所需要的绩效信息。

4）关键事件记录法

关键事件记录法是对下属表现突出或异常失误的情况进行记录。关键事件的记录有利于主管对下属的突出业绩进行及时的激励，对下属存在的问题进行及时的反馈和纠偏。表 3-10 是某集团公司员工关键行为记录表。

表 3-10　某集团公司员工关键行为记录表

考评人员：　　　　　　　　　　　　　　　　　　　　时间：　　　年　月　日

员工姓名		所属部门	
特优行为	时间： 地点： 起因： 经过： 造成的结果：		
特劣行为	时间： 地点： 起因： 经过： 造成的结果：		
说明： （1）每个管理者对下属员工工作过程中发生的重大事件进行记录，所记录的事件是对公司、部门绩效有重大影响的事件，既包括特别好的事件，也包括特别差的事件，是对员工进行月度、半年度、年度考评的依据。 （2）特殊事项要详细记录行为发生的时间、地点、原因、经过及造成的影响或结果。			

5）查阅各种工作报表或记录

员工工作目标完成情况可以通过各种工作报表反映出来，比如，销售额可以从财务数据中体现出来，产品合格率可以通过质检员记录体现出来。

6）问卷调查法

为了在短时间内收集大量的信息，或为了节约主管的时间，可以采用向有关人员发放调查问卷的方式收集员工的绩效信息。这种方式对收集企业内部或外部客户满意度的信息比较有效，如了解顾客对销售人员或售后服务的满意度，了解企业内部相关员工对某位将被提拔人员的满意情况，就可以采用问卷调查法。

7）定期抽查法

定期抽查生产、加工、服务的数量、质量，并由专人对员工进行记录抽查的方法，用以评定员工在考核期内的工作情况。

8）不定期抽查法

通过不定期的方式去检查员工的绩效计划实施情况，既能够较好地督促员工平时开展好工作，又能比较客观地收集员工的绩效行为和绩效结果的信息。这种方法因为具有时段性，因而不能较好地反映员工绩效实现的实际情况。

在选择收集绩效信息的方法时，通常不是选择一种而是选择几种方法，把各种方法综合起来收集绩效信息，这样才能使所收集到的绩效信息更加全面。

3.3.4 绩效信息收集注意事项

1. 员工应该参与信息收集的过程

绩效管理的主要目的是为了提高员工的工作绩效，这是管理者和员工共同的责任，因此员工应该自己收集相关绩效信息或者参与相关信息的收集过程。员工参与信息收集过程，一方面可以及时对工作进行调整，以利于绩效目标的实现；另一方面，管理者依据员工参与收集的信息与员工沟通的时候，他们会容易接受这些事实。

对于某些信息，可以由员工自己收集记录，最后报管理者抽查审核；还有一些信息是管理者发现并掌握的，如工作出现差错等信息。管理者应及时将这些信息向相关员工通报，一方面对员工的工作进行及时的辅导纠正，另一方面在绩效期末考核时员工也易于接受这些绩效信息。

2. 要注意有目的地收集信息

收集绩效信息之前，一定要弄清楚为什么要收集这些信息。有些工作没有必要收集过多过程中的信息，只需要关注一个结果就可以了，那么就不必费尽心思去收集那些过程中的信息。如果收集来的信息最后发现没有什么用途而被置之不理，那么这将是对人力、物力和时间的一大浪费。

3. 要经常抽查绩效信息

抽查是核实信息真实性的最好办法，很多信息是员工自己记录的，而且管理者也没有太多时间和精力来做信息的记录与收集工作，因此员工在做工作记录或收集绩效信息的时候往往会有选择地记录和收集信息，甚至会提供虚假信息。制约员工这种行为倾向的好办法就是抽查，而且对抽查中发现员工故意提供虚假信息的行为要进行严厉的惩罚，增加其提供虚假信息的成本。

4. 信息记录应把事实与推测区分开

我们应该收集那些事实的绩效信息，而不应收集对事实的推测。通过观察可以看到行为，而行为背后的动机或情感则是通过推测得出的。例如，员工近期工作经常迟到、早退，而且效率低下，不能按期完成任务。上述内容就是事实记录，但是如果进行推测记录员工积极性降低、业务水平不高，即是简单推测，因为很可能是其他原因（如家中出现变故等）导致工作绩效低下的。

3.4 绩效评估实施中的政治因素与主观偏差

3.4.1 绩效评估中的政治因素

企业建立绩效评估体系并花费大量成本进行管理，其目的是使绩效评估过程能够提高企业的效率和效能，从而增强企业在市场上的适应能力和竞争能力。但是，不管绩效评估体系如何完善，似乎都无法解决考核中的人为因素——绩效评估政治。

绩效评估政治是指评价者有目的地对员工的评价进行歪曲和操纵，以提高、维护个人或部门利益的做法（Longenecker，1987）。绩效评估本是一种管理手段，是为绩效管理目标和组织目标服务的。如果绩效评估中掺入了政治因素，那么它就成为一种组织政治的手段，成为一些人争权夺利孤立或排挤他人的手段。

1. 绩效评估中政治行为产生的原因

导致绩效评估出现政治行为的原因有多种，通常可以归结为以下几点。

1）个人欲望与稀缺资源间的矛盾

根据马斯洛的需要层次理论，人的欲望是无穷的，满足层次是递进的；一种欲望相对满足后，新的更高层次的欲望就会产生；而且每个人都有自己的欲望表现形式。而企业作为一个由多人集合而形成的经济组织，需要以有限的资源完成自己的整体目标。这就可能产生两种不可避免的矛盾：第一，个人欲望与企业整体目标不能完全相容；第二，相对于个人的无穷欲望而言，企业内个人用于满足欲望的手段或资源是稀缺的。当企业的显性规则无法解决这种矛盾时，隐性规则——政治行为就自然产生了。绩效评估是涉及企业内部资源分配的关键环节，因而政治行为的表现就会比较显著。

2）绩效评估方式、方法存在不足

大多数企业的绩效评估方式是以单纯的个人绩效考核为主；评价者主要是直接上级；评价指标比较笼统；评价方法缺乏针对性和具体性。通过不尽完善的评估方法和方式所得到的绩效评估结果，却与个人利益如奖金分配、职务晋升等紧密挂钩。这样，容易导致绩效评估中的政治行为，即员工个人为了获得良好的绩效评估等级，获得更多的利益，而会采取各种政治手段，如讨好、奉承上级，贬低同事的行为。

3）组织管理集权化，缺乏有力的监督机制

绩效评估中的政治行为与组织管理集权化及缺乏有力的监督机制有关。在管理集权的组织氛围中，员工参与度很小，员工与管理者之间信息不对称，员工处于被动地位。即使有些员工明知道存在政治权利交易行为，或受到不公平的待遇，也难以通过合适的途径去反映和投诉。少数管理者利用手中的权力，打着绩效评估的幌子，借机庇护亲信或排斥异己。

2. 企业绩效评估中的政治因素

在绩效评估实施过程中，由于评价者的政治考虑使绩效评估经常会出现评价者给予被评价者的评分高于或低于实际应获得的客观评分。由于政治因素导致的评分高于实际应获得的客观评分称之为“高评”，反之称为“低评”。（吴铮，孙健敏，2006）

1）绩效评估中的高评

（1）维持或提升下属表现

管理者在进行绩效评估时首先考虑的是以提高评分来有效地维持或增加下属的工作表现水平，而不首先考虑评分的准确性。例如，在企业中有一名新员工，他的工作能力水平稍有欠缺，但责任心强，拥有极强的工作热情，在刚刚结束的考核期，其业绩水平较前一考核期已经有了较为明显的提升，但距绩效目标设定的分数仍然有一定的差距。此时再进行评估时，主管人员往往会网开一面，通过提高评分，给予该下属鼓励与支持，从而维持其工作水平的持续提高。

(2) 特殊前提照顾弱者

提高评分也会出现在一些由于私人原因导致的绩效水平下降的员工身上。例如，公司某一名员工由于家人患病需要经常性的照顾，于是在工作上投入不足，绩效水平自然难以达到要求，但在进行绩效评估时，管理者一般会考虑到这种特殊情况而给予高评。

(3) 心理慰藉补偿下属

在进行绩效评估时评价者如果感到对不住被评价者往往也会提高评估分数。例如，某公司部门负责人由于去年年底的先进生产者评选数量有限，没有推选某个工作较为优秀的下属参与评选，在新一年度的绩效评估中，尽管该员工出现了一些小的失误和不足，但该负责人在进行评估时还是给予了其高分。

(4) 避免冲突不做恶人

在许多情况下由于管理者顾虑绩效结果的反馈可能会让下属产生不快或与自己发生冲突，于是在评估中往往给予高评。这种现象在企业中经常出现，管理者不愿意做“恶人”，不愿意因为一次绩效评估而伤害了同事之间的感情。正如Aharon (1996) 在研究中提到的，避免可能出现的敌对、怨恨、避免令人不快的反馈，害怕伤害下属的自尊。

(5) 考虑下级占有资源

评价者在进行评估时，往往还会考虑到下属所占有的资源，评价者会考虑到下属的关系网络、家庭背景等因素，下属占有资源的多少与评估的结果往往成正相关关系。例如，某国有企业经理人员提到“小王是我老领导的儿子，虽然他的能力不强，表现也不好，但我怎么也不能够把他排在最后，否则我怎么向老上级交代，我还想不想进步?”

(6) 顾及绩效结果档案

有时候，管理者在考虑到绩效评估的结果将会记录到员工的相关档案资料上时，往往给予高评，以避免对下属造成负面影响。正如一名具有多年管理经验的企业人员提到的“白纸落黑字的事情，还是得饶人处且饶人，毕竟这可能关系到人家一辈子”。

2) 绩效评估中的低评

在一般情况下，评价者的低评现象很少出现，因为评价者给一个下属打低分是非常谨慎的。低评出现主要有以下三个方面的原因。

(1) 引起关注，触动下属

低评的出现往往是为了震动下属，让其恢复到以往较好的工作表现上来，有的员工在长期获得高绩效后，出现绩效水平持续下滑的现象，虽然下滑的水平还没有达到让人难以接受的程度，但给予下属一个低于实际绩效水平的分数，目的是为了震动、提醒下属。例如，在学校里，某学生学习成绩一向优秀，但是由于某方面的因素在一段时期内学习成绩下降了，对于老师而言除了与该学生谈话之外，往往会在测验阅卷时给予该学生更加严格的评分标准，给予一个低分，从而触动他需要关注自己的成绩，避免使学习成绩持续下滑。

(2) 树立权威提出警示

有时低评的出现是为了给予反叛的下属一个警告，这种反叛更多的是工作态度和价值观层面的，上级通过考核工作强化自己的职权。尤其是对于企业中的“刺头”，虽然他有超过一般水平的绩效，但管理者给予的评分往往低于其实际水平。这种情况是因为上级更多关注的是下属是否认同企业的共享价值观，是否对于工作充满热情，是否对上级尊敬和礼貌，而不是其绩效水平。

(3) 给予低评促其离职

低评的经常出现主要是给下属一个信号——"你可以考虑走人了"。由于多方面的原因，主管可能希望某下属离开公司，此时经常性给予其显著与实际绩效水平不符的低分，从而引起下属不公平感的产生，导致满意度的持续下降，提升其离职意愿，最终主动递出辞呈离开公司；对于缺乏离职意愿、不愿意离开企业的人员，低于实际绩效表现水平的评分能够使员工绩效记录符合企业强制性解雇员工的标准，从而使员工被迫离职。

3.4.2 对待绩效评估中政治行为的态度与方法

绩效评估中政治行为的产生基础主要有个人欲望与稀缺资源的矛盾、绩效评估方式方法的不足等，绩效评估中政治行为的存在有其必然性和合理性。从某种意义上说，绩效评估中的政治行为对企业内部各种利益关系的平衡、组织权力结构的稳定和发展有一定的积极意义。但绩效评估中的政治行为如果过于泛滥，使绩效评估成为勾心斗角、拉帮结派的权力角逐场，则违背了企业改进绩效、实现长远发展的整体目标，企业就会从一个理性的经济组织蜕变成一个政治组织。因而，成熟的企业既应正视绩效评估中公司政治存在的客观性和合理性，同时又要在显性规则和隐性规则的微妙关系中保持平衡，把政治行为控制在和谐稳定的范围内。企业可以考虑采取以下措施。

1. 多层次评价绩效，强调绩效的整体性

改变企业的绩效评估对象，从评价个人绩效转变为评价集体绩效是一种提高绩效管理水平、遏制政治活动的有效手段。考评集体整体绩效水平，可以在一定程度上避免集体内部员工之间的不协作行为，减少集体内部的政治行为。评估管理者绩效评估的工作表现，要与管理者本人的绩效评估相联系。

2. 不断改进绩效评估制度，建立绩效评估投诉机制

设计和选择科学合理的绩效评估方法，提高绩效衡量的合理性和有效性，同时将绩效评估活动作为绩效管理系统的一个有机组成部分，与绩效计划和绩效促进紧密结合。另外，加强组织内部的监督机制，建立和健全员工绩效投诉的途径和窗口，增强评价者的绩效评估责任意识。投诉机制的建立，可以推动绩效评估人际公平化的进程。考核投诉机制建立的目的并不是为了对抗政治因素，而是为了规范和监督管理者对政治因素的使用，在一定程度上也保证了考核的客观性与合理性。因此，对于企业而言，投诉机制可能会影响和减弱绩效评估的政治因素。

3. 营造积极向上、公平公正的良好文化氛围

绩效评估中出现的政治行为最终与其特定的文化土壤有关。在很多企业中，绩效评估作为一种禁忌成为了企业文化的一部分，事关绩效评估的问题都不能进行公开讨论，这种企业文化不利于形成具有建设性的评价。企业应该形成一种对绩效评估信任和支持的文化氛围，所有的绩效标准、考核过程和结果都能被鼓励公开地进行讨论，并采纳具有实际意义的改进意见。如果企业文化让员工意识到人们期待他们的业绩，竞争是公平的，每个人都能得到正常的训练、有效的交流，那么管理者和员工自然会正确对待竞争的结果。遏制绩效评估中的政治行为，清其本源，净化环境，在组织文化建设中倡导一种积极向上、公平公正的绩效价值观。

4. 接触绩效评估记录的人数越少越好

企业绩效管理中政治因素的存在，可能会导致绩效评估的结果与实际的绩效水平存在一定的偏差，不能够获得完全合理真实的评估结果。在这样的前提下，最好使员工只获得个人绩效评估的反馈信息，接触到他人绩效评估结果的人数应该越少越好，这能够在一定程度上减少员工对于评估结果的疑问，避免由于绩效评估结果存在的非完全真实性和非相对客观性给企业造成的动荡。

3.4.3 绩效评估实施中的主观偏差

绩效评估终究是一种人对人的主观评价，提高绩效评估的准确性和客观性，其实就是尽可能降低人在评价中的主观性。如果一个评价者没有接受专门的绩效培训，只是凭经验进行评价，就可能有意无意地发生评价的主观偏差。因此，如何克服评价的主观偏差是绩效评估实施中的一个主要内容。

考评误差是指一个人在观察和评价另一个人时，在判断过程中产生的系统性误差，评价者判断过程中产生的考核结果与客观准确的评价之间的差值。在实际工作中评估误差的定义是：员工工作绩效以外的其他因素——这些因素系统地改变着对员工的评价——对考评的影响。

1. 主要类型

1）对比效应误差

对比效应是指评价者倾向于通过将员工与其他员工进行比较以评价员工，而不是根据工作要求评价员工。例如，将一个工作绩效较好的员工与工作绩效特别出色的员工一起评价时，这个员工得到的评价结果往往比他应该得到的要低；反之，将一个工作绩效一般的员工与工作绩效较差的员工一起评价时，这个员工得到的评价结果往往比他应该得到的要高。

在企业中可能出现这样的情况：在一个相当出色的部门中表现平平的一个管理人员被解雇了，而在一个很差的部门中从事同样工作的表现平平的一个管理人员却被委以额外的职责，后来又得到了晋升。结果是，即使这两个人的工作绩效相差无几，一个人因为同事的平庸而受益，而另一个人却因为同事的优秀而受损。

2）首因误差

首因误差，亦称第一印象误差，是指员工在绩效评估初期的绩效表现对评价者评价其以后的绩效表现产生延续性影响。例如，有一个员工在工作的第一个月取得了杰出的成绩，而在接下来的五个月中却表现平平。管理者却由于继续给这个员工以较高的评价而带来了首因误差。相反，另一名员工最开始由于各种各样与工作无关的原因而在工作中遇到了困难，但是之后三个月却表现得相当出色，然而，管理者却继续给他较低的评价。由此而产生的不良后果是，管理者仍然让第一名员工承担富有挑战性的工作，而这名员工在工作中的表现却已经不再令人满意了。

3）晕轮效应误差

晕轮效应误差是指从一个人工作绩效的某一方面出发而对其工作绩效的所有方面做

出不确切的归纳评价。例如，一个只在工作的一个方面（如存货控制）表现出色的人可能被不正确地评价为在工作的所有领域（如信用管理、客户关系、社区关系）都很出色。反之，如果一个人在工作中的一个方面存在不足，这个人就可能被不正确地评价为在工作的所有方面都表现不佳。

员工一般对那些对下属和颜悦色、比较客气的上级会有好感。这样的上级工作能力也许不强，但员工倾向于对该上级的其他方面也给予较高的评价。这种情况对于绩效评估的有效性十分有害。

4）逻辑误差

逻辑误差是指评价者在对某些有逻辑关系的评价要素进行评价时，使用简单的推理造成的误差。在绩效评估中产生逻辑误差的原因是由于两个评价要素之间的高相关。例如，很多人认为“社交能力和判断能力之间有很密切的逻辑关系”。于是，在进行绩效评估时往往会依据“既然社交能力强，谈判能力当然也强”而对某员工作出这样的评价。

这里需要区别晕轮效应误差与逻辑误差，两者的本质区别在于：晕轮效应误差只在同一个人的各特点之间发生作用，在绩效评估中是在对同一个人的各个评价指标进行时出现的；而逻辑误差与被评价者的个人因素无关，它是由于评价者认为评价要素之间存在一致的逻辑关系而产生的。

5）与我相似的判断误差

与我相似的判断误差是指评价者倾向于给那些看起来与自己相似的人较为有利的评价。人们一般都认为自己的工作是有效的，评价者也同样如此。一名员工在价值观、看法、个性、生平背景方面与评价者越接近，评价者给他有利评价的可能性就越大。

6）中心倾向误差

中心倾向误差是指在绩效评估中，评价者对所有被评估者的评分都是取中间的状态或者评分没有差异的倾向。例如，企业在采用多源信息评价法，让下属给上级领导打分时，往往将下属召集在一个会议室，不重视地点的选择，在这种公开性场合，下属担心被人看到自己是如何打分的，担心日后“穿小鞋”，提心吊胆，干脆全打满分，做“老好人”。评估者的评分“趋中”，反映了评估者怕得罪人或不想得罪人，从而不按照实际绩效水平给予客观评价。

中心化倾向产生的原因是：人们往往不愿意作出“极好”、“极差”之类的极端评价；对评价对象不甚了解，难以作出准确的评价；评估者对评价工作缺乏自信心；评价要素的说明不完整，评价方法不明确；有些企业要求评估者对过高或过低的评价写出书面鉴定，怕引起争议。

7）过宽与过严误差

过宽与过严误差是指在绩效评估中，出现一些评估者对所有被评估者的评分都偏高，或者一些评估者给所有被评估者的评分都偏低的现象。这种现象又称为天花板效应或地板效应。

过宽现象产生的原因主要有：评估者为了保护下属，避免留下不良绩效的书面记录，因此不愿意严格地评价下属；评估者希望自己下属的成绩优于其他部门员工的成绩；评估者对评价工作缺乏自信心、避免引起评价争议；评价要素的评价标准不明确；

评估者想要鼓励工作表现有进步的员工。

过严现象产生的原因主要有：评估者对各种评价因素缺乏足够的了解；为了惩罚一个顽固的或难以对付的员工；为了鼓励一个有问题的员工主动辞职；为一次有计划的解雇制造一个有说服力的记录；为了缩减凭业绩提薪的下属的数量；为了遵守组织的规定（组织不提倡管理者给出高评价）。

考评过宽可能会增加员工对加薪、晋升、富有挑战性的工作任务的期望，而这些期望却是无法实现的。考评过严，员工会对屡屡碰壁感到厌倦，因为无论怎么努力主管都不会满意。两种情况产生相同的结果：员工不再努力工作。员工通常不喜欢强硬、不公平的主管，不尊敬考评过宽的主管。在后一种情况下，看到对懒惰的员工的评价与对努力工作的员工的评价一样时，人们就没有动机去努力工作。

8）近期行为误差

近期行为误差是指在绩效评估中，评估者对被评估者近期的业绩或行为印象深刻，忽略或淡化被评估者几个月或更长些时间之前工作表现的倾向。例如，每年一次的绩效评估，通常在年底进行，有些评估者往往非常关注员工年底的工作表现，如果哪个员工年底在某件事上出了差错，即便是小差错，也会被看作是一个“把柄”，被“放大”而影响对员工全年的客观评价；反之，如果哪个员工年底在某件小事上表现较出色，而该员工以往的工作表现却一般甚至较差，也会改变对该员工全年的绩效评估。绩效评估者一旦产生近因效应，就不可能在既定的绩效评估期限内对被评估者进行较全面或客观的评价。

9）暗示效应误差

暗示效应误差是指在绩效评估中，评估者在评估下属的过程中受到上级管理者对下属评论或看法影响的现象。例如，部门经理认为员工 A 的表现在有些方面尚需改进，工作绩效在部门员工中偏后，按理给予的评分也是较低，但由于员工 A 喜欢与更高层的管理者沟通，部门经理的上司认为员工 A 的表现很不错。这时，部门经理可能会受上司的影响，抬高对员工 A 的评分。

2. 绩效评估中主观偏差的矫正方法

减少和克服绩效评估中容易发生的主观偏差，提高绩效评估的有效性，非常必要。常用的绩效评估中主观偏差的矫正方法有以下几种。

1）健全绩效管理制度

第一，绩效评估指标体系要全面完整，所选评估维度与指标要能够全面覆盖被评估者工作绩效的主要方面；第二，各指标要界定清晰，在考核指标界定清晰的情况下，评估者能够根据所要考核指标的含义有针对性地作出考核，从而避免对被评估者某一方面绩效的看法影响了对整个考核指标的考核；第三，选择正确的绩效评估方法，每一种方法都有其优点和不足，方法选择不正确本身就容易产生评估误差，因此，要根据具体的评估目的选择最有效的评估方法；第四，每一绩效维度都要单独评估，只有当所有被评估者的该项绩效维度都被评定完成后，才可进行下一维度的评估，同时，每一评估者所要评估的对象不可过多，尤其不能在很短的一段时间内评估多人；第五，选择适当的评估期限，期限一定要足够长，使员工能在这一期间内充分表现自己，并能彻底完成所分配的工作，但也不可过长，否则，即可能诱导近因效应等误差的产生，不利于及时发现和纠正绩效问题；第六，强化绩效信息的记录和收集工作，绩效信息是绩效评估的事实依据，评估工作之所以陷入误区，缺乏必要的绩效记录是一个重要原因，因此，评估者应注意和被评估者进行绩效沟通，记录和收集其绩效信息；第七，绩效评估结果应及时反馈给被评估者，对不同评价主体的评价结果的差异进行沟通，尽力达成一致意见；第八，建立绩效申诉制度，处理绩效面谈时不能解决的分歧，并实施绩效评估员工意见调查，对绩效评估工作本身进行绩效评估。

2）加强评估者绩效管理和评估的培训

首先，让评估者切实掌握评估技术，把握评估标准，并能熟练运用，建立起对评估工作的自信心。其次，提供评估者误差培训，让评估者充分了解评估过程中容易出现的误差及其规避措施，做到心中有数，评估时密切注意。通常让评估者观看情景录像，即在录像中评估者是如何犯这些主观偏差而影响评估客观性的。受训者看完录像后，进行小组讨论，分析主观偏差发生的原因及避免主观偏差的途径和方法。再次，让评估者建立起共同的评估参考框架，使他们充分了解绩效的多维性和各绩效维度的实际内容。这也可以通过绩效评估训练并对评估的准确性提供反馈进行。最后，培训评估者正确选择评估的时间。

小　结

企业在实施绩效管理之前首先要导入绩效管理，对相关人员进行培训，制订绩效管理培训计划。绩效管理培训计划是绩效管理培训实施的指导方案，是将绩效管理培训目标变为现实的途径。培训计划主要包括设立培训目标、确定培训内容、评价者的选择与培训、选择培训方法等。

进行绩效管理培训主要是帮助和促进管理者和员工认识、理解和接受绩效管理体系；培养管理者和员工的责任感；使相关人员掌握绩效管理的技巧与方法。绩效管理培训内容一般表现为观念和意识、知识和理论、技巧和方法三类。

绩效评价主体选择要遵循三个原则：绩效主体所评价的内容必须基于他所掌握的情况；对所评价岗位的工作内容有一定了解；有助于实现一定的管理目的。绩效评价主体是多种多样的，主要包括上级、同级、下级、本人、顾客和供应商评价，各评价主体的评价都有自身的优缺点，企业可根据实际情况选择。在选择了评价主体之后，就要对评价者进行培训。评价者培训的主要内容包括考评纪律和道德培训、基础知识培训和考核技能培训三类。对评价者的培训方法主要是评价者误区培训法、绩效维度培训法、参照框架培训法、行为观察培训法。

在企业实施绩效管理过程中，绩效沟通是非常重要的，它贯穿于整个绩效管理过程的始终。绩效沟通是管理者与员工之间就绩效问题进行的交流、沟通，是一个关于绩效信息的发送、接收与反馈的过程。

绩效沟通可以分为正式和非正式两种。正式的主要有书面报告、面谈、会议、咨询、进展回顾；非正式的有走动式管理、开放式办公、工作间歇的沟通、非正式会议。

绩效信息的记录和收集是绩效管理的一项基础工作，它可以提供绩效考核评价的基础依据、发现员工绩效问题并提出改进的绩效目标、研究发现员工绩效优异或低下的深层次原因、为员工解聘提供事实依据。绩效信息收集的主要是与绩效有关的信息，收集绩效信息的方法主要有观察法、工作记录法、反馈法、关键事件记录法、查阅各种工作报表或记录、问卷调查法、定期抽查法、不定期抽查法。

在绩效评估实施过程中可能会存在政治因素与主观偏差。绩效评估政治是指评价者有目的地对员工的评价进行歪曲和操纵，以提高、维护个人或部门利益的做法。导致绩效评估政治的原因主要是：个人欲望与稀缺资源间的矛盾；绩效评价方式、方法存在不足；组织管理集权化，缺乏有力的监督机制。绩效评估政治会出现两种形式，一种是绩效高评即评分高于实际应获得的客观评分；另一种是绩效低评，即评分低于实际应获得的客观评分。高评是因为要维持或提升下属表现、特殊前提照顾弱者、心理慰藉补偿下属、避免冲突不做恶人、考虑下级占有资源、顾及绩效结果档案。低评是因为要引起关注、触动下属、树立权威提出警示、给予低评促其离职。对于绩效考评政治应当正视其存在的客观性和合理性，又要在显性规则和隐形规则的微妙关系中保持平衡，把政治行为控制在和谐稳定的范围内。

绩效考核实施中很可能发生评价的主观偏差，这些偏差主要有对比效应误差、首因误差、晕轮效应误差、逻辑误差、与我相似的判断误差、中心倾向误差、过宽或过严误差、近期行为误差、暗示效应误差。对于这些现象可采取健全绩效管理制度、加强评估者绩效管理和评估的培训等方法来矫正。

思考题

1. 企业如何导入绩效管理？
2. 对管理人员和普通员工的绩效管理培训内容是否一致？
3. 评价者培训的主要内容有哪些？如何对评价者进行培训？
4. 绩效沟通主要体现在哪些方面？其各自的侧重点有什么不同？
5. 为什么会产生绩效评估政治？企业如何对待绩效评估政治？

本章案例

导入绩效管理的教训

一、案例介绍

W 公司是一家外资公司，主要从事海外贸易。由于受国际竞争形势的影响，公司董事长为了提高员工的工作效率，决定在公司内部引入绩效管理来代替多年的单纯职级工资制度。听到这个消息，全厂员工无不欢欣喜悦，尤其是对于那些基层员工来说更是悦不可言。当月公司的生产效率就有了比较明显的提高。因为按照以前的制度来讲，你在公司处在哪个层级直接决定你的薪水，基层员工处于公司中比较低的层级自然会影响到他们每月的薪水。但若是实行绩效管理体制，薪水除了与职位级别挂钩之外，也与其工作绩效紧密相连。于是人力资源部门在董事长的授权下，开始紧锣密鼓地制定绩效管理制度。经过人力资源部门全体成员六个月的艰苦奋战，绩效管理制度终于在众人的期盼中“始”出来。新制度规定为了对员工进行有效激励，提高工作效率，公司将每半年实施一次绩效考评，普通员工与主管及以上人员分开评估。考评成绩与奖金相连，绩效考评最优秀的普通员工可以获取其考评前6个月平均工资3倍的奖金，绩效考评最优秀的主管及以上人员可获得其平均工资2倍的奖金。董事长由于迫切想知道新制度的实施效果，要求人力资源部门依据新制度对全厂员工过去六个月的工作绩效进行评估，并依据评估结果发放奖金。人力资源部门原本以为这肯定会受到员工的欢迎，毕竟可以发奖金。然而，事与愿违，随着新制度逐渐被人认知，人力资源部门面临的压力也越来越大，首先是有相当一部分普通员工抵制对其进行绩效考评，接着出现新来的销售人员（公司销售队伍一直都很不稳定）离职。主管层人员也有了不满情绪，总之，由于实行新制度，公司可谓出现了人声鼎沸、怨言颇多的局面。最后在董事长的亲自干预之下，不断与员工沟通和许诺才稳住了这壶“沸腾的开水”，责令人力资源部门停止实施新制度，大手笔地修改和完善它。可以说这次所谓的改革弄得人力资源部门不知所措。正如后来人力资源组长半开玩笑而无奈地说：“我们得罪谁了，没有功劳也有苦劳啊?”

二、案例漫谈

当现在重新回味起这次失败的革新时，又有了新的一番体会。按照当年的感性认识，这个困境的出现当然是人力资源部门的错，是公司人力资源部门人员的“功夫”未修炼到家。但现在却有了一些新的认识。此次困境的出现可以说是多种因素交织作用的结果，而非仅仅是人力资源部门之误，具体表现在以下几方面。

（一）引入绩效管理仓促行之，准备不足。在公司导入绩效管理制度的本意是为了更好地激励和管好员工，提高工作效率。但是这个决定的作出并不是建立在广泛调查本公司实际情况的基础之上，尤其未对公司的企业文化、员工对企业的认知程度、企业人力资源部门的能力等有一个清楚的“摸底”而草率地作出这个决定。我们知道，要是在组织内部引入一项新制度要做的第一件事就是将组织的环境与新制度进行全面的衡量和比较，看其是否适应组织当前和未来长远的发展，看其是否有利于组织战略目标的实现、是否适应组织的文化。要是草率作出决定只会让组织自食恶果。

（二）缺乏必要的培训，使基层组织员工误解绩效管理：绩效管理＝获取奖金。得到公司将实行绩效管理这个信息之后的第一感觉是好好干，争取多拿奖金。粗一看，这似乎没有什么不正常之处。但是，仔细体味一下就会发现基层员工将绩效管理与个人奖金相等同了，而并未考虑到组织战略目标的实现。就这种理念或认识来讲，对员工个体和企业的发展都是十分不利的。首先，员工的期望是多拿奖金，然而期望与现实都不是等同的，一旦其期望难以实现或者没有实现时，就有可能产生沮丧情绪，从而影响到下一轮的工作绩效，最终形成恶性循环；其次，从这种认识来讲，员工并没有实质性地认同企业，其所关心的只是个人的经济利益而非企业的发展，这将直接阻碍企业文化的建设和企业的稳定、快速发展。

（三）人力资源部门对绩效认识出现重大偏差：绩效管理＝绩效评估。实行新制度的第一件事就是制定和发放考评表，这一行为就说明了人力资源部门将绩效管理等同了绩效评估。通常很多企业都会犯这一重大错误。绩效管理是指将企业的远景、战略目标分解到组织和个体，并通过绩效计划、绩效辅导、绩效评估和绩效激励四个环环相扣，有着严格逻辑关系的环节所构成，其注重的是员工未来绩效的改善和提高，从而有助于推动组织战略目标的实现。而绩效评估是指对企业员工过去一定时期内的工作表现和工作成果给予考核和评判，其着眼点是对员工过去绩效的总结。从这两个概念上来看，二者的着眼点和概念的外延是不同的，绩效评估只是绩效管理过程中的一个重要环节，绩效管理功能的正常发挥还需要其他几个环节的有效“辅助”。而且绩效管理的四大环节之间有着严密的逻辑关系，若是将绩效评估与绩效管理等同，则是打乱或者违背了它们之间的逻辑关系，这样既不利于发挥绩效管理的功能，也不利于顺利实施绩效管理。

（四）领导层错误指挥是失败的重要之源：领导＝事必躬亲。在一个组织中，领导层是组织的重要核心阶层，他们是企业未来发展的“掌舵者”，对整个企业未来的发展有着重大影响，甚至决定着企业未来发展的走势。然而，领导就等于事必躬亲吗？在我国有些企业中，领导层既是“掌舵者”又是“划桨者”，事事都需要得到请示和指令后严格遵照执行。这样做其实极不利于组织工作效率的提高，对组织的发展也有很大的危害。一方面，它容易造成外行领导内行局面的出现；另一方面，下属部门的职能和员工智慧难以得到有效发挥，影响其工作满意度。就笔者看来，领导层关键还是在于充当好“掌舵者”，给下属部门和员工一个智慧发展的合理空间。

（五）组织部门的权力设计与工作任务不相匹配：人力资源管理＝人事管理。尽管人力资源管理理念进入中国已有较长一段时间，但有一个事实就是“什么是人力资源管理？”这个问题仍然没有得到比较满意的回答。很多企业眼中的人力资源管理就是将人事部门更名为人力资源部门，部门的权力却没有得到加大，而随着企业之间人才竞争的激励和现代企业管理复杂化的进一步发展，部门的工作任务和工作职责却越来越繁重。从本案例中可以看出，公司制度的推行始终都是在董事长一次次发号施令的过程中发展的，而本应作为企业决策部门的人力资源管理部门只是唯唯诺诺地接受和执行施令。诚然从企业管理的角度来讲，任何一项制度的引进和实施的确离不开领导的指导和支持，但人力资源部门作为这项制度的制定者和实施者是否应被赋予一定的话语权呢？这也就难怪为什么有些企业的人力资源管理人员觉得工作压力大、工作满意度低。其根本原因就是组织赋予所谓的“人力资源部门”传统人事部门的权力却要求其完成现代人力资源管理的任务，极为不公平和不科学。

（六）中层部门负责人被动地等着绩效考评：绩效管理＝人力资源部门的事。在公司主管层看来，绩效管理是人力资源管理工作，人力资源管理工作是人力资源部门的事，他们只是被动考核的对象。所以当人力资源部门日夜奋战时，其他部门却采取观望的态度。事实是，绩效管理是组织中全员参与的管理活动，它贯穿于企业各个管理层级和部门之间，而且绩效管理工作也是一个较为庞大和复杂的项目，仅仅依靠人力资源部门是很难做好做全这个项目的，它需要企业各个管理层级和管理部门的紧密配合与协作。

总地说来，公司出现这种困境是多种因素交织作用的结果，从理论层面分析是由于运用了错误的理念；从操作层面分析是由于运用错误理念指导行动；从关系层面分析是由于各部门之间缺乏紧密的配合和协作。人力资源管理败笔的出现是与企业或组织整个运转系统、组织文化和成员素质密不可分的。尤其是在导入绩效管理时一定要对本企业与绩效管理的有关因素进行全面摸底调查，否则就有可能陷入到绩效考评的泥潭中去。

案例来源：贺炳红. W公司导入绩效管理的教训 [J]. 中国人力资源开发，2006，4：50.

参考文献

[1] 陈凌芹. 绩效管理 [M]. 北京：中国纺织出版社，2004.

[2] 杜映梅. 绩效管理 [M]. 北京：对外经济贸易大学出版社，2003.

[3] 方振邦. 绩效管理 [M]. 北京：中国人民大学出版社，2003.

[4] 付亚和，许玉林. 绩效管理 [M]. 上海：复旦大学出版社，2003.

[5] 莱瑟姆，韦克斯利. 绩效考评 [M]. 萧鸣政，译. 北京：中国人民大学出版社，2002.

[6] 华茂通咨询. 现代企业人力资源解决方案：绩效管理与实施 [M]. 北京：中国物资出版社，2003.

[7] 顾琴轩. 绩效管理 [M]. 上海：上海交通大学出版社，2006.

[8] 顾英伟. 绩效考评 [M]. 北京：电子工业出版社，2006.

[9] 李业昆. 绩效管理系统研究 [M]. 北京：华夏出版社，2007.

[10] 李中斌，王贵军. 绩效管理 [M]. 北京：中国社会科学出版社，2007.

[11] 巴克沃. 绩效管理 [M]. 陈舟平，译. 北京：中国标准出版社，2000.

[12] 穆涛. 绩效管理评价体系 [M]. 海口：海天出版社，2006.

[13] 罗宾斯，库尔特. 管理学 [M]. 孙健敏，译. 北京：中国人民大学出版社，2004.

[14] 卡西欧，阿吉尼斯. 人力资源管理中的应用心理学 [M]. 吕厚超，译. 北京：北京大学出版社，2006.

[15] 武欣. 绩效管理实务手册 [M]. 北京：机械工业出版社，2005.

[16] 赵国军，张和平，陶旭. 企业绩效管理中八大难题 [M]. 北京：机械工业出版社，2006.

[17] 周文，虞涛. 绩效管理 [M]. 长沙：湖南科学技术出版社，2005.

[18] 李方晖，孙细明. 绩效考评中的公司政治 [J]. 人力资源，2006 (4)：50－51.

[19] 卿涛，郭志刚. 论绩效考核政治及管理 [J]. 经济体制改革，2005 (6)：75－78.

[20] 王悟，张堃. 绩效评估准确性及其影响因素分析 [J]. 中国发展，2005 (1)：35－38.

[21] 吴铮，孙健敏. 绩效评估中的政治因素 [J]. 经济管理与研究，2006 (2)：21－25.

[22] 许庆瑞，王勇，陈劲. 绩效评价源与多源评价 [J]. 科研管理，2002 (5)：84－89.

[23] 张惠晨. 绩效管理：与员工进行持续有效的绩效沟通 [J]. 中国质量，2004 (7)：6－9.

[24] 周评. 绩效管理实施前的培训方案 [J]. 安徽科技期刊，2006 (6)：35.

[25] 庄国波. 领导干部政绩考核的“四维度”分析 [J]. 中国行政管理，2004 (11)：58-61.

[26] TZINER A，LATHAM G P，PRICE B，et al. Development and validation of a questionnaire for measuring perceived political considerations in performance appraisal [J]. Journal of Organizational Behavior，1996，17 (2)：179-190.

[27] BERNARDIN H J，BUCKLEY M R. A consideration of strategies in rater training [J]. Academy of Management Review，1981 (6)，205-212.

[28] BERNARDIN H J. Subordinate appraisal：a valuable source of information about managers [J]. Human Resource Management，1986，25 (3)：421-439.

[29] DAVIS B L，MOUNT M K. Effectiveness of performance appraisal training using computer-assisted instruction and behavior modeling [J]. Personnel psychology，1984 (37)，439-452.

[30] HAUENSTEIN N M，FOTI R J. Form laboratory to practice：neglected issues in implementing frame-of-reference rater training [J]. Personnel psychology，1989 (42)，359-378.

[31] Improving the accuracy of raters：direct observation workshop. http://www.im. org/facdev/gimfd/ProjectMaterial/MeetingPresentFiles/Strategies%20 Dallas %20 Holmboe%20Huot. doc.

[32] LONGENECKER C O，SIMS H P. Behind the mask：the politics of employee appraisal [J]. The Academy of Management Executive，1987，1 (3)：183-193.

[33] MCEVOY G M. Public sector managers' reactions to appraisals by subordinates [J]. Personnel Management，1990，19 (2)：201-212.

[34] THORNTON G C. III，ZORICH，STEVEN. Training to improve observer accuracy [J]. Journal of Applied Psychology，1980，65 (3)：351-354.

第4章

绩效反馈

法国工业学家亨利·法约尔曾经做过这样一个实验：

他挑选了20名技术相近的工人，把他们均分成两组，让他们在相同条件下进行生产。每隔一小时他就去检查一下这20个工人的生产情况并进行记录，但他却对两组工人采用了不同的做法。对第一组的工人，他只是记录下他们各自生产的产品情况，而不告诉他们其生产进展速度；对第二组的工人，他不仅对生产的产品数量进行记录，而且告诉他们每个人各自的工作进度。每一次评价完，法约尔都根据评价的结果，在生产速度最快的两个工人的机器上各插一面小红旗，速度居中的四个人插小绿旗，最后的四个人则插小黄旗。这样一来，他们对自己的生产速度究竟如何就一清二楚了。

实验结果表明，第二组工人的生产效率远远高于第一组工人。

从法约尔这个实验可以看出，如果只做绩效评估而不将结果反馈给员工，那么绩效评估就失去了极重要的激励、奖惩与培训的功能。而这又是很多企业容易忽视的地方。绩效反馈是绩效评估的延续，能够为员工指明努力的方向，激发员工对工作精益求精，从而能够持续提高企业的整体绩效。

绩效反馈的主要方式是绩效面谈。所谓绩效面谈，是指主管和部属之间针对绩效考核结果共同所作的审视和讨论。通过绩效面谈，员工能够得到工作情况反馈，从而调整努力的方向和方式，以更好地完成工作。因此，不管是主管还是员工都应该认真进行绩效面谈的准备和实施工作。

4.1 绩效面谈

4.1.1 绩效面谈的意义

绩效面谈是绩效管理中非常重要的一个环节，仅仅做完绩效评估还不够，还不能达到绩效管理的目的即持续地改进员工绩效。通过绩效面谈的双向沟通，企业主要可以从以下几个方面支持绩效管理最终目标的实现。

1. 促进对被考核者的绩效状况形成双方一致的看法

由于多种因素如考核双方的立场和各人理解事物的方式不一样，考核者和被考核者很可能对同一表现持不同的意见，这种对考核结果的不同意见不及时处理会影响到员工以后的绩效表现。因此，在绩效面谈中应该充分沟通已达成一致的看法，这样才能制订下一步的绩效改进计划。

2. 肯定部属取得的成就并给予激励

每个人都有被他人肯定的需要。主管就员工过去一年的工作绩效与部属的工作职责进行比较，对于实现了工作目标并履行了工作职责的员工给予真诚的肯定和由衷的赞美，让部属认识到自己的成就和优点，并且可以适时地运用本身的奖赏、强制或参照权，针对部属的绩效表现给予适当的奖励或惩罚以激励部属。

3. 指出部属有待改进的方面，制订绩效改进计划

人无完人，每个人都会在某些方面需要改进。主管与部属就未达到绩效目标的部分，或员工技能不足的部分，拟订下一年度改进的方向和计划。员工可以提出自己的绩效改进计划以及需要何种资源支持。最终双方充分讨论改进计划的可行性，主管协助员工制订具体的行动计划。对部属表现优异的方面，由主管与部属共同讨论未来的发展，并规划适当的训练与工作以配合部属的发展。

4. 促进绩效考核的公开、公正性

绩效面谈是主管与部属公开、坦诚、互动且面对面的沟通，可以促使部属相信绩效考核是公平公正的。同时，部属可以准备好能够证明自己绩效的证据，如果考核结果中存在明显的偏差，可以对此提出异议并拿出证据给主管，然后双方对此进行说明和讨论，最终达成一致意见。这样可以促进主管认真对待考核工作而不是凭个人好恶来考核。也才能让部属真正重视考核结果，进而重视绩效面谈。

4.1.2 面谈准备

要想充分实现绩效面谈的上述目的，就必须拟订一个良好的面谈计划。由于面谈和绩效管理本身都是主管和部属双方的责任，因此，主管和部属都要为绩效面谈做好各自充分的准备。

1. 主管人员应该做的准备

1）对待面谈对象的心态准备

在进行绩效面谈前，主管人员需要对面谈对象也就是被考核者的心态进行分析。在企业中有的人不愿意被考核或者怕被考核，其中的原因很多。例如，有考核制度方面的原因，有考核结果应用偏差方面的原因等。主管要充分估计到被评估的对象在面谈中可能表现出来的情绪和行为，并据此准备好对策。见表 4－1。

表 4－1 绩效面谈的对抗反应及其应对办法

如果遇到下列情形	面试主管应该
阻拦反馈：任凭面谈者一遍又一遍地重复，不予以回复	问些开放性问题 暂时结束面谈，想一想这个问题，明天听反应 如果擅长幽默则幽默开场 不要陷于僵局 唯一能控制的就是给予最好的反馈 利用沉默
找托词：不涉主题，侃侃而谈	注意不要对托词表示某种同感 说："我得确认一下我是否理解正在谈论的话题。" 让托词作为解决问题的一部分，循此进入主题
报复：反击信息反馈者	说："我很愿意听你说，但是，这并不是我们现在要做的事。"

续表

如果遇到下列情形	面试主管应该
逃避反馈：沮丧、叫喊、情绪反常，以逃避得到反馈	不要有负疚感 问些开放性问题表示更多的关心和热情 询问发生这种情况的原因
表面接受：应付搪塞，没有行动表现	帮助面谈对象树立优越感 传递诚实的价值和重要性 不要接受没有理由的反应 给予较多的检查性的监督

2）面谈的理念准备

首先主管应该提醒自己，作为管理者最重要的职责是尽可能地去帮助员工使其绩效达到所要求的标准。而且企业雇佣时并没有购买员工的灵魂或其价值观，而只是在借用其才能，因此不要试图对员工做道德和价值观上的评价。另外还要注意从员工的角度去了解他们的想法。

绩效管理应该更多地关注以下问题：

① 这个面谈应实现何种成果？

② 员工做出了何种正面的贡献？

③ 员工是否发挥了其潜力？

④ 员工是否清楚主管的期望？

⑤ 员工需要在哪些方面改进？

⑥ 员工拥有何种优点可以开发或加强？

3）面谈的时间准备

选择主管和部属都有空闲的时间，同时主管人员要选择一个自己可以全身心投入到绩效面谈中去的时间。应该注意，这个时间一定要和员工一起商议而不要由管理者单方面决定，这样一方面可以表现出对员工的尊重，另一方面也可以确定员工在这段时间里是否有其他安排。当处在时间压力下、情绪不好时或者绩效面谈被安排得过于紧凑时，应尽量避免进行绩效面谈。另外，还应该计划好面谈将会持续多长时间，以便双方把握反馈面谈的进度和安排好自己的其他工作。通常，面谈时间不宜过长，一般为30分钟至一个小时。

4）面谈的场地准备

通常，主管人员的办公室是最常用的绩效面谈场地。办公室给人以一种严肃正式的感觉，这固然很好，但也有相当的局限性。首先办公室经常会受到各种各样的打扰，其次容易给部属造成层级压力。如果选择一个轻松的环境如咖啡厅、小型会议室等，会让气氛更加和谐。

在面谈的场地中，还应该注意安排好谈话者的空间距离和位置。这是面谈沟通中一个非常重要的问题。距离太远，沟通的双方无法清晰地获得信息；距离太近，又会使对方感到私人领域受到侵犯，造成一种压抑感。

5）面谈的资料准备

这些资料包括部属个人资料、岗位说明书、绩效计划表以及绩效计划变动表、绩效评价表、员工日常工作表现的记录等，并且把收集到的资料加以整理阅读。当需要的时候可以随时找到相关的内容。在面谈过程中最尴尬的事情之一就是左翻右翻就是找不到说的内容在哪里，或者当员工提到评估表格中的内容时管理人员表现出诧异状。

6）面谈的程序准备

为了使绩效面谈更有序、有效地进行，就需要进一步明确进行绩效面谈的主要程序。需要注意的是针对不同的员工可以适当调整面谈程序。面谈程序包括面谈的过程包括哪几部分，要谈哪些内容，这些内容的先后顺序安排，各个部分所花费的时间，等等。

（1）开场白

绩效考核面谈的开场白要根据谈话对象及情景作出不同的安排。有的员工比较紧张，管理者不妨先聊一些轻松的其他无关话题缓和一下气氛。如果员工对面谈目的比较了解并且对考核结果较心平气和，则不妨开门见山直入主题。

（2）绩效面谈过程

面谈中先谈什么、后谈什么没有固定的模式，以下的做法可以作为参考。

首先和员工沟通本次绩效评估的目的、绩效目标、评估标准，达成共识后再讨论员工的具体评估分数。

让员工陈述自己的工作表现及对自己的初步评估，主管人员再表达自己的看法并和员工逐项取得一致看法。

直接就评估表格中的内容逐项与员工进行沟通。争取达成一致意见，对于实在无法达成一致意见的，可以暂时搁置，事后再作沟通或请直接主管的上级进行仲裁。

对员工在绩效期间的成绩和优点进行肯定，再谈论不足之处，双方讨论制订下一绩效期内的绩效改进计划。

（3）结束面谈

一般来说，在双方对绩效评估中的各项内容基本达成一致意见后，就可以结束面谈了。

2. 员工应该做的准备

在面谈沟通中，只有主管单方做好准备还不够，企业应该鼓励员工在绩效面谈前也做好相应准备，以便在面谈中能够充分参与讨论。

1）准备表明自己绩效的资料或证据

由于在绩效面谈中往往需要员工就自己的工作目标逐项陈述绩效情况，因此员工需要充分准备好可以证明自己绩效状况的一些事实依据。对于绩效表现好的部分和差的部分都要找到依据。如果需要填写自我评估表格一定要认真填写。

2）准备好个人的发展计划

绩效管理的最终目标是不断提高员工的工作绩效，制订切实合理的个人发展计划是绩效管理目标得以实现的重要步骤。主管和员工都应该就绩效表现的不足方面提出可能的改进方案，在这方面员工更了解自身情况所以应主动提出具体的改进计划、实施中需要的资源支持，以及预期可以达到的效果。员工这种严格要求自己精益求精的精神也会得到主管人员的赞赏和支持。

3）准备好要提出的问题

绩效面谈是一项双向沟通的过程，为了对绩效目标和实现方法有一个清楚和一致的看法，员工需要及时提出自己在工作过程中遇到的困难和疑问，包括对上级主管的一些工作上的要求、可能获得的支持，以及对公司发展战略、各部门绩效目标的困惑之处等。

4）将自己的工作安排好

由于绩效面谈可能要占用约一两个小时的时间，这段时间员工无法在工作岗位上，因此应事先安排好工作时间，在这段时间尽量避开一些重要的事情。如果有紧急的事情应交给同事，由同事代为处理。

4.1.3 面谈过程

1. 绩效面谈的九个步骤

1）营造一个和谐的气氛

“好的开始是成功的一半”。因此，面谈气氛的营造应该是让部属感到自在而无约束。两人最好并肩而坐而不是彼此隔着桌子对坐。要将严肃的气氛化为和谐的气氛，态度诚恳且尊重对方，使部属能坦诚地表达意见，与主管建立并维系良好的信赖关系。

开始面谈时，部属难免会紧张而采取防卫性姿态，这是难以避免的，主管人员要以适当的开场白去除部属的防卫。至于怎样开场，并无一定的方式，要视情况而定。一般可以慰劳部属的辛劳开场。例如：

“你最近工作表现很积极，我们部门就需要像你这样有干劲的人。”

“上次的计划书写得很棒，经理非常欣赏。”

也可以就生活闲聊几句，如新闻事件、衣食住行、部属的兴趣爱好等，使部属能轻松地进入沟通状态。

2）清楚地说明面谈的目的和步骤

在达到了一个轻松和谐的气氛后，主管人员需要详细阐述本次面谈的主要目的，因为只有在沟通双方对沟通目的达成一致意见时，面谈才能取得良好的效果。主管应该告诉员工绩效面谈给了他一个客观认识自我的机会，让他更了解自己的业绩和组织期望之间的差距，使他明确前进和发展的方向。同时对员工已经取得的成绩作出正面反馈，鼓励员工继续努力，然后简要介绍面谈的主要程序和预计持续的时间。

3）告知评估结果

主管根据评估结果告知部属本期绩效表现状况，让部属知道上司和其他部属对他的印象。面谈时可以采用三明治说明法，即先对部属的优点、进步的情形，提出简单扼要的赞美，再告知部属的缺点及需要调整的工作项目，最后对其工作所奉献的心力予以肯定和鼓励。例如：

“你的表现根据评估的结果，整体而言表现很好。在生产量方面，根据统计数据，这个月的生产量比前一个月多了5 000件。但是在次品方面则从4%增加到8%，在你努力达到生产工作目标的同时是不是有什么没有注意到的地方？根据你的观察是不是有什么问题？相信如果能将次品率再降低一些，对你的业绩将会更有帮助，你个人认为如何？”

4）分析症结所在

主管可以从报表、报告等资料中得知谁的业绩减少了，谁的错误率增加了，但这些只是最后的结果，至于是什么原因导致这些情况仍然不清楚。因此，主管必须具体地知道部属到底做错了哪些事，以至于业绩减少、错误率上升。员工业绩只是他们表现的行为，他们也并不知道怎样做才能使业绩不一样。作为管理者，必须首先知道存在哪些不恰当的行为，然后才能选择一个正确的解决方案。

在这个过程中，主管需要部属就自己的工作业绩变动说明可能存在的原因，多问、多听、多和部属讨论，直到获悉真正原因。这是决定绩效面谈能否获得根本性成功的关键一环。一方面，部属可能比主管更多地接触工作中的实际操作，可以为发现问题的真正所在提供重要线索；另一方面，每个人都渴望获得别人的尊重，因此，主管应该让部属较多发表自己的意见，让部属参与到绩效管理中来，以促进部属对企业目标的认同，提高企业绩效管理的有效性。

5）协商解决方法

主管和部属最好共同协商确定一个解决方法。因为主管可能对组织的整体目标和运作理解得更为透彻，而部属则对其负责领域更为熟悉和专业，结合两者的优势才能更准确、有效地解决问题。完全由主管个人决定的方法，部属可能很难接受。如果主管要求部属放弃他们长久以来做事的方法，员工最常见的反应是："我觉得你的方法行不通。"但他们不会将这种想法直接告诉主管，而只是在平时工作中告诉其他员工。即使管理者所提的方法确实不错，说服自己是不够的，必须得让员工相信，才能使方法被应用并且生效。这就要求管理者同员工在一起仔细商量，不仅有理有据而且要推断出方法的可行性，让员工心悦诚服，乐于实施。否则员工可能还会暗中破坏以证明管理者的方法无效。

而且，有时候，员工有比管理者更好的办法，至少他们自己这样认为。如果管理者并不这样觉得的话，就必须拿出强有力的证据来说服员工放弃自己的想法。所以，当管理者提出新做法时，可以问"有人有更好的方法吗?"如果没有，这个方法就可行；如果有，管理者必须尽力处理，而不是故意回避这个问题。如果员工觉得自己的做法比较好，管理者必须认真解释自己并不认为如此的原因。

在这个阶段，主管和部属必须寻求各种解决问题的方式。经验的积累可以让一个人面对问题时有更多的选择，而这个阶段浓缩了所有累积的经验，使部属可以迅速地想出很多解决问题的方法，然后共同讨论选择一个最终的改进计划。

6）确定下期工作目标

这个阶段的重点，就是把"希望部属能够做到的部分"明确提出来商谈。主管必须具体地描述部属需要哪些行为上的改变来影响结果，因为部属可能并不知道如何解决绩效问题。在设定目标时最重要的是要具体可行，目标如果欠缺具体性就失去意义，而主管和部属也都无法确认。目标设定的具体性是指把"做什么"、"做多少"、"做到什么程度"、"怎么做"制定得很明确。在"做什么"的部分可以参考"工作职位说明书"的内容和实际工作需要，与部属讨论工作项目，然后进行调整。确定目标后，员工应主动提出为实现这些目标需要哪些资源支持，主管应认真考虑，尽可能给予满足。

7）主管与部属确认互动式绩效面谈的内容

双方在设定目标后，需要将互相认同、达成共识的部分予以再次确认。对于需要修正、更改的内容也应当场予以解决。把未来一定期间的工作或目标加以确定，并付诸实施。这是主管和部属的契约行为，而互动式绩效面谈表就是契约内容，因此其内容更改、修正都要经双方填写确认，表示对契约的承诺。亲自填写可以提高对工作或目标的参与和认同感，也具有提升责任感的作用。

8）结束面谈

面谈结束前，主管应对面谈内容做要点式的总结，并诚恳地对此次面谈表示满意。另外，结束面谈应以积极的方式进行，要使部属离开时满怀积极的信念，而非想着消极的一面或抱着一股不满的情绪离开。因此，要感谢员工对绩效水平评估所做的努力，同时表达对他们的信心，认为他们未来一定能成就更大的事业。会谈之后主管可以热情地握别，作为一种积极的结束方式；另一种方式是以肯定此次面谈的成效作为结束。

例如，说："谢谢你今天来我这里，我觉得这一次的讨论很值得，也让我了解了你的工作情形。我知道我以后可以仰仗你，而且我也很愿意提供你所需要的协助，我们的面谈到此告一段落。"

也就是运用"毕马龙效应"的高期待理论告知对部属的肯定与对未来的展望，这样或许就会得到员工更高的绩效表现。

9）绩效面谈效果评估

面谈结束后，主管应进行评价看其效果如何，并搜集资料作为以后改进之参考。塞莫·勒威提出以下问题，供主管评估面谈效果之用。

① 面谈是否达到其目的？我是否帮助了部属？我应该怎样才能使其更有效？

② 如果重新再做一次面谈，我的方式有何改变？有什么遗漏之处应该补充？有哪些无用的讨论应该予以删除？

③ 关于辅导技巧、关于个人、关于我自己、关于我的机构，我学到什么新东西？

④ 谁说话较多？我是否真正注意下属所说的话？

⑤ 我是否满意这次面谈？结果是不是我和下属之间相互了解更深？

⑥ 我是否觉得下次面谈会做得更有效？

2. 绩效面谈的基本原则

由于组织内存在岗位分工的不同和专业化程度的差异，因此，管理者与员工之间存在信息不对称的情形。为了提高绩效评估的有效性，管理者与员工进行面谈时应遵循有关重要原则，即另一种含义的SMART原则。这里所讲的SMART原则的内涵如下。

S——Specific。面谈交流要直接而具体，不能只做泛泛的、抽象的、一般性的评价。对于管理者来说无论是赞扬还是批评，都应有具体、客观的事实或结果、数据来支持，使员工明白哪些地方做得好，差距和缺点在哪里，这样既有说服力又让员工明白管理者对自己的关注。如果员工对绩效评估有不满或质疑的地方，向主管进行申辩或解释时，也需要有具体的客观事实作为依据。这样，只有信息传递双方交流的是具体可分辨的事实，每一方所作出的选择对另一方才是公平的，评估和反馈才是有效的。

M——Motivated。面谈是一种双向的沟通，为了获得对方的真实想法，主管应当鼓励员工多说话。受到鼓励的员工才可能充分表达自己的观点。因为思维习惯的定向性，管理者似乎常常处于发话、下指令的角色，员工是在被动地接受，有时管理者得到的信息并不一定就是真实情况；对下属意见的表达，管理者不应随意打断与压制，对员工好的建议应充分肯定，也要承认自己有待改善的地方，双方共同制定改进和发展的目标。

A——Actual。绩效反馈面谈中涉及的是工作绩效，是工作的实际表现，员工是怎么做的，采取了哪些行动和措施，效果如何，不应讨论员工个人的人格特征或其他方面。员工的优点与不足都是在工作履行中体现出来的。人格特征本身并没有好坏、优劣之分，不应作为绩效评估的依据，对于关键性的影响绩效的个性特征需要指出来，必须是出于真诚关注员工与发展的考虑，且不应将它作为指责的焦点。

R——Reasonable。反馈面谈需要指出员工的不足之处，但不是一味地指责，而应立足于帮助员工改进不足之处，共同分析绩效未达成的原因，并努力给予指导、建议，使员工感觉是合理的和可接受的。如果管理者只是指责和批评，会导致员工出于自卫心理，马上产生对抗情绪，使得面谈无法继续或者出现攻守相抗的困境。

T——Trustful。没有信任就没有真正的交流，缺乏信任的面谈会使双方都感到紧张、烦躁甚至充满冷漠和敌意，双方似乎在演戏，不能放开说话。评估面谈需要管理者和员工建立一种彼此相互信任的氛围，沟通才可能顺利进行，达到理解和共识。管理者应该多倾听员工的意见和想法，尊重对方，跟员工沟通目标和事实，多站在员工的角度，设身处地地为员工着想，勇于当面向员工承认自己的错误和过失，承认自己的不对不但不丢面子，反而会赢得员工的信任，只有这样做才能赢得双赢的效果。

3. 绩效面谈中的技巧

1）面谈的基本技巧

如果主管早已向部属阐明工作职责和绩效标准并将其作为评估的基础，绩效面谈时应该不会有让彼此太意外的感觉。部属的自我评估，不论是心里想的还是写下来的，都不至于与主管所写的评估相差太远。

主管面临的问题是要能让部属作出诚实的回答，不管是同意还是不同意。当然，最重要的还是取得部属的信任，但某些会谈的技巧仍不可少。

① 坦诚相见，把评估表拿给部属看，不要藏起来。

② 将评估思路解释给部属听。如果主管查过记录或是向别人打听过，直说无妨；如果主管是完全凭自己所知道的而进行评估，也应告诉部属实情；主管应告诉部属自己希望听到坦诚的意见，因为自己的评估可能并不是完全正确。比如说，如果部属做过的一些事主管忘了或根本不知道，主管就要勇于承认。

③ 主管要记住评估是暂时性的，如果部属的意见让自己觉得评估有错，要乐意更改，不怕承认错误。

④ 摘述要点。讨论完之后，主管应再与部属一起回头将重要的地方浏览一遍，并给部属一份最终完成的评估表的复印件。

上述四种技巧都使部属感到主管所做并无秘密可言，主管只是想做一个公平正确的评估，并能与部属合作且帮助其改进以后的工作绩效而已。主管可能想从部属的优点开始谈，也可能直截了当地从评估表的第一项开始。不管什么方式，只要是最自然的、最轻松的就是最好的。讨论全部结束后，主管应对整个评估予以评述。

2）倾听的技巧

在绩效反馈面谈中，一定要给员工讲话的机会，多让员工表达自己的观点，因此管理者的倾听技巧很重要。以下是影响听力效果的几个障碍。

① 身体不适：太冷、太热的环境以及疲倦和头痛都会影响一个人的听力和他对说话者的注意程度。

② 外界干扰：电话铃声等外界声音会打断沟通进程，影响听的效果。

③ 心不在焉：心中想着其他事或惦记着其他会议、文件和报告都会影响听的效果。

④ 有选择地听：对别人提出的问题自己已经有了答案，或者对不感兴趣的方面缺乏耐心，这样都会影响听的效果。

⑤ 心中总想着自己：心中总充斥着自己则必然会影响沟通的有效性。

⑥ 个人对照：总是认为别人在谈论自己，即使在并非如此的时候也这样认为。

⑦ 对他人的情感倾向：对某人的好恶会分散人的听力。如厌倦，对某人有厌倦感，因此在他说话之前已经决定不去注意听他说了些什么。

以上影响听力效果的几个方面都是很普遍的，管理者应该尽量避免这些情形出现。同时，唯有用心倾听，才能了解对方的问题所在，所以主管一定要改进听人说话的方式，要在确实了解对方谈话的意思后，才对听到的话有所响应。如果对方的语意不是很清楚，主管可以通过适当的发问来澄清疑虑。在面谈中切勿一次将对部属的要求说完，就认为达成面谈的目的了。上帝之所以会让人有两只耳朵，冥冥之中，就是告诉我们要多“倾听”。我们发现有效的倾听者表现出以下两种行为。

① 使用目光接触。当管理者同员工讲话时，若目光却不看着对方，对方就会将其解释为冷漠和不尊重。另外，使用目光接触也会使谈话双方集中注意力，减少分心的可能性，并能鼓励说话的人。

② 展现赞许性的表情和恰当的面部表情。当讨论到员工的优秀业绩或员工在做陈述时，管理者应该通过非语言信号来传递自己对员工所说内容的反应，包括赞许性的点头、恰当的面部表情。

3）表达的技巧

在绩效面谈中，除了要善于倾听，还要运用各种表达技巧。

（1）使用开放性的问题

在绩效面谈中，为了让员工更多地参与到绩效沟通中来，主管人员就不应该问那些用“是”、“不是”就可以回答的封闭性问题，而是应该尽量问一些开放性问题，这样可以得到员工真正的观点或对事实的表述，把话语权主动下放。

提出开放性问题的优点如下。

① 表示对对方的兴趣。当别人对我们所想的问题或所了解的某些事情感兴趣时，首先我们从心理上就很容易接受对方，因此也很乐意告诉对方。这样管理者很容易拉近上下级之间的关系，也就更容易从员工那里获得比较多的信息。

② 这样的提问能调动对方的主动性，使对方感到很舒服。员工得到一个主动表达的机会，这些开放性问题使他处在一个主动的地位上。

③ 使员工排除戒备心理，让管理者了解到更多的有关员工个人的情况，可以发现问题所在，以便制订出更有针对性的计划。

（2）作出适当的反应

在仔细倾听对方的发言后，以重复对方的陈述来提问的方式对员工作出回应，这也是一种比较好的沟通技巧。为了能够准确地反映他人的感觉，就必须做到认真地倾听，而不是只考虑自己打算说什么。在很多情况下，作出适当的反应是非常必要的。

① 适当的反应，可以展现出你已经明白了别人说的话。如果你的反应正确，别人会更有兴趣说下去；如果你的反应不正确，则他人就会对你进行纠正，这样反复下去，最终会创造出相互了解和理解的结局。

② 反应可以推动他人进一步表达自己的观点或者澄清一些问题。通过双方相互对对方作出反应，谈话会越来越找到共同的感觉，在共同点感觉基础上趋向于创造出达成协议的气氛。

③ 反应是避免争议的好办法，因为它能使你在不拒绝或不接受他人意见的情况下作出反应。

4）询问的技巧

在面谈中提问是非常重要的一种获取信息的手段，管理者会分析自己所听到的内容，并提出问题。这一行为提高了对问题了解的清晰度，保证了理解，并使员工知道你在倾听。

恰当的提问具有以下优点。

① 使管理者得到关于员工工作和想法的更多的信息，而这些信息对管理者非常重要。

② 给员工以信任的感觉，使员工能够更加开放地表达自己，有利于最终达成共识。

③ 建立员工与管理者之间良好的关系，使沟通更加和谐。

另外，利用巧妙的提问，可以引导员工参与思考，从而实现想法的传递，即引导员工产生管理者需要的想法。以下是管理者面临的问题和解决问题的方式。

问题：我说的是我想让员工知道的事，但是我无法确定员工是否在思考我所说的话。

解决方式：传递想法。你提出问题，而答案正是你想告诉他们的话。需要注意的是，当提出问题后，可能会出现沉默，但一定不要自己回答问题，而是传递出你绝不会自己回答的信息，利用沉默让他们不安，这样员工就会开口说话，从而思考你想让他们思考的问题，引导他们产生你想传递的想法。

5）巧妙地使用体态语

在绩效反馈面谈中，除了用语言传递信息外，同时也用体态语言传递信息。在体态语言沟通中要把握好手势与姿态语言。需要重视的不是手势、姿势本身有多么重大的意义，而是结合到具体的环境中，这些手势和姿态表达了什么样的意义。一副咆哮的面孔所表达的信息显然与微笑不同，手的动作、面部表情及其他姿势能够传达诸如攻击、腼腆、傲慢、愉快、愤怒等情绪或性情。在面对面的交谈中，主管应保持目光接触、多一点真诚的微笑，通过面部表情、身体姿势呈现出自然、大方、开放的姿态，去掉双方之间的物品，如桌子、书本等，身体尽量前倾，保持身体一直面向下属。不要双手抱在胸前，也不要跷起“二郎腿”，也尽量不要接听电话、扫描手表、翻报纸、玩弄钢笔等，因为这些“小”动作无疑是在表示你很厌倦，对双方交谈已不感兴趣。

6）负面反馈的技巧

对大部分主管来说，给部属负面的反馈的确是一件难以启齿的事。因此，大部分主管在面临这种问题时，不是因顾及面子而支吾其词（致使部属搞不清楚怎么改善），就是干脆将部属绩效分数打高一点以免麻烦等。所以在公司中，常可以看到因为主管不愿当坏人，致使一些问题因在当时没有提出，而在内心慢慢酝酿压制到有一天爆发开来，主管才在积怒难消的情况下，对部属提出最具破坏性的批评。当然，在这种累积诸多不满的情况下，批评不免尖酸刻薄，甚至语带威胁，结果反而引起部属的反感，认为批评是一种侮辱而怨愤难平。最后，问题没有解决，反而破坏主管、部属之间的关系。

给部属负面的反馈不是要主管“当坏人”。事实上，每个人都希望知道自己工作到底做得怎么样？所以，只要主管能掌握“负面反馈的艺术”，善用绩效面谈，并且能够用心传达，给部属负面反馈将成为“做善事”。而且公司和部属都会因为主管的“义行”而获益良多。只要能让当事人保有其尊严与价值感，客观的批评而不存有个人偏见，那么负面反馈对部属的价值，甚至能达到提高的效果。负面反馈的技巧包含以下几种。

（1）了解部属的防卫行为

当部属绩效不佳时，会出现以下自我防卫行为。

① 反抗：被主管提出缺点或短处时，生气、反抗，出现不愿意再沟通的心理和反应。

② 攻击：当下属感受到威胁的气氛，会反射性地攻击对方，或在内心说“你曾经还不是一样”。

③ 自谅：下属把办不好事的理由讲出来或在内心列出来，使自己原谅自己。

④ 压抑：下属听了批评，把火气或不愉快的事物压在心里，逃避不去想它。

⑤ 否定：如果沟通或批评的内容对自己很不利，便拒绝接受，否定对方的陈述。

⑥ 转移：为隐藏自己的无能，而特别强调比自己还差的人，使主管觉得自己表现尚可。

⑦ 逃避：沟通时，尽量避免谈到要暴露自己缺点的地方。

⑧ 转换：以生病或心情不佳为由，转移主管视线。

⑨ 抑制：为了不想在主管或他人面前出错，便抑制自己的言行举止。例如，在沟通时一言不发。

（2）熟练处理防卫型部属

① 认清防卫是正常的行为。

② 不要攻击对方的防卫行为，应就事论事，以避免双方因坚持各自主观意志而使气氛恶化。

③ 延缓行动，适度地进行冷却，使冲突情况得到缓解，直到双方恢复理智。

④ 认清自己的能力上限，界定自己的角色是辅导者、教导者，而非心理学家，绩效面谈的目的在于部属发展而非处理部属深层的心理问题。

（3）拟订面谈计划并充分准备

① 拟订面谈计划，逐步实施，掌握面谈的进程与情绪。

② 主管经过充分的准备可以做到言之有物，让部属减少防卫行为。

③ 掌握面谈的原则，可以使面谈朝理性及就事论事的方面展开。

④ 运用谈话的技巧，可以使面谈顺畅进行，气氛协调。

（4）给部属来客“三明治”

绩效面谈的过程应尽量多使用赞美与鼓励的方式，激励部属向工作目标努力。因此当主管面对一些绩效不佳，而要提出一些纠正或指导的部属时，则可采用“三明治式的赞美”。

① 真诚赞美：突出正面的重要事件，主管诚挚的赞美往往可以关掉抗拒者心中的那道警铃。

② 肯定彼此的关系：肯定与部属未来的关系，消除部属内心的恐惧；既往不咎，展望未来而不是回顾过去；合理地改善要求，提出能让部属接受的改善要求；表达对未来的信心，防止部属因信心不足而抗拒或放弃改善要求。

③ 表达对部属本人的信心，再度肯定彼此关系。

（5）适时终止面谈

负面反馈常出现意外状况，使面谈难以进行。此时，应当机立断结束面谈，使双方冷静下来，再规划另一次面谈。

4. 根据员工特点选择恰当的沟通方式

1）根据员工的特点与其进行沟通

在绩效反馈面谈中，会遇到各种各样的员工，那么，该如何根据不同员工的特点与其进行沟通和交流呢？

（1）绩效优秀的员工

当遇到一名优秀的员工时，与其面谈应以鼓励为主。因为优秀的员工在其职责范围内的工作上一定做得非常好，并且有很多别的员工所不具备的优秀表现，所以一定要首先对其优异表现加以认可，并且多了解一点其做得好的典型行为，以便推广到其他员工身上。另外，优秀的员工往往有比较强烈的个人发展愿望，在绩效反馈面谈时可多花点时间了解员工对未来的发展设想，这样可以更好地为其发展创造机会和空间，有的时候，主管人员和员工可以一同制订未来的发展计划。而且，优秀的员工往往对自己比较自信，对提升和加薪等事情也觉得在应得的范围之内，在这种情况下，主管人员就更应该谨慎对待，不要轻易作出加薪或晋升的承诺，以免不能兑现。

（2）一直无明显进步的员工

有的员工绩效总是徘徊不前，和这类员工面谈时首先与其共同分析绩效没有明显改进的原因是什么。可能的原因有以下几点。

① 个人的动机问题：自己为自己设立的目标比较低，没有提出较高的要求。

② 目前的职位不适合他：这个员工也许有很多潜能，也有成功的愿望，但是没有办法在现在的职位上发挥出来。

③ 工作的方法不对：有的员工可能在一个职位上做了很长时间，但是却一直没有找到合适的工作方法，这样他的工作绩效始终提高不上去。

④ 有其他的个人困难。

对待一直没有明显进步的员工，应该开诚布公地与他们进行交流，查明他们没有明显进步的原因，然后对症下药。如果是个人的动机不足，那么应该充分肯定员工的能力，必要的时候可以使用“激将法”，这样可能会激起员工的上进心。如果是员工工作方法不对，就可以帮助其分析在哪些方面可以改进。至于员工的个人困难，可以表示理解并以恰当的方式给予一定的帮助。

（3）绩效差的员工

主管人员可能都有这样的感觉：与那些绩效好的员工进行面谈是一件比较愉快的事情，而跟那些绩效差的员工进行绩效反馈面谈却是一件比较令人头疼的事情。绩效差的员工可能不太容易面对一个很差的绩效考核结果，但主管人员却又不得不让他们去面对。有的绩效差的员工可能会比较自卑，认为自己一无是处，破罐子破摔；有的绩效差的员工可能并不认为自己绩效差，这样在绩效反馈面谈中就容易和主管人员产生冲突。对待这类员工，要注意的一点就是一定要具体分析绩效差的原因，不要一概认为是员工的个人原因。

（4）成就动机过强的员工

有的员工可能成就动机过强，显得雄心勃勃。他们往往期望自己能够为组织做出更加重要的贡献，他们会提出很多未来的设想和计划。对于这样的员工，首先要肯定、感谢他们对组织的认同和热情。然后与他们讨论未来发展计划的可能性，帮助他们制订现实的计划，而不能一味地泼冷水，打击他们的工作积极性。

(5) 资历老但绩效不佳的员工

有些资历老的员工由于种种原因绩效不佳，这些员工可能会有各种不同的想法，比如说某些年轻的员工绩效比他们好，比他们晋升得快，他们会觉得心里不平衡，认为组织在对他们的价值提出质疑，渐渐地以年轻人来取代他们。和这类员工面谈时首先要肯定他们过去为组织所做出的贡献，并且对他们表示亲切的关怀，但也一定要让他们知道，过去的成绩是不能被抹杀掉的，可也不能代表现在或将来的成绩。绩效评估是对一定时间范围内成绩的评估，而且是有客观依据的，因此，也应该让他们接受与现实的差距。

(6) 沉默内向的员工

有的员工非常沉默内向，在绩效反馈面谈中，除非主管人员问一些问题时他们才会作出回答，否则，不会主动表达自己的想法。他们在与主管交流时可能会局促不安，紧张而手足无措；也有可能表现得沉静、冷漠、矜持。对待这种员工，要善于提问开放性的问题使他们多表达，同时多征询他们对事情的看法，这样可以迫使其更多地参与到绩效面谈中来。

(7) 发火的员工

有时，在绩效反馈面谈中，员工的意见与主管的意见产生冲突，员工可能会因为强烈的不同意或不满意而发火。在这种情况下，主管人员应耐心地听员工把话讲完，不要急于和员工争辩，而是要等其冷静下来后，再同员工一起找原因，分析问题。

2) 根据员工的调节点选择反馈的方式

当主管人员需要进行反馈面谈时，需要注意一个非常重要的因素，即部属的个性特征。许多研究发现，并不是所有的人都适合用表扬手段来激励，并且，有些员工无法接受批评，批评只会导致更坏的绩效。Higgins 认为人有两种调节系统：一种调节系统使人主要关注成就，而且对能够帮助目标实现的机会非常敏感，为实现目标而努力去做，称为提升调节点（Promotion Focus）；另一种调节系统主要关注责任，对阻碍目标实现的障碍十分敏感，他们的热情主要在于避免错误以实现自己的责任，称为防御调节点（Prevention Focus）。防御调节点的人有强烈的安全需要、强烈的义务感，以“失去—没有失去”的概念体系看待世界；提升调节点的人则有强烈的成长需要、远大的理想，以“获得—没有获得”的概念体系解释世界。

通过考察员工的调节点对反馈效果的影响发现：如果批评那些具有防御调节点的员工，他们会因为受到了批评而更加努力地工作，从而取得更好的绩效；相反，具有提升调节点的员工得到的批评越多，绩效越差。因此，管理者在工作中要充分了解下属，看他是哪种类型的员工，然后采用不同的反馈手段。如果员工是那种有强烈的安全需要，比较看重现在所得、所拥有的人，管理者就可以适当地多利用批评、惩罚等手段，以激发其工作积极性；而对那些更看重成长、强调能够获得什么的员工，就应该少批评、多表扬，因为表扬可能对他们有更大的激励作用，批评越多越使他们反感，绩效也就会越差。

另外，针对个人的批评往往会引起更强的冲突行为倾向，因此，管理者在绩效反馈时最好针对团队进行评价，尽量避免针对个人进行评判。

5. 绩效面谈中的常见失误

主管人员在与员工面谈时，由于自身的偏见、面谈技巧不足等常使面谈达不到预期的效果，或者使面谈效果适得其反。

1）晕轮效应

晕轮效应是一种普遍存在的心理现象，即对一个人进行评价时，往往会因对其某种品质特征的强烈、清晰的感知，而忽略了其他方面的品质。主管人员应尽量避免这种效应的影响，不要带着个人情感因素来与员工沟通。

2）首因效应

人们在相互交往与沟通过程中，第一印象的好坏非常重要，人们往往根据最初的印象去判断一个人，这就是首因效应在起作用。面谈之前虽然做了详细的计划与准备，但仍然容易带有错误的先入为主的观念，甚至带着有色眼镜看人。有些人只凭第一印象或开端的谈话，就很快在脑中确定对方的性格类型或描绘出对方的人物形象。一旦形成了如此的观察视角，则对方的一切言行举止就越看越像这个类型了。

3）近因效应

最近或最后的印象，往往是最强烈的，可以冲淡在此之前的各种因素，这就是近因效应。管理者有可能在进行面谈时对员工近期的绩效或行为印象深刻，从而导致用一种不够公正客观的眼光去观察员工。比如，某一员工一向很守时，上班从不会迟到，但近期由于公路改造、交通拥挤，所以有两个早晨迟到了。管理者很可能根据最近的表现，在面谈中质问此员工，引起员工的抵触和不满。

4）不适当的发问

面谈中发问的技巧，尽管事前已经有妥善的准备，一旦到了面谈的现场还是难免有错。例如，发问的内容不充分、诱导发问、同时问两件以上的事、提出无脉络可循的问题等，就无法期待得到正确的答案，也无法掌握事实或对方真正的心思。

5）了解不足

指对面谈员工所说的话不十分了解，或犯忽视、省略、夸大解释等错误。

这是由于管理者的能力不足、错误的预备知识或偏见等因素造成的。因此，一定要将对方的谈话加以归纳要点、回馈、质疑后再确定，以求真正地了解。

6）期待预定效果

管理者在个别的谈话或发问中，如果事先在心中存有强烈的预期心理，期待对方大概会这样回答，某个情况一定会那样发展，等等，就会在不知不觉中把员工所说的内容曲解。此时员工所说的话，对管理者而言，都会错觉为自己已知的一部分，这也是要特别注意的错误。

7）自我中心和感情化的态度

当管理者太过沉溺于自我感情或自我中心的想法时，就会失去面谈的公正性。人一旦感情化，则连基本事实都不能把握，更无法去了解对方的心情如何了，甚至也有管理者对持不同意见的员工挑起辩论的极端情况。这种做法，在指导启发向上型的面谈中，其面谈效果不但等于零，而且还可能产生副作用。

8）以对方为中心及同情的态度

相反的，过度顾虑对方的立场，以同情的态度给予过多建议的情形也有。站在对方的立场以考虑对方的心情虽然是管理者的必备条件之一，但是过度的关怀，反而会令对方产生厌烦的感觉。在员工表达能力不足，没有办法将自己想说的事情充分表达出来时，适当地给予救援，如摘要和确认等是可以的，不过也应适可而止，过度就不好了。

4.2 绩效改进

绩效改进是绩效管理过程中的一个重要环节，传统绩效考核的目的是通过对员工的工作业绩进行评估，将评估结果作为确定员工薪酬、奖惩、晋升或降级的标准。而现代绩效管理的目的不限于此，员工能力的不断提高以及绩效的持续改进才是其根本目的。所以，绩效改进工作的成功与否，是绩效管理过程能否发挥效用的关键。

4.2.1 绩效改进的指导思想

绩效改进是这样一个过程：首先，要分析员工的绩效考核结果，找出员工绩效中存在的问题；其次，要针对存在的问题制订合理的解决方案，并确保其能够有效实施，如个性化的培训等。要做好绩效改进工作，首先必须明确其指导思想，绩效改进的指导思想主要体现在以下几个方面。

① 绩效改进是绩效考核的后续工作，所以，绩效考核的出发点是对员工现实工作的考核，不能将这两个环节的工作割裂开来考虑。由于绩效考核强调的是人与标准比而非人与人比。因此，绩效改进的需求，应当是在与标准比较的基础上确定的。

绩效标准的确定应该是客观的，而不是主观任意的，只有找到标准绩效与实际绩效之间的差距（而非员工与员工之间绩效的差距），才能明确绩效改进的需求。通过员工之间比较进行的考核，只会恶化员工之间的关系，增加员工对绩效考核的抵触情绪。而通过人与标准比较进行的考核，由于有了客观评判的标准，员工从心理上更能接受绩效管理，因为他们明白绩效管理的目的确实是为了改进其绩效。

② 绩效改进必须自然地融入部门日常管理工作之中，才有其存在价值。绩效改进不是管理者的附加工作，帮助部属改进绩效、提升能力，与完成管理任务一样都是管理者义不容辞的责任；不是企业在特殊情况下追加给管理者的特殊任务，它应该成为管理者日常工作的一部分，管理者不应该以"没有时间和精力"、"绩效改进效果不明显"等各种理由来加以推托。管理者不应该把它当成一种负担，而应该把它看作是一项日常的管理任务来对待。当然，这种自然融入的达成，一方面有赖于优秀的企业文化对管理者和员工的理念灌输，使他们真正认可绩效改进的意义和价值；另一方面有赖于部门内双向沟通的制度化、规范化，这是做好绩效改进工作的制度基础。

4.2.2 绩效改进的执行条件

1. 意愿

部属必须想要改变。事实上，并不是所有员工都有意愿或者精力去改进绩效。绩效改进的意愿受到生存依赖形式的直接影响，即受到员工与生产资料的结合方式的影响。"有恒产而有恒心，无恒产而无恒心。"这是孟子提出的观点。恒产，即一定数量的生产或生活资料；恒心，即一定的道德观念和行为准则。这个命题的核心为：恒产是恒心的基础。所以，员工和生产资料的长期结合，能够产生精神层面的变化，在相对和谐的氛围中，员工（包括管理人员）的专业技能可得到充分发展。绩效改进不会受环境、人为因素影响而间断，经验得以积累和传承。另外，主管人员需要留意部属的身体、精神、情绪是否可以满足改进工作的要求。

2. 知识与技术

部属需要具备必要的知识和技能从事改进工作，拥有所需的资源（时间、工具、人员、信息），需要事先建立改进的绩效期望和评估标准，当部属决定要做一件事，且具有完成这件事的能力时，部属必须知道要做什么并且知道该如何去做。这是在实施绩效改进之前必须明确并实现的。

3. 气氛

部属必须在一种能让其用不同方式表现的环境里工作。而造就这种工作气氛的最重要因素就是主管。主管能使工作的气氛变成下列各种形态。

① 抑制型：主管不让部属做其想做的。

② 挫折型：主管不是说“你不能”，就是说“我不赞成”，或者说“如果我是你，我就不会这么做”，要不就说“我不是说你办不到，但你要知道如果你不成功，你就是自找麻烦”。这些话都会挫伤部属的积极性而使其不想再改变。

③ 不置可否型：主管要部属自行决定，最常见的就是这样的态度：“我只管结果，如果你想这么做，你自己看着办。”

④ 鼓励型：主管会说：“放手去做，我会帮助你的。”

如果主管希望部属改变其行为，起码要营造不置可否或者更好的工作气氛才行。如果主管给部属的是一种压抑或挫折的工作气氛，不用说，要想部属改变其行为是不可能的。因此，在达成预期行为改变的整个阶段，必须在主管和部属之间建立积极正面的气氛。在这种气氛中，尤以信任最为重要。绩效改进是一项艰巨的、复杂的、持之以恒的、部门之间、个人之间密切协作、相互支持的工作。丧失了相互信任的气氛作为基础，绩效改进就成为一句空话。

4. 帮助和支持

希望部属改变其行为的主管必须为部属提供鼓励和帮助。一个人可能会因畏惧失败而不敢尝试新事物，或是心里想做但缺乏鼓励而一直没有去做，或是缺少信心和技术、在没有协助时自己不敢做。主管需要帮助部属、培训部属，人力资源管理人员（特别是培训人员）也需要帮助部属，或二者合力帮助部属。

5. 奖励

如果知道改变会有奖励，那么部属就会较容易去改变；如果部属真的得到奖励，那么对其未来的改变也有激励作用。奖励的方式可为物质的和非物质的。前者包括加薪、分红等，后者包括自我满足、称赞、加重责任、更大的自由和授权等。有条件的话最好能够根据部属的不同需要来给予相应的奖励内容。

4.2.3 制订绩效改进计划

1. 制订系统绩效改进计划的步骤

1）进行系统的分析

分析在组织所进行的绩效改进过程中是极其重要的。这与医生所进行的诊断过程具有可比性。分析的目的在于精确诊断问题或情况并为选择、实施和评估合适的解决方案提供必要条件。汤玛士·吉尔布托（Thomas Gilbert，1982），绩效改进领域的先锋，这样看待绩效改进中分析的意义：为应付越来越多的想法和答案，我们需要一些框架——一些固定的问卷——帮助我们着眼于我们要达成什么以及以符合逻辑的方式来找出如何完成任务。绩效分析提供了这样一种结构。作为一种尝试，它是规范自身的一种方法，当我们贸然地着手解决问题时，要先对问题进行描述和分析。

这种分析包括两个方面，即绩效分析和问题原因分析。

（1）绩效分析

绩效分析是“确定组织中的绩效要求，比较其目标和胜任能力的流程”（Rothwell，1996）。其中包括绩效方面表现出来的差距或差异。差异可以被认为是目前和所期望的绩效水平之间的区别。除了确定绩效差距，绩效分析流程还包括评估（或至少预测）差异造成的影响、结果或后果。这样做的原因是保证减小或消除问题的成本不超过问题存在时的成本，并且更有可能获得管理层对绩效改进的支持。

（2）问题原因分析

绩效可以从几个不同的层面进行观察——包括组织层面的、工作或流程层面的、个人层面的（Rummler and Brache，1990）。根据这些层面描述绩效可以帮助实施绩效分析的人更加清晰地描述其考察的范围，同时可以了解各个层面间的交互关系。从最高的到最低的，组织层面的分析侧重于公司满足客户需求的能力、市场竞争的能力、实施战略的能力和取得各种目标——销售的、利润的、安全的和市场份额的能力。主管人员有时会发现他们是在这样一个更高的、更战略的层面解释绩效问题。他们可以在这个层面开始分析，然后“钻”到其他层面找出主要变异。工作和流程层面处理的是工作赖以取得目标的内部系统和流程。许多公司已经开始流程改进实验，很明显是在这一层面的分析。最后，个人层面的分析是指公司中开展具体工作的人们。总的来说，这些个体工作者的工作成果决定公司总体的绩效成果。

具体而言，绩效不佳通常有三方面的原因：员工自己、主管人员、环境。员工绩效未达到标准，原因在于：

① 对主管人员的要求不明白；

② 该做的未完成；

③ 技能不足；

④ 缺乏动力；

⑤ 对主管或同事不满，或者与主管或同事之间存在矛盾和严重分歧；

⑥ 与本职岗位不匹配；

⑦ 厌倦工作；

⑧ 缺乏发展或提高的机会；

⑨ 个人生活出现严重问题，如婚姻问题、工作要求与家庭要求发生矛盾，出现财务危机。

主管人员行为不当或行为方式不恰当，包括：

① 监督太严；

② 每一个错误都要批评；

③ 所有问题都找员工商量；

④ 对员工施加不当的压力；

⑤ 只要求员工做事而不求效果，使员工无从发挥。

主管人员行为不到位，包括：

① 工作要求没说清楚；

② 员工已具备应有的技能而主管人员未察觉；

③ 员工工作做得好，未加称许。

不给员工接近的机会：

① 员工的建议，不听也不考虑；

②工作上的事情不让员工知道；

③ 对员工无兴趣；

④ 不授权给员工，不给员工担负特别任务或接受教育的机会，不利于其成长；

⑤ 对员工的工作不提供支持和帮助；

⑥ 无视员工的要求。

环境因素包括了员工工作场所的情况，可能的阻碍有：

① 工具及设备不良；

② 原料短缺；

③ 不良的工作条件，包括噪声、分心的事物、光线不佳、空间不足、干扰等；

④ 方法、步骤或设备改变了，使员工遭遇困难；

⑤ 无效的岗位设置；

⑥ 岗位培训不足；

⑦ 无效聘用；

⑧ 随意执行政策或工作标准；

⑨ 暴虐的管理；

⑩ 企业内部沟通不足；

⑪报告关系不清晰。

2）筹划绩效改进方案

在了解了造成绩效差异的原因之后，选择一个恰当的绩效改进方案是非常重要的，因为这关系到能否最终有效实现绩效改进目标，同时关系到组织的有限资源能否得到最优配置，从而影响组织的收益。但是在很多企业，绩效改进方案的选择被轻视了，方案被选择有时仅仅是因为费用最低、技术最先进，或者政治原因。这种基于预感或直觉作出的决策是危险的，因为从一开始这种决定就将问题的实际原因与建议的解决方案错误地相关联，从而直接导致失败。因此，主管人员需要遵循一种系统的流程选择方案。虽然可能有不同的情景，但以下四步流程包含了决策系统的主要部分。

（1）建立筛选标准

标准是可以用于评估或判断，并最终成为选择方案的规定或测量标准。事先确定出标准是非常重要的，因为这样做可以帮助主管人员在思考所有可能性和判断备选方案质量时保持开放的心态。考虑备选方案时的筛选标准可能包括：

① 方案对问题的根本原因的影响；

② 方案实施的可能性；

③ 是否负担得起方案的费用；

④ 方案能否被管理层或其他利益相关者接受（使阻力最小化）；

⑤ 方案有效；

⑥ 方案及时；

⑦ 方案对其他方面没有副作用（相对没有或最小）。

（2）考虑备选方案

利用头脑风暴法产生尽可能多的方案。将这些方案列一张表，并根据产生绩效问题的几个方面分为下属该做的、主管该做的以及应改善的环境等内容。这种将原因加以分类的方法帮助主管人员排除部分备选方案而集中精力在那些可能的方案上。做过几轮头脑风暴后，可以证明这种方法对于根据筛选条件开发和评估所有的备选方案是有成效的。

（3）根据筛选条件评估备选方案

这个阶段中，每一个备选方案都应该按照确定的条件被独立评估。组织和指导这一评估流程的一个有用工具是评选标准矩阵图。这些备选方案和选择条件首先应该被充分理解。然后，每一个备选方案根据选择条件打分。非常重要的是每一个条件的评估都采用相同的量表以保证一致性和总体打分的准确性。当打分条件加上权重时，结果会更明确。各种最高分数会分布在不同的备选方案中。这种办法可以更深层次地判断哪一种方案最合适。

（4）选择适当的方案并确定其可行性

实践表明，绩效问题往往有多种原因，这意味着需要几种改进措施同时进行。事实上，几种改进方法结合在一起常常会有更好的效果。但不管采取哪些改进措施，一个有高效影响力的绩效改进方案都应该满足 Spitzer 原则：

① 瞄准那些高端绩效改进机会；

② 强有力的；

③ 可持续的；

④ 加强的解决方案；

⑤ 经常是从小的、有焦点的方案开始；

⑥ 关注用户；

⑦ 邀请正确的人参与方案的设计流程；

⑧ 有强有力的评估手段；

⑨ 设计的时候就要想着如何发展和实施；

⑩ 用互动的方法设计。

3）变革管理

选择了正确的改进方案并不意味着成功在即。无论国内还是国外的企业变革实践都证明，变革的失败更多是由于实施不力所致，而非方案不优之故。改进方案成功的关键是对变革过程的管理。改进意味着组织和个人的某些改变，而改变会遇到阻力。阻力或是来源于利益冲突，或是来源于旧的观念和行为习惯，或是来源于不安全感等。在设计改进方案时就需要考虑到执行过程中可能遇到的障碍，并先行想好对策。

制订出一个可以配合方案实施的沟通计划，是改进方案顺利实施的重要策略。绩效改进活动会在政治环境下开展，因此，绩效改进人员必须用政治的头脑巧妙地进行沟通。将解决方案宣传推销给相关人员，以得到这些人的认可、承诺和支持，并保证自己能够与他人具体讨论。讨论的内容包括分析的结果、方案选择的流程和所需选择的解决方案的标准。为了取得他人的信任和充分理解，应该向相关人员提供具体的解释说明。这样做还可以提高利益相关者的认可程度和承诺水平。一般而言，领导者的支持、充分的宣传和沟通、严密的步骤是保证改进成功的重要因素。

通常，主管对计划的完成负有重要的责任。细而分之，有以下五点：

① 确定员工了解此项计划；

② 若环境变动，计划需改变时应与员工商洽，并将改变部分写在原计划上；

③ 到期前定期提醒员工，以使其能依计划进行并避免因遗忘而使计划失败；

④ 继续不断地促进计划完成，主管人员需经常提醒员工；

⑤ 若计划有部分未按进度达成，应予纠正。

员工在遇到妨碍计划完成的事情发生时，应立即让主管知道。当计划变得不切实际时，应予以修正。假设有任何事情发生使计划变得不可能或不实际，员工应了解，并提醒主管人员。

4）绩效改进结果评估

在改进方案实施后，并不意味着任务的完成。结果评估就是对改进结果进行评价，以确定其是否实现了减少绩效差距的目标。评估结果将反馈回组织观察和分析过程中，从而开始新的循环过程。Kirkpatrick 提出了结果评估的四个维度。

维度 1　反应：工作场所的各类成员对改进活动及活动对其影响的反应结果如何？客户和供应商等利益相关者的反应怎样？

维度 2　学习或能力：实施后，人们了解或掌握了哪些以前不会的知识或技能？

维度 3　转变：改进活动对工作方式是否产生了所希望的影响？工作中是否开始运用新的技能、工具或程序？

维度 4　结果：改进活动对绩效差距的影响是什么？差距的缩小与经营行为具有正向相关关系吗？

2. 制订个人发展改进计划

个人发展计划（Individual Development Plan，IDP），是指根据员工有待发展提高的方面所制订的，一定时期内完成的有关工作绩效和工作能力提高的系统计划。个人发展计划通常是在主管人员的帮助下，由员工自己来制订，并与主管人员讨论，达成一致意见的实施计订。主管人员应承诺提供员工实现计划所需的各种资源和帮助。

1）个人发展计划的内容

（1）选择改进的项目

在绩效面谈结束时，主管人员应该与员工达成关于绩效问题的共识，即明确目前的绩效水平和期望的绩效水平之间的差距或差异。许多时候，主管人员认为员工绩效存在问题，但是员工并不认为这是个问题。让员工认识到绩效问题的存在，并且让他们认识到其绩效问题对组织的影响，以及如果不改正错误对其个人将会产生的后果。

然后双方应先选择一项部属工作中的不足之处加以改进。应该注意的是，一个绩效改进计划应该仅仅针对一个项目进行改进。要想使工作绩效确实获得改善，一次针对一个改进项目的做法十分重要。如果同时进行多项改进，很可能部属会因为压力过大而一个都做不好。当一个绩效改进计划全部或部分完成时，另一项绩效改进计划应已制订好。如果绩效改进计划不是很复杂，主管和部属可以同时制订一个以上的计划。另外，改进项目的选择工作应由主管和部属合力来做，并应用下面四个标准。

① 主管的想法是最重要的吗？或许部属能够改进一个真正有问题的缺点，也许主管想改进的从另一个角度来看却是部属的优点。

② 部属认为应该从何处着手？该项选择或可激发部属改进的动机，因为部属通常不会选其根本不想改进的地方进行努力。

③ 哪一方面的改进能迅速见效？立竿见影的效果总使人较有成就感，也有助于部属继续其他方面的改进。

④ 以所花的时间、精力、金钱而言，哪一方面的改进最为合算？这是一项客观的决策，只根据事实与逻辑的观念考虑。

塞默·勒维提出的一种选择方法——由主管和部属联合决策——能促进彼此的信赖和了解，见表 4－2。

表 4－2　选择绩效改进项目的方法

绩　　效	不易改变	容易改变
急需改进	将其列入长期改进计划，协助员工给予酬劳奖励	最先做
较不急于改进	目前暂且不去操心	选做第二目标或选择其他更困难的改进项目

（2）发展这些项目的原因

选择某些项目入选到个人发展计划中一定是有原因的。这种原因通常是在这方面的水平比较低而工作又需要表现出较高的水平。管理者和员工一定要清楚这些项目进行改进的必要性。

（3）目前的水平和期望达到的水平

绩效的改进计划应该有明确清晰的目标，因此在制订个人发展计划时要指出需要提高的项目目前的表现水平是怎样的，期望达到的水平又是怎样的。

（4）确定发展这些项目的方式和责任人

将某种待发展的项目从目前水平提升到期望水平可能有多种方式，如培训、自我学习、他人帮助改进等。对一个项目进行发展可以采取一种方式，也可以采取多种方式。同时，还应当确定责任部门或责任人，以便更好地帮助员工并追踪其改进的效果。

（5）设定达到目标的期限

预期在多长时间内能够将有待发展的目标提升到期望水平，指出评估的期限。

2）制订个人发展计划的过程

通常来说，制订个人发展计划需要经历以下几个过程。

① 尽量收集关于这名员工的各项资料。如绩效表现评估与审核、目标、全方位的反馈意见、技能评估、营业收入或生产数字等数据及其他表现信息。并且了解员工个人的发展需求及组织对员工的需求，以便在绩效改进计划中体现这些需求。

② 员工与主管人员进行绩效评估的沟通。在主管人员的帮助下，员工认识到自己

在工作中哪些方面做得好，哪些方面做得不够好，认识到目前存在的差距。

③ 员工与主管人员共同就员工绩效方面存在的差距分析原因，找出员工在工作能力、方法或工作方面有待改进的方面。

④ 员工和主管人员根据未来工作目标的要求，选取员工目前存在的在工作能力、方法或工作习惯中最迫切需要改善的方面作为个人发展项目。

⑤ 双方共同制订改善这些工作能力、方法和习惯的具体行动方案，确定个人发展项目的期望水平、目标实现期限以及改善的方式。必要时确定过程中的检核计划，以便分步骤地达到目标。

⑥ 列出改善个人发展项目所需的资源，并指出哪些资源需要主管人员提供帮助。

4.2.4 绩效改进的方法

1. 系统绩效改进方法

1）六西格玛管理

六西格玛管理是企业追求卓越的一种先进的绩效改进工具。目前世界各国大企业如摩托罗拉和GE竞相推出六西格玛管理，在绩效改进和效益提高等方面取得了巨大的成功。

六西格玛是一项以数据为基础，追求完美的质量管理方法。西格玛是一个希腊字母，统计学用来表示标准偏差。几个西格玛是一种表示品质的统计尺度。任何一个工作程序或工艺过程都可用几个西格玛表示。六个西格玛可解释为每一百万个机会中有3.4个出错的机会，即合格率是99.999 66%。而三个西格玛的合格率只有93.32%。六个西格玛的管理方法重点是将所有的工作作为一种流程，集中在测量产品质量和改进流程管理两方面，推动流程改进和节约成本。六西格玛管理的基本思路是，以数据为基础通过数据揭示问题，并把揭示的问题引入统计概念中去，再利用统计方法提出解决问题的方案。其核心是建立输入变量和输出变量之间的数学模型，通过对输入变量的分析和优化，改善输出变量的特性。

例如，六西格玛管理在GE取得了巨大的成功。从1995年下半年开始，“六个西格玛”运动改造着GE人所做的一切。对于实施“六个西格玛”会取得的成绩，已没有人持怀疑态度了。1996年至2000年，GE从实施“六个西格玛”所产生的累计回报已达50多亿美元。GE对六个西格玛的创新之处在于其不仅像其他公司那样把六个西格玛理论用于生产领域，还把这一理论应用于商业领域，应用于公司所经营的一切业务，如债务记账、信用卡处理系统、卫星时间租赁、法律合同设计等，从而全面提高生产及服务水平。在GE，几乎每个员工都要做六个西格玛项目。在每个项目中，担任具体工作的员工是项目负责人。通过不断地做不同的项目，所有员工都养成了随时随地主动查找工作中的问题、随时改进工作流程而提高效率和质量的习惯。这是六个西格玛能成为最有效质量手段的原因，也是它在GE这个以反对官僚主义为文化的企业中备受重视和发扬光大的原因。GE借此运动基本消灭了公司每天在全球从事生产的每一个产品、每一道工序和每一笔交易的缺陷和不足。此外，与其他主要的质量管理体系相比，GE的六个西格玛质量体系突出强调客户满意度，它保证了客户至上的文化在GE的充分实现，使GE成为一个真正致力于帮助客户成功、从客户的成功中取得成功的公司。

2）标杆超越

可以把标杆管理定义为：以在某一项指标或某一方面实践上竞争力最强的企业（产业或国家）或行业中的领先企业或组织内某部门作为标杆，将本企业（产业或国家）的产品、服务管理措施或相关实践的实际状况与这些标杆进行定量化评价和比较，分析这些标杆企业（产业或国家）的竞争力之所以最强的原因，在此基础上制定、实施改进的策略和方法，并持续不断反复进行的一种管理方法。这种方法是由美国施乐公司于20世纪70年代末首创的。通过全面开展标杆超越活动，施乐公司的竞争地位得到了显著的恢复。此后，随着施乐公司职员Robert Camp所撰写的《标杆管理：寻找取得产业内最优成绩的最佳做法》的出版，标杆管理方法很快传播应用到美国的各个行业，美国企业开始广泛通过实地考察，和竞争对手建立合资企业，进行合作研究与开发等多种途径、多种方式展开对竞争对手工艺流程的研究和学习，并逐渐引起了其他国家大企业的重视。

标杆超越的实质是对组织的变革，是对因循守旧、抱残守缺、按部就班、不思进取等陋习的围剿，它必然伴随着企业原有“秩序”的改变。要在企业中导入标杆超越活动，企业的高层管理者必须是勇于变革的人。标杆超越活动是持续改进的有力武器，应当成为企业的一项常规性工作，而不应成为面临危机、走投无路时的救命稻草。企业在开展标杆超越活动时，通常是采用成立小组或团队的方式来进行的。小组一般由3～6人组成，他们应当是最熟悉改进领域的人。小组成员应当具备相应领域的专业知识以及把握问题、分析问题的能力和技能，应当具备较强的合作精神。

一般情况下，标杆管理可按以下顺序进行。

（1）确定标杆管理的主题

这个主题可以是企业最关心的问题或最关键的竞争力决定因素，如企业的成本、企业的供应链体系、企业的人力资源管理模式，一般来说，主题是在对自己的状况进行比较深入、细致研究的基础上确定的。对所选择的标杆管理主题进行标杆管理要能够带动或促进竞争力或工作效率的提高。

（2）确定标杆管理的对象和内容

这个对象应当是在同组织、同行业、同部门中业绩最佳、效率最高的少数有代表性的对象。标杆管理的内容应当是在标杆管理主题范围内决定标杆管理对象主要表现业绩的作业流程、管理实践或关键要素。通常，标杆管理的内容由相关问题专家和实际操作人士在事先召开的预备会议上确定。

（3）组成工作小组，确定工作计划

企业层次标杆管理的人员通常由决定竞争力因素的核心部门的能够识别专业流程优劣的人士组成。

（4）资料收集和调查

首先收集相关主题、相关调查对象和调查内容方面已有的研究报告、调查报告或相关信息，在研究这些已有资料的基础上，拟定实地调查提纲和调查问卷。在实地调查之前，要对调查问卷和实地调查方法事先在内部进行检验，确定调查问卷和方法的有效性。在实地调查过程中，需要重点关注形成差异的地方。

（5）分析比较，找出差距，确定最佳做法

在对调查所取得的资料进行分类、整理，并进行必要的进一步调查的基础上，进行调查对象之间以及调查数据与自己企业、产业（部门）之间的实际情况的比较研究，确定出各个调查对象所存在的差异，明确差距形成的原因和过程，并确定出最佳做法。

（6）明确改进方向，制订实施方案

在明确最佳做法的基础上，找出弥补自己和最佳实践之间差距的具体途径或改进机会，设计具体的实施方案，并进行实施方案的经济效益分析。实施方案要明确实施重点和难点，预测可能出现的困难和偏差，确定对实施情况的检查和考核标准。

（7）沟通与完善方案

利用各种途径，将拟订的方案、所要达到的目标前景同全体成员进行反复交流与沟通，征询意见，争取全体成员的理解和支持，并根据成员建议，修正和完善方案，以统一成员思想。

（8）实施与监督

将方案付诸实施，并将实施情况不断和最佳做法进行比较，监督偏差的出现并采取有效的校正措施，以努力达到最佳实践水平，努力超过标杆对象。

（9）总结经验

在完成了首次标杆管理活动之后，必须对实施效果进行合理的评判，并及时总结经验，对新的情况、新的发现进行进一步分析。

（10）再标杆

针对环境的新变化或新的管理需求，持续进行标杆管理活动，确保对“最佳实践”的“跟踪”。

虽然作为一种管理方法或技术，标杆管理可以有效地提升企业的竞争力，但是企业实施标杆管理的实践业已证明，仅仅依赖标杆管理未必就一定能够将竞争力的提高转化为竞争优势，有的企业甚至陷入了“标杆管理陷阱”之中。例如，普遍采用标杆管理会导致企业战略趋同。各个企业的产品、质量、服务甚至供应销售渠道大同小异，市场竞争趋向于完全竞争，造成在企业运作效率上升的同时，利润率却在下降。并且，单纯为赶超先进而继续推行标杆管理，会使企业陷入繁杂的“落后——标杆——又落后——再标杆”的“标杆管理陷阱”之中。

关于如何突破标杆管理的局限性，人们已经进行了许多研究。从企业竞争的角度，可以总结为：企业应该由“效率—成本”竞争模式转向“战略—价值”竞争模式。标杆管理局限性的突破方向不在于标杆管理自身的完善，而在于超越标杆，把价值创造作为企业的根本战略抉择，才能获得持久竞争优势。

3）ISO 质量认证体系

ISO 质量认证体系是一个产品（服务）符合性模式，是由国际标准化组织在总结过去质量检验和统计质量管理成果的基础上而制定的一系列质量保证模式。目的是为了在市场环境中保证公正，从而集中弥补质量体系缺点和消除产品（服务）的不符合性。ISO 系列标准自从颁布以来，为全世界 100 多个国家、地区、团体及无数企业所采用，成为许多国家的标准或行业标准。

建立质量认证体系的基本原则包括以下几点。

（1）以顾客为关注焦点

了解并掌握顾客的需求和期望，组织的目标与顾客的需求和期望相结合，测量顾客的满意程度并根据结果采取相应的活动措施，管理好与顾客的关系，兼顾顾客和其他相关方的利益。

（2）领导作用

领导者将本组织的宗旨、方向和内部环境统一起来，并创造使员工能够充分参与实现组织目标的环境。这就需要：考虑所有相关方的需求和期望；通过制定质量方针来清晰地描述组织未来的远景；制定可测量的、经过努力可以实现的、具有挑战性的并能使组织获益的质量目标；在组织的所有层次上建立价值共享和职业道德伦理观念；建立信任，消除顾虑；鼓励并激励员工，承认员工的贡献；为员工提供所需的资源、培训，并赋予其职责范围内的自主权。

（3）全员参与

各级人员是组织之本，只有其充分参与才能带来绩效的不断提升。这就需要：了解自身贡献的重要性及其在组织中的作用，即每个人清楚自己的职责、权限、工作内容、要求、程序，理解其活动的结果对下一步工作的贡献和影响；识别对其活动的约束，在每项工作中，了解每个人的活动将会遇到什么样的阻力和影响；接受所赋予的权力和职责并解决各种问题；每个人根据分解到本岗位的质量目标评价其业绩；自主寻找机会增强自己的能力、知识和经验；自由地分享知识和经验。

（4）过程方法

将相关的资源和活动作为过程进行管理，任何将所接收的输入转化为输出的活动都可以视为过程。这就需要：为了取得预期的结果，使用已建立的方法并确定关键的活动；明确管理这些关键活动的职责和权限；判断组织是否有能力得到所需的充分的数据、信息，评审人员是否具备相关的评估能力；识别组织职能内部和职能之间关键活动的接口；重点管理能改进组织关键活动的各种因素；评估风险及对顾客、供方和其他相关方产生的后果和影响；内部审核、管理评审活动可以用于评估过程的风险及其对所有相关方产生的后果和影响。

（5）过程的系统方法

针对设定的目标，识别、理解并管理一个由相互关联的过程所组成的体系，有助于提高组织的有效性和效率。这就需要：建立一个系统，并以最有效的方法实现组织的目标；了解系统过程之间的相互依存关系；确定体系内特定活动的目标及这些特定活动应如何运作；通过测量和评估来持续改进体系。

（6）持续改进

人们对过程结果的质量要求在不断提高，因此持续改进是组织的一个永恒的目标。主要措施包括：在整个组织之内使用某种一致的方法持续改进绩效；为员工提供有关持续改进的方法和手段的培训；确定目标以指导、测量、追踪持续改进；识别并通报持续改进的情况。

（7）基于事实的决策方法

对数据和信息的逻辑分析或直觉判断是有效决策的基础。应用这一原则须采取的措施有：确保数据和信息足够多并精确、可靠；让需要者能及时得到数据和信息；基于事实分析、权衡经验与直觉、作出决策并采取措施。

（8）与供方的互利关系

通过互利的供方关系，增强组织和供方创造价值的能力。组织需要开展以下活动：识别和选择关键供方；权衡短期利益和长期利益、权利与供方的关系；与关键的供方共享专门技术和资源；建立清晰和开放、通畅的沟通渠道；确定联合改进行动；与供方相互激励，并对改进结果达成共识。

2. 个人绩效改进的方法

1）运用强化

绩效的改进从本质上讲是促进一些符合期望的行为发生或增加出现的频率，或者减少或消除不期望出现的行为。这样就可以运用强化的方法进行绩效改进。

强化的方法最早由心理学家斯金纳等人提出来。这种方法所利用的是操作性条件反射的原理，即当人或动物作出某种行为之后获得了一个对他有利的结果时，这种行为以后就会重复出现；当作出某种行为后获得了一个不愉快的结果时，这种行为以后就会减弱或消除。

强化分为正强化和负强化，正强化是指给予一个愉快的刺激，促进某种行为的出现；负强化是指去除某种不愉快的刺激，促进某种行为的出现。例如，一个员工制作某种产品的正确率达到95%，给他一定的奖励，那么他会努力地保持良好的工作质量；如果一个员工由于与同小组中的另一个员工关系不合影响工作，那么另一个员工就成为一种不愉快的刺激，假如把这名员工调离到其他小组，这种不愉快的刺激就消除了，其工作质量就会得到提高。与强化相对应的是惩罚，惩罚是指去掉愉快的刺激或给予不愉快的刺激。例如，如果上班迟到就会被扣奖金。

管理者常常需要通过循序渐进的方式指导个体的学习、塑造个体的行为，这一过程被称为行为塑造（Shaping Behavior）。行为塑造通过循序渐进地强化每一个步骤，使个体逐渐趋近理想的反应。管理者在绩效改进过程中应适当运用这一方法。

2）OJT(On the Job Training)的运用

OJT是指培训员工时，除了派遣员工参加公司内外举行的训练课程外，通常会以在工作中训练的方式进行教导的方法。以下列出几种主管常用的OJT方法。

（1）教练法

受训人员在有经验的成员或管理阶层人员的指导下在实际工作中受训学习。此法对于较基层的作业人员来说，可能就是由训练人员示范、监督受训人、部属通过任务完成的过程，从历练中成长。但应在管理人员和部属之间建立起良好的沟通关系，使主管和属下对于其职责，都有正确且完整的意识。另外，工作代理也属于工作授权的一种方式，管理人员可依据部属的能力、意愿等派遣部属代理某种职位，并执行此职位的业务以获得具体的经验。

（2）工作轮换

一般而言，此方法常用于管理阶层人员。即受训人员被水平安排到其他不同部门，从中学习不同部门的作业方式及相关的知识、技能，以扩展其专业领域及历练。轮换的时间可以从几个月到几年不等。为了使轮换人员能够适应新工作，并有深入的了解和充分的发挥，训练人员应时常观察追踪其适应的情况，并给予适当指导。

（3）工作辅导

工作辅导即主管人员或训练人员对于受训人员达成其工作目标与原定工作目标间的差异情况，提供反馈并协助提升其工作效能的方法。这是在职训练中最常见的一种方法。

为了使工作辅导收到预期的效果，主管人员与员工应把握以下六点要求：

① 通常由主管人员带头来讨论；

② 列入经常性的工作；

③ 以工作为中心，与工作无关的辅导，成效都是间接的；

④ 积极的，有改进作用，着重于主管的叮咛、培训、教导；

⑤ 主管时常给予具体的忠告，告诉员工要做什么，要如何做；

⑥ 其目的在于改进员工的工作绩效，把员工视为个体，同时也视为团队的一员。

有效辅导通常可以采用以下途径来改进工作绩效。

① 每日辅导：每天有需要，即予以辅导。此方式可以促进主管人员和员工的合作关系。如果员工犯错误，主管人员需帮忙纠正；如果员工表现得很好，主管人员则要加以赞扬。

② 绩效改进辅导：日常辅导需随时观察员工在工作中的表现，而有关绩效改进的辅导则应是有计划的行动，主管人员与员工制订绩效改进计划，主管人员应定期查看工作进展的情况，并适时提供援助，在工作中辅导，促使员工完成计划。

(4) 特殊指派

即对于受训员工给予某项特殊的任务，但此任务是足以让员工从中获得所欠缺能力的，而训练人员需时时给予监督并予以反馈。使员工在历练过程中获得学习与成长。

(5) 责任强化

通过授权、责任代理、个案研究、专题报告研究、心得报告、工作分担、工作重组、工资标准化、自主管理与自我评估等方式，员工在实际的责任强化中，能够历练工作所需的能力。

(6) 示范

主管可以通过示范或给予员工观摩、实习机会，改善其工作知识和技能。

4.2.5　绩效改进的影响因素

1. 个人因素

1) 能力

能力，是影响绩效改进的最关键因素。当然，这种影响，既可能是正面的，也可能是负面的。但是，对工作中的“能力”的定义却是仁者见仁、智者见智，并没有形成统一的看法。本书认为，工作中“能力”的定义，主要指一个人与工作任务的匹配性。从这个定义，应该可以看出，“匹配”才是决定“能力”对工作绩效影响程度的主要因素。将合适的人放在合适的岗位上，让合适的人去做合适的工作，这是能力发展的关键。所以在员工绩效比较糟糕的情况下，应仔细探讨和思考该员工是否与其职位相匹配。绩效改进应该在人职尽量匹配的基础上进行。而一个反例是，在很多企业，有一些绩效表现很突出的员工，频频被放到许多不同的岗位上去锻炼。结果在新的岗位一旦绩效出现问题，马上就被否定。结果是，一些好素质、好潜能的人才在不断受挫后被扼杀了。这是对能力认识的一种悲哀，也不利于绩效的持续改进和竞争优势的形成。

在第二层理解上应认识到能力的组成部分，能力包含一般能力（智力）和特殊能力。绩效改进的过程也是员工不断获取新知识、新技能的过程。加强员工在智力及特殊能力方面的培养和改进，是提升个体绩效乃至组织绩效的一个重要方法。

2）性格

人们常讲：思想决定行动，行动决定习惯，习惯决定性格，性格决定命运。姑且不论这句话是否具有科学依据，但它能代表一定的社会现实已是不争的事实。性格是长期习惯所形成的一种稳定的心理特征，是个性心理特征的核心部分。所以企业要了解员工的性格，根据其性格的优缺点合理安排工作。根据团队性格的特点合理配备团队构成，根据性格特质选择良好的合作者，这些都会使得个体乃至组织绩效得到一个较好的发展，也会对绩效改进的效果产生重要的结果。

3）态度

在外界现实的作用下，通过认知和实践活动，人们会对现实产生各种观点和看法，构成态度系统，并决定着个体的行为表现，逐渐形成个体所特有的行为方式。个人的态度特征，包括对待他人和团体、学习和工作、物品以及自己诸方面的态度特征，并表现为相应的行为方式。例如，一个人对他人抱友好的态度，则表现出亲善的行为方式；一个人对工作持负责的态度，则表现出积极肯干的行为方式；主体对自己抱不自爱的态度，则往往对他人表现出不检点的行为，等等。所以，态度会影响绩效改进的程度。

4）动机

巴甫洛夫的条件反射证明行为的产生是需要诱因的。在组织中个体的工作动机究竟是什么？如果仅是物质条件那么反倒简单了，但情况并非如此。动机对人的行为的影响是非常巨大的，它激发、指引着人的行为和活动。一个人有没有进行某项活动的动机，或动机强度的不同，均会直接影响他从事该活动的动机。抢劫犯为了获得利益，不惜铤而走险，最终锒铛入狱；无数革命先烈为了革命事业，不惜舍生取义。所以有些人甚至认为个体绩效＝能力＋动机，可见动机在个体绩效改进方面的作用，特别是员工的成就动机，一般成就动机越高的人，绩效改进的动力就会越大，绩效改进的效果也就越好。

一个组织的动机实践就是要制定一个良好的激励体系，鼓励什么，倡导什么，就应该围绕所要鼓励和倡导的主题开展工作。在一个组织中重要的是了解每个个体的动机，尤其是工作的动机。现在不少企业都在制订员工的职业发展计划，其实就是要建立一个较为持久的动机支持体系。此时一定要分析员工不同的事业方向，按需激励才会起到较好的效果。

5）价值观

研究海尔就不能不去讲它的一些小故事，惠普公司创始人的小屋一直保留至今，国内一些保险公司会经常喊一些口号、唱一些歌曲，他们到底想干些什么？无外乎是要向员工渗透企业的价值观。因为他们清楚，如果员工不能与企业的价值观相容，甚至不能认同企业的价值观，那么工作上的冲突、观念上的冲击将是十分激烈的，而这种冲突和冲击会产生巨大的组织抗力及破坏力。

价值观是人们对客观事物在满足主观需要方面的有用性、重要性、有效性的总体评价和总体看法，这是人们的一种观念和信念，是世界观的组成部分。价值观是指导人们行为的准则。每个人均会有自己的价值取向，大体上有理论型、经济型、艺术型、社会型、政治型、宗教型，有怎样的价值观就会指导思维产生怎样的行为。价值观是会随着时间及环境的改变而发生变化的，所以调整员工价值观的取向对整个组织绩效的改进是十分有益的。因为对目标的共同认同会调动个体的积极性。价值观的培养就是一个同化的过程，使每个在组织中的个人都有组织的烙印。美国人崇尚的价值观就成了他们个人乃至组织成功的一个很重要的因素之一。下面列举的是美国人所崇尚的价值观：能力与成就的认可、个人选择和自由、工作投入、工作自豪感、生活方式和质量、财务保障、自我表现和发展、健康和幸福等。

6）压力

压力是个体对某一没有足够能力应对的重要情景的情绪与生活反应。每个生活在现实社会的个体都面对着方方面面的压力。

工作与生活不是孤立的，工作与生活的相互融合性与影响力都是十分明显的。不能十分严格地界定生活中不需要考虑工作，也不能明确界定工作中不需要考虑生活。既然如此，作为一个好的管理者应该了解员工所面临的各种压力，积极主动地去发现并思考一些压力对工作绩效的影响，并有针对性地拿出解决压力带来的不良影响的方法，压力源很多，了解它们十分有必要，例如，生活压力源包括配偶死亡、离婚、夫妻分居、拘禁、家庭成员死亡、外伤、结婚、解雇、复婚等；工作压力源包括工作压力过重、工作条件、角色冲突与模糊、人际关系、组织变革、攻击行为、工作与家庭冲突、价值观差异等。

有个心理学专家讲过，目前这个社会上有一半人是存在心理问题的。所以不解决压力对工作甚至身体的破坏力，对个体和组织绩效的改进都是十分不利的。

2. 环境因素

① 组织本身：如组织活力不足、派职错误、组织的过分松散、控制幅度太宽、不适当的组织标准或准则。

② 工作环境和工作本身：同事间的消极影响、无效的管理方式、不适当的管理标准或准则，工作本身的问题以及工作场所布置不当都会对员工的绩效产生影响。

③ 工作条件和主观环境：让员工满意是管理工作的一部分，所以，考虑员工面临的工作条件和工作环境也是体现为员工服务的一种理念。这种理念体现在以下几点：能否有足够公平的报酬；能否有安全健康的环境；能否激发员工的潜力；能否使员工得到成长和保障；能否确保工作机会均等，没有偏见、歧视；能否有足够的法律保护；能否提供工作和生活适当平衡的体系等。

④ 社会和社会价值：法令约束力的运用、厉行法令外的社会价值、工作要求与文化价值间的冲突等。

总之，在考虑如何改进个体绩效和组织绩效时，虽然能力相当重要，但不能唯学历论、唯能力论，也应充分考虑员工的性格、动机、价值观、态度、压力、工作条件、工作环境等诸多因素。关心员工的一切，也许对于管理者而言仅仅改变了其中的一小部分，但却可以发现收获了许多新的成果。这是以人为本理念的体现。但这并不是说可以忽视人之外的因素，因为通常来说，一个人的动机、性格、价值观等潜在素质相对于某些外在的环境和条件来说是比较难以改变的，因此，在关心员工、尊重员工的基础上，可以通过改变一些环境因素来支持员工获得更高的绩效。这是通过系统来解决问题的一种思路。

小结

绩效反馈是绩效评估的延续，其主要方式是绩效面谈。所谓绩效面谈，是指主管和部属之间针对绩效考核结果共同所作的审视和讨论。通过绩效面谈员工能够得到工作情况反馈，能够为员工指明努力的方向，激发员工对工作精益求精，从而能够持续提高企业的整体绩效。

要想绩效面谈取得预期的效果，需要进行充分的准备如材料准备和心理准备，并遵循基本的面谈程序，但在面谈过程中应根据情况适时调整面谈策略以使面谈更顺利有效地进行下去。另外面谈的各种技巧也应该灵活加以运用并尽量避免面谈中常见的失误。

绩效改进是这样一个过程：首先，要分析员工的绩效考核结果，找出员工绩效和组织绩效中存在的问题；其次，要针对存在的问题制订合理的解决方案，并确保其能够有效地实施，如标杆超越、六西格玛管理、个性化的培训等。

绩效改进可能根据组织的不同情况，改进的范围有所不同。一般的中小企业因为没有足够的财力和精力去实施整个组织层面的改进，而通常只做个人层面的绩效改进，通过个人的绩效改进来支持整个组织绩效目标的实现。而那些有实力的大企业如跨国公司，就经常致力于整个组织的系统层面的绩效改进。因为系统的改进对一个组织会产生更加深刻而广泛的影响，也有利于组织文化的形成和维持，通过不断的基于系统的绩效改进，将会给组织的生命力不断注入新的活力，并且作为一个系统来运作的时候，将会为组织带来不可思议的力量，这是作为大企业的一个重要竞争优势。

因此，在两个不同层面的绩效改进过程中，绩效计划的制订也有所不同，所采取的方式也不一样。在企业实际活动过程中，应根据实际情况加以灵活运用，而不应也不必局限于一种方式。组织管理是一个博弈和投机的过程。重在利益配置的均衡和对时机的把握。绩效反馈是组织制定决策的重要基础，是连接组织和个人的一个桥梁，通过绩效反馈以及其后的绩效改进，组织和个人才可能实现真正的进步，而这正是一个企业的核心竞争力的真正来源。

思考题

1. 绩效反馈在组织活动和绩效管理流程中的意义是什么？
2. 你认为绩效面谈准备中哪些因素最为关键？为什么？
3. 系统绩效改进的关键流程节点有哪些？
4. 绩效改进方法的共同点和不同点在什么地方？

本章案例

一组对比鲜明的绩效反馈面谈案例

失败篇

（差五分钟下班，客服经理王明正收拾整理一天的文件，准备下班后去幼儿园接孩子，吴总走了进来。）

吴总：王明，你现在不忙吧？考核结果你也知道了，我想就这件事与你谈一谈。

王明：吴总，我下班后还有点事……

吴总：没关系，我今晚上也有个应酬，咱们抓点儿紧。

王明（无奈地）：那我就来。

（总经理办公室，办公桌上文件堆积如山。王明心神不宁地在吴总对面坐下）

吴总：王明，绩效考核结果你也看到了……

（电话铃响，吴总拿起了电话：喂，谁？啊，李总呀，几点开始？好，一定！……）

吴总（通话用了五分钟。放下电话，笑容满面的脸重新变得严肃起来）：刚才我们谈到哪里了？

王明：谈到我的绩效考核结果。

吴总：喔，你上一年的工作嘛，总的来说还过得去，有些成绩还是可以肯定的。不过成绩只能说明过去，我就不多说了。我们今天主要来谈谈不足。王明，这可要引起你的充分重视呀，尽管你也完成了全年指标，但你在与同事共处、沟通和保持客源方面还有些欠缺，以后得改进呀。

王明：您说的“与同事共处、沟通和保持客源方面还有些欠缺”具体指什么？（电话铃再次响起，吴总接起电话，“啊，李总呀，改成六点了？好好，没事，就这样。”吴总放下电话）

吴总：王明，员工应该为领导分忧，可你非但不如此，还给我添了不少麻烦！

王明：我今年的工作指标都已经完成了，可考核结果……

吴总：考核结果怎么了？王明，别看我们公司人多，谁平时工作怎样，为人处事如何，我心里可是如明镜似的。

王明（委屈地）：我觉得您可能对我有些误会，是不是因为在上次销售报告会议上我的提议与李部长发生冲突，弄得很不愉快……

吴总：你不要乱琢磨。你看看陈刚，人家是怎么处理同事关系的。

王明（心想：怨不得他的各项考核结果都比我好）：吴总，陈刚是个老好人，自然人缘好；但我是个业务型的人，比较踏实肯干，喜欢独立承担责任，自然会得罪一些人……

吴总：好了，李总又该催我了，今天就这样吧。年轻人，要多学习，多悟！

王明（依然一头雾水）：……

吴总自顾自陪客人吃饭去了，留下王明一个人愣在那里。

成功篇

吴总：小王，这两天我想就你近来的绩效考核结果和你聊一聊，你什么时候比较方便？

王明：吴总，我星期一、二、三准备接待公司的一批重要客户，星期四以后事不多，您定吧。

吴总：我星期五也没有其他重要安排，那就星期五？上午九点怎样？

王明：没问题。

星期五之前，吴总认真准备了面谈可能用到的资料，他从侧面向王明的同事了解了王明的个性，并对面谈中可能会遇到的情况作了思考。在这期间，王明也对自己一年的工作情况对照考核结果进行了反思，并草拟了一份工作总结和未来发展计划。

（星期五上午九点，公司小会议室，宽敞明亮，吴总顺手关上了房门，在会议桌头上坐下，王明侧坐在吴总右侧）

吴总：小王，今天我们打算用大约一个到一个半小时的时间对你在过去半年中的工作情况做一个回顾。在开始之前，我想还是先请你谈一谈你认为我们做绩效考核的目的是什么？

王明：我觉得绩效考核有利于对优秀的员工进行奖励，特别是在年底作为发放奖金的依据。不知我说的对不对，吴总？

吴总：你的理解与我们做绩效考核的真正目的有些偏差，这可能主要是由于我们给大家解释得不够清楚。事实上，我们实行绩效考核，最终是希望在绩效考核后，能通过绩效面谈，将员工的绩效表现——优点和差距反馈给员工，使员工了解在过去一年中工作上的得与失，以明确下一步改进的方向；也提供一个沟通的机会，使领导了解部属工作的实际情况或困难，以确定可以提供哪些帮助。

王明（不好意思地）：吴总，看来我理解得有些狭隘了。

吴总（宽容地笑笑）：我们现在不又取得一致了吗？我们现在逐项讨论一下。你先做一下自我评价，看看我们的看法是否一致。

王明：去年我的主要工作是领导客户服务团队为客户提供服务，但是效果不是很令人满意。我们制定了一系列的标准（双手把文件递给吴总），但满意客户的数量增幅仅为55%，距离我们80%的计划相去甚远。这一项我给自己“合格”。

吴总：事实上我觉得你们的这项举措是很值得鼓励的。虽然结果不是很理想，我想可能是由于你们没有征询客户建议的缘故，但想法和方向都没有问题。我们可以逐步完善，这项我给你“优良”。

王明：谢谢吴总鼓励，我们一定努力。

吴总：下一个。

王明：在为领导和相关人员提供数据方面，我觉得做得还是不错的。我们从未提供不正确的数据，别的部门想得到的数据我们都会送到。这一项我给自己“优秀”。

吴总：你们提供数据的准确性较高，这一点是值得肯定的。但我觉得还有一些有待改善的地方，比如，你们的信息有时滞后。我认为还达不到“优秀”的等级，可以给“优良”。你认为呢？……我想总的给你的评价应该是B+，你觉得呢？

王明：谢谢，我一定会更加努力的。

吴总：下面我们来讨论你今后需要继续保持和需要改进的地方，对此你有什么看法？

王明：我觉得我最大的优点是比较富有创造性，注重对下属的人性化管理，喜欢并用心培养新人。最大的缺点是不太注重向上级及时汇报工作，缺乏有效的沟通。我今后的发展方向是做一个优秀的客服经理，培养一个坚强有力的团队，为公司创造更好的业绩。

吴总：我觉得你还有一个长处，就是懂得如何有效授权，知人善任；但有待改进的是你在授权后缺乏有力和有效的控制。我相信，你是一个有领导潜力的年轻人，今后一定会成为公司的中坚力量。

王明：好的，谢谢吴总。

参考文献

[1] 佛尼斯. 绩效！绩效！[M]. 丁惠民，游雯，译. 北京：中国财政经济出版社，2004.

[2] 付亚和，许玉林. 绩效管理 [M]. 上海：复旦大学出版社，2003.

[3] 顾琴轩. 绩效管理 [M]. 上海：上海交通大学出版社，2006.

[4] 华茂通咨询. 现代企业人力资源解决方案：绩效管理与实施 [M]. 北京：中国物资出版社，2003.

[5] 李德伟. 人力资源绩效考核与薪酬激励 [M]. 北京：科学技术出版社，2006.

[6] 时光，刘冰. 新绩效管理 [M]. 郑州：河南人民出版社，2007.

[7] 罗斯韦尔，霍恩，金. 员工绩效改进 [M]. 杨静，肖映，译. 北京：北京大学出版社，2007.

[8] 武欣. 绩效管理实务手册 [M]. 北京：机械工业出版社，2005.

[9] 赵国军，张和平，陶旭. 企业绩效管理中八大难题 [M]. 北京：机械工业出版社，2006.

[10] 郑瀛川. 绩效评估兵法：企业主管绩效评估万用手册 [M]. 厦门：厦门大学出版社，2006.

[11] 陈强，张丽平. 绩效沟通中的反馈技巧 [J]. 商场现代化，2006 (4)：41-42.

[12] 王永丽，时勘. 文化价值取向与自我调节点对反馈效果的调节作用 [J]. 心理学报，2004，36 (6)：738-743.

第5章

绩效考核结果的运用

在实施绩效考核的过程中，人们逐渐认识到，绩效考核实施成功与否，很关键的一点在于绩效考核的结果如何应用；很多绩效考核实施得不成功，其主要原因也在于没有有效合理地运用绩效考核的结果。

在传统意义上，进行绩效考核最主要的目的是帮助企业作出一些薪酬方面的决策，例如，奖金的分配和工资的晋升等。而在现在看来，绩效考核的结果有多种用途，薪酬调整只是其中之一，除了与薪酬联系外，绩效考核还应该和制订企业培训方案、进行人事决策等相联系。只有公平合理地运用绩效考核的结果，才能充分地调动员工积极性，最终使绩效得以提升。如图 5－1 所示。

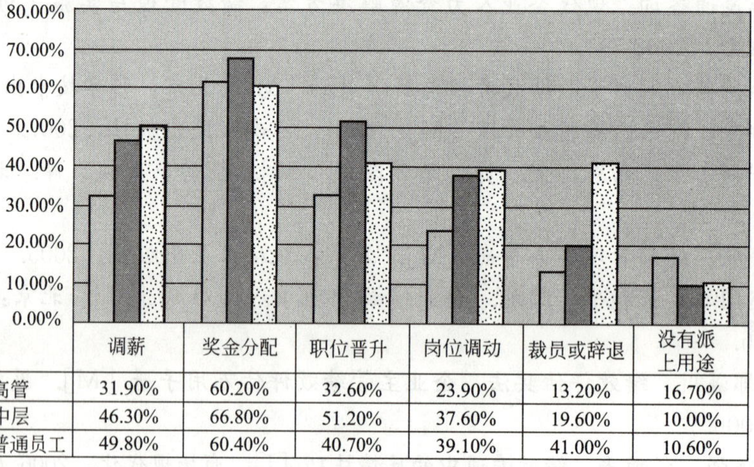

	调薪	奖金分配	职位晋升	岗位调动	裁员或辞退	没有派上用途
高管	31.90%	60.20%	32.60%	23.90%	13.20%	16.70%
中层	46.30%	66.80%	51.20%	37.60%	19.60%	10.00%
普通员工	49.80%	60.40%	40.70%	39.10%	41.00%	10.60%

图 5－1　绩效考核结果的运用渠道

资料来源：中国人力资源开发网 http://www.ChinaHRD.net.

本章将从培训、薪酬、人事决策等人力资源管理中重要的子系统入手，剖析它们与绩效考核的关系，探索更加有效地运用绩效考核结果的渠道。

5.1　绩效与培训

绩效考核的主要目的在于了解目前人们的绩效状况，进而找出其中的优势和不足，改进和提高绩效。因此，培训成为绩效考核之后的重要工作。

企业为了赢得市场竞争，纷纷开展各种员工培训工作，期望能提高员工的素质，从而为增强企业未来竞争实力进行人才储备。但在培训中，企业普遍面临着同样的问题：

员工的学习热情不够高，导致培训的效果不理想，企业花费了大量的人力、物力，却没有收到应有的效益。其实，解决这个矛盾的秘诀在于加强绩效与培训的联系，如果企业能够把绩效考核结果与员工培训活动相联系，促进员工加强提高自我素质的意识，那么培训将更加行之有效。

5.1.1 制订个人发展计划

企业根据员工的绩效现状，对能够在本职岗位上有效工作的员工进行进一步开发，对不能达到应有水平的员工，企业则需帮助他寻求有效的改善途径。企业通过对绩效考核结果的分析，可以发现员工与企业要求的差距，从而及时组织相关的培训、教育活动。通过绩效考核，员工可以知道自己哪些地方做得好，哪些地方做得不好，那些做得不够好的地方就是今后培训和发展的空间所在，有责任的企业将依据绩效考核的结果，协助员工量身制订相应的个人发展计划。

1. 个人发展计划的内容

个人发展计划，是指根据员工有待发展提高的方面所制订的一定时期内完成的有关工作绩效和工作能力改进与提高的系统性计划。

个人发展计划通常是在部门主管人员的帮助下，由员工自己制订的，这一过程通常需要员工与主管人员深入讨论，并达成一致意见。主管人员应尽可能提供员工实现计划所需要的各种资源和帮助。个人发展计划通常包括如图 5－2 所示的内容。

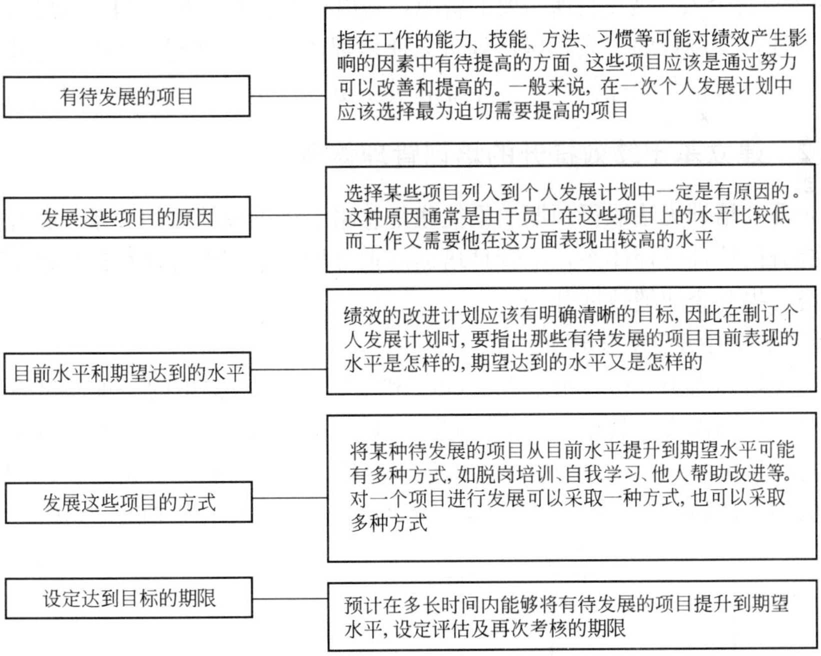

图 5－2 个人发展计划内容

个人发展计划的内容是因人而异的。因此，充分调动员工的自觉性和主动性将成为制订完善发展计划以及不断提高绩效的前提条件之一。这里所说的自觉性和主动性是建立在员工本人对自身职业规划基础上的，而不是盲目的、凭空杜撰的。为了使培训内容更有针对性，从而更好地激发员工不断进行自我提升的意识，不少企业除了为员工规定了“必修课”以外，还提供了可供员工根据自己需要任意选择的“选修课”。例如，著名的IBM公司在自己的员工培训体系中设立了“技能开发系统（Skill Development System)”，通过这个系统，员工可以在网上评估自己的技能，根据评估结果在线选择培训课程，同时员工还可以根据自身情况控制学习进度、随时测评学习效果以及在线和专家沟通交流。

2. 制订个人发展计划的过程

通常来说，制订个人发展计划需要经历以下过程。

① 员工与主管人员针对绩效考核结果进行沟通。在主管人员的帮助下，员工可以认识到自己在工作当中哪些方面做得好，哪些方面做得不够好，认识到目前存在的差距。

② 员工和主管人员共同分析员工绩效存在差距的原因，找出员工在工作能力、方法或工作习惯上有待改善的方面。

③ 员工和主管人员依据未来的工作要求，选取员工目前存在的在工作能力、方法或工作习惯中最迫切需要改善的方面作为个人发展目标。

④ 双方共同制订改善这些工作能力、方法和习惯的具体行动方案，确定个人发展项目的期望水平、目标实现期限以及改善方式。必要时确定过程中的监督、检查、审核计划，以便分步骤达到目标。

⑤ 列出改善个人发展项目所需要的资源，指出其中需要主管人员提供帮助的部分。

遵照上述过程制订的个人发展计划可以使培训体系的脉络更加清晰，适应员工发展的需要，并且具有很强的操作性，使企业和员工更容易达到提高绩效的最终目的。

5.1.2 建立基于绩效提升的培训管理体系

很多企业的培训无法取得预期效果往往是忽略了培训和绩效的关系。企业需要建立基于绩效提升的培训管理体系，不管是培训需求分析、培训内容执行还是培训效果评估都紧紧围绕着提升企业绩效展开。

1. 基于绩效的培训需求分析

企业员工培训需求分析评价是Mcgehee和Thayer等人提出的一种通过系统评价确定培训目标、培训内容及其相互关系的方法（1961）。培训需求评价方法系统化理论指出，培训需求评价应从三个方面着手，即组织分析、任务分析和人员分析，构建了最为广泛流行的循环评估模型（I. L. Goldstein，《组织中的培训》，1974）。如图5-3所示。

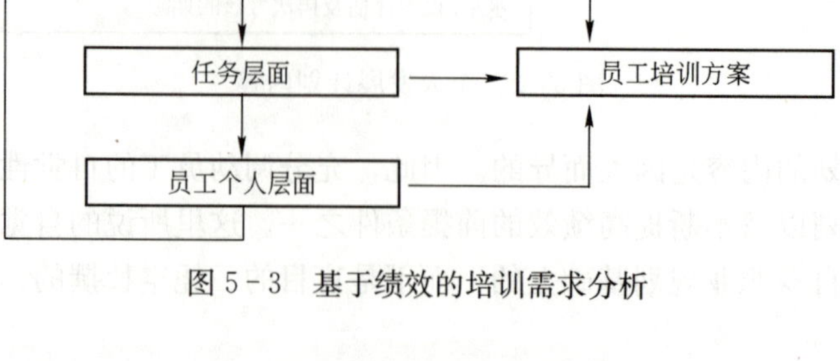

图5-3 基于绩效的培训需求分析

在分析企业培训的具体需求时，首先发掘出企业为实现任务目标而必须要实现的理想岗位绩效，然后构建绩效模型——企业为实现当前和未来战略目标所表现出来的绩效行为的总和。在此基础上，分析员工行为与绩效模型的差距，再根据差距分析确认培训需求。最后对从事不同岗位的员工的差异性能力进行评估，从而得出员工的培训需求。如图 5－4 所示。

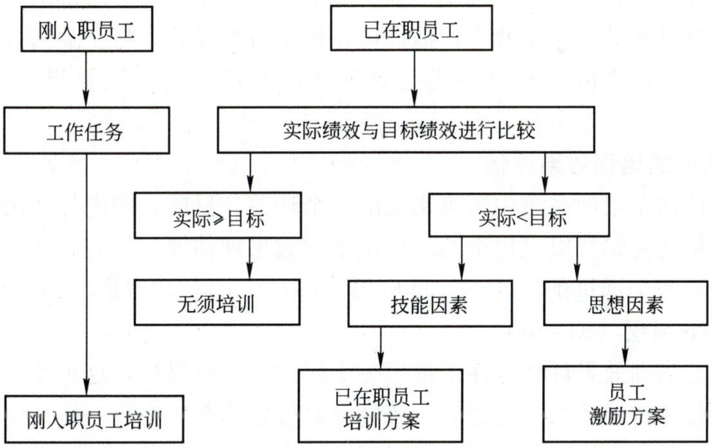

图 5－4　培训需求分析

1）绩效与组织分析

组织分析指的是系统地检查组织中的各个成分，确定组织范围内的培训需求，以保证培训计划能够切实提高企业绩效、符合组织的整体目标与战略要求。

2）绩效与任务分析

任务分析要确定培训的内容，即员工达到理想的工作绩效所必须掌握的技术和能力。这一层面的分析要以现有的绩效考核结果为依据，系统地收集反映工作特性的数据，并以这些数据为依据，制定每个岗位的工作标准。同时还要明确员工有效的工作行为所需要的知识、技能等。

3）绩效与个人分析

个人分析是将员工目前的实际工作绩效与企业员工绩效标准进行比较，或者将员工现有的技能水平与预期未来对员工技能的要求进行比照，发现两者是否存在差距，从而确定培训内容。

循环评估模型的优势在于全面分析培训需求的各个环节——从组织整体到员工个人，有效避免遗漏。它提供了循环方案，使培训需求分析成为定期进行的工作，使培训工作成为企业的一项长期性制度。

2. 基于绩效的培训方案内容及执行

按照培训师隶属关系的不同，可将培训分为内部培训和培训外包。国内许多企业往往倾向于实行培训外包，而忽略了内部培训资源力量的发挥。

内部培训是指企业以自身力量对新招募员工或原有员工通过各种方式、手段使其在知识、技能、态度等诸方面有所改进，达到预期标准的过程。由于存在不同的培训对象和不同的培训内容，企业一般应采取多种培训方式和方法，以求取得好的成效。因此，内部培训是培训体系中最重要的组成部分，是培训的基石和不可再生力量，在企业中起着非常重要的作用。

在内部培训中，培训师是一个核心角色，发挥着至关重要的作用。虽然有的外包项目的培训师在培训前做了大量的调查工作，但培训内容从根本上还是一种笼统的说教，培训效果差强人意，因为外部培训师虽然有良好的培训技能，但在业务知识和培训内容取舍方面，其针对性、适用性则明显不如内部培训师。内部培训师所做的培训内容都具有十分显著的个性化特点，他们可以根据自身经验，将企业精神融入课程，讲解知识，传授技能，为员工解答各类疑难问题，可以为企业绩效提升度身定做培训方案。

3. 基于绩效的培训效果评估

培训效果评估是培训系统中最难实现的一个环节。目前，国内外运用的最为广泛的培训评估方法是柯克帕特里克提出的四层次培训效果评估模型。它以评估的深度和难度将培训效果分为四个递进的层次——反应层（Reaction）、学习层（Learning）、行为层（Behavior）和效果层（Result）。

基于绩效的培训效果评估专注于最后一个层次——效果层，这也是培训效果评估的关键所在。绩效评价法要求企业建立系统的绩效考核体系，在这一体系中，要有员工在培训前的绩效记录，在培训结束后一段时间内对参加培训的员工再次进行考核，对照以往的绩效记录，企业就可以看出培训的效果。企业有了这个评估结果就可以进一步优化培训体系，没能提升绩效的员工将被要求继续培训，当然，无法提升绩效的培训课程也将被终止。

绩效考核既可以为培训需求分析提供依据，又可作为检验培训效果的手段。当培训和绩效提升紧紧交融后，企业不再为培训而困惑，而是坚信企业绩效是可以通过培训得以提升的。

当然，脱岗培训并不是提高员工绩效和发展员工能力的唯一方法，除了培训之外，还可通过许多方法发展员工的能力，而且其中大部分方法并不需要公司进行额外的金钱方面的投入。如给员工观察别人工作方法的机会、阅读相关资料自学、工作轮换等，这里不再一一赘述。

5.2 绩效与薪酬

薪酬是指用人单位以货币形式支付给员工的劳动报酬，但是随着社会发展，薪酬已不仅仅是工资的代名词，二者有着本质上的区别，简单地说，工资是人力资源作为劳动而享受的回报，而薪酬是人力资源作为资本享受的回报，薪酬是一种最重要的、最易使用的激励制度方法，它是企业对员工为企业所做的贡献（包括他们实现的绩效，付出的努力、时间、学识、技能、经验和创造）所付给的相应的回报。在员工心目中，薪酬不仅仅是自己的劳动所得，在一定程度上也代表着员工自身的价值，代表企业对员工工作的认同，甚至还代表着员工个人的能力和发展前景。

将绩效考核结果用于分配和调整薪酬是绩效评估结果的一种非常普遍的用途，绩效薪酬就是这种用途的产物，它是经营策略的职能之一，能够激励员工更好地工作。

5.2.1 绩效薪酬概述

1. 绩效薪酬的基本内容

一般来说，绩效是指单位体在一个既定的时间内对组织的贡献，这个单位体可以是个人或者是团体；薪酬是指员工在组织中投入劳动的报酬，也即组织必须付出的人力资本。它是“雇员作为雇佣关系的一部分所得到的财务方面的回报和自我尊重的需要”，尤其在一个越来越复杂和物质化的社会里，薪酬作为地位的标志越来越突出。

所谓绩效薪酬，是指将员工的财务回报与其成功的工作绩效联系，以工作绩效作为员工报酬的基础。员工工作绩效的含义与范畴包括了两种：个人绩效与团队绩效。于是也就产生了个人绩效薪酬与集体绩效薪酬两种模式。

将工作绩效与财务回报直接挂钩，即以绩效定薪酬这一点，可以从期望理论中获得解释。期望理论可以表达为如下公式：工作动力＝期望（努力→高绩效）×激励（高报酬→满足），它认为一种行为倾向的强度取决于个体对某种行为带来的结果的期望强度以及该结果对行为者的吸引。当员工认为努力工作能获得好的绩效评价结果，而好的绩效评价结果又能带来满足需要的回报时，他就会倾向于多付出努力。

于是，企业需要这样一种绩效薪酬模式，其评价绩效的内容指标与薪酬点累积要素高度一致，即以绩效定薪酬。

2. 绩效薪酬的基本模式

在上文介绍到，员工绩效有个人绩效与团队绩效之分，相应的绩效薪酬也有个人绩效薪酬与集体绩效薪酬两种模式。

个人绩效薪酬即根据个体绩效水平给予劳动回报，它强调奖励个人的工作绩效，给予差别化的薪酬。其典型形式主要有计划奖励、业绩提薪和奖金计划等。在实际中，这种基于个人绩效基础的薪酬制度能有效地促进员工的积极性、创造性和主动性。因此，被国内外许多企业采用。

集体绩效薪酬作为支持团队合作方式的激励模式，严格地讲，是指不以员工个人绩效为基础而实施旨在影响员工报酬的绩效薪酬方式，在实施中，企业一般根据团队层次或者整个企业层次来实施集体绩效薪酬模式。

3. 绩效薪酬对企业的意义和影响

绩效薪酬在一定程度上充当了劳动契约的约束机制，它有明确的导向性，可以有效激励员工，节约企业运营成本，有助于企业吸引和留住成就导向型的员工。

虽然个人绩效薪酬制度有以上优点，但在实践中带来的问题和弊端也很多：引入绩效薪酬有损团队精神，导致员工间合作水平低，易引发不良竞争；此外，绩效薪酬制度鼓励员工只注重短期效益，长期执行则会凸显激励作用的有限性。

5.2.2 个人绩效薪酬模式与集体绩效薪酬模式

1. 个人绩效薪酬模式

1）个人绩效薪酬模式的优点

个人绩效薪酬模式可以在适当条件下起到良好的激励效果。所谓适当条件，应当符合以下要求：一方面是整个社会宏观环境较为稳定；另一方面是指企业内部工作任务独立性强，易于独立完成；工作结构性强，易于分解和测量；工作结果的可测性强，易于量化处理。在这样的情况下，员工的个人努力与工作绩效能达到紧密联系，使员工能明显知觉到，通过他们自身适当的行为确实能为其带来令人满意的工作结果，从而对员工工作产生极大的激励作用。

个人绩效薪酬模式有利于倡导并养成一种注重绩效的企业文化，又能对优秀人才形成一股极大的吸引力，从而有利于公司吸引和留住优秀人才。

员工通过自己的劳动，创造出可量化的工作成绩，获得有价值的奖励。这样，使员工感觉到企业对自己劳动的尊重，产生“劳者得，不劳者不得”的公平感和成就感。

2）个人绩效薪酬模式在实践中体现出来的问题和弊端

虽然个人绩效薪酬制度日益普遍，各类企业跃跃欲试，大有星火燎原之势，但也要看到，个人绩效薪酬制存在许多不足，带来了许多问题。个人绩效薪酬制度有一个前提，那就是假设个人绩效可以脱离他所工作的集体而进行单独评估，然而我们知道事实并不是这样。它没有关注合作的极端重要性，有损于企业一直倡导的团队精神，鼓励员工注重短期效益。

其次，个人绩效薪酬模式十分强调个人绩效与薪酬的紧密联系，但是在实际操作中，个人绩效的绝对量化几乎是不可能的。由于绩效评价的指标不可能全部量化，指标设计不可能完全与企业实际吻合，有时评价标准相当模糊，带有很大的主观色彩。因此，使得员工有机会通过政治技巧及逢迎的个性去换取薪酬，而不是用工作绩效去赢得薪酬。即使指标体系设计得再完美，由于存在这种可能性，使得表面上的绩效考核的公平性在操作中大打折扣，从而产生令人遗憾的结果。

2. 集体绩效薪酬模式

集体绩效薪酬模式作为支持团队合作方式的激励模式，是指不以员工个人绩效为基础而实施、旨在影响员工报酬的绩效薪酬方式。在实践中，企业一般根据团队层次或者整个企业层次来实施集体绩效薪酬模式。

1）集体绩效薪酬模式的实践意义

以个人绩效定薪酬，在实践中体现出团队精神的挑战和本身实施的狭隘性，而以团队为基础的绩效薪酬模式以其自身的优点和长处，成为对个人绩效模式的补充。

① 在集体绩效薪酬下，个人绩效与奖励有赖于团队和整个企业的成功，所以员工更倾向于相互交换想法，共享资源，以帮助他人与团队的成功，从而满足自我的需求，这样促进团队合作的企业文化就形成了。

② 一个设计良好的集体绩效薪酬方案会因为企业整体生产率的提高而奖励员工，从而实现个人绩效与组织目标的密切联系。

③ 实施集体绩效薪酬计划的企业中，因为个体收益与组织收益是紧密联系且高度一致的，所以员工在尽可能创造合作绩效的时候，也创造了良好的个人绩效，最终实现个人与团队双赢的和谐局面。

2）集体绩效薪酬模式在实践中面临的挑战

① 对于员工知识、技能和工作团队绩效进行测评时，明确标准是一件很棘手的事情，不管这个团队是生产或是服务类的，考核标准要根据本企业的实际情况才能制定出来，而这又恰恰是一件难以实现的事情。

② 集体绩效薪酬模式仅仅是从边缘上强调了努力—绩效—奖励的联系。这样，有可能因为市场经济环境不佳，或者是，虽然员工创造了很高的绩效，但是由于合作绩效不理想而导致员工的个人奖励不理想。一旦发生这种情况，员工就不能清晰地知觉到努力—绩效—奖励的联系，导致利润分享计划的无效性。

5.2.3 薪酬管理体系

薪酬管理体系，由薪酬目标、薪酬政策、实现薪酬目标和薪酬政策的薪酬技术三个部分组成。在薪酬体系中，薪酬目标是设计薪酬制度的核心，是变革薪酬制度的出发点和着眼点，亦可说是薪酬制度的灵魂；薪酬政策为薪酬体系之本，体现了企业薪酬体系的价值观，并直接影响和决定着员工行为；薪酬技术则是达到薪酬理想彼岸的途径、策略和方法。

1. 薪酬目标

薪酬目标是设计薪酬制度的核心，是变革薪酬制度的出发点和着眼点，设计和管理薪酬制度就是为了达到一定的薪酬目标，图 5－5 右边列出了一般情况下薪酬制度的基本目标：支持战略、公平和合法。

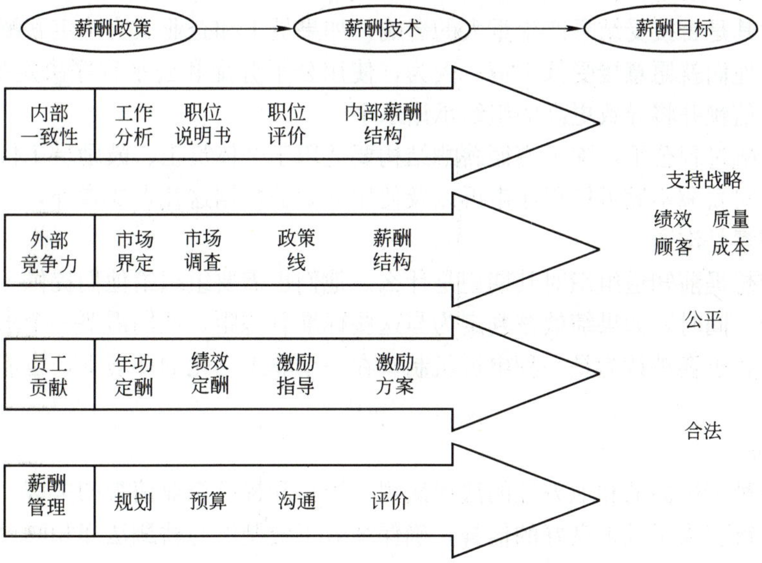

图 5－5 绩效管理体系

资料来源：康士勇．薪酬管理体系：薪酬目标、薪酬战略和薪酬技术 [J]．北京市计划劳动管理干部学院学报，2006（1）．

1）支持战略

将支持战略的目标进一步细化，可分为：

支持战略	承担不同职能和任务目标的员工的薪酬水平是否支持公司的战略目标； 该计划还应该与人力资源战略和目标正确配合； 在原来工资的基础上，目标工资的增幅多大才有意义
促进员工行为与组织目标相符	员工越是清楚地了解他们的工作与组织目标之间的关系，薪酬结构越是能使员工的行为与组织目标相一致

续表

绩效工资	设计绩效工资制度的关键在于绩效标准。在具体操作中，需要考虑以下要素：绩效目标、衡量尺度、适用性以及工资计发标准
确保质量	保证产品和服务的质量，这是实现公司战略、取悦客户的基础
取悦客户	客户是市场，只有对客户高度负责，客户满意，企业、员工的生存空间才会越来越大
控制成本	控制成本有两个方面的意义：一是在保证质量的前提下，控制住了成本，就控制住了价格，就能取得产品价格的竞争优势；二是降低成本，就能提高企业的经济效益，进而就能为提高员工收入水平、技术改造和扩大生产规模提供资金保证

2）公平

公平是薪酬制度的基础。

分配的公平感来源于两个方面的分配关系。一是企业和员工之间的分配关系，即劳动和资本的关系。这一关系表现为员工实际获得的报酬数量与按相关标准进行衡量的产出之间的关系，如人工费比率、劳动分配率等，在销售额、增加值一定时，人工费比率或劳动分配率决定了增加值中的资本要素报酬总额和劳动要素报酬总额。二是员工之间的分配关系，即在劳动要素报酬总额一定时，劳动要素报酬总额在劳动者之间的分配。

分配结果的公平，在很大程度上取决于分配决策程序的公平，员工对过程公平的认可程度将对其是否接受结果产生重大的影响，如果员工和企业认为确定薪酬结果的方式是公平的，他们就愿意接受低工资。因为，使用公平分配和公平程序决定报酬的组织，被认为更可信赖并将导致更高的组织承诺水平。

力求薪酬过程公平，除了遵循薪酬结构要适用于全体员工、鼓励员工代表参与薪酬制定过程、对薪酬不满可按程序申诉以及使用准确的数据这几点要素外，另一个确保公平的关键因素是沟通。

员工们想提前知道组织对其期望是什么。他们也需要组织给他们提供一个达到这些期望的机会。同时，如果绩效被判定为与这些标准有差距，他们需要一个求助机制。在工会条件下，工会被认为是一种申诉机制。在一个非工会化的环境下，也需要建立类似的机构。

3）合法

遵守各种全国性的和地方性的法律法规是维持和提高企业信誉的关键，也是吸引优秀人才的关键。为了维护良好的信誉，确保绩效工资制度与薪酬法律相吻合是必要的。

2. 薪酬政策

薪酬政策为薪酬体系之本，体现了企业薪酬体系的价值观，并直接影响和决定着员工行为。每个企业都必须致力于研究图 5－5 左边所包括的战略性薪酬政策：内部一致性、外部竞争力、员工贡献、薪酬管理。

1）内部一致性

内部一致性通常被称作内部公平，它强调在同一组织内不同类型的工作的相对报酬与工作本身的价值相匹配，也就是同一组织内部同事所得的薪酬相互比较时具有的公平性，即要对所有员工公平，按照统一的尺度来衡量每一位员工的岗位在组织中的相对价值，而不管他们的身份如何；要有利于使员工行为与组织目标相符。

内部一致性决定着企业内部的薪酬结构。薪酬结构，是指在同一组织内不同职位或不同技能薪酬水平的排序形式。它强调薪酬等级的多少，不同等级薪酬之间级差的大小，以及决定薪酬级差的标准，包括薪酬等级、薪酬级差及薪酬结构确定的标准（或依据）三个要素。

内部一致性既是影响薪酬水平的决定性因素，也影响着其他三个薪酬决策目标：

① 决定着员工的去留；

② 决定着员工是否愿意额外地进行培训投资以使自己更具有适应性；

③ 决定着员工是否会承担更大的责任。

2）外部竞争力

外部竞争力，是指雇主如何参照市场竞争对手的薪酬水平给自己的薪酬水平定位。它强调的是薪酬支付与外部组织的薪酬之间的关系。与其他竞争对手相比，它具有市场相对性。

在实际运作中，薪酬的竞争力是通过选择高于、低于或与竞争对手相同的薪酬水平来实现的。在组织内，不同职位平均薪酬的排列就是该组织的薪酬水平。

影响外部竞争力的因素可归纳为以下几个方面：

① 劳动力市场上寻求具有技能和能力的员工的压力；

② 产品市场或服务市场的竞争对企业财务状况的影响；

③ 对组织或劳动力的特殊需要。

这些因素共同影响薪酬水平的决策。

3）员工贡献

员工贡献是指企业对员工业绩的重视。对绩效和（或）工龄的重视程度是一项重要的薪酬决策，因为它直接影响着员工的工作态度和工作行为。清楚地制定了绩效工资政策的企业，在制定薪酬制度时会更为注重绩效工资和激励工资。

员工的绩效取决于以下三个因素：

① 完成任务的技能和能力；

② 对于本岗位工作实践、规则、原理和程序的知识；

③ 完成任务的意愿。

4）薪酬管理

薪酬政策，是薪酬模式的最后一块基石。企业必须设计一整套包括内部一致性、外部竞争力、员工贡献在内的薪酬制度，但如果管理不善，则不可能达到预定目标。管理者必须把各种形式（如基本工资、短期和长期激励工资）规划在该制度之内，做好与员工的沟通，还要对该制度能否达到目标作出准确判断。

3. 薪酬技术

薪酬技术则是达到薪酬理想彼岸的途径、策略和方法。图 5-5 中间的部分给出了薪酬技术。薪酬技术把四种基本战略和三个薪酬目标联系起来，具体表现在以下几个方面。

1）保证内部一致性的技术

贯彻内部一致性政策的技术和程序是：从工作分析开始，把有关某人和（或）某职位的信息收集起来编制岗位说明书；从企业战略、完成企业短期目标的需要出发，制定覆盖所有岗位和任职员工的《岗位评价标准体系》；按照岗位评价标准体系所定的价值尺度，实施岗位评价，形成企业内部的薪酬等级结构。

2）保证对外竞争力的技术

对外竞争力的薪酬水平，是通过参照同行的薪酬水平，给类似职位确定薪酬而建立起来的。确定薪酬水平要经过薪酬调查，而薪酬调查要经历以下三个步骤。

① 界定一个企业相互竞争的劳动力市场。

② 组织薪酬调查，弄清其他企业与本企业薪酬等级相应的职位支付多少薪酬。

③ 利用以上信息和企业的决策确定一个薪酬框架，即薪酬政策线，最终建立起企业的薪酬结构。

3）衡量员工贡献的技术

对员工贡献重视的基础是根据绩效和（或）工龄加薪、激励方案、股票期权和其他以业绩为基础的工资形式。根据绩效支付薪酬，除了影响管理成本外，还能影响员工的态度和行为，尤其是影响有能力的员工加入该企业并留下来努力工作的意向。

4）薪酬管理技术

薪酬管理技术主要有：薪酬预算、人工成本控制、薪酬沟通、薪酬诊断与再造等。

① 薪酬预算。即薪资预算，包括加薪计划、工资总额计划、平均工资计划。

② 人工成本控制。人工成本控制，即控制平均人工成本、人工费比率、劳动分配率、人工成本占总成本的比重。企业人工成本的理想状况是：平均人工成本高于同行业水平，而人工费比率、劳动分配率、人工成本占总成本的比重都低于同行业水平。

③ 薪酬沟通。强调薪酬政策的确定和调整，必须要有员工参与；要为员工理解和支持。

④ 薪酬诊断与再造。定期进行员工满意度调查；定期对现行薪酬制度进行评价和调整；如发生组织机构调整和进行重大战略调整，应对现行薪酬制度进行再造。

5.3 绩效与人事决策

人事决策主要指员工的流动，包括新员工入职、人员流出（辞退）、晋升、下调、平行调动和保留等，有时也可能是在工作岗位不发生变化的前提下，对岗位职责进行调整。

5.3.1 绩效与招聘

员工招聘，是指组织根据人力资源管理规划和工作分析的要求，从组织内部和外部吸收人力资源的过程。员工招聘包括员工招募、甄选和聘用等内容。

员工招聘在人力资源管理工作中具有重要的意义。招聘工作直接关系到企业人力资源的形成，有效的招聘工作不仅可以提高员工素质、改善人员结构，也可以为组织注入新的管理思想，为组织增添新的活力，甚至可能给企业带来技术、管理上的重大革新。

由此可见，员工招聘是人力资源管理的基础性工作，有效的招聘工作能为以后的培训、考核、工资福利等管理活动提供前提保障。将绩效考核的结果运用于企业人员招聘，有利于提高招聘效率。

1. 绩效考核可以为人员需求分析提供依据

绩效考核可以有效地预测招聘人员的素质能力。企业通过绩效考核，可以发现现有员工的绩效与组织期望绩效之间的差距，从而结合员工的素质能力分析，确定企业需要招聘人员的素质能力要求。

通过对招聘岗位员工绩效考核结果的分析，可以提出满足该岗位绩效要求应具备的素质能力和绩效行为特征，进而提炼出该岗位的任职资格要求，作为员工招聘标准。例如，通过分析企业中优秀销售人员的特征发现，他们主要表现为吃苦、有耐心等特征，那么在招聘销售员时，可以将其作为必备素质，从而提高招聘的信度和效度。

2. 绩效考核可以检验招聘效果

绩效考核的结果可以用来检验招聘与甄选的有效性。如果聘用人员的实际绩效考核结果确实很好，就可以说明甄选是有效的；反之，要么是甄选不够有效，要么是绩效考核方法有问题。例如，用人部门对招聘工作以及新员工工作状况是否满意、新员工的工作满意度等都是评估招聘工作的参考因素。

同时，将新员工实际绩效考核结果与其招聘时的评价结果进行比较，可以检验招聘甄选方法的有效性。要提高绩效考核在人员招聘中的作用，企业必须收集完整的绩效考核记录，并对其进行深入分析。

5.3.2 绩效与其他人事决策

绩效考核在企业人事决策中的应用主要考虑两个因素：胜任力、工作绩效。胜任力指员工素质能力与认知岗位所要求素质能力的匹配程度。可以借助人才开发矩阵具体分析出根据员工的工作绩效进行人事调整的方法。

从图 5－6 中可以很直观地看出，人才开发矩阵根据员工的胜任力和工作绩效情况将员工分为七个不同的区域，企业可以根据不同区域表现出的绩效特征，对员工进行相应的人事变动。

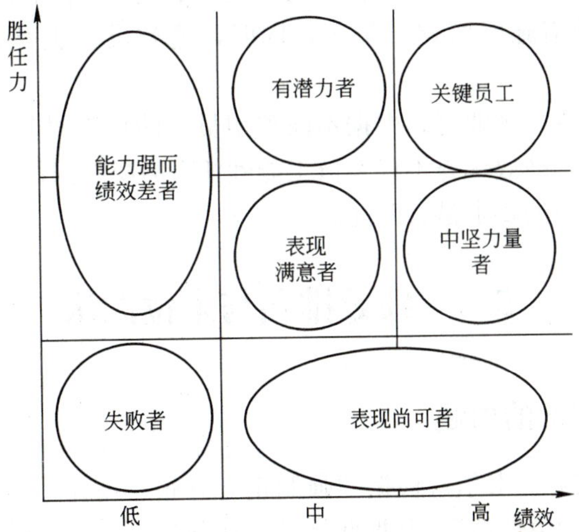

图 5－6　人才开发矩阵

资料来源：武欣. 绩效管理实务手册 [M]. 北京：机械工业出版社，2005：207.

1. 失败者

这类员工胜任力和工作绩效都很低，虽然提升的空间很大，但试图提升这类员工的绩效，将会使企业付出极大的成本。因此，企业可以将这类失败的员工淘汰掉。

2. 能力强而绩效差者

这类员工，其胜任力尚可，但工作绩效并不理想。在企业中如果遇到这类员工，首先应分析其绩效不高的原因，并进行相应的调整。一般要先进行相关的工作方法和工作态度上的指导，若绩效仍无改变，可以进行岗位调动，若绩效仍无提升，则可以考虑予以辞退。

3. 表现尚可者

这类员工工作能力不强，但绩效比较理想，对该部分员工应不断引导其胜任力的提升，最好保留在原工作岗位，力求通过不断积累经验而提升胜任力，避免其向失败者行列流动。

4. 表现满意者

这类员工能力和绩效比较匹配，是人员与岗位匹配的理想状态。企业应当尽量维持这类员工的现有工作状态，鼓励并帮助他们挖掘潜力、提升绩效，争取向中坚力量者、有潜力者和关键员工三种类型过渡。

5. 中坚力量者

这类员工工作能力尚可，工作绩效优秀，是企业发展的中坚力量。企业可将这类员工作为其所在岗位的绩效标杆，增加他们对其他员工的工作指导责任，通过中坚力量者的帮助使其他员工共同提升绩效。

6. 有潜力者

这类员工能力较强，工作绩效也有提升的可能，企业应鼓励其提升岗位绩效，引导其向更高层次发展。

7. 关键员工

这类员工处于能力和工作绩效都很高的区域，是企业的核心员工，企业应该制定具体而有针对性的激励措施保留这类员工，同时，这类员工也是向上一级晋升的储备人才。

通过人才开发矩阵，企业可以根据不同类型员工的特点对其进行相应的人事调整，但有一点应引起注意，绩效优秀不代表员工能胜任更高层次岗位的工作，关键要看员工的工作胜任力与新岗位的要求是否匹配。

5.4 绩效排名与末位淘汰

5.4.1 末位淘汰的内涵

GE 前任 CEO 杰克·韦尔奇根据“强制正态分布”规律，结合自身多年的管理实践，绘制了著名的“活力曲线”，并据此将员工划分为三类：最好的 20%，他们是创造奇迹的人，失去一些这样的人就要被看作是领导的失误；中间的 70%，是 GE 的主体，也是管理和培训的重点；末尾的 10%，是公司必须清除的对象。

在某种意义上，末位淘汰似乎比较残酷，但杰克·韦尔奇认为：让一个人待在一个他不能成长和进步的环境里是真正的“假慈悲”。如果企业内部没有竞争淘汰，企业整体将会被市场淘汰，这是必然归路。

对于企业来讲，可以通过末位淘汰制度，有效地将在市场上遭受到的巨大压力传递到每一个员工身上去，还可以末位淘汰制度为核心，将企业的主要工作（尤其是人力资源开发与管理的各项工作）都带动和激发起来，使企业的管理水平全面提升，从而大大提高员工素质和企业的竞争力。

5.4.2 末位淘汰制的优点

末位淘汰制之所以在全球企业界被普遍使用，并被视为有效法宝，主要是因为它把外部的竞争引进到企业内部，使组织处于一种激活的状态，从而提高员工的积极性和企业的竞争力，更好地促进企业发展。

在企业中建立严格的员工竞争机制，实行末位淘汰制，能给员工以压力，能在员工之间产生竞争气氛，有利于调动员工积极性，使公司更富有朝气和活力，同时有利于组织精简，从而更好地促进企业成长。末位淘汰制在一定条件和环境下是有其积极作用的。

1. 激励员工，提高效率

在任何工作中，激励必不可少。没有竞争、没有激励的企业是缺乏生机、缺乏希望的企业。而末位淘汰制是一种强势管理，旨在给予员工一定的压力，激发其积极性，把被淘汰的压力在一定程度上演变成员工工作的动力，从而使整个企业处于一种积极上进的状态，克服了人浮于事的弊端，进而提高工作效率。

2. 精简机构，有效分流

通过末位淘汰制，对不同绩效级别的员工实施淘汰，这样既兼顾了公平，又实现了机构的缩减，“净化”和“精化”员工队伍，留下相对优秀的员工。可见，在企业人员过多的情况下，实施末位淘汰是分流员工、缩减组织的最有效、最直接的办法。

3. 提升素质，推动发展

企业对员工的管理大致分为三个阶段。第一阶段，人力成本阶段。企业认为员工是成本，缺乏对员工的尊重和信任。第二阶段，人力资源阶段。企业逐渐认识到员工“自觉干”和“被动干”所产生的效果是不一样的，开始重视培训，重视提高员工的能力。第三阶段，人力资本阶段。企业认识到要把人当作资产，实现资产增值。这时员工的革新能力和创造能力是最重要的。现在许多企业正处于第一阶段向第二阶段过渡的时期，所以，实施末位淘汰制适应企业员工管理的现状，能够推动企业向前发展。

4. 明晰差距，提升文化

通过末位淘汰制度可以使员工明白自己在组织中所处的地位和差距，更清晰地了解组织对自己的期望并主动加以改进。而且末位淘汰制的实施是不受职位高低、资历长短影响的，每次评比都是对员工的一次公平感的加强，有利于树立持续学习、公平公正的企业文化。

5.4.3 推行末位淘汰可能产生的问题

在看到一项制度的优越性时也应看到它的不足之处，只有这样才能更全面地看待它和合理地应用它。末位淘汰法有不少优点，在管理实践中推行末位淘汰法也往往出现下面的问题。

1. 末位淘汰制有违法的可能性

企业和员工共同签订的劳动合同是双方的法律行为，一旦订立就对当事人双方产生约束力。在合同期限未满前，任何一方单方解除合同，都必须有法定的理由，否则就视为违法。而在末位淘汰制中，企业与员工解除合同的理由仅仅是员工的工作表现属于末尾，而法律规定，只有绩效不合格的员工才能被淘汰，因此，末位淘汰制的法律依据是不足的，企业可能因此承担相应的法律责任。可见，对于企业来讲，使用末位淘汰制有违法的可能性。

2. 淘汰标准的制定与考核难度的矛盾

企业实行末位淘汰制是以其工作绩效为标准的。而一个人工作绩效的高低既受到技能和激励的内因影响，又受到环境和机会的外因影响，具有多因性、多维性和动态性的特点。这就要求管理者对下级进行绩效考核时，应做到全面、发展、多角度和权变，避免主观、片面和僵化，而这一点很难做到。许多无形因素，如客观环境、人际关系、家庭成员和社会影响等，或被强化或被忽略，容易造成被淘汰者的不公平感。

3. 对员工的不利影响

① 对员工易造成不良的心理影响。末位淘汰制使被考核的员工，对自己的工作状况和成绩处于一种不确定状态。因为无论工作努力程度如何，都有可能成为企业内同岗位的最后一名而被淘汰。

② 造成员工之间关系紧张，引起员工的不满，不利于团队建设。因为外界不可抗力的原因，使能力平平者排在前面，这就有失公平，引起员工之间关系紧张。

4. 对企业的不利影响

① 加大了员工的离职率，使企业丧失优秀的员工。不管员工多么努力工作，仍有可能因是企业内同岗位的最后一名而被淘汰，从而加大了员工的职业风险。在这种情况下，只要稍有时机，员工就会跳槽而去。公司淘汰的员工虽是公司内能力最差的，但却有可能是同行业内的佼佼者，招来的新人的水平与原有员工的能力相同或较低，而且公司还要对其进行工作环境适应性培训，无形中增加了成本。

② 增加企业员工的流动成本。该成本至少包括以下几项：选择和聘用新员工的费用；为使新员工适应本单位的工作，需要支付一定的培训费用；新员工尚未适应期间，对企业的工作会造成一定的损失；为了使被辞退的员工满意而去，企业也需要花费一定的费用。

③ 末位淘汰制不符合现代人本管理的思想。

现代管理崇尚“人本管理”。人本管理以尊重人性、挖掘人的内在潜能为宗旨，努力创造一种宽松、信任的外在环境充分发挥人的主动性、责任感、创新性，人本思想注重长远效应，而非短期效应。末位淘汰制下，员工外在的环境是紧张的，在这种环境下，员工的心理压力很大，每日惶惶不安，同事关系也很紧张，团队精神差，这种环境下的员工工作生活没有安全感；而且末位淘汰制一般是注重短期效应的，并不在乎人的长远发展和潜力发挥。可见，末位淘汰制是不符合现代人本管理思想的。

由此可以看出，末位淘汰制既有积极的一面，又有消极的一面，它和其他任何制度一样都是具有两面性的，虽然它可以给员工压力，迫使其努力工作，但却易引起不良短期行为。

5.4.4 末位淘汰制的适用范围

关于末位淘汰的争论见表 5-1。

表 5-1 末位淘汰的争论

批评者	反批评者
可能形成人人自危的感觉，使所有员工在工作中都没有了安全感	“大锅饭”才有安全感。要想跟上时代就得永远战战兢兢，如履薄冰
如果某类岗位中现有职工的工作表现和业绩整体突出或整体较差，那么极有可能出现一些优秀人员被淘汰或一些不合格人员却被继续留用的情况	事物发展总是不平衡的，市场经济的规律就是资源总是流向需求最大的领域，允许或鼓励员工进行横向流动，这个问题不就解决了吗？这样也有利于培养企业所需要的通才
不能避免对本类岗位亲近人员的考核中存在去优挑劣的倾向	这不是末位淘汰产生的问题，而是这个单位的管理人员素质太差
这样做很不公平，甚至很不人道，企业不断地将那些竞争能力较弱的人淘汰出去，难道企业应该成为一个战场吗	我们并不认为人类社会应该处处充满竞争，但人类要不断进步，就至少需要一个行业永远有竞争，这个行业就是企业；人的生活目标和能力是有很大差别的，通过竞争淘汰使人们发现自己，并找到最适合自己的工作，这才是最大的人道
在创业时期为企业做出了巨大贡献的老员工，难道也要末位淘汰吗	对！末位淘汰没有例外。但是，对已经失去竞争力或不愿再奋力拼搏的创业者，应该像联想那样对他们作出合情合理的福利安排

在末位淘汰制的实施过程中，经常能听到类似争论，结合上文中阐述的末位淘汰制的优点与不足，我们不禁要思考末位淘汰制的适用范围。

1. 适用于建立完善有效的绩效管理体系的企业

由于末位淘汰制直接以绩效考核的结果为衡量标准，因此末位淘汰制适用与否与绩效评估方法的公正、合理密切相关，对企业绩效管理水平的要求也较高。创业之初的企业，管理上比较混乱，有的甚至连有关人力资源的规章制度都不健全，更谈不上建立严格的员工竞争机制了。

2. 适用于处于竞争性市场的企业

如果面临的市场环境本身就是优胜劣汰机制，员工就容易适应竞争压力。而垄断性市场可能给员工带来“成功与否取决于运气”的心理感受，从而使得末位淘汰制的实行毫无意义。

3. 较适用于具备某些特征的工作和岗位

结合企业的行业特征、组织规模、员工队伍特征、员工工作压力、工作特性等因素，末位淘汰制的适用范围见表 5-2。

表 5-2 末位淘汰的适用范围

	适用末位淘汰制	慎用末位淘汰制
组织规模	大	小
业内人才竞争	不激烈	激烈
员工队伍特征	年纪偏大，不善于学习	年轻、文化素质较高
员工的工作压力	比较小	比较大

例如，现在有些公交部门的“末位下岗机制”。公交车组工作属于劳动密集型工作，且市场提供的劳动力较为丰富，因此比较适合使用末位淘汰制。一般IT业的公司就不适宜采用末位淘汰制，IT业属于人才短缺行业，且工作的智能含量较高，被末位淘汰制淘汰的员工可能带走自己的经验、知识，在其他地方发挥更大的作用。从事科研创造性工作的人员面对末位淘汰制造成的压力，易引发精神紧张，从而影响科研工作效率。对这类知识型员工，不能采用末位淘汰制的激励方法。

5.4.5 实施末位淘汰必须注意的几点事项

为能够充分利用末位淘汰制带来的益处，又能避免其对公司产生的潜在负面影响，可以通过注意以下问题使末位淘汰制更适用。

① 淘汰并不是主张简单地将员工淘汰到社会上去，而是要采取内部下岗（拿基本工资去参加培训学习，以提高竞争能力），或是通过开辟新的就业领域，给那些从竞争程度比较激烈的岗位上被淘汰下来的员工提供新的就业机会。这种做法可以使每个员工都能不断地进行自我提升，从而使企业的人才形成良性循环，不断进行自我更新，使企业真正成为学习型组织。

② 实行竞争上岗和末位淘汰，必须是法治，而不是人治。为了真正体现公开、公平、公正，必须制定尽可能详尽的操作细则。使招聘、测评、职位分析、职位评价、绩效考核、薪酬福利、晋升、培训、流动等都尽可能地实现公开、公平、公正、量化、科学。

③ 企业实行竞争上岗和末位淘汰，这是一场观念和体制的深刻变革，为了保证改革稳妥、成功，企业必须进行企业文化的提高或重建，必须全面开展人力资源开发与管理的各项工作。

④ 每年排名，隔年进行一次末位淘汰。每年进行一次末位淘汰制，给新进员工的打击比较明显。如果隔一两年进行一次，且新进员工在一年内可不参与排名，则对新进员工能够起到一定的保护作用，不至于出现“淘汰新进员工——招新员工——淘汰新进员工”的恶性循环。

5.4.6 末位淘汰在中国

当越来越多的国内企业热衷于“学习GE好榜样”的时候，人们发现在我国特殊的文化背景与企业管理水平之下，实施效果很不理想，甚至出现了一些考核成绩不真实、优秀员工流失的现象。

究其原因主要有以下几点。

首先，末位淘汰制与中国文化背景难以相适应。众所周知，中国传统文化倡导和谐，认为“家和万事兴”、“人以和为贵”。这种文化对现代的中国企业和员工有着根深蒂固的影响。实行末位淘汰制必然导致残酷的竞争和紧张的同事关系，这就与中国传统文化相背离，因此很难将末位淘汰落到实处。

其次，末位淘汰制的引入缺乏先期企业文化与之匹配。由于末位淘汰引入中国的时间并不是很长，很多企业尚未建立适合末位淘汰制度的企业文化，就匆忙上马，忽视了很多前期工作。特别是缺乏与员工的沟通致使很多员工不能接受，造成优秀人才的流失。最典型的失败案例是北京“现代城”实行的“末位淘汰制”。制度推行之初，业务员们“奋勇争先”，创造了“现代城”良好的销售业绩，但戏剧性的失败却紧随其后，由于销售员普遍感受到巨大的心理压力，最终，六位销售副总监中的四人率领其部下数十人以“集体跳槽”的方式提出了他们的抗议。

最后，缺乏科学的绩效评价标准和依据是末位淘汰制难以推行的关键。由于我国很多企业对员工的考核是“人评人”，而不是“制度评人”，结果排在末尾的往往不是绩效最差的而是人缘最差的，考核成绩优异的则是那些绩效并不出众的“老好人”。

因此，我国企业引入末位淘汰制前要思考本企业是否适合这一制度，在正式实施前，还要积极与员工沟通，消除员工的思想顾虑，完善考核及激励制度，力求使诚信公平、公开坦诚逐步内化为企业内涵，从而使末位淘汰制顺利实施。

5.5 员工解聘

5.5.1 无法回避的员工解聘

无论培训和激励多么有效，总有一些人因为缺乏能力或缺乏动机而导致绩效较差，最终不能留在自己原来的团队中，这就必然导致一些员工遭到解聘。

然而，许多管理者由于种种原因力图避免这种情况，想着要么让员工留下来，要么将员工调到别的部门，似乎这样就可以解决问题了。

虽然采取这种回避的方式不会给管理者带来内疚感，但是对其他员工而言，这样做无异于告诉他们差的绩效在组织中也没事，不会被解雇。绩效好的员工会因此而士气低落，因为他们看到自己与“游手好闲者”所得到的待遇是相同的，久而久之，企业绩效就可想而知了。另外，“赡养”不合格员工这个问题如果长期存在，一旦组织后来采取解雇措施，员工可能会问“为什么现在解雇我”，这很可能引起一个歧视诉讼。

总之，在激烈的市场竞争中，企业必然会面临劳动力过剩、成本压力、组织涣散、组织官僚主义严重等问题，选择辞退员工的方法可以为组织带来积极成果。但员工解聘同时又是一把双刃剑，如果不掌握一定的原则和技巧、遵循科学的流程，则可能会给企业带来负面效应，严重的会使企业面临违反劳动合同的法律风险。在本节后面的内容中，将对员工解聘做以详尽的讲解。

5.5.2 员工解聘的积极意义

1. 解聘不合格员工可以增强组织团队精神

组织的团队精神取决于组织成员目标和组织目标的一致性。当组织中部分成员将自己的利益看得高于组织利益并且以后者作为代价来保护前者时，组织将其清除出去是必要的。

2. 解聘不合格员工能够提高员工工作动力

当组织内部出现严重的劳动力富余或组织被严重的官僚主义气氛所笼罩时，辞退员工对于组织重构特别是员工工作动力重塑是非常必要的。

3. 解聘不合格员工能够鼓励组织的民主气氛

组织的民主气氛是组织充分调动员工积极性、发挥员工潜力的最好方式，也是组织文化建设的重要组成部分。如果采取合适的方式方法辞退员工，如员工大会决议等，组织的民主气氛就会显得非常活跃。反之则会阻碍组织民主气氛的形成和发展。

4. 解聘不合格员工可以推动组织变革创新

所谓创新，包括引入一种新的产品、提供一种产品的新质量、采用一种新技术或新的生产方法、开辟一个新市场、获得一种原料或半成品的新的供给来源、实行一种新的组织形式。解聘不合格的企业员工在一定程度上有利于推动组织创新。

5.5.3 解聘给企业带来的负面影响及对策

1. 负面影响

在市场经济条件下，解聘员工是一种正常现象。不解聘员工的企业，不一定就是好企业，解聘员工的企业，也不一定就是不好的企业，关键是如何做好解聘这项工作，如何避免因解聘员工所造成的负面影响。近年因解聘员工而引发的劳动纠纷逐年上升，有的走上了法庭。对员工来讲，没有人愿意打官司，因为打官司需要付出大量的时间、金钱和精力，还会给当事人造成一定程度的烦恼和心理伤害。对企业来讲，被自己的员工起诉不是光彩的事情，会给企业带来有形和无形的负面影响和损失，给企业形象造成严重损害。解聘员工可能会给企业带来以下负面影响：

① 处理不当或媒体的夸大报道容易使外界对企业的解聘行为造成误解；

② 解聘方法使用不当会影响在职员工的情绪；

③ 解聘会引起被解聘者产生不满、对立、仇恨心理，可能发生删除资料、泄露企业秘密等问题，给企业带来难以预料的损失。

2. 减少或规避负面影响

① 依据《劳动合同法》建立健全劳动合同终止、解聘的相关制度。规范化运作解聘程序，提高对因解聘员工而引发的劳动争议风险的预防和应对能力。避免因合理不合法而败诉的现象发生。

② 聘请法律专业人士，参与制度的制定和执行，委托律师参与应诉，准确把握解聘员工中涉及的基本法律规定和技巧，避免陷入各类误区。

③ 在职工中做好辞退制度的宣传工作。建立解聘管理程序与预警系统，做到早宣传、早教育、早预防，避免员工的过激行为。

5.5.4 解聘的流程

上文提到，健全的解聘制度可以在一定程度上减少解聘员工对企业产生的负面影响。现在，一起思考一下，理想状态下的解聘流程应该是什么样子的。

1. 准备阶段

在此阶段要核实员工的工作表现。

① 人力资源部和用人部门主管细致沟通，确认员工绩效不佳的具体原因，看能否通过转岗的方式让员工更好地发挥技能。如果组织内部无法进行调动，则只好终止合同关系。

② 准备好解雇员工的书面材料。人力资源部要整理好该员工的不良记录及绩效考核表，尤其是该员工业绩不良事件所造成的后果记录材料，必须要有事件日期和详情。一方面，在解雇面谈时使用；另一方面，万一发生劳动争议纠纷时，可作为举证资料。

③ 人力资源部准备好离职核对单、保密协议等文件，同时，按照补偿规定核算好员工的赔偿费用。

2. 面谈阶段

1）通知员工

负责面谈的人员整理好需要的文件，准备一下应如何进行会谈，在预先安排的时间通知该员工。面谈的地点可选在会议室或休息室。

2）切入正题

面谈开始后即告知员工企业的解雇决定，随后进行相应的事实陈述。根据书面材料清楚地解释组织辞退的理由，强调这是一个无可挽回的决定。

3）倾听员工

有些被辞退的员工会进行激烈的争辩，面谈者要冷静倾听，用点头或短暂沉默配合员工的阐述，避免直接与其发生争执。

4）解释有关解雇的财务安排

跟员工仔细讲述一遍赔偿的支付金额、具体算法、福利等。如有争议，耐心进行沟通，避免员工提交劳动仲裁部门。

一般来说，被解雇的人员经常会问的典型问题包括：

- 我可以调到组织的另外一个地方去吗？
- 我的福利到什么时候为止？
- 我什么时候离开办公室？
- 你要我什么时候归还公司财产（如计算机）？
- 你就此事对同事和下属怎么说？
- 可以为我写一封推荐信吗？
- 我希望有一次机会见一见上级，来讨论这件事。

3. 办理离职手续

面谈结束后，让员工按照组织规定办理离职手续，收回员工领用的办公设备及其他物品，将员工的私人物品物归原主，准备好薪金交给员工。可能的话，为员工准备一封介绍信。

4. 后续工作

为了最大限度地降低解聘的负面效应，企业还可以做些延伸工作。比如，在员工被裁掉的时候提供心理辅导以减轻其焦虑，必要时人力资源部门给被解聘员工家里打电话和家属聊天以缓解家属的焦虑，主动为裁掉的员工提供就业信息。在员工被裁掉后的三个月内经常打电话给他们，关心其生活以及新的工作状况让他们感受到企业的关怀，让被企业裁掉的员工继续忠诚于企业。著名的麦肯锡咨询公司将离职员工的档案编辑成“麦肯锡校友录”，把离职员工视为校友，保持联系，这种做法值得借鉴。

小 结

绩效考核的结束并不意味着绩效管理的结束，还有许多工作需要加以跟进，绩效考核并不是一个孤立的环节，它可以对招聘、调整薪酬、人事决策等环节提供指导。当这些环节成为一个有机整体后，绩效管理就可以在下一个循环中更好地发挥作用。

绩效考核与培训。企业将绩效考核的结果与培训相联系，促进员工加强提高自我素质的意识，使培训更加行之有效。企业应该根据其绩效现状对能够在本职岗位上有效工作的员工进行进一步开发，对不能达到应有水平的员工，企业则需帮助其寻求有效的改善途径，协助员工量身制订相应的个人发展计划。制订个人的发展计划要经历五步：主管人员与员工就考核结果进行沟通；通过分析考核结果找出差距和有待改善的方面；就以上方面和员工工作的未来要求制定个人发展目标；双方共同协商制定详细内容；员工列出所需资源并且指出主管人员可以帮助的部分。建立基于绩效提升的培训管理体系分为以下几个方面：基于绩效的培训需求分析（绩效与组织、任务和个人层面的分析）、基于绩效的培训方案内容及基于绩效的培训效果评估。

绩效考核与薪酬。绩效薪酬是指将员工的财务回报与其成功的工作绩效联系起来，以工作绩效作为员工报酬的基础。员工工作绩效的含义与范畴包括了两种：个人绩效与团队绩效。于是也就产生了个人绩效薪酬与集体绩效薪酬两种模式。绩效薪酬对企业的意义和影响：绩效薪酬在一定程度上充当了劳动契约的约束机制，它有明确的导向性，可以有效激励员工，节约企业运营成本，有助于企业吸引和留住成就导向型的员工；但是实践中也有一些弊端，如有损团队精神、引发不良竞争等。

绩效考核与人事决策。绩效考核与招聘：员工招聘是人力资源管理的基础性工作，有效的招聘工作能为以后的培训、考核、工资福利等管理活动提供前提保障，将绩效考核的结果运用于企业人员招聘，有利于提高招聘效率。绩效考核可以为人员需求分析提供依据，还可以检验招聘效果。绩效考核在企业人事决策中的应用主要考虑两个因素：胜任力、工作绩效。胜任力指员工素质能力与认知岗位所要求素质能力的匹配程度。可以借助人才开发矩阵具体分析出根据员工的工作绩效进行人事调整的方法。

绩效考核与排名和末位淘汰。末位淘汰可以激励员工，提高效率；精简机构，有效分流；提升素质，推动发展；明晰差距，提升文化。但是推行末位淘汰也可能有违法的可能性、标准的制定与考核难度的矛盾、对员工和企业会有不利影响。末位淘汰制适用于建立完善有效的绩效管理体系的企业、处于竞争性市场的企业及具备某些特征的工作和岗位。末位淘汰制不能照搬西方的模式，在实施前要积极与员工沟通，消除员工的思想顾虑，完善考核及激励制度，力求使诚信公平、公开坦诚逐步内化为企业内涵。

绩效考核与员工解聘。员工解聘是一把双刃剑，如果不掌握一定的原则和技巧、遵循科学的流程，可能会给企业带来负面效应，严重的会使企业面临违反劳动合同法律的风险。但是，解聘不合格员工可以增强组织团队精神、提高员工工作动力、推动组织变革创新。解聘给企业带来的负面影响有：处理不当或媒体的夸大报道容易使外界对企业的解聘行为造成误解，方法使用不当会影响在职员工的情绪，引起被解聘者产生不满、对立、仇恨的心理。因此应该采取一定的措施来减少和规避解聘的负面影响，如按照《劳动合同法》的要求执行企业政策、聘请法律人士参与政策制定执行以及做好宣传工作，建立良好的预警系统。解聘的流程包括以下几个部分：准备阶段（核实工作表现）、面谈阶段（通知员工、切入正题、倾听员工、解释有关解雇的财务安排）、办理离职手续、后续工作等。

思考题

1. 有人说："绩效考核本身并无任何意义，绩效考核的结果才具有重要意义"，你如何看待这种说法？
2. 绩效考核结果对员工和企业各有什么作用？
3. 如果你是人力资源经理，你如何对待绩效考核成绩较差的员工？
4. 你认为如何使用绩效考核结果是最有效的？

本章案例

花旗银行绩效管理与员工培训的有效结合

花旗集团于1998年由花旗银行集团及旅行家集团合并而成立，花旗银行是首家在中国上海开业的美国银行。已是中国顶尖外资银行，在中国主要为跨国公司、合资企业、本地企业和个人消费者、政府及机构提供广泛、多样的金融产品和服务。

花旗银行实行的是人才本地化战略，在培训方面不遗余力地投入巨资，以其专业、系统、覆盖面广而闻名业内。最为著名的是其在全球不同地区设立自己的培训机构，向内部员工及外部客户提供内容丰富的培训课程。所有员工都会被纳入到全员培训的范围内。从培训的组织和实施来讲，在每年年末进行绩效评估的时候，业务部门的主管负责人会与员工讨论第二年的培训需求和计划。以花旗银行的人才开发培养制度为例，在花旗银行的职业发展计划中，人才库盘点（Talent Inventory Review）是一项重要工具，同时也是人力资源部门和管理层的重要工作之一。人才库盘点是用来衡量具有领导能力的员工的表现，是银行运用统一标准来评估当前领导团队的工作表现和潜质，同时也将他们个人的发展需求和愿望考虑进来。对银行而言，人才库盘点是战略性的经营工具；对业务经理而言，人才库盘点是一个强有力的管理手段；对员工而言，人才库盘点是一个职业生涯发展的关键方法。人才库盘点包含九方格、接班人计划、管理培训生计划、速成干部计划、外聘高层人员计划、绩效评估及发展计划、内部流动计划等。九方格

（见表5－3）是一种管理工具图，将绩效与潜能相结合，横轴代表的是绩效的水平，绩效的三个级别分别是优秀绩效、达成目标和贡献者，是针对业绩的全方面考核后作出的综合判断和评估。包含对整体业务的贡献、客户的效率、个人业务熟练程度、执行力、领导力、内外关系、社会责任等方面。竖轴代表潜能水平，由低到高分为熟练、成长和转变。九方格图将绩效与潜能的理念结合在一起，根据绩效和潜能的评估，每位参加人才库盘点的员工，均被分别放置在九方格图中。而特别需要注意的是，九方格图是一个动态的管理工具，是该银行在某个特定时间的定格。在一个人才库盘点和下一个人才库盘点之间，是不会静止不变的。每次评估时，每个员工所得到的绩效和潜能的评估，是根据上次评估与该次评估之间十二个月的表现而定的，因此会与上年有所不同。

基于九方格建立的接班人计划，是人才梯队建设的重要组成部分，即后备人才的选拔、培养制度。一般来说，选拔人才时管理层主要会考虑候选人的基本素质、发展潜力、业务拓展能力、绩效考核以及管理能力。在接班人计划中，详细列明了关键员工的绩效水平和可能的升迁、接班人的职务、绩效水平、任职时间。花旗银行同时建立相应的内部调动制度，员工在本岗位上工作满两年，并且绩效评估达到良好或优秀等级的，可以在事先得到主管批准的前提下，向人力资源部门递交调动岗位的申请。花旗银行对主管人员的绩效考核中，将对下属的指导和培养作为一个重要的考核方面。主管人员必须在日常工作中，通过管理、引导、咨询和提供发展机会，不断地培养下属员工在职业发展道路上取得进步，为银行输送优秀人才，在优秀的下属中，再选拔适合的人选作为接班人来培养。

表5－3 九方格

		绩效		
		优秀绩效	达成目标	贡献者
潜能	转变	当前具备转变到更高层次的能力 1	在将来有能力进行转变，应该在目前的工作岗位上做得更加出色 3	在上一年度轮流到新的工作岗位，并且以前被评为在第1、2或3方格 6
	成长	有能力在目前的层级承担更大、更广泛的工作职责 2	有可能在目前的层级承担更多的职责，但是应该努力达到优秀的绩效 5	可能在某些工作方面表现良好，其他方面表现不佳，应该努力在当前的层级达到达标的级别 8
	熟练	有能力在同一层级的相似工作岗位上高效地工作，工作老练，同时具有掌握新技能的能力 4	需要往更优秀的绩效努力（第4方格） 7	在自愿、稳妥和有能力的基础上，必须帮助其达到达标的绩效，否则需要重新安排到一个更合适的工作岗位或者帮助在其他地方寻找一个工作机会 9

案例总结：

组织为了在激烈的竞争中不被淘汰出局，往往开展各种员工培训项目，希望可以提高员工素质，为增强组织未来竞争力储备人才。从花旗银行员工培训与绩效相联系的案例中可以看出，绩效管理不仅仅是对员工工作成果的考量和评价，同时也会对其他人力资源管理政策，如案例中的培训政策，产生影响。加强绩效与培训的联系，使绩效管理与员工培训相联系，提高员工提升自身素质的意识，培训效果将会更加明显。组织根据员工的绩效现状，对“达成目标”和“优秀绩效”的员工进一步培训使其达到更高的水平或者在职业发展中更上一层楼，对于“贡献者”，组织则需帮助他寻求有效的改善绩效水平的途径。通过对绩效考核结果的分析，组织能够发现员工与组织要求的差距，及时进行相关的培训活动。通过绩效考核的结果反馈，员工可以知道自己哪些地方做得好，哪些地方做得不够好，做得不够好的地方就是今后培训和发展的空间所在，同时组织可以帮助员工量身定制相应的个人发展计划，使员工的职业生涯和组织的绩效得到共同的发展。

可见，绩效管理对于组织培训政策有重要的作用，是开展培训活动的重要基础。不仅仅是组织的培训活动，对组织的其他人力资源管理政策来说，绩效管理也起着重要的作用。绩效管理作为整个人力资源管理活动的核心，为其他活动提供了基础依据，反过来其他人力资源活动的有效实施也会对绩效管理的效果产生积极影响。

参考文献

[1] 戈尔茨坦，伏特. 组织中的培训 [M]. 常玉轩，译. 北京：清华大学出版社，2002.

[2] 方振邦. 战略性绩效管理 [M]. 北京：中国人民大学出版社，2007.

[3] 郭京生，袁家海，刘博. 绩效管理制度设计与运作 [M]. 北京：中国劳动社会保障出版社，2007.

[4] 莱瑟姆. 绩效考评 [M]. 萧鸣政，译. 北京：中国人民大学出版社，2002.

[5] 康士勇. 薪酬设计与薪酬管理 [M]. 北京：中国劳动社会保障出版社，2005.

[6] 林泽炎，王维. 执行绩效管理 [M]. 北京：中国发展出版社，2008.

[7] 米尔科维奇，纽曼. 薪酬管理 [M]. 董克用，译. 北京：中国人民大学出版社，2002.

[8] 武欣. 绩效管理实务手册 [M]. 北京：机械工业出版社，2005.

[9] 赵国军，张和平，陶旭. 破解企业绩效管理中的八大难题 [M]. 北京：机械工业出版社，2006.

[10] 沃克. 人力资源战略 [M]. 吴雯芳，译. 北京：中国人民大学出版社，2001.

[11] 周文，虞涛. 绩效管理 [M]. 长沙：湖南科学技术出版社，2005.

[12] 陈威，袁胜. 论绩效管理中末位淘汰制的适用性及其改进方法 [J]. 中国电力教育，2007 (2)：70.

[13] 陈红敏. 如何慎用末位淘汰制 [J]. 职业，2007 (15)：14.

[14] 高金旺. 企业如何避免因解聘员工所造成的负面影响 [J]. 人力资源开发，2007 (7)：46.

[15] 何凡兴. 话说末位淘汰 [J]. 通信企业管理，2002 (10)：66.

[16] 康士勇. 薪酬管理体系：薪酬目标、薪酬战略和薪酬技术 [J]. 北京市计划劳动管理干部学院学报，2005 (1)：32.

[17] 李敏，秦准. 基于培训为目标的绩效考评方案 [J]. 中国培训，2000 (1)：31.

[18] 李燕英. 人力资源绩效薪酬初探 [J]. 就业与保障，2006 (11)：45.

[19] 林平. 末位淘汰制：为何难以全面铺开 [J]. 广东青年干部学院学报，2005 (6)：60.

[20] 刘敏. 绩效薪酬的三个误区 [J]. 人才资源开发，2007 (1)：28.

[21] 马良英，关博. 浅议绩效薪酬制度的激励作用 [J]. 水利经济，2007 (3)：65.

[22] 彭进，朱仁崎. 试谈绩效薪酬模式 [J]. 江西行政学院学报，2005 (4)：55.

[23] 任秀华，何克抗. 从绩效的角度出发建立科学的培训体系 [J]. 中国职业技术教育，2006 (3)：16.

[24] 沈世峰. 绩效工资对人力资源培训与开发的积极作用 [J]. 中国培训，2001 (10)：22.

[25] 孙飞，高小欣. 让"末位淘汰制"走出困境 [J]. 合作经济与科技，2007 (3)：30.

[26] 陶祁. 适应性绩效结构分析及在培训评估中的应用 [J]. 管理科学，2006 (4)：48.

[27] 王斯年. 浅谈绩效薪酬制度的变革与发展 [J]. 新疆财经，2001 (3)：42.

[28] 吴新军. 浅议绩效管理中末位淘汰制度 [J]. 经济师，2007 (2)：167.

[29] 许永惠. 基于绩效提升的培训管理体系构建 [J]. 商业文化，2007 (8)：101.

[30] 宣琳. 激励员工的绩效薪酬 [J]. 商业经济，2007 (8)：44.

[31] 喻红莲. 论员工解聘软着陆 [J]. 人力资源，2008 (1)：66.

[32] 朱虹. 浅议确立绩效薪酬体系 [J]. 甘肃科技纵横，2006 (5)：77.

第6章

团 队 绩 效

“团队”一词是20世纪80年代被一些公司引入到管理过程中的，发展至今，团队的组织形式比传统的组织形式更具有优势。随着知识经济的发展，团队正日益成为组织运作的重要形式，“团队”的工作方式也得到了越来越多企业的认可。团队概念提出后，随之而来的是团队理论的发展以及结合现实组织的实践活动不断进行的补充和修正，其中就包括团队绩效。在这些理论研究中对团队有效运作产生重要影响的团队绩效考核，关系到对每个团队成员角色的评价和考核以及对成员能力和报酬的肯定，关系到成员的协作心态、参与程度，关系到团队的凝聚力等问题（翟维丽，2006）。因此，企业必须正确认识团队绩效及掌握团队绩效考核的方法，结合团队实际建立合理的考核评价指标体系，正确评价团队的绩效。

6.1 团队与团队绩效

企业要建立合理的团队绩效考核指标体系，实现对团队绩效的正确评价，首先必须了解团队工作的特征和团队绩效的概念。对团队绩效概念的理解有助于企业明确考核的对象和范围，有助于企业正确评价团队的绩效。

6.1.1 团队

1. 团队的概念

“团队”一词，英文名为“Work Team”，其含义是通过其成员的共同努力能够产生积极协同作用的最低层次的组织。斯蒂芬·罗宾斯（2004）认为，团队是一种为了实现某一目标而由相互协作的个体所组成的正式群体。在管理科学和管理实践中，人们有着基本一致的看法，即“团队”一词的概念是：一个组织在特定的可操作的范围内，为实现特定目标而建立的相互合作、一致努力的由若干成员组成的共同体。作为一个共同体，其成员们努力的结果，使组织目标较好完成，且可能使团队绩效水平远大于个体成员绩效的总和。

2. 团队与群体的区别

可以说，“团队”一词脱胎于工作群体，又高于工作群体。斯蒂芬·罗宾斯将群体定义为：两个或两个以上相互作用和相互依赖的个体，为了实现某个特定目标而结合在一起。在工作群体（Work Group）中，成员通过相互作用来共享信息，作出决策，帮助每个成员更好地承担起自己的责任。

工作群体中的成员不一定要参与到需要共同努力的集体工作中，他们也不一定有机会这样做。因此，工作群体的绩效，仅仅是每个群体成员个人贡献的总和。在工作群体中，不存在一种积极的协同作用，能够使群体的总体绩效水平大于个人绩效之和。

工作团队（Work Team）则不同，它通过其成员的共同努力能够产生积极协同作用，其团队成员努力的结果使团队的绩效水平远大于个体成员绩效的总和。图 6 - 1 明确展示了工作群体与工作团队的区别。

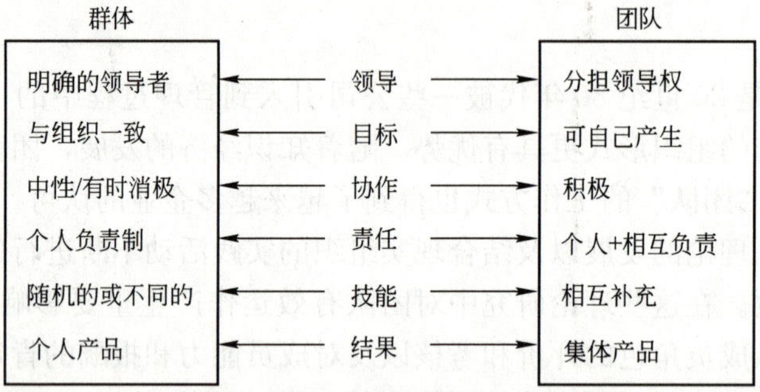

图 6 - 1　工作群体与工作团队的区别

资料来源：姚裕群. 团队建设与管理. 北京：首都经济贸易大学出版社，2006：7.

① 领导方面：每一个群体应该有一个明确的领导人，但团队并不一定如此，尤其对一个成熟的团队来说，其成员和领导者共享决策权。

② 目标方面：群体的目标必须跟组织保持一致，但团队中除了具备这个特征外，还可以产生自己的目标。

③ 协作方面：协作性是群体和团队最根本的差异，群体的协作性可能是中等程度的，有时成员之间还可能存在消极或对立情绪；但团队是一种齐心协力的氛围。

④ 责任方面：群体的领导者要负很大责任，而团队中除了领导者要负责之外，每一个团队的成员都肩负自己的责任，甚至要一起相互作用，共同负责。

⑤ 技能方面：群体成员的技能可能是不同的，也可能是相同的，而团队成员的技能是相互补充的，是将不同知识、技能和经验的人综合在一起，形成角色互补，从而达到整个团队的有效组合。

⑥ 结果方面：群体的绩效是每一个个体的绩效相加之和，而团队的结果或绩效是由团队成员共同合作完成的产品，其绩效可能是一加一大于二。

3. 团队的构成要素

任何组织的团队都有几个重要的构成要素，包括目标、人员、团队定位、职权和计划，管理学家把它们总结为“五个 P”。

1）目标（Purpose）

每个团队都应该有一个既定的目标，这可以为团队成员们导航，使其知道向何处去。没有目标的团队是没有存在意义的。因为如果团队失去目标，团队成员就会失去方向，没有方向的团队就像盲人上了战场一样，不知道将在何处跟谁打仗。

尽管每个团队的目标各不相同，但任何团队都有一个共同的目标，这个目标把相互依存、相互依赖的人们维系在一起，使他们以一种更加有效的合作方式来达成个人和组织的目标。

2）人员（People）

人员是构成团队的细胞，一般来说，三个人以上就能构建团队。团队目标是通过其成员来实现的，因此人员的选择是团队建设与管理中非常重要的部分。在一个团队中可能需要有人出谋划策，有人制订计划，有人具体实施，有人协调不同的人共同完成任务，还有人去监督团队工作的进展，评价团队最终的贡献，不同的人通过分工来共同实现团队的目标。在人员选择方面，要考虑人员的能力如何、经验如何、技能和个性是否互补等。

3）团队定位（Place）

团队的定位包含两层意思：一是团队整体的定位，包括团队在组织中处于什么位置，由谁选择和决定团队的成员，团队最终应该对谁负责，团队采取什么方式激励下属等；二是团队中个体的定位，包括成员在团队中扮演什么角色，是指导成员制订计划，还是帮助其具体实施或评估等。

4）职权（Power）

团队的职权取决于两个方面：一是整个团队在组织中拥有什么样的决定权，如财务决定权、人事决定权等；二是组织的基本特征，例如，组织的规模有多大，团队的数量是否足够，组织对团队的授权有多大，组织的业务属于何种类型等。

团队中领导者权力的大小与团队的发展阶段相关。一般来说，团队越成熟，领导者所拥有的权力相应越小。在团队发展的初级阶段，领导权相对比较集中，团队越往后发展，领导权越会适当下放。

5）计划（Plan）

从团队的角度看，计划包括两层含义：一是由于目标的最终实现需要一系列切实可行的行动方案，因此，可以把计划理解成目标的具体工作程序；二是按计划进行可以保证团队的工作顺利，只有在计划的规范下，团队才会一步步地贴近目标，从而最终实现目标。

4. 团队的关键特征

1）相互依赖与协同

团队至少有两个成员。每个成员都必须依靠他人来获得信息、资源以及支持，每个成员都依靠与其他人合作才能完成预定的工作目标。团队成员要认识到每个成员的重要性，缺一不可，否则，团队的目标将无法顺利达成。

2）信息沟通与知识共享

在团队中，每个成员均具有不同的技能、知识或经验。每个成员都能对这个团队有着不同的贡献，团队成员能了解彼此的特长及在团队中的角色与重要性。团队的成员在团队中分工合作，分享信息，交换信息，并相互接纳。每个成员必须通过分享信息和资源来协调他们的各项活动，每个成员有责任以一种适宜的方式向其他成员提供信息、传授经验。

3）角色定位与责任分担

团队成员的责任可分为两个层面来加以分析。第一个层面是团队成员在平常的团队运作过程中或团队会议中共同分摊团队的工作。第二个层面是针对团队的最后成果而言。团队的存在都有其特定任务，目标任务能否达成便涉及成败责任归属问题。团队的特色之一，即在于顺利完成团队的目标时，全体团队将分享此成果，共同接受组织的激励与奖励。反之，当团队无法顺利完成特定任务时，则全体团队成员将共同承担失败的责任，而非单独团队的领导者或管理者承担失败的责任。团队人数一般有所限制，这样才方便每个人了解自己和其他成员的工作位置。每个团队成员在团队中都担当不同的角色，承担相应的责任，充分发挥各自的作用，并且必须具有胜任工作的核心专长与技能。

4）等级平等与决策分享

在团队之中，没有科层制即等级制，也没有领导者或管理他人的人，只有"团队协调人"。团队协调人既可以由组织任命，也可以由团队成员选举产生。团队协调人没有命令团队其他成员的权利，只是在团队内部发生冲突和团队对外交往时起到调解人的作用。团队协调人与团队的其他成员关系平等，他不一定是团队中待遇最高的成员，与其他成员相比，他没有任何额外的津贴。

团队中的成员要对自己的岗位负责，因而都拥有一定的决策权，可以直接向组织决策层反映意见。而在一般群体中，成员则往往听从本部门管理者的安排，成员有意见往往只能反映到部门经理那里，很难到达决策层。

5）自我管理与授权

每个团队成员在团队中要承担相应的责任，同时也享有相应的管理自己的工作和内部流程的自主权。团队的管理特点是既要依靠制度与业务流程来实现团队的有效运作，又要充分授权，以发挥每个成员的主动性与创造性，实现由他律管理向自律管理的转化。团队成员必须有相同的目标，集体的业绩成果要远远高于每个人业绩的总和。

6.1.2 团队绩效

团队绩效是什么？这是在进行团队绩效研究前必须弄清的问题。Bates 和 Holton（1995）指出，"绩效是多维建构，测量的因素不同，其结果也会不同"。因此，要想测量和管理绩效，必须先对其进行界定，弄清楚确切内涵。

从团队的角度看，现有研究中时常将群体绩效和团队绩效这两个概念混用。其实它们是有所区别的。群体绩效仅仅是每个群体成员个人贡献的总和，而团队成员努力的结果使团队的绩效水平远大于个体成员绩效的总和。Sundstrom（1990）对团队绩效进行了广义的定义，认为团队绩效指团队为达到目标而采取的各种行为及其结果，主要有三个方面的内容。

① 团队的工作成果，包括工作数量、质量、速度、成本、顾客满意度等方面。

② 团队对其成员的影响，即团队成员的工作成果。

③ 团队未来工作能力的改进，如研发团队创新能力和学习能力的提高等。

从上述定义可以看出，团队绩效包含两个层面的内容即团队整体绩效和团队成员个人绩效，绩效不仅关注结果，也更关注工作过程或行为。

1. 团队绩效包括团队整体绩效和团队成员个人绩效

首先，仅仅对团队绩效进行整体考核，考核结果无法显示每个团队成员的个体绩效，从而无法进行有效的管理。团队研究是将团队这一整体作为研究对象，因此，团队绩效就是指团队整体性的绩效。作为理论研究，这种指向性完全没有问题，但要应用到企业管理实际中，还存在局限性，因为仅仅对团队整体进行考核，就无法体现个体绩效，而薪酬、培训、晋升等其他人力资源管理手段大多是基于个体绩效的，没有度量也就无法进行有效管理。因此，团队的管理要真正落到实处，还必须具体到对团队成员个体的管理。

其次，只考核个体绩效而不对整体绩效进行考核也存在一定问题。一方面，个体绩效的简单综合并不是整体绩效，这样，个体绩效很高而整体绩效低下的极端情况也可能发生。其原因在于团队成员个体过分重视个体绩效，往往脱离团队整体目标趋向，这种现象屡见不鲜。另一方面，在团队背景下，对个人绩效的考核并不是孤立的，总是带有明显的团队色彩。因此，单纯的个人绩效考核必然不能顾及到团队整体绩效的问题。

无论是对团队整体性绩效还是对个体绩效进行管理，都存在局限性。所以团队绩效考核的对象应既包含团队整体绩效，也包含团队成员个体绩效。

2. 团队绩效不仅要测评工作结果也要测评工作过程或行为

团队绩效测评不但要反映团队作为一个整体对组织的贡献，还要反映团队成员对组织做出的不同贡献。如果说对团队整体绩效的测评是反映团队整体效率的话，那么对团队成员个人绩效的测评就是体现团队内部的公平。目前许多企业团队绩效测评的作用就是要反映团队中每个成员的贡献，并且为团队和团队成员工作的改进提供帮助。在传统的职能分工组织中，没有专门的职能部门对一个完整的价值实现程序负责，因而没有好办法来测评这些过程。而团队必须建立起过程测评指标，否则就不能充分利用自己可以快速面对顾客需求作出反应的能力。因此，团队绩效考核既要对工作过程进行评估，也要对工作结果进行评估，因为过程和结果同样重要。

团队绩效测评矩阵如表 6-1 所示。

表 6-1　团队绩效测评矩阵

	过程/行为绩效	结果绩效
个体绩效	个体行为	个体成果
团队绩效	团队合作	团队成果

资料来源：张春霞. KPI 与团队绩效测评［J］. 上海商业，2005，4：44.

6.1.3　团队绩效模型

团队绩效一直是许多学者研究的对象，根据中国台湾李弘晖（1998）的归纳整理，团队绩效模型主要有以下几种。

1. 描述性模型（Descriptive Models）

在团队绩效研究中，最著名的描述性模型是由 McGrath（1964）所发展出来的，如图 6-2 所示。McGrath 采用“输入—过程—产出”的系统理论架构探讨团队绩效的含义。McGrath 指出，输入过程中的不同因素直接影响团队互动过程，再经由团队互动过程影响团队绩效。亦即，团队互动过程在团队互动中扮演着中介者的角色，影响了输入—产出关系。

McGrath 描述性模型的主要贡献在于列举出一些影响团队绩效的输入性因素，并尝试探究这些因素与团队互动过程和团队绩效之间的系统性关系。

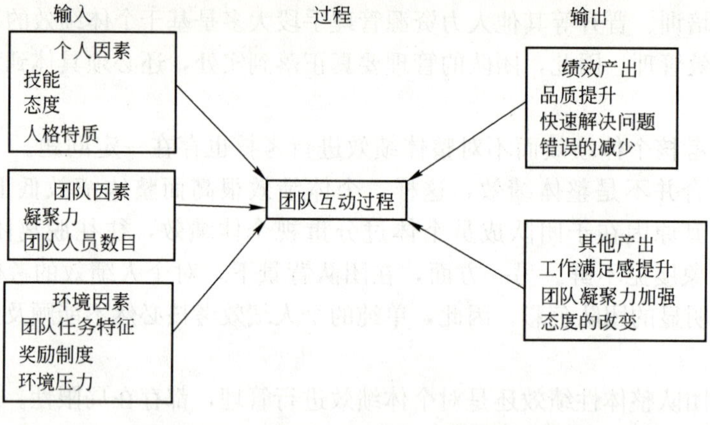

图 6-2　McGrath（1964）的描述性模型

后来 Nieva（1978）将团队绩效定义为团队为了要完成指派任务表现出来的一种目标导向行为、活动和功能。基于这个定义，Nieva 等人发展了一个团队成员的特性、团队的特质和任务特质与需求的团队绩效模型，如图 6-3 所示。在这个模型中将团队绩效分为个人工作表现与团队绩效的功能面两个层级。

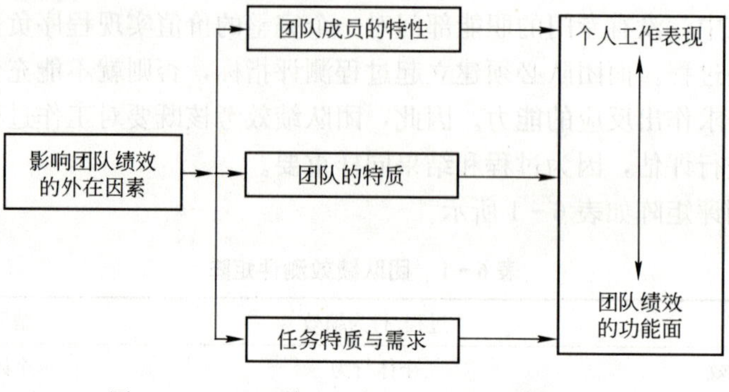

图 6-3　Nieva 等人（1978）的团队绩效模型

Jewell 和 Reitz（1981）将团队的成果当作一个因变量，并发展出一个团队行为的整合性模型，如图 6-4 所示。在这个模型中，他们列举出影响团队绩效的四大类变量：个人特质（指团队成员）、团队特质、环境因素和团队的互动过程。基本上这个模型仍然传承了先前两个描述性模型的特色。

总之，描述性模型的主要假设是过程因素会影响到输出和输入变量之间的关系。另一方面，这些描述性的模型大致上将影响团队绩效的变量分成四大类：团队成员个人本身的因素、团队整体的因素、团队互动过程及影响团队运作的相关环境因素。但描述性模型只告诉我们哪些变量影响团队绩效，并没有说明这些变量是如何影响团队绩效的，也没有加以验证。

2. 规范性模型（Normative model）

Hackman（1983）的规范性模型如图 6-5 所示。其基本假设为，组织的系统因素

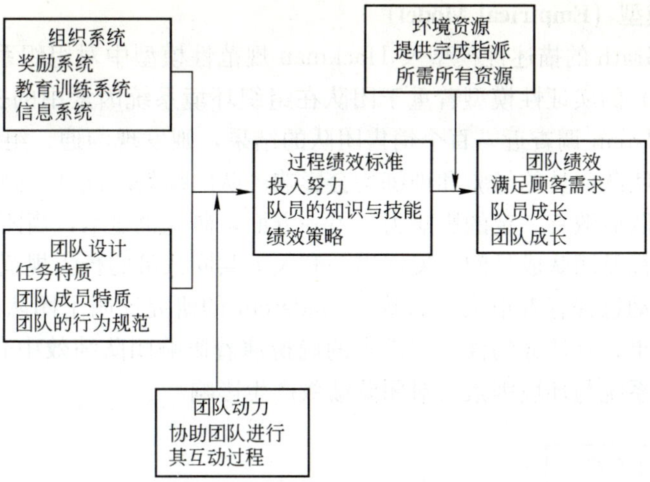

图 6－4 Jwell 和 Reitz（1981）的团队行为模型

和团队设计会影响团队的互动过程，而此互动过程又会影响团队绩效的品质。一般而言，规范性模型对团队绩效的了解，有三个主要的贡献。第一，规范性模型强调组织系统因素和环境因素的重要性。团队研究者开始意识到组织因素对团队绩效的影响力。因为，没有组织的全力支持，很难造就一个成功的团队。另一方面，在影响团队绩效的相关环境因素方面，Hackman 相信，提供团队必要的资源是团队成功的关键所在。第二，在团队互动过程中，Hackman 认为团队成员投入的努力，团队成员所具备的技能，以及团队成员是否采取适当的策略是决定团队能否成功的三项过程性关键因素。最后，规范性模型不同于描述性模型的地方在于，它不仅仅列出了会影响团队绩效的重要因素，更重要的是，规范性模型开始实际探讨如何去建构这些因素，以促进团队的成功。

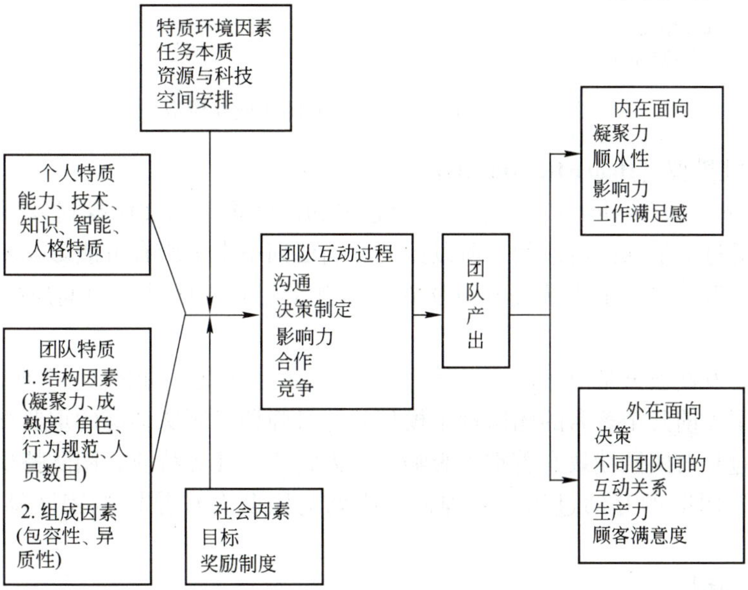

图 6－5 Hackman（1983）的规范性模型

3. 实证性模型（Empirical Model）

植根于 McGrath 的描述性模型及 Hackman 规范性模型中对组织系统因素的重视，Gladstein（1984）的实证性模型着重于团队在组织环境系统因素中的探讨，如图 6－6 所示。根据 Gladstein 调查近一百个销售团队的结果，她发现沟通、组织的支持，主动性的领导风格，团队成员的经验和训练均会影响团队的绩效。此外，她也发现组织系统与环境因素对团队成败有一定的影响力。另一方面，研究也显示，当团队成员能够清楚认知到团队的目标及团队成员间能发展出一套大家共同认可的行为规范时，团队的结构因素对团队的互动过程有着很大的影响。Gladstein 的研究证明了团队的互动过程会影响团队运作的成果，且任务的性质与需求的确扮演着影响团队绩效中介的角色。此外，她还发现了组织系统与环境因素会对团队绩效产生影响。

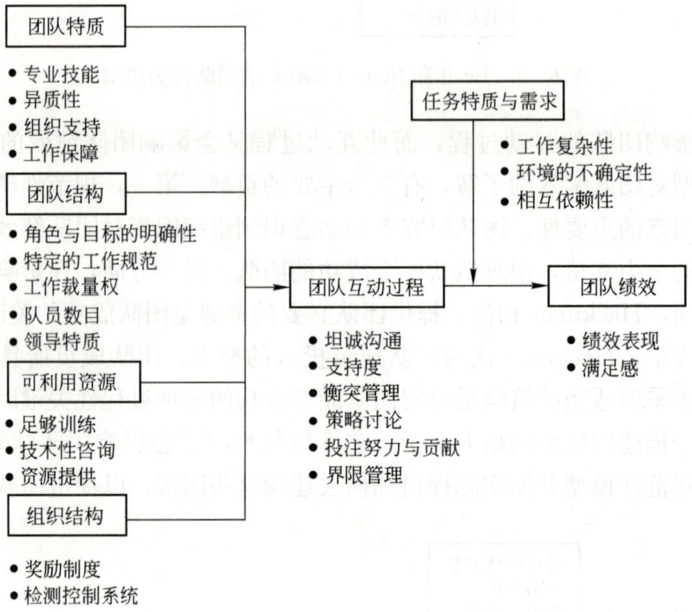

图 6－6　Gladstein（1984）的实证性模型

4. 启发性模型（Heuristic Models）

Gist，Locke 和 Taylor（1987）基于对过去的团队理论的文献探讨发展出启发性模型。由于是透过文献探讨而来的，所以此模型摘要列举出了所有可能影响团队绩效的因素。在这个模型中强调了团队任务特质在团队互动过程与团队绩效间所扮演的中介的角色。

另一个启发性模型是由 Salas（1992）等人发展出来的，如图 6－7 所示。Salas 等人不仅整合了先前几个著名的团队理论模型，并且强调了团队训练的重要性。该模型认为团队互动过程对团队绩效有着重大影响。个人特质、任务特质、团队特质及工作特质彼此交互影响团队的互动过程。而沟通、协调与团队合作是影响团队绩效的关键性因素。

5. 其他模型

除了上述四个不同面向的模型，另有许多学者从不同的观点、角度来从事团队

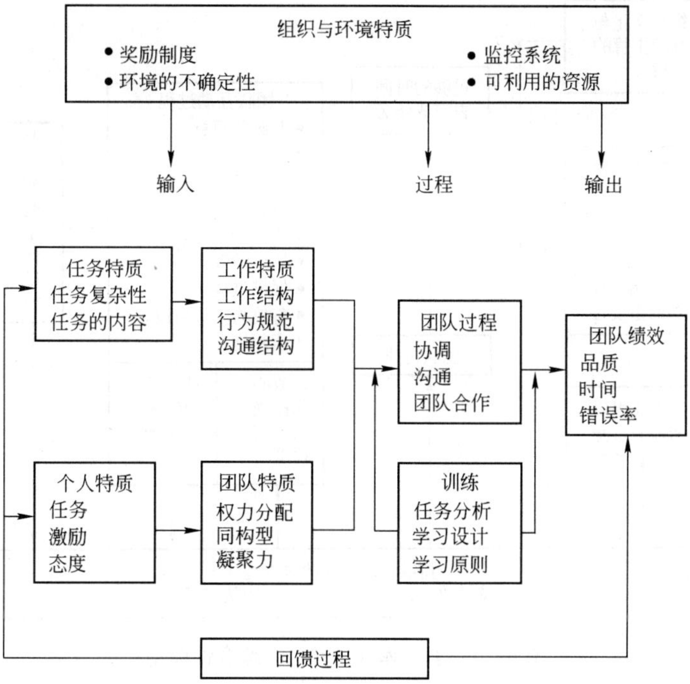

图 6－7　Salas 等人（1992）的启发性模型

绩效的研究。Schwarz（1994）发展出了一个强调团队促进过程（Facilitation）的模型，如图 6－8 所示。Schwarz 相信组织系统因素、团队结构和团队互动过程是影响团队绩效的三大因素。

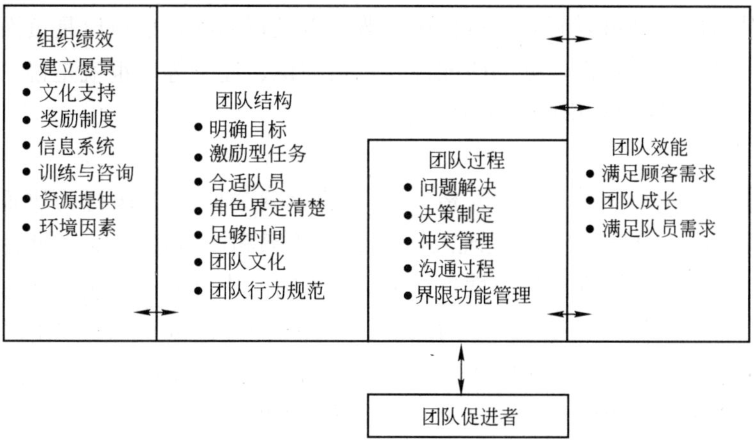

图 6－8　Schwarz（1994）的团队绩效模型

此外，李弘晖在根据文献探讨及对美国俄亥俄州 46 个团队及 413 个团队成员所做的实证研究后，也发展出了一个综合性团队绩效模型，如图 6－9 所示。此模型中列举了影响团队互动过程的重要因素。

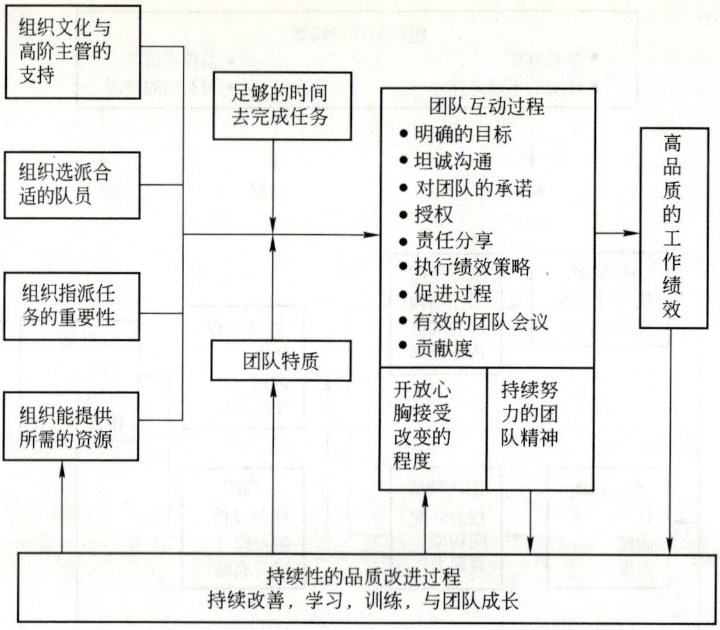

图 6-9　李弘晖（1996）的综合性模型

6.1.4　团队绩效的影响因素

结合团队的特点和上述团队绩效的研究结果，现将影响团队绩效的因素总结如下。

1. 个人层面

1）能力

能力对绩效的提高可以起到关键作用，既可以是正面的，也可以是负面的。团队中的能力是指一个人与其工作任务的匹配性，包括知识、经验等。也就是说“匹配”才是“能力”是否对个人绩效有影响的主要因素。

2）人格

Tett 和 Burnett（2003）认为人格特质通过影响个体的工作行为进而影响绩效。Barry 和 Stewart（1997）的研究发现人格中的责任感和团队绩效显著相关。但是，外向性和团队对任务的专注程度呈线性负相关，即外向的成员越多，团队就越难集中精力于团队任务。外向性与团队绩效的关系呈倒 U 形，即外向成员所占比例中等的团队，其团队绩效高于低比例或高比例的团队。LePine（2003）也发现，控制了认知能力的影响后，团队的人格特征仍能有效预测团队在新环境下的绩效。

3）团队成员情商水平

每个成员的情商水平都将影响团队情商的整体水平。团队成员是为了完成共同的目标而组织在一起的，所需要的不是独立工作而是相互协作。如果团队中某个成员情商很低，不仅不善于和其他成员合作，还会令其他成员感到厌烦，这就会影响其他成员的情绪，造成团队内部气氛紧张、矛盾重重。团队成员的情商水平很高，则自然会处理好团队内部的关系，形成团结合作的局面。

2. 团队层面

影响团队绩效的团队层面因素为：团队成员构成、团队角色平衡、团队目标、团队规模、团队结构特征、团队领导、团队情商、团队凝聚力、团队冲突、团队沟通、团队文化等。

1）团队成员构成

该因素包括团队成员的构成特征和团队成员间的熟悉程度。团队成员构成特征可分为两个方面：同质性和异质性。异质性是指成员之间的差异化，包括认知性差异与经验差异。一般认为群体差异性与创造力和创新正相关的关系有其内在的必然性。具有不同观点的差异性群体的成员，能够收集对信息的多种解释，并集中不同观点以提供对问题的创造性的行动或解决方案。这种创造力对团队的绩效非常重要，因为团队的任务就是不断创新以满足顾客需求。研究显示，差异性对非结构化的、新的、产生意见和决策的以及认知型的任务有利。这也说明团队成员的异质性对团队绩效有正效应。但也有研究表明异质性对团队绩效会产生不利影响，主要表现在异质性会影响成员间的相互交流，使团队凝聚力下降等方面。与异质性不同，同质性是指团队成员间特征以及重要态度、价值观的趋同化。Lewis（2004）在对 MBA 的 64 个团队的研究中发现，成员同质性会促进交互记忆系统，而交互记忆系统又与团队有效性和团队绩效相关。

关于成员间的熟悉程度，Goodman 和 Leyden（1991）认为，由相互熟悉的人组成的团队要比相互不熟悉的人组成的团队更有效。然而，Katz 在 1982 年的一项研究结果表明，也许是瞬间，也许是一个团队成立后 2 年或 3 年，群体资历和成员间的熟悉度不利于团队绩效。

2）团队角色平衡

团队中，每个成员都扮演着自己的角色。罗宾斯认为存在九种潜在的团队角色：创造者、推动者、评估者、组织者、生产者、控制者、维护者、建议者、联络者。成功的工作团队需要队员扮演所有角色，并根据人们的技能和偏好来选拔队员扮演这些角色。在很多团队中，个体会同时扮演多种角色。Barbara（1997）的研究发现，角色平衡（角色同时存在且各角色所获分值均等）的团队容易达到高绩效。Steve Myers（2002）提出了一种新的团队角色量表 MTR－I，旨在帮助员工认识自身现实中所承担的角色，并根据人格特质了解自己更偏爱的角色。

3）团队目标

目标可以分为两种，团队的宗旨和具体的目标。罗宾斯认为高效团队具有一个大家公认的、有意义的目的，它能够为团队成员指引方向、提供推动力，让团队成员为之作出承诺。团队宗旨一旦被团队成员接受，在任何情况下，都能指引前进的方向。具体的目标可以促进明确的沟通，有助于团队把精力放在如何获得结果上。但团队的具体目标是不断调整的、模糊的，这会对团队绩效产生不利的影响。

4）团队规模

有学者认为团队规模与团队绩效呈正相关关系。团队规模越大，团队成员的异质性越大，团队成员获得信息的途径越畅通，这些因素与团队效能的关系就越明确。而另一些学者对此提出不同的看法，斯蒂芬·P·罗宾斯认为，如果团队的成员多于 12 人，他们就很难顺利开展工作。如果成员过多，将会增加协调成本，还会导致工作时“搭便车”的现象，使整个团队缺乏凝聚力和忠诚度。成员过少，又有可能出现由于任务重、工作压力大，而导致最终的业绩较差。因而，团队的规模应是有限制的，最好的团队人数应根据实际的工作需要而定，以充分利用员工的智慧为原则。

5）团队结构特征

团队结构特征是指决定任务、责任权力分配的团队关系。即依靠个人能力完成任务还是依靠团队整体完成任务。Stewart（2000）的研究认为当完成概念上的任务时，团队的互相依赖与团队绩效呈 U 形关系，团队自我领导与绩效呈现正相关线性关系。当完成行为上的任务时，团队的相互依赖与团队绩效呈倒 U 形关系，团队自我领导与绩效呈现负相关线性关系。

6）团队领导

团队领导对团队绩效有很大的影响，有效的团队领导是影响团队行为和实现团队高绩效的关键因素。在团队中，单一领导比多领导或无领导在提高团队绩效方面做得更好。1999 年，Peter 对两类领导风格（交易型领导和变革型领导）与绩效的关系研究中发现，员工的类型对两者的关系起了很大的作用，不同的管理对象应使用不同的领导风格类型，如果下级是生产人员，应该使用交易型领导风格；如果下级是管理人员或技术人员，则使用变革型领导风格。John（2007）最新的研究中发现变革型领导在高权力距离和高集体主义的团队中对团队绩效会产生有利影响。吴志明（2006）在对高科技企业和科研组织的研究中发现团队领导者的变革型领导行为与团队绩效之间存在正向关系。而变革型领导又分为关系导向的变革型领导和任务导向的变革型领导。在吴志明的研究中还发现关系导向的变革型领导行为比任务导向的变革型领导行为对团队绩效的影响更为强烈。变革型领导主要是对团队成员的心理和行为产生显著影响，促进团队更有效地运作，进而取得好的团队绩效。

7）团队情商

团队情商是指一个团队的综合情绪控制能力。包括团队成员个人的情商水平、团队领导的情商水平和团队成员间的协调水平。如果团队成员及领导的情商水平都较高，同时又能很好地协调，就能更好地完成团队任务，创造高绩效。但团队情商并非直接对团队绩效产生影响，它以团队内部人际加工、团队凝聚力、团队成员自我效能等变量为中介，对团队绩效发挥效用。

8）团队凝聚力

团队凝聚力是指团队成员相互吸引及共同参与团队目标的程度。成员之间的相互吸引越强，团队目标与成员个人目标越一致，则团队的凝聚力程度越高。高凝聚力可能促使成员共同努力提高绩效；而绩效提高反过来鼓舞士气，提高凝聚力。团队凝聚力与绩效存在着很大的相关性。尤其在高新技术企业，高层管理团队的凝聚力指标与公司财务绩效指标之间呈正相关。

9）团队冲突

团队冲突是指团队成员由于实际或期望反映的互不相容性导致团队内部及团队外部心理或行为的对立过程与状态。团队中主要涉及三类冲突：关系冲突、任务冲突和过程冲突。关系冲突是人际关系不协调导致团队成员间的紧张和摩擦；任务冲突是团队成员对团队任务看法不同产生的冲突，属认知冲突；过程冲突是在团队任务和目标进展中，团队成员对完成任务的程序和方法产生的争论和冲突。Jehn（2001）等的研究发现，更多的任务冲突（与关系和过程冲突的比重相比）会使团队绩效更高，而更多的关系冲突或过程冲突与团队低效能相联系。

10）团队沟通

团队的绩效依赖于所有团队成员的专业知识和信息的有效性和创新性的整合，沟通是实现这一整合工作的媒介。因为团队成员之间在专业领域、知识水平、成长背景、经验、经历等方面存在差异，对同一问题可能有不同的理解。只有进行有效的团队沟通，成员间才能充分交流、共享信息、相互信任、互相支持，形成良好的合作氛围。Lewis（2004）的研究认为频繁的面对面沟通方式能够导致交互记忆系统的出现，交互记忆系统又与团队有效性、团队绩效相关。团队是一个开放的工作单元，能否与组织内的其他职能部门建立良好沟通也直接影响团队的整体绩效。

11）团队文化

团队文化是指团队成员在长期相互协作、完成任务的过程中形成的共同价值观、工作方式、行为准则的一种集合体。要提高团队绩效，就要建立一种优秀的团队文化。因为优秀的团队文化具有号召力，能够将形形色色的、不同背景的成员统一起来，为了组织共同的目标奋斗前进。李利（2005）等认为集体主义的团队文化有利于团队绩效的提高，个人主义的团队文化会对绩效产生负面的影响，家长制作风的团队文化同样也存在着负面的影响。在团队中，创新型文化会对团队绩效产生有利影响。因为和谐自由的创新气氛能提高团队凝聚力和向心力，激发工作热情，激励成员追求更佳的创新绩效。

3. 组织层面

组织层面的因素主要包括企业外部环境、组织文化、组织的人力资源管理及授权与组织支持等。

1）企业外部环境

企业外部环境主要包括经济政策环境和行业技术环境。随着经济全球化的日益渗透，越来越多的企业中有着不同文化背景的员工为之工作；国家每年的宏观政策也发生着变化，这些都使得团队成员所面临的工作环境不断改变。这种变化影响着员工心理价值取向，从而形成了他们对于工作的基本态度。这些因素实际上潜在地影响着团队成员对于本职工作的忠诚度，当然也会对工作绩效产生影响。

企业在其所属行业中的地位及相应的技术环境会影响下一步的战略决策，也为确定团队具有发展前景的领域提供新思考。这些因素的变化会促使企业适时地改变自己的战略目标，这对团队的应变能力也是一个考验，同样会给团队的工作带来一定程度的震荡。

2）组织文化

组织文化是指在组织长期发展过程中沉淀而形成的特有的，并且被员工共同认可的价值观念、行为规范和思维模式的总和。团队是构成组织的一个子系统，因此，它所赖以生存的组织文化环境也必然会对团队产生一定的影响，良好的组织文化能有效支持团队的建设和发展，还潜在地有利于减少或消除组织中各类型团队间的冲突，引导团队的健康发展，完成组织的各项目标。杨继平（2005）认为组织文化对团队绩效的影响过程是通过组织文化的构成（如价值取向等）对团队中成员的认识与行为产生作用，从而将组织中强势文化的价值观与信念通过对个体认识的同化并以具体的行为表现——包括在团队运行过程中所形成的各种决策和管理模式——对组织整体发展形成导向与控制，进而对其绩效产生影响。

3）组织的人力资源管理

在人力资源管理体系中，其选拔、薪酬、绩效、培训体系等会对团队的绩效产生影响。

（1）选拔

选拔方式对团队绩效会产生直接和间接的影响。组织选拔团队成员的方式会影响团队成员对团队的认同，对团队成员的绩效（生产率、质量、服务）产生影响，进而对团队绩效产生影响。Hirschfeld和Jordan（2006）研究指出选择有团队工作知识的个体成为团队成员会有利于团队绩效的实现。

（2）薪酬管理

Itoh认为团队是内生的，团队的协作可以增加总收益。在合适的激励基础上，当一个员工的业绩适当地依赖于另一个员工的业绩时，可以诱使该员工帮助对方。如果要使团队高度专业化，应该使每个人的工资基于自己的业绩。如果要使团队成员间高度合作，要使每个人的工资来源于团队的产出。Scott（1999）的研究表明：团队绩效占个人薪酬的比重越大，团队的绩效越高。白锋（2006）在对团队薪酬差距与团队个人绩效之间关系的研究中发现：团队内较大的薪酬差距将会对团队成员的个人绩效产生一定的积极影响，但会损害团队成员间的合作；团队成员个人薪酬在团队薪酬分配中所处的地位对团队薪酬差距和成员个人绩效之间的关系起到了调节作用。较大的薪酬差距对处于薪酬分配中较高地位的团队成员起积极作用，对地位较低的团队成员起消极作用。

（3）绩效管理

组织如何对团队绩效进行考评，如对个人还是对团队整体进行考评，采用什么样的方法进行考评等都会对团队绩效产生较大的影响。大多数的研究认为对团队整体绩效进行考评有助于团队目标的实现。DeShon（2004）认为应该向团队成员提供较多的团队绩效反馈。其研究表明若团队成员收到更多团队绩效的反馈，则成员更关注团队绩效的提高；团队成员收到关于个人和团队绩效的反馈有利于团队目标的实现。

（4）培训

实证研究证明交叉培训可以提高团队的有效性，如优化成员之间的沟通、协调等团队过程，以提高团队绩效。在Hirschfeld和Jordan（2006）的研究中指出选择有团队工作知识的个体成为团队成员会有利于团队绩效的实现。文中还认为这种团队工作知识是可以培训的，也就是说向团队成员提供关于在团队中工作的知识会利于团队绩效的提高。

4）授权与组织支持

授予团队充分的决策权和行动权是保证团队取得高绩效的必要条件之一。过少的授权会限制团队的工作自由度，影响决策的实效性。组织对团队的授权应建立在对团队充分信任的基础上，授权应该是全面性的、广泛的，这样才能促使团队发挥其最大潜能，创造更高的绩效。

组织的支持对于团队绩效的提高有重要作用。每个员工都渴望在工作中得到足够的重视，团队更不会例外。团队组建后，组织应给予充分的重视，并及时给予团队各方面的帮助和支持，充分提高整个团队的工作积极性，创造出更好的业绩。

6.2 团队绩效考核

对于任何一个团队来说，绩效考核都是一个至关重要的问题，绩效考核有利于维护团队形象，能够搞清楚团队目标是否真正实现，有助于增强团队成员的成就感和集体荣誉感。正确的绩效评估是判断一个团队是否成功的最重要也是最终的标准。

6.2.1 团队绩效考核

由于团队特殊的运作方式，团队成员在团队和个人两个层次上都负有责任，因而传统的以个人导向为基础的考核体系必须有所改变。企业必须明确团队绩效考核的对象是什么？它与传统的职能部门绩效考核有什么不同？这样才能有效实施团队绩效考核。

1. 团队绩效考核的对象

团队绩效考核的对象是个体成员还是整个团队？根据团队绩效既包括团队整体绩效也包括团队成员个人绩效的定义，团队绩效的考核不仅要对团队的绩效目标进行评估，还要对团队成员的工作表现及团队绩效对组织目标实现的贡献进行评估。

实践表明，如果仅仅测评团队的结果和行为，由于没有认同个体的努力，则有可能造成社会懒散现象，即个体由于参与团队工作而使其在团队的工作效率比自己单独工作时的效率大大降低，也就是“吃大锅饭”的思想；而个体层面的绩效考核却会很容易忽视优秀团队的互动和协同效应。团队绩效考核应给整个团队传达这样一个信息，即必须认识到团队里的问题以及团队成员共同开发团队的能力。团队绩效考核可以提高团队成员的自豪感和所有感，并不断地提高团队成员的认可感等。

2. 团队绩效考核与传统职能部门绩效考核的差别

传统的绩效评估，一般都是严格按照既定的部门及上下层关系来进行考核，而团队由于其特有的目标依赖性、角色依赖性和成果依赖性等特征，需要来自不同专业背景、不同部门、承担不同职能任务的团队成员协力合作，共同达成绩效目标。团队中的成员事实上已经无法作为一个独立的个体进行绩效评估，这就使得传统的绩效评估已经无法适应跨职能、跨部门的团队要求。要实现对团队的种种期望，就需要新的绩效考核体系，即针对团队绩效的考核体系。两者的区别如表 6－2 所示。

表 6－2 团队绩效考核与传统职能部门绩效考核的区别

项　目	团队绩效考核	传统职能部门绩效考核
目标	作为提高个体、团队和组织绩效的手段，规范团队和个体的行为	作为兑现奖惩的测量手段，规范个体行为
评价重点	个人与团队绩效并重	个人绩效
评价基础	团队式管理组织结构，信息开放	等级制的组织结构、信息封闭
评价导向	注重员工、团队长期价值；“未来”导向	注重既往绩效考核；“过去”导向
评价主体	绩效评价组、专家咨询和上级、同事、下属、本人及顾客的全方位参与	一般是上级，有时也有同事、下属、本人及顾客少量参与
评价客体	团队和个人；注重行为/过程和结果的统一	个人；注重结果

续表

项　　目	团队绩效考核	传统职能部门绩效考核
评价指标	团队绩效指标和个人绩效指标；有形资产和无形资产并重	个人绩效指标；注重有形资产的增值
评价方式	团队和个人层面相结合的考核	一般采用特定部门或上下级关系考核
资源利用	管理对象表现为对资源的整合	管理对象表现为对资源的竞争
应用	侧重开发功能	侧重管理和控制功能

6.2.2 团队绩效考核的方法

团队绩效考核的方法主要是将一般的绩效考核方法应用于团队绩效考核之中。常用的团队绩效考核方法主要有以下几种。

1. 360°绩效考核法

绩效考核中的一个变化就是采用多个考核者，取代过去仅由上级或者自己作出考核的方式。这种方法被称为360°绩效考核法。

用360°绩效考核法考核团队绩效就是通过不同的考核官（上级主管、同事、下属和顾客等），从不同的角度来考核，全方位、准确地考核团队及其成员的绩效。从多角度进行考核综合了多方面的因素，拓宽了团队及其成员的视野，让团队及其成员明白不仅要服务好外部顾客也同样要让企业内部顾客得到满足。

360°绩效考核把焦点放在团队及其成员的发展上，并努力使个人目标与组织团队、组织的目标协调一致，这一点大大优于传统绩效考核方式，并且有助于团队的健康成长，提高员工满意度。随着组织的不断变革，团队或部门内的协作精神显得日益重要，而同事间的评价将有效地提高团队成员对共同目标的追求。

360°绩效考核对以团队为工作方式的企业十分重要，用360°方法对团队成员进行考核可以发现只讲求个性而不能与团队相容的成员，对于这样的成员，可以采取相应的方式进行改变，以提高团队合作能力；用360°方法对团队绩效进行考核，可以让团队发现自身不足，探讨改进方法，不断提高团队绩效。

2. 目标管理法

目标管理的基础是充分相信人的积极性和工作能力。其功能在于通过目标的设置激发人的动机，指导人的行为，使个人的需要、期望与组织、团队的目标挂钩，以调动个人的积极性。目标管理的特点在于，它是一个团队与其成员之间双向互动的过程。在进行目标制定时，组织、团队及其成员都必须依据自己的经验和手中的材料，各自确定一个目标，然后进行沟通，找出之间的差距以及差距产生的原因，提出解决方法，然后重新确定目标，再进行沟通和讨论，直至取得一致意见。一旦目标被认可并确定下来，就必须严格地执行，并按照目标的要求进行定期考查和互相督促。一旦出现意外变动，应该立即进行沟通，以便根据实际情况对目标进行调整。在整个评估期内，组织或团队通过反馈的方式来监控员工达到目标的过程。在实施过程中，要坚持被考评者参与目标的制定，坚持个人目标与团队、组织目标的有机结合，激发团队成员实现个人目标的责任感，并坚持自我评价和自我调整。

3. 平衡计分卡

平衡计分卡是由美国学者卡普兰和诺顿在1990所提出来的一种全新的理念。在目前它也是比较先进的一种业绩评价方法。它在原有传统财务指标的基础上，接纳了新经济时代的多元化观点，从四个不同的角度来衡量组织的业绩，即财务、客户、内部流程运作、学习与发展。平衡记分卡的问世打破了传统的只注重财务指标的业绩管理方法，它要求企业从不同的角度去审视自身业绩。平衡记分卡的目标和衡量指标来源于组织战略，它把组织战略转化为有形的目标和衡量指标，是一个崭新的绩效衡量模式。

1）平衡计分卡对团队整体绩效的考核（王民元，2005）

作为一个存在于企业内部又具有相对独立性的团队，也同样适用平衡计分卡的评价模型。首先，要明确该团队是属于什么类型的团队以及团队的整体战略是什么。然后在企业战略的基础上，设计团队的平衡计分卡，将评价模型分为四个维度。再在整体战略的基础上根据每个团队自身的实际情况，结合市场信息设计出四个维度的绩效衡量指标。这样就可以为团队提供运作所必需的信息，并且使信息系统化，不至于过分庞杂。其中最重要的是，平衡计分卡将这些指标量化，直接而有效，对团队监控的有效性起到了很大作用。

平衡计分卡在团队中的应用，比起其他绩效测评模型更具优点。主要体现在以下几个方面。①使用范围：平衡计分卡不论是在营利性组织（如企业）还是非营利性组织（如政府）；企业整体还是存在于企业内部的某一团队，都同样适用。②发展程度：从20世纪80年代中期的思想起源，到现今的广泛应用，都为平衡计分卡引入团队打下了一个良好的基础。这是其他任何一种测评方法所不具备的。③内容的详细程度：平衡计分卡在确定四个维度（财务、顾客、内部业务流程、学习与成长）的基础上，还分别对四个维度进行了详细的绩效测评指标的设置。另外，平衡计分卡作为一个动态的工具应该根据团队的具体情况作出相应的调整，因为在一定时期内，各种目标、指标和目的预期都会发生改变。

2）平衡计分卡对团队成员个人绩效的考核

在对团队成员进行个人绩效评定时，可以制作员工的个人平衡记分卡。根据团队类型及考核重点的不同，将团队的平衡记分卡进行细化，结合组织的整体目标和战略规划，由员工参与制定自己的工作目标和评估手段。个人平衡记分卡也应从财务、内部业务、客户和创新学习四个方面来设计指标，对团队中的成员个体进行考核。

个人平衡记分卡包括三个层次的信息：第一层是企业的总目标和评估手段；第二层是团队如何将企业的目标和评估手段转化成团队的目标、计划和具体的评估手段；第三层对于个人来说最为重要，主要提供个人对工作目标的阐述及其在近期内将如何表现以实现这些目标。员工可以为自己的工作目标制定评估手段，以实现团队的目标及企业的总目标。

团队成员在设计个人平衡记分卡时应发挥主导作用，这样可以充分调动员工积极性和归属认同感。在制定个人平衡记分卡的过程中，可以使团队成员加强对团队目标的认识，明白自己的行为会对整个团队的发展产生什么样的影响，增强整个团队的凝聚力。在团队工作方式下建立团队成员的个人平衡记分卡是必要的，个人平衡记分卡的考核对象是团队中的每个个体成员，用以评估每个成员在团队产出中所做出的贡献，这样可以在一定程度上缓解单纯以团队为绩效评估单位的考核方式给团队成员所带来的不公平感，提高团队成员的工作积极性。

由于团队工作方式本身所固有的信息不对称的特点，在实际的绩效评估过程中，要将团队层面的评估结果和以个人为考核单位的评估结果相结合，赋予二者不同的比重，使绩效评估在最大程度上做到公平公正，减少“搭便车”现象的产生。

4. 关键绩效指标（张春霞，2005）

关键绩效指标（KPI）是指企业宏观战略目标决策经过层层分解产生的可操作性的战术目标，是宏观战略决策执行效果的检测指针。它通过目标层层分解的方法使得各级目标（包括团队目标和个人目标）不会偏离组织战略目标。作为当前绩效考核的一种工具，KPI 可以更好地衡量团队绩效以及团队中个体的贡献，起到很好的价值评价和行为导向作用。

基于 KPI 的团队绩效考核的思路是：依据企业的战略目标和客户的需求来确定团队的目标，据此确定团队整体绩效和团队成员个体绩效的考核维度，并分配不同的权重；然后进行各个维度下 KPI 的解析，确定每个维度的内容及目标实现的标准；最后根据 SMART 原则来选择具体的关键业绩指标。

使用 KPI 法对团队绩效进行考核时，其关键点是为团队选择合适的 KPI。在选取团队 KPI 时，要明确 KPI 是一些关键可控的指标，它们是可度量的，能够反映组织战略目标的要求，而团队绩效 KPI 又应当反映出团队这种组织形式的特点，体现对合作和参与意识的重视。以项目团队为例，如果组织战略目标是获取技术领先和大力开拓市场，而项目团队的主要任务是开发新产品，则对于团队绩效来说，考核的一个关键维度就是新产品的技术先进性和市场潜力，落实到指标上，可以表述为：新产品上市时间、一定时期内产品运行出错率、客户投诉数量及先期市场占有率等。而对于其中团队成员绩效的考核，则需要这样的指标：一定时期内提供创新性建议的数量、完成个人分担任务的时间、对客户要求的响应时间等。

在绩效考核的实施过程中要注意，创建 KPI 并不是工作的全部，更重要的是如何将 KPI 很好地运用，使得 KPI 能真正反映团队的绩效，促进团队的绩效管理，使团队能切实帮助实现组织的战略目标。具体注意以下几点。

（1）团队 KPI 不是一成不变的

团队 KPI 是对组织战略目标分解后取得的，它是企业内部分级目标的体现。当企业阶段性目标和工作重点发生变化时，KPI 也要相应地作出调整，以此保证不偏离上一级目标。

（2）团队成员个体 KPI 应反映个体对团队的贡献

团队成员的个体 KPI 并不一定是从团队 KPI 下直接分解而得的，有时是根据角色要求结合团队目标来设定的。但是它一定要能够反映出个体对团队的贡献，从而更好地促进团队建设，提高团队绩效。

（3）团队 KPI 要有助于绩效改进

绩效考核仅仅是绩效管理的一个环节。对于团队来说，通过合理有效的绩效考核，获得团队和个体的认同，更希望能够借此促进团队绩效的改进。通过 KPI，团队及其成员可以清楚地知道组织希望他们做什么、怎么做、要做到何种程度，以此来约束自己的行为，并对不符合标准的地方加以改进。

(4) KPI 指标的确定需要沟通

在为团队成员确定 KPI 时，团队领导者和成员之间需要良好的沟通，明确 KPI 的具体含义和要求。让员工积极参与 KPI 的建立，使 KPI 达到可控的目标，并且更为实际有效，同时也能提高员工的积极性。

6.2.3 团队绩效考核流程

对团队绩效的考核可以遵循一个固定的流程，即先进行考核前的准备，再确定团队绩效和个人绩效考核的维度、分配考核纬度的权重、确定考核要素、分解绩效考核指标、收集绩效数据和实施绩效考核。(Zigon，1998；徐芳，2003)

1. 考核前的准备

在进行绩效考核前要做好以下准备工作。首先要依据企业经营战略和顾客需求，确定团队目标，根据团队目标确定团队的策略，为开发考核标准提供依据。其次，分析现有的组织目标和关键业绩指标，看在这些目标中团队能够影响的指标有哪些。最后，需要对组织绩效考核指标进行分析，看团队如何帮助组织实现这些指标。

2. 确定团队绩效测评维度

确定团队绩效测评维度，通常采用以下六种方法。

1) 利用组织绩效目标来确定

该方法最适用于那些为了帮助组织改进绩效目标而组建的团队。组织的绩效目标体现在压缩运转周期、降低生产成本、增加销售额、提高客户的忠诚度等方面。通过以下步骤可以确定能够支持组织实现目标的团队绩效。

① 首先界定几项团队可以影响的组织绩效目标。

② 如果团队能够影响这些组织绩效目标，接下来就要回答这样一个问题："团队要作出什么样的业绩才能有助于组织达到其目标?"

③ 把这些成果细化为考核指标，并以它们为基础进行团队绩效考核。

2) 利用业绩金字塔来确定

业绩金字塔的出发点首先是要明确绩效的层次。组织必须创建这些绩效指标并选择那些能够把团队和组织目标紧密联系起来的绩效指标。因此，把团队绩效和组织绩效紧密联系起来就能保证团队的成功，并将会有利于整个组织。建立一个绩效金字塔可以通过回答以下有关工作成果的问题来构筑企业的绩效金字塔。

① 什么是整个组织的宗旨或功能？组织需要什么样的绩效产出？

② 需要什么样的绩效水平来支撑组织绩效的产生？

③ 在这些绩效中的哪几项是团队负责创建的？

如果创建的绩效金字塔是为整个组织而建立的，那么，只有金字塔内的某些部分才是团队需要对此负责的。通过对金字塔的观察，团队可以确定应当对此负责的几项成果。

什么时候使用绩效金字塔来确定团队绩效考核维度呢？当团队的绩效目标是组织大的绩效目标中的一个小的组成部分时，可以采用此方法来确定团队绩效考核的维度。

3) 利用工作流程图来确定

工作流程图是描述工作流程的示意图。工作流程贯穿于各个部门之间，是向客户提供产品或服务的一系列步骤。用工作流程图来计划工作流程，并把它作为确定团队绩效的考核维度的工具有以下几个好处：

① 把质量与流程改良计划和绩效管理联系起来；

② 那些有清晰工作流程的团队能够对其在工作流程方面的有效性进行测评；

③ 对工作流程进行计划可以确定简化和重新设计流程的机会，从而形成更好的工作流程。

那么，怎样使用工作流程图来确定团队绩效的测评维度呢？从工作流程图中，至少可以提取三个内含的绩效考核指标：

① 向顾客提供的最终产品；

② 整个团队应负责的重要的工作移交；

③ 整个团队应负责的重要的工作步骤。

工作流程图法适用于当团队的工作具有清楚、明确的工作流程时。

4）利用客户关系图确定

要描述团队的客户以及说明团队能为他们做什么，最好的办法就是画一张客户关系图。如图 6-10 所示。这张图能够显示出团队、提供服务的内外客户的类型以及客户需要从团队获得的产品和服务。也就是说，该图能够显示出团队及其客户之间的“连接”。

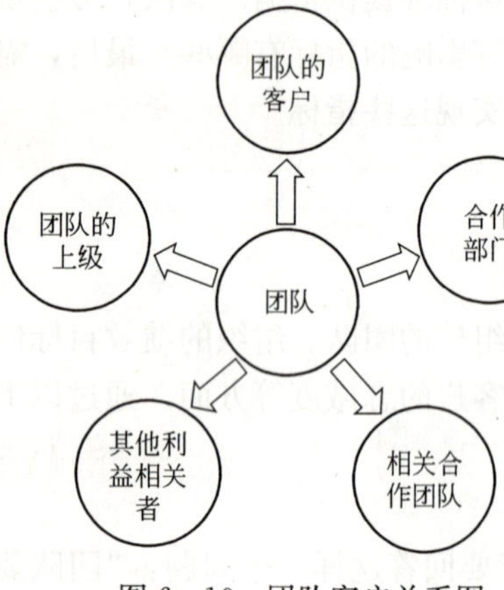

图 6-10　团队客户关系图

当团队的存在主要是为了满足客户的需求时，最理想的方法是采用客户关系图法。团队必须要考虑客户对团队的需求，客户的需求是团队绩效测评维度的一个主要来源。客户就是那些需要团队为其提供产品和服务并帮助其工作的人，既可以是组织内部的同事，也可以是组织外部的顾客。

5）利用关键业绩指标来确定

在为团队选择 KPI 时，首先要确定企业战略下团队的目标，据此确定团队整体绩效测评维度；然后进行各个维度下 KPI 的解析，确定每个维度的内容及目标实现的标准；最后根据 SMART 原则来选择具体的关键业绩指标。SMART 原则即具体的（Specific）、可衡量的（Measurable）、可达到的（Attainable）、现实的（Realistic）、有时限的（Time-based）。

6）利用平衡计分卡来确定

平衡计分卡不仅可以用于企业、部门和个人的考核，同样也可以用于团队的考核。可以从以下四个方面来建立团队的平衡计分卡。

① 上级角度：该团队所承担的共同目标是什么？实现了这个共同目标，也就达到了该团队的关键绩效。

② 协作角度：团队成员是以什么样的运作方式来开展工作的？

③ 职责角度：团队的职责是什么？团队工作标准是什么？

④ 培训学习角度：怎样持续应对变化而创造价值？利用培训等手段，如何达到成员间能力的互补？

3. 界定个人绩效考核维度

根据团队绩效的定义，团队绩效考核不仅要对团队整体绩效进行考核，还需要对团队成员个人绩效进行考核。团队中成员都希望知道自己的绩效水平如何以及自身对于团队的贡献如何，因此需要对团队成员的个人绩效进行考核。对团队成员个人绩效进行考核可以发现团队中绩效优秀者，以便对其进行奖励；同样可以发现在团队中绩效不佳的员工，以便团队能够采取有效的措施帮助其改进绩效。既然要对团队成员的个人绩效进行考核，那就需要确定个人绩效考核的维度。在进行个人绩效考核维度设计时，可以使用前面介绍的绩效考核方法如个人平衡计分卡、个人 KPI 等。除此之外，还可使用“角色—业绩”矩阵来界定团队成员个人绩效的考核维度。

“角色—业绩”矩阵是用来确定团队成员为了确保团队目标的实现所必须作出业绩的一个表格，同时它明确了各团队成员在为团队做贡献时所扮演的角色。在“角色—业绩”矩阵内，团队各项绩效维度列于表格横轴，团队成员则排在表格的纵轴。在中间每个方格内是团队成员为了支持团队业绩而必须创造的个人业绩。如表 6－3 所示。

表 6－3　角色—业绩矩阵

团队绩效 / 团队成员	团队绩效维度 1	团队绩效维度 2	团队绩效维度 3	团队绩效维度 4
团队成员 A	个体绩效			个体绩效
团队成员 B		个体绩效		
团队成员 C			个体绩效	

资料来源：徐芳. 团队绩效测评技术与实践. 北京：中国人民大学出版社，2003：72.

4. 分配考核维度权重

权重反映了每项成果的重要程度，不仅仅是所消耗的时间长短，权重有助于团队更加有效地利用时间。当团队进行个人的任务分配时，权重有助于团队成员了解每项任务的重要程度。

确定权重的方法有专家定权法、历史资料法、数据分析法等。专家定权法是由相应的行业和领域内造诣较深的专家依据自己积累的经验来确定权重。历史资料法是根据历史资料的记载，按每种指标调查结果的重要程度赋予相应的权重。数据分析法是从实际数据出发来确定权重，具体包括平均赋值法、主要成分法、因子分析法等。权重分配完成以后，应反映各项绩效维度的相对重要性。

在团队绩效考核中，权重分配的方法如下。

① 决定在整个 100％的权重中，应该将多少比例分配给团队绩效，将多少比例分配给个人绩效。为了在团队整体绩效和团队成员个人绩效之间进行有效的权衡，一般给予团队整体绩效较高的权重，具体可根据实际情况而确定。

② 把所有的团队权重在团队绩效维度范围内进行分配，把所有的个人权重在个人绩效维度范围内进行分配。

③ 分配权重时，应根据各项业绩对组织的重要性而非所花费的时间来分配权重。权重通常以 5％为增量。

④ 权重分配完成以后，应确保能反映团队成员各项测评维度相对重要性的看法。

5. 确定考核要素

对团队绩效进行考核时，确定考核要素十分重要。考核要素是用来评定每项业绩做得有多好的衡量标准，分为一般性要素与具体性要素两类。对团队进行绩效考核时，常见的要素有四个：数量、质量、成本和时效性。

① 数量：数量的多少、比率或总量。如每年服务的顾客数、每月的客户投诉数量、每周开展的项目数等。

② 质量：质量的好坏、准确程度、完整性或原创性。如差错率、返工率、准确无误的订单占全部订单的百分比等。

③ 成本：成本的高低，或是团队成员完成工作须执行的成本指标。如预算金额、前一阶段节省的费用、预算变动的百分比等。

④ 时效性：何时达到某些绩效目标，或必须达到某些绩效目标的最后期限。如完成任务所需要的天数、两周之内作出响应的百分比等。

一般性的考核要素指通常情况下什么是一项业绩的重要因素。具体性的考核要素指业绩中那些需要进行进一步跟踪的部分。具体性考核要素可以确定如何才能知道数量、质量、成本和时效性标准得到了满足。具体性的考核要素共有两种表述方式：定量化和定性化。定量化考核要素使用数字来考核业绩，主要明确需要进行跟踪的指标。定性化考核要素使用文字来考核业绩，主要明确将由谁来判断绩效和需要考核的要素。

6. 分解绩效考核指标

如果考核要素是用来判断团队或团队成员绩效的标尺，那么绩效指标就好比标尺上的制度，可以用来表示绩效等级。要素是考核的内容，而绩效指标则是所要求达到的程度。

团队绩效考核指标有两种。

① 定量化指标：主要考虑“希望生产的数量是多少”或“为了帮助组织达到目标，必须达到什么样的绩效水平”。将绩效指标确定一个范围，最高标准是某些业绩优秀者或业绩优秀的团队经过努力可以达到的绩效，最低标准则代表管理者认为可以接受的水平。

② 描述性指标：考虑“对于每一个要素，哪些判断依据表明工作达到了预期的目标”或“哪些判断依据表明顾客认为达到了预期的目标”。列出判断依据、因素和为每一个因素设置的符合规定的工作。

7. 团队绩效数据的收集与反馈

团队的绩效指标确定后，下一步就是要收集与团队及团队成员的绩效相关的数据、资料。团队绩效数据来源可以是现有的各种报表数据，也可以是实际调查收集的数据。收集数据是团队绩效考核中的重要环节。

首先，数据是绩效考核的事实依据。绩效考核结果的判定需要明确的事实依据作支撑。尽管初期确定的工作目标可以反映一些问题，但不足以完全证明员工按照规程、制度进行了操作。收集数据和记录，可以作为对团队成员进行绩效诊断和绩效考核的重要依据。

其次，有助于诊断团队成员的绩效。对绩效信息的记录与收集可以使团队积累一定的关键事件。通过这些信息或关键事件，可以诊断员工的绩效，找出潜在的问题，以帮助员工改进。

最后，为绩效改进提供依据。收集数据和观察团队成员绩效的目的是为了解决问题、提高绩效。但是要解决问题必须要知道两件事，即存在什么问题和是什么原因引起了这个问题。如果笼统地对团队成员讲，你“沟通能力欠缺，需要改进”，员工可能不会在意，更不清楚应如何改进。

对于团队绩效资料的收集，最好由团队来完成，因为：团队所了解的信息是准确的；由团队收集资料能够保证团队及其成员获得及时的反馈；还可以为团队领导节省时间。

当出现下列情况时，才需要团队以外的人来收集数据：

① 数据收集要中断工作流程和需要太多时间；

② 只有团队以外的人才能确认工作的完成；

③ 考核尺度需要团队成员以外的人来掌握。

8. 团队绩效考核的实施

团队绩效考核既要测评团队整体绩效，也要考核团队成员个体绩效；既要强调工作过程，也要重视团队行为的结果。这样，才能详细地描述、考核和诊断团队的绩效，从而制定具体措施来纠正错误，改进团队成员及团队的整体业绩。如图 6 - 11 所示。

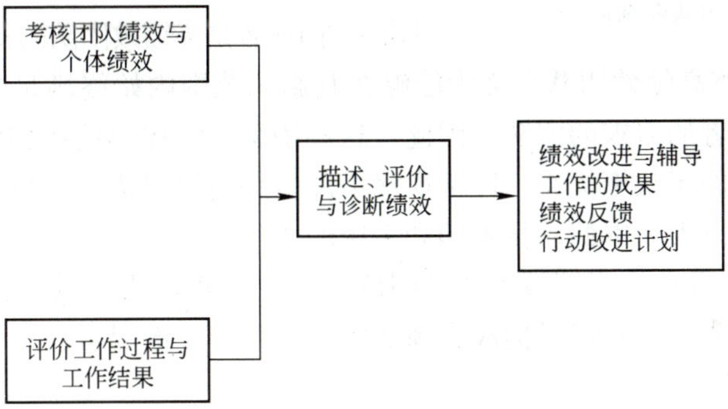

图 6 - 11　团队绩效考核的实施

对团队绩效考核的主要目的是改进团队的绩效，在对团队成员实施测评后，团队领导必须与团队成员进行绩效面谈。绩效面谈是团队经理和团队成员共同针对绩效考核结果所作的面对面的沟通与实施，共同分析在实现绩效目标过程中产生各种问题的原因，找出解决这些问题的办法。同时通过绩效面谈，可以为团队成员制定未来发展的规划与目标，制订下一个阶段的行动计划。团队绩效的改进是通过三大体系来确保工作态度、行为及工作业绩的不断改进，图 6 - 12 描述的即为团队绩效改进系统。

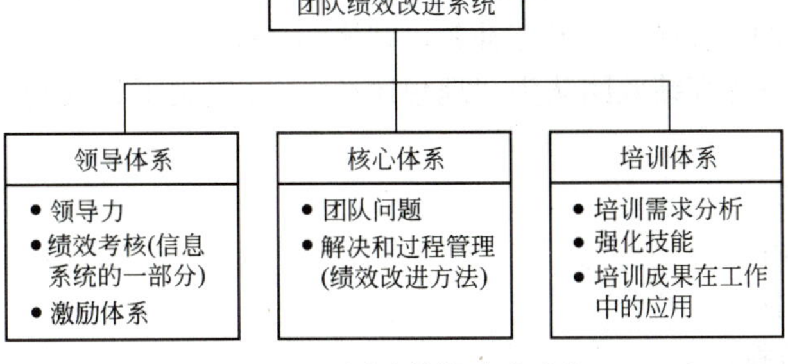

图 6 - 12　团队绩效改进系统

6.3 创建高绩效的团队

团队不是自发形成的，而是随着社会的发展而发展起来的一种组织模式。组织创建团队的主要目的是希望团队能够创造更多的价值，产生更高的绩效。因为高绩效的团队能够导致更高的生产率、更好的质量，以及员工对一个组织真正应该做的事情的更多关注（Faye，1998）。高绩效团队已经成为现代企业致力追求的组织结构。

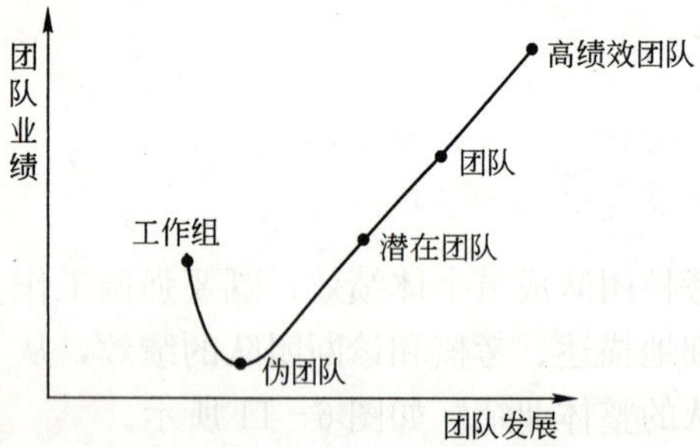

图 6－13　团队业绩曲线

6.3.1　高绩效团队

因为"团队"与"绩效"的相关性，许多学者将高绩效团队当作团队发展的目标。从团队业绩曲线中可以看出高绩效团队是团队发展的最终目标。如图 6－13 所示。

关于高绩效团队的定义，学者从不同角度给予了解释，主要是围绕团队的高绩效水平体现在哪些方面或者是高绩效团队的特征等内容进行的。

Kur（1996）将高绩效团队定义为能够在其影响范围内始终满足顾客、员工、投资者和其他利益相关者的需求的团队。因此，这些团队经常比那些在相似条件和限制下提供类似产品和服务的团队更优秀。Kur 观察了许多高绩效团队，认为高绩效团队是目标导向的、社会的、以人为本的、技术的和系统的。

Sharp（2000）等认为高绩效团队是团队中其成员都能为了其利益相关者的共同目标而发挥他们的潜能。并确定了构成高绩效团队的六个关键因素：

① 团队成员能力；

② 技能、流程、工具和技术；

③ 社交技能、沟通、个人偏好；

④ 价值体系；

⑤ 共享的愿景、宗旨、目标、导向；

⑥ 开放的组织价值观。

Colenso（2000）定义了高绩效团队的先决条件（愿景、授权、支持、目标）和高绩效团队的特质（社交技能、参与、决策、创造性和应对外部环境）。

Katenbach 和 Smith（1993）认为高绩效团队和一般团队的区别是高绩效团队的成员有更强的个人承诺。所以，高绩效团队具有高度的目的性、更高的绩效目标、更完整的方法、更多相互的责任感，以及互补并可替换的技能。

Castka（2001）称高绩效团队为"理想团队"，并定义了将其与"地狱之队"区分开来的七个要素：

① 坚定的理解；

② 共享的使命；

③ 创造性氛围；

④ 想法的所有权；

⑤ 对挫折的韧性；
⑥ 网络建立者；
⑦ 从经验学习。

6.3.2 高绩效团队的主要特征

高绩效团队优点很多，但它毕竟是在普通团队的基础上发展起来的，只不过比普通团队更全面、更高效。它具有以下八种特征，与普通团队相区别。

1. 清晰的目标

高绩效的团队要有清晰的目标，并坚信这一目标的意义和价值。在有效的团队中，成员愿意为团队目标作出承诺，清楚地知道他们要做什么工作，以及他们怎样共同工作直至最后完成任务。高绩效团队所需要的目标必须满足这些要素：团队成员理解和认同共同的目标愿景，并为目标的达成付出努力；目标十分明确并具有一定的挑战性；达成目标的策略是清晰的；团队成员拥有明确的角色分工或者团队的目标已经分解到个人。

2. 相关的技能

高绩效的团队是由一群有能力的成员组成的。他们具备实现理想目标所必需的技术和能力，而且相互之间有能够良好合作的个性品质，这对于出色完成任务尤为重要。有精湛技术能力的人并不一定就有处理群体内关系的高超技巧，高效团队的成员往往兼而有之。相关的技能使得团队能够迅速、高效地处理复杂的问题。那些对于个人或工作组而言十分困难的问题，经常可以由具有多方面互补技能的团队成员通过协作来解决。

3. 相互的信任

成员间相互信任是高绩效团队的显著特征。每个成员都应对其他人的行为和能力深信不疑。在日常的人际关系中，人与人之间的信任需要花大量的时间去培养，却又很容易被破坏。作为高绩效的团队成员必须认识到，只有信任他人才能换来他人的信任，不信任只能导致不信任。维持团队内的相互信任，还需要引起管理层的足够重视。组织文化和管理层的行为对形成相互信任的氛围影响很大。如果企业文化崇尚开放、诚实、协作的办事原则，同时鼓励员工参与和自主性，则比较容易形成信任的环境。

4. 一致的承诺

高绩效团队的成员对团队表现出高度的忠诚和承诺，为了能使团队获得成功，他们愿意去做任何事情。这种忠诚和奉献成为一致的承诺。成功团队中，团队成员对其团队具有认同感，他们把自己属于该团队的身份看作是自我的一个重要方面。因此，一致的承诺的特征表现为对团队目标的奉献精神，愿意为实现这个目标而调动和发挥自己的最大潜能。

5. 良好的沟通

这是高绩效团队一个必不可少的特点。团队成员通过畅通的渠道交换信息，包括各种言语和非言语信息。此外，管理层与团队成员之间健康的信息反馈也是良好沟通的重要特征，有助于管理者指导团队成员的行动，消除误解。高绩效团队中的成员能迅速准确地了解彼此的想法和情感。团队成员必须学会与别人进行公开、坦诚的沟通；学会面对个体间的差异并解决冲突；学会把个人目标升华为团队的利益。在交流过程中，每一个人要做到诚实可信，对事不对人。团队成员可以毫不隐瞒地提出自己的观点和看法，同时关注和倾听别人的建议，然后在团队内直面和公开处理这些不同的建议，并作出真诚的反馈。

6. 谈判的技能

以个体为基础进行工作设计时，员工的角色由工作说明、工作纪律、工作程序及其他一些正式文件明确规定。但对高绩效的团队来说，其成员角色具有灵活性和多变性，总在不断地进行调整。这就需要成员具备充分的谈判技能。由于团队的问题和关系时常变换，成员必须面对和应付这种情况。

7. 恰当的领导

团队的领导不同于传统组织中的领导。每个团队成员都可以因为其在某方面的特长而在团队中发挥领导作用。团队可以只有联系人，也可以有团队领导。而团队领导所起的作用并不是传统意义上的指挥与命令，而是对团队成员提供指导和正确的导向，并要认可和奖励个人或团队所取得的成就。重要的决策点，要采用多数人的建议从而避免简单的错误。尽管这种分担领导责任与放权相似，但却远不止于放权。真正的团队成员会感到他们享有实现其共同目标的权利。在不断地探讨团队目的、目标、方法，并培育起充分理解的过程中，团队成员齐心协力采取行动。而且，真正的团队常常会在行动之前或是行动之后检查团队领导的行为，而不是不过问。当然，最佳团队领导人通常对此表示积极的态度。

有效的领导能够让团队跟随自己共同度过最艰难的时期，因为他能为团队指明前途所在。其向成员阐明变革的可能性，鼓舞团队成员的自信心，帮助他们更充分地了解自己的潜力。优秀的领导者不是去指示或控制团队其他成员，而是要担任教练和后盾的角色，对团队提供指导和支持，但并不试图去控制它。

8. 内部支持和外部支持

要成为高效团队的最后一个必需条件就是其支持环境，从内部条件来看，团队应拥有一个合理的基础结构。这包括：适当的培训，一套易于理解的用以评估员工总体绩效的测量系统，以及一个起支持作用的人力资源系统。恰当的基础结构应能支持并强化成员行为以取得高绩效水平。从外部条件来看，管理层应给团队提供完成工作所必需的各种资源。

6.3.3 影响团队产生高绩效的因素

影响团队产生高绩效的因素有很多，主要有：团队凝聚力、团队成员的熟悉程度、团队的领导、团队的目标、团队的激励政策、团队成员的多样性和团队成员的素质等。如图 6－14 所示。

李元旭将高绩效团队取得成功的因素划分为有形面和无形面。如图 6－15 所示。团队的有形面指的是促使高绩效团队成功的“策略规划面”。共同的愿景以及目标是启动团队的动力所在。由于每个组织中存在着许多需要完成的目标，而这些目标无法由一个人单枪匹马来完成，需要的是集体的智慧与共同努力，也就是需要通过团队的建立来达成。因此，团队便在“目标”这个前提下成立了。而驱使团队更加完善，更加完美地达到目标的做法，则是共同愿景的建立。由于共同愿景的建立，使得团队有着共同的使命感和责任感，促使大家彼此通力合作达到组织的目标。至于策略，则能使我们将自己的

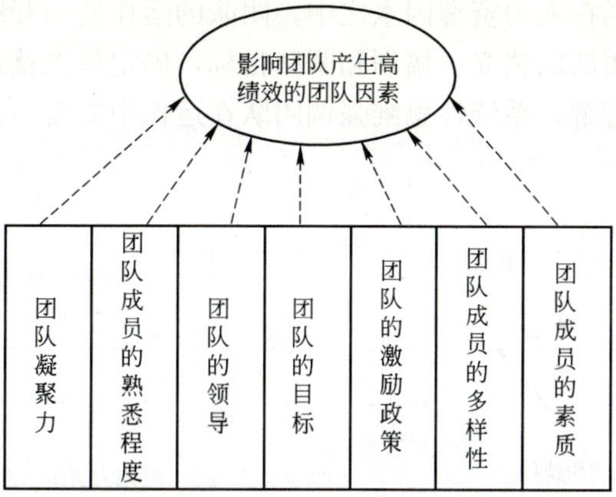

图 6-14　影响团队产生高绩效的团队因素

资料来源：徐芳. 团队绩效测评技术与实践. 北京：中国人民大学出版社，2003：34.

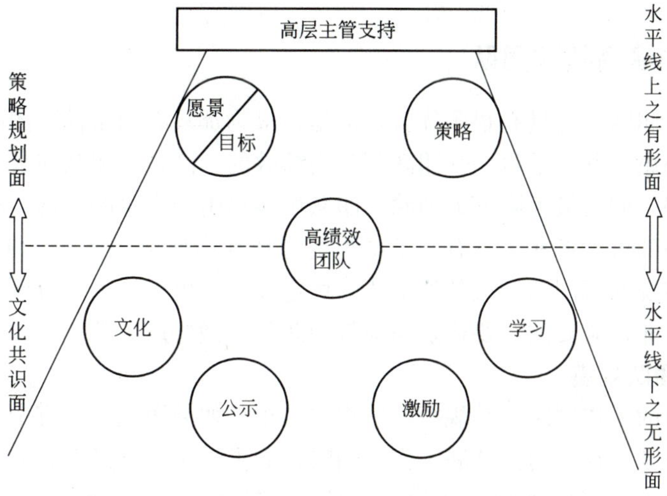

图 6-15　高绩效团队成功要素关系

资料来源：李元旭. 高绩效团队. 北京：经济管理出版社，2001：5.

理想目标借着成功的策略，有计划、有步骤地、脚踏实地地推行，一步一个脚印地完成，而不至于纸上谈兵。

高绩效团队的无形面指的是所谓的“文化共识面”。文化强调的是团队中应有的规范，使团队成员清楚有所为有所不为；共识是指通过有效的沟通来增进团队成员的凝聚力，以及通过有效的会议来促成良好的团队决策；激励则是为了促使团队成员发挥各自的主观能动性，积极地参与；学习是指要促使团队能不断地创新与变革。

但是这些都离不开高层领导的支持，如果没有高层领导的支持，纵使所有的高绩效团队的有形面和无形面的要素都准备好了，最终还是无法将高绩效团队建立起来。

国外学者 P. Castka 等把影响高绩效团队成功的因素归纳为包含七个子集的两大类别，并提出了影响团队实现高绩效的概念模型，如图 6-16 所示。模型中系统性因素包括组织情境、确定焦点、与外部实体互动和一致，以及绩效衡量、知识和技巧、个人需求和团队文化则被包括在人力资源因素之中。团队的运作离不开组织提供的支持性的环境，组织情境决定了团队的建立、培训和团队目标，确定焦点就是团队定义任务、愿景及目标并被每个成员理解，系统性思维强调团队在运作中需要与其他外部实体的互动。

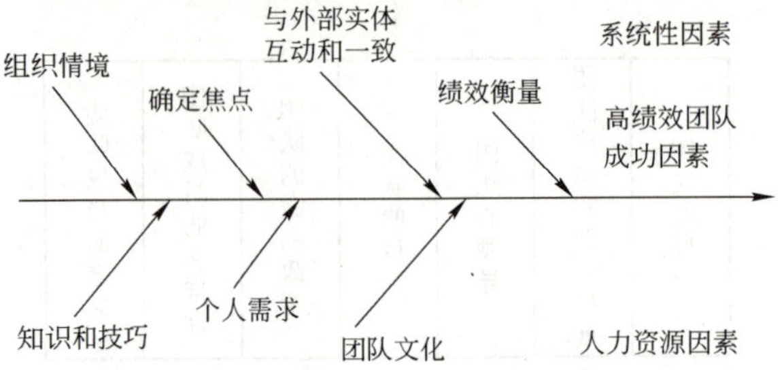

图 6-16　团队实现高绩效的影响因素

资料来源：CASTKA P，et al. Factors affecting successful implementation of high performance teams. Team Performance Management，2001，7（7/8）：123.

6.3.4　构建高绩效团队

组织中建立团队虽然具有很多优势，但是，事物都具有两重性，团队也会给组织带来一些潜在的隐患，并不是每一个团队都是高绩效的。高绩效团队在最大程度上发挥了团队的独特优势，同时最大限度地消除了团队可能给组织带来的弊端。高绩效团队是组织提高运行效率的可行形式，它有利于组织更好地利用雇员的才能。在多变的环境中，高绩效团队比传统的部门结构或其他形式的稳定性群体更灵活、反应更迅速。因此，构筑高绩效团队是非常必要的。要构筑高绩效团队就要做好以下几点。

1. 适度的团队规模

作为高绩效的工作团队，其规模一般都比较小。如果团队成员有十多个甚至更多的话，他们就很难顺利地沟通并开展工作。同时，如果团队成员过多，成员之间相互缺乏了解和理解，也难以形成凝聚力和相互信任感。斯蒂芬·P·罗宾斯认为，有效的团队，其成员人数控制在 12 人以内为宜。如果一个单位人数众多，而管理者又希望采取团队模式，可以采取将一个工作群体划分为几个工作团队的方法。

2. 合理的成员能力结构

团队要想有效地运作，需要有三种不同技能类型的成员：其一，具有技术专长的成员；其二，具有解决问题和决策技能的成员，这些成员能够发现问题，提出解决问题的建议，并权衡这些建议，然后作出有效的选择；其三，若干善于倾听、反馈、解决冲突及拥有处理人际关系技能的成员。

对具备不同技能的人进行合理搭配非常重要。如果一个团队不同时具备以上三类成员，就不可能充分发挥团队的绩效潜能，更不可能成为高绩效的团队。

3. 团队中角色的适当分配

对具备不同技能的人进行合理搭配是极其重要的，不同个体因其人格特点的差异，对角色扮演有不同的偏好，团队管理者应该了解个体能够给团队带来贡献的个人优势，以员工的人格特点和个人偏好为基础来挑选团队成员，分配工作任务时，一方面，使其适应成员个人的技能水平；另一方面，使其与成员的风格偏好相一致。通过把个人的偏好与团队的角色要求相匹配，使团队成员能够和睦相处，产生高绩效。

4. 制定共同的团队目标

团队因为团队成员所认同的目标而存在，即每个团队的建立或存在都有一个特别的任务，团队成员以完成这个任务为主要目标。目标的确立对于团队而言是一件非常重要的事情，是团队的核心动力：首先，团队共同目标来自于共同的利益需求，团队的共同目标是团队对团队成员的一种利益吸引，也是对团队成员行为方向的一种界定，这种基于利益基础的共同目标会给团队成员带来源源不断的动力；其次，团队共同目标也是全体团队成员的价值体现。当人们为了共同的目标工作在一起时，信任和承诺会随之而来。因此，拥有强烈集体使命感的团队必将为了其业绩表现，共同承担责任。这种集体责任感同样也可以产生丰厚的集体成果作为回报，正是这种集体责任感把他们凝聚在一起，形成强大的团队，成为高绩效团队。

5. 增强团队成员情绪智能

情绪智能是指人控制情绪的能力及待人接物时所表现的智力水平。团队成员情绪智能的平均水平加上团队领导的情绪智能及团队各成员间关系协调水平构成了团队总的情绪智能，而团队总的情绪智能是高绩效团队建设中的一个重要环节，是团队精神的一个重要组成部分。因此，增强团队成员情绪智能是夯实团队精神的重要手段。Druskat 和 Wol 认为可以通过以下几种方式来增强团队成员情绪智能，从而提高整个团队的情绪智能：

① 在增进情绪认识能力方面，包括人际理解、观点采择、团队的自我考核、寻求反馈和组织理解等方法；

② 在提高情绪调节能力方面，包括关爱、创建肯定性环境、构建社会支持系统和积极的问题解决方法等。

6. 强化团队精神

团队精神是指团队整体的价值观、信念和奋斗意识，是团队成员为了团队的利益和目标而相互协作、共同奋斗的思想意识。这种团队精神反映在团队成员的工作作风上，具体来说，反映在团队的凝聚力、集体的士气、成员之间的高度信任和为团队目标而合作的意识上。

团队精神是团队能够取得高绩效的灵魂，是成功团队难以模仿的特质，没有多少人能很清楚地描述团队的“精神”，但是每一个团队的成员都能感受到团队精神的存在，能够感到其令人振奋的力量。应当说，高绩效团队具有强大竞争力的根源，不在于其成员个体能力的卓越，而在于其成员形成的整体合力的强大，其中最具关键作用的，就是那种弥漫于其中、无处不在的“团队精神”。

团队精神的培养主要通过以下几个方面的工作来完成：树立团队信心，增强团队成员的相互信任及对领导者的信任，提升团队的凝聚力和士气；培养团队的协同精神，增强团队成员的合作能力。

1）相互信任的团队精神

高绩效团队的一个特点是团队成员之间具有高度的信任感，团队成员彼此认同各自的人格特点、工作能力和正直、诚实、负责等品格。信任是合作的基础和前提，相互信任能够提高团队合作的能力和品质，容易使团队成员将注意力集中在工作上。

学者将信任划分为五个维度：正直，即诚实、可信赖；能力，即具有技术技能与人际知识；一贯，即可靠，行为可以预测和处理问题时，具有较强的判断力；忠厚，即愿意为别人维护和保全面子；开放，即愿意与别人自由地分享观点和信息。罗宾斯认为，这五个维度的重要程度是相对稳定的，通常其顺序是：正直—能力—忠厚—一贯—开放。而且，正直程度和能力水平是一个人判断另一个人是否值得信赖的两个最关键的特征。

高绩效团队的成员彼此之间必须能够达到足够的信任程度。共同的目的和方法就是团队成员相互信任的严峻考验。举例来说，请想一下“老板让我负责”和“我们自己负责”之间微妙但却重要的差别。第一种情况可以导致第二种情况，但是，没有第二种情况，就不会有团队。第二种情况的核心是，团队承担责任乃是团队成员对自己和他人作出的严肃承诺，是从两个方面支持团队的保证：责任和信任。团队成员保证要为团队的目标负起责任，同时拥有对团队的各方面工作表达自己意见的权利，以及公平对待和倾听团队成员意见的权利和义务。通过遵循这样一种承诺，团队成员才能保持并将这种信任扩展，这是团队产生高绩效的基础。

组织文化和管理层的行为会有力地影响到团队内部的信任氛围。如果组织崇尚开放、诚实与协作，鼓励员工的参与性与自主性，就比较容易形成信任的环境。管理者可通过以下五种行为培养来加强团队成员对其的信任感。

（1）沟通交流

建设良好的沟通渠道，使成员之间以清晰明确的方式传递信息，及时反馈，彼此分享想法和情感，增进了解，消除误会，从而达成共识，降低内耗。

（2）支持下属

当团队或团队成员受到外来者的攻击时，维护其利益，用言语和行动来支持自己的工作团队。

（3）公正无偏

恪守信用，在绩效评估中作到客观与公正，适当慷慨地提供对成员的表扬。

（4）行为一致

尽量秉承行为的一贯性，使成员易于预测，从而减少其对未来的不确定性，增强信任感。

（5）展示实力

适当展示自己的专业技能和良好的职业素养，赢得团队成员的钦佩与尊敬。

2）培养团队协作精神

团队成员之间拥有较强的合作能力是成功团队的标志。加强由各个部门抽调出来的团队成员之间的合作，增强其合作能力，既发挥团队成员的个人创造性又充分利用团队的整体优势，应从以下几个方面入手。

（1）促使团队成员学习其他成员的有益于团队合作的优秀品质

在团队中提倡优秀的品质，促使团队成员发挥自己的优秀品质，尽量克服自己的缺点和消极品质，提高团队成员之间的认可程度，从而营造良好的团队气氛，使成员之间的交流更加通畅。

（2）促使团队成员敢于承担责任，同时给予别人希望

得到别人尊重的前提是能够满足其他人的希望，能够给其他团队成员带来帮助。敢

于承担责任是一个人实现自身价值的前提，团队成员承担其责任是团队目标细化的前提，是团队成员进行协同工作的基本保证。在承担责任的基础上，要给予他人希望，这是尊重他人的基础，一个小小的鼓励和赞许可以释放出巨大的工作热情。而且当你给予别人希望时，别人也会给予你希望，这样就会创造良好的协作氛围。

（3）促使团队成员保持足够的谦虚

由于团队中任何一个成员都可能成为某个方面的专家，所以团队成员应该保持足够的谦虚，应该将自己的目光注意到别人的强项上，这样才能够促使自己发现自身的不足，这种压力促使自己在团队中努力学习，不断进步。

7. 塑造有效的团队领导

任何团队、任何组织都有领导，高绩效团队也不例外，领导一般在组织中都有较高的地位和较大的权力，然而在高绩效团队中却并不如此，团队领导不再是发号施令的位高权重者，高效团队的领导往往担任教练或后盾的作用，他们对团队提供指导和支持，而不试图去控制下属，他们需要花心思去营造轻松的工作氛围，相互尊重、相互友爱、融洽的人际交往环境，轻松、愉快的沟通方式等，这就需要高绩效团队的领导较之传统领导具有较突出的情绪控制能力、协调能力、包容力、应变能力、亲和力、表达能力和决断能力。构建高绩效团队，选拔优秀的团队领导，培养团队领导，以上各方面的能力是必不可少的。

8. 建立有效的沟通机制

高速、有效的沟通机制是确保团队目标实现的重要保障。团队的形成和发展离不开团队成员间的协作和沟通，团队成员群策群力，发挥各自的优势技能必须有赖于大家保持一种真诚的双向沟通，团队成员间的密切团结和高效沟通可减少团队个体之间的矛盾、冲突，消除隔阂、误解，促成团队成员间的相互了解和协同合作。团队成员通过畅通的渠道交换信息，实现资源共享，促进知识创新。高效的沟通机制能确保信息渠道的顺畅，这有利于加强团队应对外界环境变化的能力，提高团队应对风险的预警能力，增强团队把握机会、迎接挑战的能力。团队领导与团队成员之间健康的信息反馈也是良好沟通的重要特征，有助于管理者指导团队成员的行动，消除误解。

作为团队领头人，要做到以下几点。

① 开诚布公。团队领导要利用多种方式，让每位成员充分了解信息，解释团队作出某项决策的原因，对于存在问题则坦诚发表自己的看法，做到充分沟通、坦诚相待。

② 要确立“人高于一切”的价值观。在进行决策或采取行动之前，要充分征求大家意见，让每个人参与决策，增强成员的被尊重感受和参与意识，避免决策中的官僚主义。

③ 作为团队领导人的部门领导，要重视平等待人，在进行绩效评估时，努力做到客观公平、公正、不偏不倚；对团队成员个人的事情，也当作团队的事情给予相应的关怀，让每位成员感觉到团队内部人与人之间是真诚的、有人情味的，大家因此而更加团结，更有利于协作；

④ 特别要注意培养沟通、团队建设和人际交往的技能，以提高工作的有效性。

9. 建立规范的团队绩效考评制度和激励制度

在群体中工作的人们容易产生社会惰化倾向，即他在集体中的工作努力程度不及他单独一人工作时的努力程度。造成社会惰化的主要原因之一就是人们觉得自己的工作贡献在集体中很难衡量，因此宁愿选择隐身于集体中。要实现团队的高绩效，管理者应通过使其成员在团队层次和个人层次上都承担责任，让团队成员清楚，哪些是个人的责任，哪些是大家共同的责任，以此来消除这种倾向。目标管理是帮助识别个人责任和团队责任的有效方法，它通过全员参与的方式，将团队工作目标分解，自上而下、层层具体地落实到个体身上，让每个成员既清楚整个团队的目标，又明确知道自己要完成的目标，个人绩效以个人目标完成情况为依据进行考核，团队绩效以团队目标完成情况为依据进行考核。

责任的划分明确后，就要落实相应的奖励。团队采取的奖励系统不但能够有效激励团队成员，而且要以提高团队凝聚力、加强团队成员间的合作，使团队成员对组织做出最大的贡献，提高个人绩效及整个团队绩效为目的。高绩效团队除了根据个体的贡献进行评估和奖励之外，还应该考虑以团队为基础进行绩效评估和利润分享。有关团队激励的一种流行做法是收益分成，即让工作团队共同分享通过努力而得到的收益，一旦团队目标达成，工作业绩实现，则所有团队成员都会获得奖励。

综上，构建高绩效团队模型应以高绩效团队精神为基础，以团队领导为核心，以有效沟通机制、适当的团队规模和团队成员角色优势互补为保障，以具有挑战性的团队目标为指引，以团队业绩与个人绩效相结合的考核与激励体系为反馈。

小结

团队工作方式得到了越来越多企业的认可，为了能够使团队有效运作，企业必须对团队进行考核。团队是一个组织在特定的可操作范围内，为实现特定目标而建立的相互合作、一致努力的由若干成员组成的共同体。团队在领导、目标、协作、责任、技能和结果方面与工作群体有着本质的区别。团队是由目标、人员、定位、计划和权限构成的。团队是相互依赖与协同、信息沟通与知识共享、角色定位与责任分担、等级平等与决策分享、自我管理与授权的。

团队绩效是团队为达到目标而采取的各种行为及其结果，包括团队的工作结果、团队对成员的影响和团队未来工作能力的改进。可以说团队绩效包含两个层面的内容，即团队整体绩效和团队成员个人绩效；团队绩效不仅要测评工作结果，也要测评工作过程或行为。

主要的团队绩效模型有：描述性模型、规范性模型、实证性模型、启发性模型、Schwarz 的团队绩效模型和综合性模型。

影响团队绩效的因素主要分为三个方面：个人层面、团队层面和组织层面。个人层面的因素有：能力、人格、团队成员的情商水平。团队层面的因素有：团队成员构成、团队角色平衡、团队目标、团队规模、团队结构特征、团队领导、团队情商、团队凝聚力、团队冲突、团队沟通、团队文化。组织层面的因素有：企业外部环境、组织文化、组织的人力资源管理、授权及组织支持。

团队绩效的考核不仅要对团队的绩效目标进行评估，也要对团队成员的工作表现及团队绩效对组织目标实现的贡献进行评估。团队绩效考核与传统职能部门绩效考核在目标、评价重点、评价基础、评价导向、评价主体、评价客体、评价指标、评价方式、资源利用和应用上有很大差异。

考核团队绩效时，可以采用360°绩效考核、目标管理、平衡记分卡、关键绩效指标等方法。

团队绩效考核应遵循一定的流程，即先进行考核前的准备，再确定团队绩效和个人绩效考核的维度、分配考核维度的权重、确定考核要素、分解绩效考核指标、收集绩效数据和实施绩效考核。

组织创建团队的主要目的是希望团队能够创造更多的价值，产生更高的绩效，高绩效团队已经成为现代企业致力追求的组织结构，高绩效团队是团队发展的最终目标。对于高绩效团队，不同的学者有不同的定义，主要是围绕团队的高绩效水平体现在哪些方面或者是高绩效团队的特征等内容进行。

高绩效的团队有清晰的目标、相关的技能、相互信任、一致的承诺、良好的沟通、谈判的技能、恰当的领导、内部支持和外部支持。

影响高绩效团队的因素有很多，包括团队凝聚力、团队成员的熟悉程度、团队领导、团队目标、团队的激励政策、团队成员的多样性、团队成员的素质、团队文化、组织情境等。

企业构筑高绩效团队必须做好以下几点：适度的团队规模、合理的成员能力结构、团队中角色适当分配、制定共同的目标、增强团队成员情绪智能、强化团队精神、塑造有效的团队领导、建立有效的沟通机制、建立规范的团队绩效考评制度和激励制度。

思考题

1. 如何理解团队绩效？团队绩效考核的对象是什么？
2. 企业如何进行团队绩效考核？
3. 对团队进行考核时，可采用哪些方法？这些方法的操作要点是什么？
4. 什么是高绩效团队？高绩效团队的特点是什么？
5. 企业如何构建高绩效团队？

本章案例

平衡记分卡在团队绩效考核中的应用

一、A公司销售安装团队绩效考核问题分析

A公司位于西南地区，是成立于20世纪90年代初期的中美合资企业。公司的主要业务是生产、销售、安装改性沥青防水卷材，在全国21个省、市地区各类重点工程中得到广泛应用。

A公司的产品销售、安装工作由公司市场部全面负责。市场部根据公司产品销售的主要区域，成立了重庆、成都、西北、华南四个销售安装团队，销售安装团队及其成员具有以下特点。

(1) 销售安装团队成员由销售人员与安装人员组成；销售人员的主要职责是收集市场信息、销售产品、回收货款；安装人员的主要职责是按照国家、行业及企业标准安装、铺设销售人员销售的防水卷材。团队成员具有互补的技能，必须相互配合才能完成团队的销售安装任务。

(2) 销售安装团队成员没有固定的工作时间与工作地点，由于工程地点不同，常常分散工作在不同的城市，主要通过电话、电子邮件、传真及有限的见面机会交流销售信息，协调产品运输、安装，以及销售合同的审核。

(3) 团队的每个销售安装工程由一至多个销售人员与安装人员负责，人数多少取决于工程量的大小与工程的难易及重要程度。

A公司的销售安装团队在公司发展初期，为公司迅速开拓市场、转变客户建筑防水观念起到了重要作用。自2000年以来，A公司销售数量、销售利润严重下降，其原因虽是多方面的，但是销售安装团队的绩效考核严重制约了A公司的发展。

第一，销售安装团队及团队成员绩效考核指标单一，没有完整的绩效考核指标体系。A公司根据生产能力与公司发展要求，每年给市场部门下达销售目标及新市场开拓目标，然而每个销售安装团队及团队销售人员没有具体的销售数量、销售利润目标。A公司及市场部只是将团队及团队成员的收益通过提成的方式与销售数量、销售利润联系起来，单纯利用利益驱动团队及团队成员的工作，这必然导致销售安装团队与团队成员工作行为的随意性，公司的销售目标得不到切实的保障。此外，现行绩效考核指标（见表1）主要考核团队及团队成员一些片面的工作结果，并将考核结果作为进行团队及团队成员利益分配决策的唯一依据，从而导致销售安装团队及团队成员的短期行为，忽略了对公司长远发展非常重要的一些活动，如开拓新市场、提高团队成员能力、关注客户需求变化等，最终导致A公司在2000年后出现销售数量、销售利润下降。

表1　A公司销售安装团队及团队成员现行绩效考核指标

	销售安装团队	团队销售成员	团队安装成员
绩效考核指标	年销售数量 年销售金额	年销售数量 每次销售单价 应收账款余额	单项工程安装漏水次数

第二，A公司市场部没有完整的绩效管理系统，没有将团队成员、销售安装团队与市场部的活动有机联系起来，三者之间欠缺有效的沟通，团队缺乏凝聚力；销售安装团队的绩效管理缺乏有效的绩效辅导，团队管理者不了解也不关心团队成员的工作行为、工作过程，片面地认为产品质量加上利益驱动就能够解决销售安装过程中的一切问题。在销售环境、销售信息及其他特殊问题方面缺乏对团队成员的必要支持时，销售安装团队成员不能及时发现问题、获得帮助，常常处于独立应对市场竞争压力的局面。

二、A公司销售安装团队及团队成员关键业绩指标（KPI）体系建立

根据对A公司销售安装团队绩效管理问题的分析，A公司及市场部均认识到，必须改变绩效管理观念，建立有效的、与团队及团队成员特点相适应的绩效考核指标体系，并确定以增加销售量、提高市场占有率、稳定安装质量为销售安装团队的主要目标，以支持市场部的整体市场目标。

依据平衡记分卡（BSC）及A公司销售安装团队的现状，建立团队及团队成员的关键业绩指标（KPI）体系。首先，建立销售安装团队KPI体系（见表2）。团队的KPI标准是在充分考虑了销售安装团队的目标以及公司、团队的竞争力、外部环境等内外多个因素后加以确定的。

表2　销售安装团队KPI体系

KPI维度	权重	KPI	KPI权重	KPI标准
财务维度	0.30	年实际销售量	0.30	20万m^2
		货款回收率	0.30	80%
		销售增长率	0.20	10%
		年实际销售额	0.20	800万元
客户维度	0.30	老客户年续约率	0.30	60%
		新客户签约率	0.30	20%
		客户满意度	0.25	有效回答客户咨询、及时解决客户问题、维持良好客户关系
		年投诉客户率	0.15	低于5%
内部流程维度	0.20	工程一次达标率	0.30	90%
		工程维修率	0.25	5%
		市场推广度	0.20	积极参用多种形式，宣传公司与产品
		计划工期完成率	0.15	80%
		材料利用率	0.10	70%
学习与成长维度	0.20	成员满意度	0.30	有效协调成员关系，管理、配合成员工作
		主要成员保留率	0.30	85%
		成员流动率	0.25	20%
		成员年轮训率	0.15	70%

然后，建立团队销售成员与安装成员的KPI体系，团队成员的KPI体系是团队KPI体系的一部分或分解。

如前所述，团队销售成员的主要职责是收集市场信息、销售产品、回收货款、协助团队与其他成员的工作。因此，依据工作任务、性质，从平衡记分卡的四个维度建立了团队销售成员的KPI体系（见表3）。团队销售成员KPI标准主要依据相关历史数据，结合销售成员的工作任务、工作职责确定。

表3　团队销售成员 KPI 体系

KPI 维度	权重	KPI	KPI 权重	KPI 标准
财务维度	0.35	年实际销售量	0.30	1万 m^2
		货款回收率	0.30	80%
		销售增长率	0.20	5%
		年实际销售额	0.20	40万元
客户维度	0.30	老客户年续约率	0.30	60%
		新客户签约率	0.30	20%
		客户满意度	0.25	有效回答客户咨询、及时解决客户问题、维持良好客户关系
		年投诉客户次数	0.15	低于3次
内部流程维度	0.20	工程一次达标率	0.30	80%
		市场推广度	0.20	积极参用多种形式，宣传公司与产品
		合同执行达标率	0.20	85%
		信息提供满意度	0.15	积极有效提供市场信息
		成员协作良好度	0.15	能够按照团队要求处理与团队成员关系
学习与成长维度	0.15	销售技能提升度	0.30	能够运用现代销售程序、手段开展工作
		综合能力度	0.30	具有一定的适应、分析、沟通能力
		营销范围提高度	0.20	每年至少在2个城市从事营销活动
		年轮训次数	0.20	2次

团队安装成员的主要职责是按照国家、行业及企业标准安装、铺设销售人员销售的防水卷材，但并不需要对团队的财务指标承担直接责任。因此，依据工作任务、性质，从工作质量、客户、施工过程、学习与成长四个维度建立了团队安装成员 KPI 体系（见表4）。团队安装成员 KPI 标准主要依据了各类安装标准、相关历史数据，结合安装成员的工作任务、工作职责确定。

表4　团队安装成员 KPI 体系

KPI 维度	权重	KPI	KPI 权重	KPI 标准
工程质量维度	0.35	工程一次达标率	0.30	80%
		工程维修率	0.30	低于4%
		工程平均维修次数	0.25	低于3次
		年实际安装量	0.15	1万 m^2
客户维度	0.25	客户满意度	0.35	有效回答客户咨询、及时解决客户问题、维持良好客户关系
		维修及时度	0.25	获知维修消息，72小时内进行处理
		规章制度遵守度	0.20	施工中遵守公司及施工现场各项规章制度
		年投诉客户次数	0.20	低于3次

续表

KPI维度	权重	KPI	KPI权重	KPI标准
施工过程维度	0.25	计划工期完成率	0.25	80%
		成员协作良好度	0.25	能够按照团队要求处理与团队成员关系
		工程安装美观度	0.20	施工外观符合行业、公司要求
		材料利用率	0.15	70%
		平均每天安装量	0.15	120m^2
学习与成长维度	0.15	施工技能提升度	0.35	掌握行业、公司要求的各项施工技能
		综合能力度	0.35	具有一定的适应、分析、沟通能力
		成员年轮训次数	0.30	2次

团队管理中运用平衡记分卡进行绩效考核，能够全面反映团队及团队成员的绩效状况，有利于改善、提升团队及团队成员的绩效。但在具体运用时，必须以团队目标作为建立平衡记分卡的基础，并不一定必须包括平衡记分卡中的四个维度，可以多于、少于甚至不同于这四个维度，必须依据团队目标及团队成员的工作任务，恰当地确定平衡记分卡的绩效考核维度与考核指标。

资料来源：吴建新. 平衡记分卡在团队绩效考核中的应用. 中国人力资源开发，2007 (9).

参考文献

[1] 付亚和，许玉林. 绩效考核与绩效管理 [M]. 北京：电子工业出版社，2003.

[2] 龚剑. 如何进行团队建设 [M]. 北京：北京大学出版社，2004.

[3] 霍普. 管理团队 [M]. 林涛，译. 北京：企业管理出版社，2001.

[4] 李元旭. 高绩效团队 [M]. 北京：经济管理出版社，2001.

[5] 刘颖，杨文堂. 绩效考核制度与设计 [M]. 北京：中国经济出版社，2005.

[6] 卡普兰，诺顿. 综合记分卡：一种革命性的评估和管理系统 [M]. 王丙飞，温新年，译. 北京：新华出版社，1998.

[7] 罗宾斯. 组织行为学 [M]. 孙健敏，李原，译. 北京：中国人民大学出版社，2004.

[8] 罗宾斯，科尔勒. 管理学 [M]. 孙健敏，译. 北京：中国人民大学出版社，2004.

[9] 肖余春. 团队行为学 [M]. 杭州：浙江大学出版社，2006.

[10] 徐芳. 团队绩效测评技术与实践 [M]. 北京：中国人民大学出版社，2003.

[11] 姚裕群. 团队建设与管理 [M]. 北京：首都经济贸易大学出版社，2006.

[12] 章义伍. 如何打造高绩效团队 [M]. 北京：北京大学出版社，2004.

[13] 白锋，程德俊. 团队薪酬差距对个人和团队绩效的影响 [J]. 经济科学，2006 (6)：118-128.

[14] 李弘晖. 高绩效团队成功要件 [J]. 管理杂志，1998，276 (6)：3-41.

[15] 李利，王锐兰，韦蔚. 团队文化对团队绩效的影响 [J]. 中国人力资源开发. 2005 (2)：30-32.

[16] 刘邦成，唐宁玉. 对团队绩效考核体系的战略性思考 [J]. 上海管理科学，2003 (3)：59-60.

[17] 鲁浩. 企业如何构筑高绩效团队 [J]. 职业时空，2006 (2)：24-25.

[18] 郭娟，梁梁. 平衡计分卡在不同类型团队绩效评定中的应用 [J]. 管理科学，2004 (8)：25-30.

[19] 宋宝香，王耀. 打造高绩效团队：基于业绩导向的构建方法 [J]. 中国棉花加工，2006 (1)：45-47.

[20] 王大刚，席酉民. 团队绩效衡量模型研究 [J]. 科学与科学技术管理，2006 (12)：144-149.

[21] 王民元. BSC在团队绩效考评中的应用 [J]. 中国科技信息，2005 (15)：5-8.

[22] 魏萍. 实现高绩效团队价值的相关分析 [J]. 贵州工业大学学报，2007 (1)：54-58.

[23] 吴照蓉，孙福滨. 基于绩效管理流程的团队绩效影响因素分析 [J]. 技术与创新管理，2006 (6)：99-102.

[24] 吴菁，宋晓静. 团队绩效模型研究 [J]. 财经界，2006 (11)：10-12.

[25] 吴志明，武欣. 高科技团队变革型领导、组织公民行为和团队绩效关系的实证研究 [J]. 科研管理，2006 (6)：74-79.

[26] 翟维丽. 团队绩效考核的思考 [J]. 商场现代化，2006 (3)：81-82.

[27] 张春霞. KPI与团队绩效测评 [J]. 上海商业，2005 (4)：43-45.

[28] 张界新. 企业高绩效团队建设的探析 [J]. 经济师，2005 (9)：155-156.

[29] 张雪松. 高绩效团队的模型构建 [J]. 人才资源开发，2005 (7)：88-89.

[30] COLENSO M. How to accelerate team development and enhance team productivity，in Colenso [M]. Kaizen Strategies for Improving Team Performance. London：Prentice-Hall，2000.

[31] KATZENBACH J，SMITH D. The wisdom of teams，creating the high-performance organization [M]. New York：McGraw-Hill，NK，1993.

[32] NIEVA V F，FLEISHMAN E A，RIECK A M. Team dimensions：their identity，their measurement，and their relationships [M]. Bethesda，MD：Advanced Research Resources Organization，1978.

[33] SALAS E，DICKINSON T L，CONVERSE S A，et al. Toward an understanding of team performance and training [M]. In R. W. Swezey & E. Salas (Eds.)，Teams：Their training and performance，Stamford，CT：Ablex Publishing Corp，1992：3-29.

[34] SHARP J，HIDES M，BAMBER C，et al. Continuous organizational learning through the development of high performance teams [M]. Proceedings of International Conference on Systems Thinking in Management，Geelong，2000.

[35] SENIOR B，SWAILES S. The dimensions of management team performance：

a repertory grid study [J]. International Journal of Productivity and Performance Management，2004，53：317－333.

[36] BARRY B，STEWART G L. Composition，process，and performance in self managed groups：the role of personality [J]. Journal of Applied Psychology，1997：62－64.

[37] BATES R A，HOLTON E F. Computerized performance monitoring：a review of human resource issues [J]. Human Resource Management review，1995，5 (4).

[38] CASTKA P，BAMBER C J. Factors affecting successful implementation of high performance teams [J]. Team Performance Management，2001，7 (7/8)：123－135.

[39] DESHON R P. A multiple-goal，multilevel model of feedback effects on the regulation of individual and team performance [J]. Journal of Applied Psychology，2004，89 (6)：1035－1056.

[40] THOMPSON F，BAUGHAN D，MOTWANI J. A case of innovative integration of high-performance work teams [J]. Journal of Workplace Learning，1998，10 (3)：157.

[41] GIST，MANLYN E，LOCKE E A，et al. Organizational behavior：group structure，process，and effectiveness [J]. Journal of Management，1987，13 (2)：237－258.

[42] GLADSTEIN，DEBORAH L. Groups in context：a model of task group effectiveness [J]. Administrative Science Quarterly，1994，29 (4)：499－517.

[43] GOODMAN，LEYDEN. Familiarity and Group Productivity [J]. Journal of Applied Psychology，1991，76 (4)：578.

[44] HIRSCHFELD R R，JORDAN M H. Becoming team players：team members' mastery of teamwork knowledge as a predictor of team task proficiency and observed teamwork effectiveness [J]. Journal of Applied Psychology，2006，91 (2)：467－474.

[45] JEHN K A. The influence of proportional and perceptual conflict composition on team performance [J]. International Journal of Conflict Management，2001，1 (1)：56－73.

[46] JOHN. Embracing transformational leadership：team values and the impact of leader behavior on team performance [J]. Journal of Applied Psychology，2007，92 (4)：1020.

[47] KATZ. Investigating the not invented here (NIH) syndrome：a look at the performance，tenure，and communication patterns of 50 R & D Project groups [J]. R & D Management，1982，12 (1)：7.

[48] KUR E. The faces model of high performing team development [J]. Leadership & Organizational Development Journal，1996，17 (1)：32－41.

[49] LEPINE J A. Team adaptation and postchange performance：effects of team composition in terms of members' cognitive ability and personality [J]. Journal of Applied Psychology，2003，88 (1)：27～39.

[50] KYLE L. Knowledge and performance in knowledge-worker teams: longitudinal study of tranactive memory systems [J]. Management Science, 2004, 11 (50): 1519 - 1533.

[51] SCOTT, THOMAS W, TIESSEN P. Performance measurement and managerial teams [J]. Accounting, Organizations and Society, 1999, 24 (3): 263 - 285.

[52] STEWART G L, BARRICK M M R. Team structure and performance: assessing the mediating role of intrateam process and the moderating role of task type [J]. Academy of Management Journal, 2000, 43 (2): 135 - 148.

[53] MYERS S. MTR - I: a new arena for team roles [J]. Training Journal, 2002, 1: 24 - 29.

[54] SUNDSTROM E, DE MEUSE, KENNETH P, et al. Work Teams: applications and effectiveness [J]. The American Psychologist, 1990, 45 (2): 120 - 134.

[55] TETT R T, BURNETT D D. A personality trait-based interactionist model of job performance [J]. Journal of Applied Psychology, 2003, 88 (3): 500.

[56] ZIGON J. Team Performance Measurement [J]. The Journal for Quality and Participation, 1998, 21 (3): 4.

第7章

组 织 绩 效

绩效理论是人力资源发展领域中非常受重视的一派学说，有关绩效理论的学说相当多，可大致分为个体层次、群体层次、组织层次（陈心怡，2002）。前面章节已经讨论了个体层次和群体层次的绩效评估，本章将讨论组织绩效的评估。

7.1 组织绩效概述

一个组织，无论是营利性组织还是非营利性组织，怎样才能称得上成功呢？是何种因素造成组织的成功与失败？对这些问题的回答实际上与组织的绩效有关。虽然成功的组织不单纯是绩效优异的组织，因为组织的成功有时候并不仅仅取决于组织本身，可能和市场环境等有关，但是，组织绩效水平的高低是其成为成功组织的条件之一，所以，需要对组织绩效进行评估。要评估组织的绩效，首先必须要弄清楚组织绩效的相关概念、理论等。

7.1.1 组织与组织绩效

1. 组织

“组织”一词使用十分广泛，含义各异，但大致分为两类：一是作为动词，意思是指组织工作或活动；二是作为一个名词，意思是指一个组织体。这里所指的组织是取第二种意思。作为名词的组织有多种说法，简单地说，组织就是一个有效的工作群体。切斯特·I·巴纳德认为组织就是有意识地对两个或两个以上的人的活动或力量加以协调的协作系统。哈德罗·孔茨认为组织是正式的有意识形成的职务结构或职位结构。在管理学的研究中，组织一般是指那些具有明确的、有限的，并且是公开宣告了其目标的“正式组织”。其形式具有共同的、正式的目的，并要求人们与它一起建立一种正式的、带有契约性质的关系。

2. 组织绩效

组织绩效是组织理论与绩效理论研究的焦点，尽管绩效的重要性得到了广泛认同，但组织绩效的定义与衡量问题尚无定论（Cameron，1978），组织绩效的定义随着学者采取的研究途径不同而不同，如表 7－1 所示。

表 7－1　组织绩效的定义

研究者	组织绩效定义
Etzioni（1964）	组织达成目标的程度
Katz & Kahn（1966）	组织采取各种手段以获得最大的回馈

续表

研究者	组织绩效定义
Pickle & Friedlander (1967)	组织满足其成员的需求与期望的程度
Seashore & Yuchtman (1967)	组织从外在环境获取资源及谈判的能力
Mott (1972)	动员资源达成生产、适应活动的能力
Steers (1977)	组织降低障碍，有效运作的程度
Human & Freman (1977)	组织目标与结果一致的程度
Zammuto (1982)	组织在一定时间内符合成员期望的程度
Robbins (1990)	组织达成短期、长期目标的程度
Hall (1991)	组织达成目标的程度或维持功能而开发周遭环境以取得稀少或有价值资源的能力
Scott (1992)	组织绩效随着物件、价值与偏好的不同而不同
罗宾斯 (2004)	组织中所有工作流程和活动的最终累积结果

资料来源：林明源．台湾非营利组织领导行为与组织绩效之关系研究［D］．中南大学博士论文，70页，有删改。

组织绩效理论没有一般的理论沿革。因为组织绩效对于不同的组织类型、不同的评估者的兴趣与价值来说，有着不同的意义。但对于组织绩效的定义，一般组织学者都同意，绩效并不是一个概念，而是建构（Construct，是为一项给定的研究项目中的一个概念或者想法特别发明的定义（唐纳德·R·库珀等，2006））。建构是不能由现实世界的具体事件转化而来的，而是必须经过抽象化的推演过程。简单地说，建构是具有操作定义的概念。Campbell（1977）指出，必须视组织绩效为一个建构，它没有直接的操作定义，而必须由组织绩效的理论模型来建构。而理论模型的功能，就在于找出值得测量的变量、变量间应有的关系，或变量间实际存有的关系。Ford & Schellenberg（1982）认为可以用以下三种方法来定义组织绩效（转引自张雪兰，2005）。

① 目标（Goal）法：用目标之达成状况来定义组织绩效。

② 系统资源（Systems Resource）法：强调组织与其所处环境的关系，以组织保有稀缺的、有价值的资源的能力来判定组织绩效的好坏。

③ 成分（Constituency）法：用组织成员与组织或成员间互动行为定义绩效。

尽管可以从不同的角度和方法来定义组织绩效，但总的来说，组织绩效是组织整体的运营效果，是组织中所有工作流程和活动的最终累积结果。绩效是组织目标达成程度的一种衡量，不同学者的看法差别也就表现在对组织目标理解的角度或对组织目标测量方法的不同而已。从管理学角度看，绩效是组织期望的结果，是组织实现其目标而展现在不同层面上的有效输出。

7.1.2 衡量组织绩效的意义

罗宾斯（2004）认为衡量和控制组织绩效可以导致更好的资产管理、顾客价值提供能力的增长、组织知识衡量的提高以及对组织声望的影响。如图 7-1 所示。

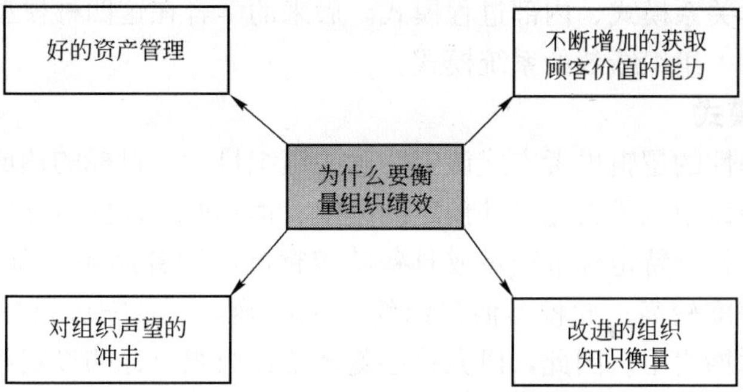

图 7-1　为什么衡量组织绩效很重要

资料来源：罗宾斯，库尔特．管理学．孙健敏，
译．北京：中国人民大学出版社，2004：587.

1. 更好的资产管理

一个组织的资产只有在其以能够获取价值的方式管理时才会有价值，只有其以资产的方式被管理得很好时，组织的价值和其他资产才有可能实现。这就是高绩效组织的管理者所做的——以资产获取价值的方式来管理组织的资产。并不仅仅是高层管理者才关心资产管理，组织的所有层次、所有工作领域的管理者都要管理他们可利用的资产——人员、信息、设备等，他们希望通过资产管理来获得高水平的绩效。获取高水平的组织绩效不管在短期还是长期都很重要。管理者为了能够找到更好的方法来管理他们的资产，就必须在关键的绩效衡量中采取外在和内在的评估措施来评估组织的绩效。

2. 增强提供顾客价值的能力

为顾客提供价值对组织很重要，如果顾客不能从与组织的交换中获取一些有价值的东西，他们会到其他地方去寻找。管理者应该监控他们为顾客提供价值的活动做得如何，可以通过衡量绩效来完成这项工作。

3. 对组织名誉的影响

就像你知道个人的名声对你很重要一样，组织也希望拥有好的声望，希望组织的顾客、供应商、竞争者、社区等高度评估自己。良好的组织名誉能够使组织拥有顾客的信任和支配价格上涨的能力。有研究表明公司的财务绩效和其名誉之间有很强的相关性（罗宾斯，2004），也就是说高绩效水平的组织也会拥有良好的声望，因此组织可以用衡量组织绩效的方式来判断组织的名誉，或者用提高组织绩效的方法来提升组织声望。

4. 改善的组织知识的衡量

成功的组织必须善于学习和快速反应，在组织中，组织的知识作为一项像现金、设备、原材料一样有价值的资产得到重新认识。组织知识是指通过共享合作信息和社会性互动而导致组织成员采取合适的行动来创造知识。有价值的组织知识的关键在于信息与行动之间的联系，组织成员必须共享他们所知道的东西，并且知道用哪种知识来对工作实践、流程或产品做些改变，以获得高水平的组织绩效。

7.1.3　组织绩效的理论模式

Quinn 和 Rohrbaugh（1983）认为组织绩效的理论模式有四种：理性目标模式、开放系统模式、人群关系模式、内部过程模式。后来的学者在这四种模型的基础上又开发出了第五种模式——组织绩效的系统模式。

1. 理性目标模式

此模型是以理性的逻辑思考方式认定明确的组织目标，目标的达成以产出为衡量组织绩效的标准，即以组织是否完成其预定的进度、达到所预设的目标作为衡量组织过去工作表现的标准。符合特定标准产量或具备特定标准的服务品质，即被认为绩效较佳，组织目标完成的程度较高。此模型假设组织目标明确，而且完成目标过程所需要的人力、物力完全在掌握之中。因此，研究核心就环绕在组织目标的设定和衡量上。组织在设定目标时，可能会遇到很多问题，如界定组织目标本身就很困难；理想目标和实际追求目标之间可能会存在矛盾；在出现多重目标时，管理者对目标的重要程度排序可能会有不一致的看法等，都使得以理性目标为基础的组织绩效目标设定陷入困境。因为目标是在特定时空下的理想状况，而组织是处在各种力量相互协调之下的运作系统，与理想状况是有一定差距的。在理性目标模型下，组织目标与外在环境是否能弹性调整，是此模型所需面对的问题。

2. 开放系统模式

此模型认为组织绩效是指组织能成功地获得稀少、有价值资源的能力，并注重组织与环境间的相互影响。无论组织规模大小，内部和外部环境对组织的要求都是非常复杂的。因此，组织为求生存，必须注意到组织内部活动是否一致协调，其资源是否公平地分配，以及是否能有效率地按预定计划使用其资源。换言之，资源的获取是达成组织目标的充分必要条件，在这样的认定下，组织能从其所处的工作环境和一般环境里争取到足够的资源，也表示该组织可以达成其预定的目标。所以，组织从环境中获取重要资源的能力，就可作为衡量组织绩效的标准。开放系统模型中所谓资源的获取，其实就是以组织目标为基础的，因为只有当组织想达成某种目标时，才会产生某种资源取得的行为。在这个模型里，组织是一个完整的行动体，是独立自主的，但和环境之间有不可分割的相互依存关系，这种相互依存关系的存在主要是来自信息和资源的互换。绩效良好的组织可以在输出与输入之间长期维持一个良好的比率，而且在互动关系中能够维持稳定。

3. 人群关系模式

此模型主要以非正式团体、工作准则、领导及其他社会关系为主要探讨焦点，其关注的重点在组织的成员上。该模型强调要关心组织成员，要给予组织成员帮助，促使组织成员彼此信任及尊重，以此来提高组织的凝聚力。该模型注重人性价值，认为组织是为人的福利而设立的，组织活动的内涵与功能必须有益于成员的福利，这样组织所追求的成果、目标才有意义。因此，组织成员对所处环境的满意程度或广义的主观感受，才是衡量组织绩效最为重要的层面。而且，组织成员的主观感受和行为表现并非随机的，它反映的是对组织这个系统的评估，包括：组织内部是否协调一致、资源的分配是否公平、资源是否过于浪费等。这个模型是以组织成员的工作表现，如工作士气、工作满意度、离职率等，作为衡量组织绩效的指标。同时，组织成员彼此间互动关系的好坏也会影响到组织绩效。

4. 内部过程模式

内部过程模式是指经由强调组织的信息管理与内部沟通来达成组织的稳定与控制，

亦即组织的稳定程度与控制能力是评定组织绩效的变量。以组织的内部状况、流程的好坏、内部沟通渠道及对成员的检测作为组织绩效的衡量标准，并通过信息沟通管理、标准作业流程及组织结构的维持，达到组织的稳定与控制。也就是说，组织越稳定，越有秩序，则组织绩效越好。一个高绩效的组织，其组织成员与整个系统能高度配合，成员彼此间充分信任，信息沟通过程顺畅，内部不会存在紧张、对峙的情况。因此，此模式最适合用于组织的运作过程与组织的主要工作表现有密切关系时。

综上，理性目标模型与开放系统模型的中心均在组织上，将组织视为追求目标的载体，组织也是一个完整的系统。而人群关系模型的重点在组织成员上，内部过程模型则强调内部运作过程。此外，理性目标模型着重于组织的输出项，强调目的与手段；开放系统模型则强调组织的输入项，即资源的获取；人群关系模型、内部流程模型则注重组织运作的转换过程。

5. 组织绩效的系统模式

理性目标模式、开放系统模式及人群关系模式等，仅从单一观点来阐述组织绩效，由于它们都有不同的假定和绩效标准，所以建构的理论模式各有差异，但并非无法相容，所以，许多学者就开始尝试构建组织绩效的系统模式。强调变量之间的互动，考核不同指标，从而更能掌握组织绩效的特性。

劳莱斯（Lawless，1987）的研究就将组织绩效分为个人层次、社会层次及组织层次，通过介入变量产生个人效能、团体效能和组织效能，其中组织效能包括生产力、士气、顺从、制度化及稳定性等项目（见图 7－2）。

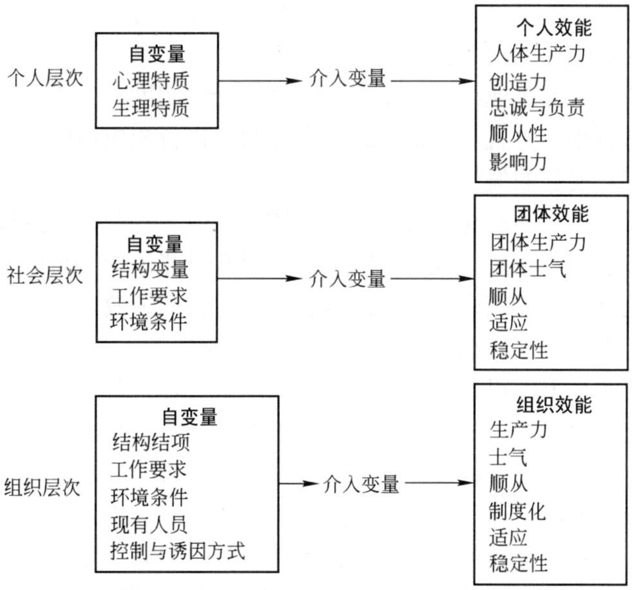

图 7－2　Lawless 组织绩效的复杂模式

7.1.4　组织绩效的指标分类

要完整地认识组织绩效指标、活用指标，由指标增进对组织的了解继而提升绩效，就需要对绩效指标进行分类。通常，可以从不同的角度对组织绩效进行分类：单一指标和多项指标、财务指标和非财务指标。

1. 单一指标和多项指标

单一指标衡量是指以某一指标作为组织绩效的标准，如生产力、员工满意度、利润、组织的稳定成长与离职率等。这种单一变量的绩效测量方式比较容易进行调查与分析，因此广受欢迎，尤其在企业界，企业组织的最大目标就是利润最大化，经济性单一变量如生产力、效率等，往往是最重要的企业组织绩效指标。但是每一指标所介入评估的角度、层次及适用的组织是不同的，它们之间的关系也是不清楚的。想以单一指标来评估整个组织绩效，对于组织的各方面确实无法掌握，所以单一指标的评估很少被使用。

多项指标的绩效评估是针对单一指标评估的缺陷而提出的，是采用一系列的指标来评估组织绩效，对不同的组织采用不同的指标。这种方法避免了个人的主观偏差，并且明确了各指标间的关系，根据组织功能需要的不同而采取不同的指标来评估，且评估组织绩效时会同时考虑过程与结果。不同的组织应以不同的指标来衡量，所以组织绩效应有多元化的指标才合理（Robbins，1990）。因此，组织绩效大部分采用多项标准进行评估。

2. 财务指标与非财务指标

组织绩效的衡量指标分为财务指标与非财务指标两种。财务指标是评估组织绩效最基本的方法，常用的指标有获利率、营业额成长率、投资回报率（ROI）、资产报酬率（RAO）等。财务指标普遍采用的主要是因为资料获取方便，可以根据研究组织的年度财务报表获取所得数据。而且，对于多数企业组织来说，特别是一个国家或地区的企业组织，由于遵循的是同样的财务会计制度，因而在绩效比较方面信息的可比性比较强。即便是不同国别或地区的企业组织，虽然因为财务会计制度有所不同，但在全球化趋势下，其差别也越来越小，并且可以根据国际会计制度进行相应调整。可以说组织对于各种财务衡量指标有着明显的偏好。

虽然财务指标是组织活动在经济上的最终体现，但一些非财务指标对组织活动与财务绩效之间的调节作用是不能忽视的。财务指标通常只能体现组织的短期经营状况，在仅仅使用财务绩效指标的组织中，组织侧重于考察过去的绩效，关注短期绩效，而忽视了有利于组织长期发展的长期性投资项目。一些企业活动虽然对财务绩效没有直接影响，如企业在公共关系上的投资、对顾客服务的承诺等，这些活动都会对销售额产生有利的影响，继而提升组织的财务绩效。纯粹考虑财务指标，只顾当前经济效益，容易导致竭泽而渔、寅吃卯粮，不及时维护修理设备，不进行必要的技术改造和投资，最终必然损害组织的可持续发展。而且，对于公共组织和非营利性组织来说，其目的不在于利润最大化，而在于向社会公众提供服务，其工作项目的效果、操作效率、服务质量和顾客满意度（西奥多·H·波伊斯特，2005）等都比获得利润重要得多，那么只靠简单的财务指标是没有办法衡量其绩效的。出于这方面的考虑，非财务绩效目标被广泛使用于绩效衡量指标体系中。

综上所述，在评估组织绩效时，应综合考虑财务指标和非财务指标，只有这样，才能对组织的绩效进行尽可能公正和客观的评估。

上面只是笼统地介绍了组织绩效的相关概念、理论等，组织类型的不同会导致组织绩效的侧重点和评估方式产生很大的差异，需要对不同类型组织的绩效分别论述。而非营利组织与营利组织是社会领域、经济领域的主要组织形式，营利组织主要是企业组织，因此我们将分别论述企业组织和非营利组织绩效。

7.2 企业绩效评估

企业绩效评价是当今企业界的一个重大课题，不仅为学术界理论工作者所关注，政府相关部门制度制定者、管理部门调控实施者以及企业经营管理者等所有的利益相关者都会关心企业的绩效，因此，评估企业的绩效就成为必然。

7.2.1 企业绩效

1. 企业绩效

正如本章开头定义的，组织绩效是组织的整体绩效，是组织层次的绩效，而不是群体或者个人的绩效，所以，企业绩效也是企业组织的整体绩效。对于企业绩效的详细定义，学者们有不同的观点。

财政部原统计评估司在《企业绩效评价问答》（1999）一书中指出：企业效绩是指一定经营期间的企业经营效益和经营者业绩。企业经营效益水平主要表现在盈利能力、资产营运水平、偿债能力和后续发展能力等。经营者业绩主要通过经营者在经营管理企业过程中对企业经营、成长、发展所取得的成果和所做出的贡献来体现。

冯丽霞（2002）认为，企业业绩可以从两个方面来理解：一种是以结果为导向的业绩，是指在特定时间内由特定的工作职能或活动产生的产出记录；一种是以行为为导向的业绩，是指与企业目标有关的、可以按照个体的能力进行测量的行动或行为。

马璐认为（2004），企业绩效包括经营绩效和管理效率。前者是指管理者在经营管理企业过程中对企业的生存与发展所取得的成果、所做出的贡献。管理效率是指在获得经营绩效过程中所表现出来的盈利能力和核心竞争能力。

陆庆平（2006）认为，企业绩效是指经济实体在一定时期内，利用其有限的资源从事经营活动所取得的成果，表现为“结果”和“行为”两个方面，一方面以总产值、投资报酬率等财务指标来体现；另一方面又以市场占有率、客户满意度、科技创新能力等非财务指标反映。

Ferris（1998）等认为，企业的组织绩效一定是一个多维度的概念，而且在很大程度上是一个政治性的概念，而不是一个科学性的概念。因为企业组织中的利益各方会为了利益最大化的目的而对组织绩效的评估标准施加控制，于是需要采用绩效的多维度标准来满足那些企业内外部客户或者利益相关者的不同要求。

本书认为企业绩效应是企业在一定时期内，利用其有限资源从事经营活动所取得的成果。

2. 企业绩效评估

关于企业绩效评估的阐述，国内学术界有多种解释，其中最主要的有下述几种代表性的观点。

杜胜利（1999）认为，业绩评估过程包括确立评估的目的和参照系、获取评估信息、形成价值判断。对企业业绩评估遵循上述评估的四个环节：一是确立业绩评估的目的和要求——选择业绩评估系统；二是建立评估的参照系统——设置业绩评估标准；三是获取评估信息——确定业绩评估指标；四是形成价值判断——分析影响业绩的有关因素，得出业绩结论。

财政部统计司（2002）认为，企业绩效评估是指运用科学、规范的评估方法，对企业一定经营期间的资产运营、财务效益等经营成果，进行定量及定性对比分析，作出真实、客观、公正的综合评判。

孟建民（2002）认为，绩效评估是对企业占有、使用、管理与配置经济资源的效果进行评判，即通过对企业经营成果和经营者绩效的评判，不但使所有者可以决定企业下一步的发展战略，核查契约的履行情况，而且企业经营者及其他利益相关者也可以根据企业绩效评估结果进行有效决策，引导企业改善经营管理，促进提高经济效益水平。

王化成（2004）认为，企业绩效评估就是按企业目标设计相应的评估指标体系，根据特定的客观标准，采用特定的评估方法，对企业一定经营时期的经营绩效作出客观、公正和准确的科学判断。

陆庆平（2006）认为，企业绩效评估是指运用一定的经济原理及分析技术，通过建立特定的指标体系及相应的标准、程序，对企业一定经营期间的经营结果（定量）和经营行为（定性），从不同的视角，作出的客观、合理、公正的综合性价值判断，为考评企业运行结果和经济质量及相关决策提供依据。

本书认为企业绩效评估是指评估主体依据其评估目标，通过建立特定的指标体系和评估标准，运用定量和定性的方法，对一定时期内企业利用有限资源从事经营活动所取得的成果进行的价值判断。

7.2.2 企业绩效的影响因素

目前，国内外关于企业绩效影响因素方面的研究虽然比较多，但是，还没有形成比较系统的理论体系。本书将影响企业绩效的因素分为企业内部和外部两类。

1. 影响企业绩效的外部因素

企业绩效会随时受外部环境的影响，企业外部环境是指对企业的绩效起着直接或潜在影响的外部机构和力量。企业与环境是相互作用的，环境为企业提供了生存和发展的条件，一方面，企业必须从环境中获取所需要的各种资源；另一方面，企业生产的产品或劳务必须通过外部市场进行交换。同时，企业也要受环境的制约：一是企业获取所需要的稀缺资源不是随意和无代价的；二是企业在市场上的销售也必须满足特定的要求，被市场所接受。影响企业绩效的外部因素主要包括顾客、产业因素、经济环境、政府政策等。

1）顾客

Heskett J L 和 Sasser E 在《服务利润链》一书中提出内部职工的满意导致顾客的满意，而顾客的满意和忠诚能给企业带来成长与利润。忠诚顾客愿意购买同一企业的更多产品和服务，易于接受较高的产品价格，主动维护企业、产品和服务的品牌形象，向新顾客推荐该企业及其产品和服务。重复购买企业的产品，不仅体现在对老产品的重复购买，也体现在对新产品的热衷与尝试。忠诚顾客具有宣传与辐射的效应，可以带动其他顾客，有时其影响甚至会超出企业广告的作用。因此，顾客忠诚有助于扩大企业的市场份额，具有极大的有形和无形价值。

顾客满意度与企业绩效之间存在一种正向关系，顾客满意度的提高导致顾客忠诚度上升，进而提高企业绩效；企业绩效的提高使企业能够投入更多的财力、物力用于研发，使向顾客提供优质服务成为可能，这样就会进一步提高顾客满意度。同时，提高企业绩效既可以吸引高质量人才，又可以通过改进薪金、福利、培训等方法提升内部顾客（员工）的满意度，而外部顾客满意要通过内部顾客满意才能够达成。

2）产业因素

哈佛学派的产业组织理论提出了现代产业组织的三个基本范畴：市场结构、市场行为和市场效率。即 SCP（Structure-Conduct-Performance）分析范式，并用该范式对企业的利润差异进行了解释。SCP 范式认为企业绩效的差异是由市场结构和市场行为所决定的，即企业绩效的差异是外生的。迈克尔·波特（1997）曾明确指出，一个企业的成功取决于企业所处产业的吸引力和企业在该产业中的竞争地位，二者缺一不可。并非所有产业都能够提供均等的持续盈利机会，产业固有的盈利能力是决定该产业中某个企业盈利能力的一个必不可少的因素。企业竞争优势首先是由企业所在的产业结构确定的。因此，企业所处的产业结构对企业绩效会产生影响。

3）经济环境

经济环境是影响企业的重要因素，无论是好是坏，都为企业的发展提供了土壤、水分和养料。一个企业的发展，离不开其所处的国内外经济大环境，特别是国内经济环境。经济环境包括宏观经济环境和微观经济环境：宏观经济环境主要指一个国家的人口数量及其增长趋势，国民收入、国民生产总值及其变化情况等；微观经济环境主要指企业所在地区或所服务地区的消费者的收入水平、消费偏好、储蓄情况和就业情况等因素。

4）政治环境

政治环境包括一个国家的社会制度、执政党的性质、政府的方针、政策、法令等。不同的国家有不同的社会制度，不同的社会制度对企业活动的要求和限制是不同的。即使是同一国家，在不同的时期，由于执政党的不同，其政府的方针政策也会对企业的活动产生不同的影响。对于这些因素，企业是无法预测和控制的，当这些因素发生变化时，企业通过对政治环境的研究，了解国家和政府目前所禁止、允许和鼓励的活动，分析这些变化可能对企业的影响。

2. 影响企业绩效的内部因素

1）企业战略

Cool 和 Dierickx（1993）对战略集团和企业绩效关系研究后认为，战略集团是解释企业绩效差异的重要因素之一，战略集团不同，企业绩效则不同，二者之间存在着即使不是显著也会是明显的差异。罗伯特·D·巴泽尔、布拉德利·T·盖尔在《战略与绩效——PIMS 原则》一书中，收集了大约 450 家公司的近 3 000 个业务单位的财务和战略方面的年度数据，利用这些数据，对战略作了大量的实证研究，总结了六大有关战略与绩效的最重要的关系：①从长期来看，影响一项业务单位绩效最重要的单个因素是相对竞争对手的产品和服务质量；②市场份额与获利能力高度相关；③较高的投资密集度对获利能力是一种有力的拉动；④有大量所谓“狗”类和“问题”类业务能够产生现金，而很多“金牛”类业务则不能[1]；⑤垂直一体化对某些业务来说是一个可获利的战略，但对另外一些业务则不然；⑥大多数有利于增加投资收益率的战略因素对长期价值也有所贡献。

2）企业文化

企业文化是指影响或决定企业及其成员行为方式和行为倾向的价值观念和行为准则的总和。Denison（1990）对组织文化进行了基于调查方式的测度，其研究表明组织文化直接影响着企业的绩效，某些特定类型的企业文化可以提升组织的绩效。Sadri 和 Lees（2001）的研究结论认为：积极的企业文化可以为企业带来巨大的好处，并促成企业成为行业领先者；相反，消极的企业文化对组织绩效有消极影响，限制了企业采用所需的战略或策略改变，并限制了组织在将来的变革。

约翰·科特和詹姆斯·赫斯科特（Kotter & Heskett）1997 年在《企业文化和经营绩效》中对强文化和适应性文化与企业绩效之间的关系进行了分析。研究结果表明：①在拥有强力型企业文化的公司中，经理人员习惯于协调一致、通力合作，并向某一经营方向努力，这种协调性、积极性、组织性及统一领导会有助于企业经营业绩的增长，但这种情形的出现，必须要求一个条件——企业经营在特定的市场环境中，企业的终结行为与企业经营策略必须相一致；反之，如果拥有强力型企业文化的公司缺乏适应市场环境的行为方式，这种文化甚至可能导致明智的管理者作出具有破坏力的行为；②与市场环境相适应或策略合理型企业文化，只有拥有能够帮助企业适应不断变化的市场环境时，才可能导致企业长期经营业绩的增长。

3）公司治理结构

林毅夫等（1997）把公司治理结构定义为所有者对一个企业的经营管理和绩效进行监督和控制的一整套制度安排。Berle 和 Means（1932）最早考察了股权结构与公司绩效之间的关系，认为股权越分散，公司绩效越难以达到最优。吴淑琨（2001）在对 1997—2000 年上市公司的实证研究中提出：股权结构与公司绩效是一种“U 型”关系。张红军（2000）通过对 1998 年 385 家上市公司的实证分析认为，前五大股东与公司价值有显著的正相关关系。

4）组织结构

Decanio 和 Catherine 等人（2000）通过对组织结构和企业绩效间经济测量的研究认为组织结构能影响企业绩效。组织的权变理论认为组织结构必须进行变革以保证组织获得高的绩效水平。权变理论还认为，企业组织结构的最优模式对企业发展是最适用的。组织经济学家认为，M 型结构（Multidivisional Structure，亦称事业部制或多部门结构，有时也称为产品部式结构或战略经营单位）会促进组织绩效的提高；但在组织组合理论中，却认为这种组织结构的长期使用会引发低的组织绩效，抑制组织的变革。组

[1] “狗”、“问题”、“金牛”均是波士顿矩阵中的业务单元。波士顿矩阵是由波士顿咨询集团（Boston Consulting Group，BCG）在 20 世纪 70 年代初开发的。BCG 矩阵将组织的每一个战略事业单位标在一种二维的矩阵图上，从而显示出哪个战略事业单位提供高额的潜在收益，哪个战略事业单位是组织资源的漏斗。BCG 矩阵区分出四种业务组合：问题型业务（指高增长、低市场份额）、明星型业务（指高增长、高市场份额）、金牛业务（指低增长、高市场份额）和瘦狗型业务（指低增长、低市场份额）。

织组合理论鼓励制定促进竞争的政策，并认为这种竞争必须是切实有效的，能够促进组织绩效的改进。

5）组织变革

组织的权变理论认为组织结构必须进行变革以保证组织获得高的绩效水平。Donaldson（2000）认为，组织绩效的变化也能促使组织变革，使组织更适合于环境。当组织绩效比较低时，组织会陷入危机，使企业的价值降低，从而导致组织变革。组织绩效的变化可以作为组织变革的动力，当组织不适应出现时，组织绩效就会下降，低于满意水平，这样就会引发组织变革，使组织由不适应转变为适应。只有不断地变革和改善组织适应力，组织才会保持高的绩效水平，并获得持续成长。

6）组织内信任关系

组织内部长期有效的信任关系直接影响着组织成员，从而影响着组织的绩效。Mills 和 Cerardo（2003）在研究如何确保组织目标所需要的控制机制时，探讨了组织有效授权所必需的组织制度和信任问题。他们发现，当组织实行充分授权后，会导致员工的决策不能支持企业的整体目标和方向，结果使授权过程中相互信任度降低，增加组织内部协调成本和工作的被动性，并降低组织的工作效率和绩效。所以，必须对授权实施适当的控制。

7）人力资源管理

人力资源管理是企业绩效的一个重要源泉。有效的人力资源管理实践导致以员工为中心的结果，员工个人的绩效再导致以组织为中心的结果，从而可以通过创造成本领先和产品差异化来提高公司的竞争优势，获得更高的组织绩效。Dyer 和 Reeves 等（1995）认为人力资源实践会影响员工的态度和行为，其直接结果是员工的旷工和离职表现，员工的表现会进一步影响企业绩效如产品质量、生产率等指标。Huselid（1995）研究认为作为高绩效工作系统中的一部分——人力资源管理实践，与企业的财务、利润及市场价值有关。人力资源管理活动在两个方面与组织绩效相关：首先，优秀的人力资源管理活动能够增加员工的自主性努力程度，从而影响中间产出结果，如员工流动率和生产率，这些是员工可以直接控制的；其次，当这些优秀的人力资源管理活动的投资回报超过了其成本时，诸如较低的员工流动率和较高的生产率这些中间变量必然导致财务绩效的提升。

8）高层领导

高层管理者的领导方式也对组织绩效具有重要的影响。管理者的领导方式可以分为两大类：交易型领导和变革型领导。交易型领导与下属之间的关系以一系列的交易和隐含的契约为基础。该类型的领导以奖赏的方式领导下属，当下属完成任务后，便给予奖赏，整个过程就如同一场交易。变革型领导通过改变下属的动机与价值观，如提升下属的需要层次，超越自我兴趣等来促进绩效的提高和整个组织的变革。变革型领导一般通过领袖魅力、愿景激励、个性化关怀、德行垂范这四个维度来领导下属。Koene 等人（2002）研究了变革型领导方式对组织绩效的影响。他们认为，具有领袖魅力的变革型管理者的领导行为相对于交易型管理者来讲，会对组织绩效产生更大的作用。具有变革型的管理行为，不仅可以提高员工满意度和生产率，也能提高组织的有效性，加强组织成员的沟通，激发员工的创新意识，努力提高工作质量，促进组织绩效的提升。

7.2.3 企业绩效的评估主体

企业绩效评估的基本评估主体是资本所有者和资本所有者的代表或授权监管人，其他的利益相关者，如主要债权人、企业职工等，他们可以凭借企业绩效评估了解企业的经营绩效状况。目前在企业绩效评估主体上有两大代表性的观点：一是“单一主体观”，二是“多元主体观”。

“单一主体观”认为企业是出资人的企业，评估主体就是出资人，目的在于实现出资人收益最大化。“单一主体观”不利于对企业经营业绩作出客观评估，尤其不利于调动各方面因素去关心和支持企业的成长和发展。“多元主体观”认为企业绩效评估的主体是企业的相关利益方，具体包括：投资者、企业经营管理者、债权人和政府等。“多元主体观”认为随着经营环境的变化，越来越多的个人和群体的利益会受到企业绩效的影响，企业愈来愈演变为“社会的企业”，因此要求改变传统的单纯站在所有者立场上以所有者业绩为重点的评估行为，取而代之的是形成以企业的所有相关利益人为主体的绩效评估行为。“多元主体观”把绩效评估工作建立在相关利益人的充分关心上，有利于企业对经营绩效作出客观的评估，形成具有可比性的结论，有利于提高企业的综合经营管理水平。“多元主体观”并非否定出资人在企业经营绩效评估中的作用，而是为了充分调动多方面的因素来关心企业的发展。本书赞同多元评估主体观，认为企业绩效的评估主体主要包括以下几个方面。

1. 投资者

股东和潜在的投资者关心投资的风险和预期收益。因为投资收益与企业盈利能力有关，加之投资风险是宏观经济因素、产业因素及企业本身因素共同作用的结果，而且最终也将影响企业的盈利能力，故投资者的绩效评估主要是获取企业持续经营、赚取经营利润、支付红利和保证资本增长的信息，以助于投资决策。

2. 企业经营管理者

企业经营管理者可以借助绩效评估，为战略性、经营性决策的制定获取支持性信息。经营管理者通过评估标准与获取评估信息的对比，了解、掌握决策执行情况，保证企业管理系统的有效运行，及时发现企业运行中存在的问题。

3. 债权人

债权人需要了解企业的偿债能力和抗风险能力，其中，短期债权人需要了解企业的现金偿还能力，其分析重点是营运资本和现金，主要关注的是公司持续经营的能力和偿还长期借款的能力。因此，债权人进行企业绩效评估的目的，是为债权人制定企业授信额度、付款条件、利率水平、保证条款等信用决策获取信息。

4. 政府相关部门

政府对企业进行绩效评估的目的，主要是政府作为国家股东、国有资本的出资人，为加强国有资本的监管，提出资本收益，特别是对企业领导班子的考核，并在此基础上制定区域经济发展政策及支持鼓励企业发展的政策措施等。此外，政府部门也要对企业的社会贡献进行评价，如就业机会、企业提供的税金、职工社会福利、环境保护等。

5. 顾客

顾客为了买到物有所值的产品，倾向于对企业的产品质量、其他顾客的反应、企业的声誉进行评价。同时，消费者越来越关注企业所履行的社会责任。据 2005 年 9 月 MORI（Market & Opinion Research International，英国最大的独资市场调查研究公司）对 12 个欧洲国家的 12 000 名消费者的民意测验显示：70%的欧洲消费者购买产品或服务时看中的主要是企业对社会责任、义务的承担和履行情况（费明胜，2008）。

此外，企业员工、社会团体、供应商等作为企业的利益相关者，也可以企业绩效评估的主体身份，组织开展企业绩效评估活动。但由于各利益主体关注的重点不同，目标要求不同，在组织实施企业绩效评估时，可以采取调整指标权数，加大重点关注内容的评估指标权重等方式，达到评估活动所要实现的目标。

7.2.4　企业绩效的评估客体及内容

企业绩效评估系统的对象，亦即对什么进行评估。绩效评估系统的运行以评估对象为单位来进行收集和分析信息，而且评估的结果对绩效评估对象必然产生影响，关系到评估对象今后的发展方向，因此，评估对象的确定非常重要。一般来讲，企业绩效评估系统的主要对象是企业。企业是社会财富的创造者，也是企业价值得以实现的基本主体。作为评估对象的企业，一般应具备以下条件：一是独立的法人实体，能够承担民事责任，编制完整的资产负债表；二是该企业处于正常的生产经营状态，依法从事生产经营活动；三是作为评估对象的企业必须具备持续经营时间为一个会计年度的基本要求。

在评估企业的绩效时，哪些内容能够反映企业绩效是学者们研究的焦点，毕竟企业绩效是企业生产经营等若干因素共同作用下产生的综合结果，范围广、内容多。

国外企业绩效评估的主要发展如表 7－2 所示。

表 7－2　国外企业绩效评估主要发展

时期	背景及提出者	评估的主要内容或指标
1928	Alexander. Wall	信用能力指数，通过 7 个指标评估企业公司经营状况稳健程度、信用水平，综合评估财务效益状况，侧重负债和偿债能力评估
20 世纪 30 年代	James. McKinsey	评估企业战略、管理、财务状况与业务活动
1955	财富杂志社	年销售总额等
1979	Persen，Lessig	业绩评估的财务指标有销售利润率、每股收益率、现金流量和内部报酬率等。其中经营利润和现金流量已成为该时期业绩评估的主要指标
1981	Pascale&Athos	组织变革的机制以及绩效改进的计划目标使组织能够在 7S（Strategy，Skill，Shared Values，Structure，System，Staff，Style，即战略、技能、共享价值观、组织结构、系统、人员、风格）方面达成一致和平衡
20 世纪 80 年代	Dolnason Brown	综合的财务业绩评估指标体系
	迈克尔·波特	竞争优势归根结底来源于企业为客户创造的超过其成本的价值；决定企业盈利能力的首要和根本因素是产业的吸引力；企业在产业中的相对地位决定了企业盈利能力的平均水平
	美国管理会计委员会	提出了净收益、每股盈余、现金流量、投资报酬、剩余收益、市场价值、经济收益、调整通货膨胀后的业绩等 8 项计量企业经营绩效的指标
	Emanuel & Ottley	由 17 项指标构成，首次将生存能力、应变能力纳入业绩评估范围，从而使评估结果能够反映企业的生命力，是一种定性和定量相结合的综合评估方法

续表

时期	背景及提出者	评估的主要内容或指标
	Venkatraman & Ramanujam	企业绩效主要是财务绩效（资产报酬率、销售回报率、投资回报率等）、经营绩效（以市场为基础，既包括与增长和份额相关的内容，如销售增长等，也包括与企业未来地位相关的内容，如产品多样化等）、组织绩效（以管理者为基础，既包括与质量相关的部分，如员工满意、产品质量等，也包括与社会责任相关的部分，如环境与社会责任）
1990	Kelvin Cross & Richard Lynch	在业绩金字塔中，公司总体战略位于最高层，并向企业逐级传递直到最基层。有了战略目标，作业中心就可建立合作经营效率指标，以满足战略目标要求，再反馈给企业高层为制定未来战略目标提供基础
1991	Stem Stewart	EVA 基于产生税后营业收入所需资产投资和机会成本的经营绩效财务评估方法，结束了多种目标的混乱状况
1992	Robert Kaplan David Norton	从财务、顾客、内部流程、学习和发展四方面评估企业绩效。考核指标来源于组织战略目标和竞争需要，是一种综合性绩效
1993	Fitzgeald	财务、竞争、服务质量、革新、灵活性、资源利用等 6 个方面
1995	Joseph A NessThomas G CucHzzla	ABC 法（基于作业成本的过程评估法）是一种组织变革，将组织梳理得能准确指出所有产品和劳务的直接和间接成本，建立模型及时记录
1997	Jeffrey	以资产市场价值为基础，而不是经济价值。公司真正为投资者创造利润必须超过期初资本市场价值计算的资本成本
	麦肯锡公司	基于价值的管理（VBM）思想，运用折现现金流方法评估公司价值，价值评估作为一种手段来改善战略绩效和业务决策
	Markides，Williamson Bamey，Teece	战略资产、核心能力与企业绩效的关系绩效研究，注重对战略资产的评估
	Robert Hall	质量尺度（质量分为外部、内部和改进程序三种）、作业时间尺度、资源使用尺度、人力资源尺度
1999	由英、美、加、新、澳组成 G4+1 提出	财务业绩分为三部分：经营收益、理财收益、其他收益和损失
2000	Mark. B. & Susan G. W	企业绩效建立在与主要竞争者的基础上，以此评估企业相对绩效
2001	Steven	采用顾客满意度来评估企业绩效
2004	J. H. Ahna，S. G. Chang	将产品（Product）和过程（Process）作为中介测度知识（Knowledge）对企业绩效（Performance）的贡献

资料来源：李海琳，赵国杰，郝清明. 国外企业绩效评价研究综述［J］. 山东财政学院学报，2007，4：85-88，有删改。

企业绩效的评估内容，因不同的评估模式有所不同，根据绩效评估研究的演变过程，企业绩效评估模式主要有三种。

1. 财务模式

财务评价系统中所使用的绩效指标主要是从会计报表中直接获取数据或根据其中的数据计算的有关财务比率，其评估的内容也主要是财务指标。应用最为广泛的财务评价指标有投资报酬率、权益报酬率和利润等。

2. 价值模式

价值模式是以股东价值最大化为导向而进行的企业绩效评估，主要是采用 EVA 来评估企业绩效。EVA即经济增加值，是在利润的基础上进一步考虑资本成本，经过一系列调整后的财务指标，用于衡量企业生产经营的增加价值，其目的在于促使公司经营者以股东价值最大化为行为准则，谋求企业战略目标的实现。应该说，EVA是站在股东的角度来评价企业的业绩，能够有效地为股东创造财富。

3. 平衡模式

平衡模式是采用财务指标和非财务指标对企业绩效进行评估。该模式强调企业绩效不仅体现在财务指标上，还体现在诸如企业发展、顾客满意等能够导致企业长期绩效的方面上。该类模式的典型代表是业绩金字塔、平衡记分卡和绩效棱柱的评估内容（具体见本节后面内容）。现将企业绩效评估模式及主要评估内容加以总结，如表7－3所示。

表7－3 企业绩效评估模式及主要内容

评估模式	典型代表	具体内容
财务模式	以利润为基础的财务评价	投资报酬率、权益报酬率和利润等
价值模式	以EVA为基础的财务评价	EVA，REVA（修正的经济增加值）等
平衡模式	业绩金字塔	战略、市场、顾客、质量
	平衡记分卡	财务、顾客、内部业务、学习与成长
	四尺度评价	质量、作业时间、资源利用和人力资源的开发
	RDAP模式[①]（Clarkson，1995）	企业、雇员、股东、消费者、供应商、公众利益相关者
	公民身份模式（Davenport，2000）	企业伦理行为、利益相关者责任、环境责任
	关系质量模式（Sirgy，2002）	内部利益相关者、外部利益相关者、远侧利益相关者

注：① RDAP：Reactive对抗、Defensive防御、Accommodative适应、Proactive预见。

此外，企业绩效评估的主体是多元化的，每一评估主体在评估内容上的选择偏好也是不同的。投资者倾向于对企业的财务绩效进行评价，主要采用一些财务指标特别是营运能力和盈利能力等。债权人主要对企业信用进行评估，侧重于企业的偿债能力、营运能力及商业信誉的评价。经营者主要评价企业的内部经营过程、市场反应、组织学习与成长等。顾客倾向于对企业的产品质量、其他顾客的反应、企业的声誉进行评价。政府部门主要对企业进行的社会贡献进行评价，如就业机会、企业提供的税金、职工社会福利、环境保护等。

7.2.5 企业绩效的评估方法

企业绩效的评估方法大致可以分为两类：一类主要出现在20世纪90年代以前，这类技术主要注重对企业财务指标的分析，称为企业绩效评估的传统方法；另一类主要出现在20世纪90年代以后，这类方法注重财务指标和非财务指标的有机结合，以及对企业环境、创新、资本等因素的分析，称为企业绩效评估的现代方法。

1. 企业绩效评估的传统方法

在这里，主要介绍沃尔评估法、功效系统评估法、雷达图评估法、坐标图评估法、杜邦评估法、财务报表结构指标评估法、经济附加值评估法。

1）沃尔评估法

沃尔评估法是把七种财务比率用线性关系结合起来，分别给定其在绩效总评估中所占的比重，确定标准比率，然后与实际比率进行比较，得出每项指标的评分，最后求出总评分，据此来评估企业的绩效状况。沃尔评估技术的指标内容与一个计算实例如表 7－4 所示。

表 7－4　沃尔评估技术

财务比率	比重/% (1)	标准比率 (2)	实际比率 (3)	相对比率 (4)＝(3)÷(2)	评分 (5)＝(1)×(4)
流动比率	25	2.0	2.33	1.17	29.25
净资产/负债	25	1.5	0.88	0.59	14.75
资产/固定资产	15	2.5	3.33	1.33	19.95
销售成本/存货	10	8	12	1.50	15.00
销售额/应收账款	10	6	10	1.67	16.70
销售额/固定资产	10	4	2.66	0.67	6.70
销售额/净资产	5	3	1.63	0.54	2.70
合计	100				

沃尔评估法在理论上尚有待证明，在技术上也并不完善，但在实际中却被广泛应用。

2）功效系统评估法

所谓功效系统评估法，是指根据多目标规划原理，把企业所要考核的各项指标按照多档次标准，通过功效函数转化为可以度量的评估分数，据此对被评估对象进行总体评估分析的一种方法。

根据 1999 年财政部、国家经贸委、原劳动与人事部和国家计委联合颁布的《国有资本金效绩评价规则》和《企业效绩评价操作细则（修订）》的规定，对国有企业绩效进行分析评估，主要是用功效系统评估法，并辅之以定性评议的综合分析判断法。

功效系统评估法从财务效益状况、资产营运状况、偿债能力状况、发展能力状况四个方面（共 20 项指标）对企业绩效进行分析评估，分析指标如表 7－5 所示。

表 7－5　功效系统评估法分析指标

分析指标		基本指标		修正指标	
分析内容	权数 100	指标 100	权数 100	指标	权数 100
财务效益状况	38	净资产收益率 总资产报酬率	25 13	资本保值增值率 主营业务利润率 盈余现金保障倍数 成本费用利润率	12 8 8 10
资产营运状况	18	总资产周转率流 动资产周转率	9 9	存货周转率 应收账款周转率 不良资产比率	5 5 8
偿债能力状况	20	资产负债率 已获利息倍数	12 8	现金流动负债比率 速动比率	10 10
发展能力状况	24	销售（营业）增长 率资本积累率	12 12	三年资本平均增长率 三年销售平均增长率 技术投入率	9 8 8

3）雷达图评估法

雷达图评估法亦称综合财务比率评估法，因为按这种评估法所绘制的财务比率综合图类似雷达，故得名。雷达图评估法是将组织的经营成果划分为收益性、安全性、流动性、生产性和成长性五种性态，将直角坐标图平均分出五个区域，分别表示这五个性态，并以相应的财务比率指标表示，计算出分析对象的实际财务指标并将其标在相应区域，将实际指标与标准指标对比，以对企业经营结果等状况作出全面评估。如图 7 - 3 所示。

雷达图分析法

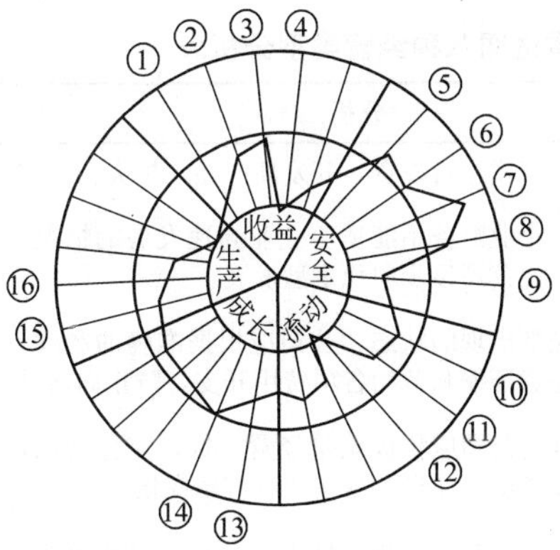

注: 收益性: (1) 资产报酬率; (2) 所有者权益报酬率; (3) 销售利税率; (4) 成本费用率。
安全性: (5) 流动比率; (6) 速动比率; (7) 资产负债率; (8) 所有者权益比率; (9) 利息保障倍数。
流动性: (10) 总资产周转率; (11) 应收账款周转率; (12) 存货周转率。
成长性: (13) 销售收入增长率; (14) 产值增长率。
生产性: (15) 人均工资; (16) 人均销售收入。

图 7 - 3　雷达图评估法

按照雷达图评估法绘制出的雷达图是三个同心圆，最小圆代表最低水平；最大圆代表同行业先进水平，或者同行业平均水平的 1.5 倍。从圆心开始，以放射线的形式分别标出各大类的财务比率，评估时通常用目测判断的方法，如果企业的财务比率值接近或者处于最小圆之内，说明该企业水平极差，须警惕；如果比率值接近标准线，说明该指标水平较高，是较为理想的状态。

企业可以根据自己的实际状况将各项财务指标标示出来，然后再将各点连线就形成一个多边形。如果该多边形皆处于最大圆之内，表明企业的财务状况较为理想，超过同行业平均水平；如果该多边形皆处于中间圆之内，表明财务状况欠佳，应当努力予以改善，以接近或者超过平均水平；如果该多边形完全处在最小圆之内，表明该企业已濒临倒闭，财务状况极度恶化。

运用雷达图评估法进行综合分析时，可以将企业状况划分为稳定理想型、保守型、成长型、特殊型、积极扩大型、消极安全型、活动型、均衡缩小型八种类型。其具体分析见表 7 - 6，各经营类型特征见表 7 - 7。

表 7 - 6　雷达图经营类型分析表

收益性	成长性	生产性	流动性	安全性	企业类型
（+）	（+）	（+）	（+）	（+）	稳定型
（+）	（+）	（+）	（+）	（-）	成长型
（-）	（+）	（+）	（-）	（+）	扩展型
（-）	（-）	（-）	（-）	（+）	安全型

续表

收益性	成长性	生产性	流动性	安全性	企业类型
(－)	(＋)	(－)	(－)	(－)	活动型
(－)	(－)	(－)	(－)	(－)	均衡型
(＋)	(－)	(－)	(＋)	(＋)	保守型
(＋)	(－)	(＋)	(＋)	(－)	特殊型

注：表中（＋）和（－）分别表示企业的收益性、安全性、流动性、生产性或成长型的实际情况处于标准线之外和之内。

表 7－7　雷达图八种经营类型分析表

类型	分析
稳定型	公司各方面处于良好状态。可大规模进行投资，开发新产品，扩大公司规模。
成长型	新公司或处于恢复阶段的公司在企业财务不能适应企业高速发展的情况下常出现的状态。公司应注意筹集资金，妥善调度资金，使公司逐步向稳定型发展。
扩展型	公司扩大规模、开发新产品时经常出现的状态，公司应根据准确的利润计划扩大经营范围，根据市场需要投产高利润产品，并注意压缩和节约各项费用开支，防止向活动型发展。
安全型	这种经营状况多为消极经营所致，公司应积极调整经营方针，充分利用现有的资源，开发新产品，加快进行设备改造，提高发展速度，使经营尽快适应市场变化。
活动型	是企业处于恢复期、销售额急剧增长时常出现的状态。公司应设法筹集资金，降低成本，不断提高利润水平，尽快改善公司的收益性、流动性。
均衡型	公司经营处于极度的危险中，面临全面整顿和改善的任务。公司应对外部环境和自身状况认真加以分析，研究能否通过产品结构调整，实现公司经营的全面改善，使公司摆脱困境。
保守型	经营时间比较长的公司因墨守成规往往容易出现这种情况。公司应及时调整经营策略，变被动为主动，积极开拓市场，开发新产品，提高市场占有率。
特殊型	具有特种技术的企业常常出现的特殊经营状态。处于这种状态的企业应致力于增加销售额、积累资金，争取向成长型发展。

4）坐标图评估法

坐标图评估法是利用坐标图形对企业的财务状况进行综合评估的方法。在确知企业发展趋势的前提下，评估财务状况的优劣主要是看企业的获利能力与偿付能力，因而通常分别以获利能力、偿付能力作为横坐标和纵坐标，将直角坐标分为四个区域，依据财务指标值所处的实际区域，对企业财务状况进行综合评估分析。可以利用坐标图形式对企业财务状况进行综合分析，如图 7－4 所示。

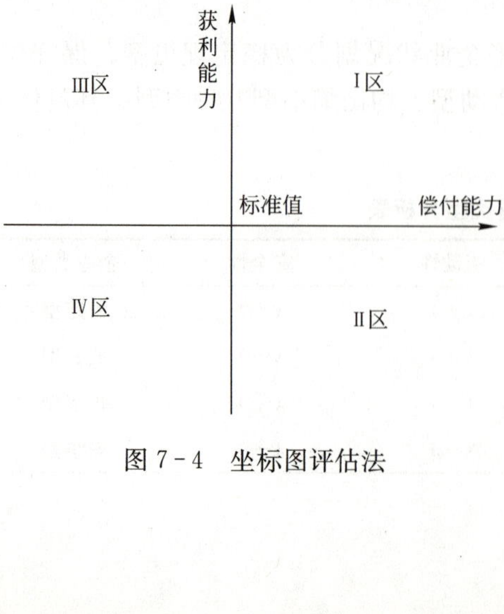

图 7－4　坐标图评估法

一般情况下，标准值采用行业标准。如获利能力高于行业一般利润率，对获利能力而言属于Ⅰ区或Ⅲ区。偿付能力需要根据实际指标来分析，像“流动比率”、“速动比率”等指标，过高或者过低都不好，因此分区前要注意评估，偿付能力强的企业划入Ⅰ区或者Ⅱ区，偿付能力弱的划入Ⅲ区或者

Ⅳ区。

5）杜邦评估法

杜邦评估法是指利用主要财务比率指标之间的内在联系来综合分析、评估企业财务状况的一种评估方法，因为这种评估法最早是由美国杜邦公司的经理创造出来的，所以称为杜邦评估法。

杜邦评估法的关键是建立完整、连贯的财务比率体系，并确定总指标即龙头指标，然后运用指标分解方法建立各指标之间的相互联系，通过数据的替换，确定从属指标对总指标的影响。采用杜邦评估法进行绩效评估时，可以将各财务指标之间的关系制成杜邦分析图，如图 7－5 所示。

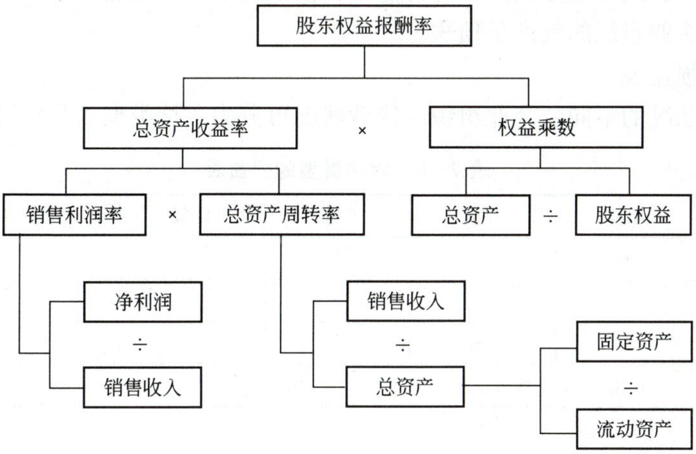

图 7－5　杜邦分析图

杜邦评估法中，主要的财务指标关系有：

① 权益报酬率＝总资产收益率×权益乘数；

② 总资产收益率＝销售利润率×总资产周转率；

③ 权益乘数＝总资产÷股东权数。

在杜邦评估法中，权益报酬率是一个综合性最强的财务比率，它与企业销售规模、成本水平、资产运营、资本结构等有着密切联系，这些相关因素构成一个相互依存的系统，只有这个系统内的各相关因素协调良好，权益报酬率才能达到最大，企业价值最大化的目标才能实现。

6）财务报表结构指标评估法

财务报表结构指标评估法是指直接利用企业财务报表的数据进行分析或将这些数据进行简单地加减计算后得到一些绝对指标，再对这些指标进行评估。这种方法的优点是简单易行，可以帮助经营管理者在较短的时间内发现企业的经营绩效情况，但准确性不高，企业在使用时应该辅以其他方法。具体而言，该方法包括以下两个方面。

（1）分析资产负债表

根据资产负债表中资产与权益组成结构的不同，企业组织的资产负债表一般可分为三种类型：A 型结构、B 型结构、C 型结构，具体如图 7－6 所示。

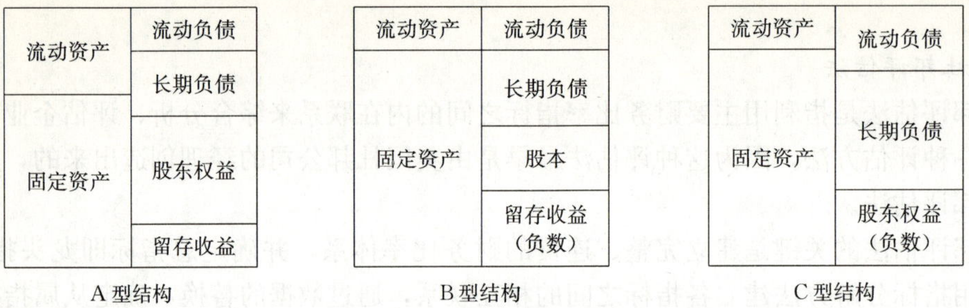

图 7－6　三种类型的资产负债

A型结构的资产负债表是正常经营的企业组织的资产负债表；B型结构表明企业组织正面临风险，已经出现亏损并且有可能正在侵蚀资本金，发展前景不容乐观；C型结构是面临破产企业组织的资产负债表。

（2）分析损益表

根据收益状况的不同，企业组织的经营状况可分为六种类型，具体见表7－8。

表7－8　六种类型的损益表

损益表类型	A型	B型	C型	D型	E型	F型
经营收益	＋	＋	＋	＋	－	－
经常收益	＋	＋	－	－	－	－
当期收益	＋	－	＋	－	＋	－
说明	正常	视亏损而定	风险较大		接近破产	

注：①“＋”代表盈利，“－”代表亏损；

② 经营收益＝经营收入－（经营成本＋经营费用）；经营费用＝管理费用＋营业费用＋销售税金及附加；

③ 经常收益＝经营收益－财务费用；

④ 当期收益＝经常收益－经营外收支净额。

企业组织在运用财务报表的绝对指标进行绩效评估分析时，应将资产负债表与损益表结合起来，这样有利于经营管理者全面了解企业的经营状况，但这种方法存在固有的缺陷，其对风险的描述不够具体和深入。

7）经济增加值（EVA）评估法

20世纪80年代以来，在美国出现的几种新的企业绩效评估方法中，最引人注目和应用最广泛的就是EVA（Economic Value Added）方法。EVA是指企业组织资本收益与资本成本之间的差额。更具体地说，EVA就是指企业组织税后的差额。如果这一差额是正数，说明企业组织创造了价值，创造了财富；反之，则表示企业组织发生价值损失。如果差额为零，说明企业组织的利润仅能满足债权人和投资者预期获得的收益。

经济附加值的计算公式如下：

经济附加值＝税后净营业利润－资本成本

＝税后净营业利润－加权平均资本成本率×资本总额

其中，税后净营业利润＝息税前收入×（1－所得税税率）

＝（净销售收入－经营费用）×（1－所得税税率）

资本总额包括债务资本和股东资本，加权平均资本成本率可用加权平均的办法计算。

EVA方法如今在英、美等发达国家备受关注，世界各国的企业界也越来越多地运用EVA，主要是把它作为一个财务指标对企业组织的盈利能力和管理绩效进行计量和评估，它比传统的通过财务报表业绩来确定企业组织的绩效更为有效。但是，EVA本身也存在一定的局限性，如计算EVA是所进行的必要调整可能并不符合成本效益原则、EVA无法解释企业组织内在的成长性机会等，所以企业组织一定要多加注意。

2. 企业绩效评估的现代方法

1)"A记分"绩效评估法

"A记分"绩效评估法是将定性指标定量化表示的一种主观企业绩效评估技术。它首先将与企业绩效有关的各种现象或者标志性因素列出来，然后依据其对企业绩效的影响大小进行赋值，最后将一个企业的所有数据或者记分加起来，就可以知道该企业的绩效状况。

"A记分"共有三大类17个指标，三大类为经营缺点、经营错误和破产征兆（见表7-9）。在做"A记分"评估法时，每一项只记零分或者满分，不能记折扣分。按照"A记分"绩效评估法的观点，25分是警戒线，如果企业得分高于25分，表示企业处于绩效高风险区域；而在离25分较远的0～18分之间，企业处于绩效风险安全区域；18～25分之间的区域可以称为警戒线。

表7-9 "A记分"绩效评估因素构成及其临界值

相关因素	记分值	临界值
	经营缺点	
管理活动不深入	1	
管理技能不全面	2	
被动的经理班子	2	
财务经理不够强	2	
无过程预算控制	3	
无现金开支计划	3	
无成本监督系统	3	
董事长兼任总经理	4	
总经理独断专行	8	
应变能力太低	15	
小计	43	10
	经营错误	
高杠杆负债经营	15	
缺乏过头生意的资本	15	
过大风险项目	15	
小计	45	15
	破产征兆	
危机财务信号	4	
被迫编造假账	4	

续表

相关因素	记分值	临界值
	破产征兆	
经营秩序混乱	3	
管理停顿	1	
小计	12	0
分值加总	100	25

"A记分"绩效评估法是在假设企业的风险危机来源于企业高级管理层的前提下，对企业管理进行评分，因此只适用于管理层失误造成的风险，对其他原因造成的风险没有预警和评估作用。这种评估法是由国外学者针对国外企业的情况而提出的，其中的某些风险因素并不适合我国企业的实际情况，如"高杠杆负债经营"。由于过去体制上的原因，造成了我国大多数国有企业的高负债经营，因此高负债标准不能过多地参照国外企业的情况，各企业要根据自己的实际情况对"A记分"绩效评估法进行改进，使其能够准确地反映出企业经营绩效的好坏。

2）业绩金字塔评估法

凯文·克罗斯（Kelvin Cross）和理查德·林奇（Richard Lynch）提出了一个把企业总体战略与财务和非财务信息结合起来的绩效评估系统。为了强调总体战略与绩效指标的重要联系，他们列出了一个业绩金字塔。示意图如图7-7所示。

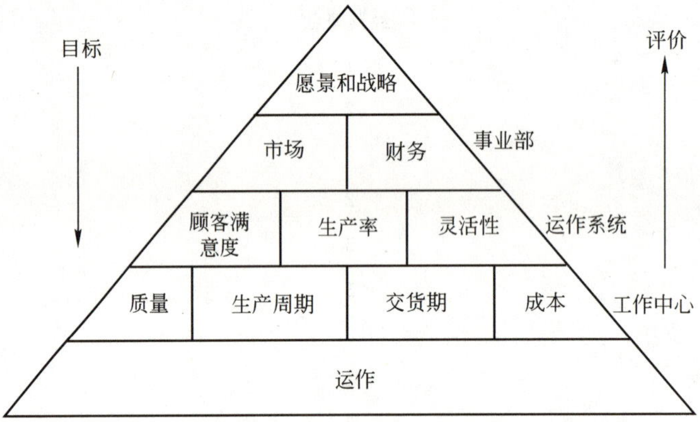

图7-7　业绩金字塔示意图

在业绩金字塔中，公司总体战略位于最高层，由此产生企业的具体战略目标，并向企业组织逐级传递，直到最基层的作业中心。有了合理的战略目标，作业中心就可以开始建立合理的经营效率指标，以满足战略目标的要求，然后，这些指标再反馈给企业高层管理人员，作为制定企业未来战略目标的基础。

克罗斯和林奇的绩效金字塔着重强调了企业战略在确定绩效指标中所扮演的重要角色，反映了绩效目标和绩效指标的互赢性，揭示了战略目标自上而下和经营指标自下而上逐级重复运动的等级制度。这个逐级的循环过程揭示了企业持续发展的能力，为正确评估企业绩效作出了意义深远的重要贡献。

业绩金字塔最主要的缺点是在确认组织学习的重要性上是失败的，在竞争日趋激烈的今天，对组织学习能力的正确评估尤为重要。因此，虽然这个模型在理论上是比较成型的，但在实际工作中采用率较低。

3）标杆超越绩效评估法

标杆超越绩效评估法是企业以最强的竞争企业或那些在行业中领先的、最有名望的企业的关键行为为基准，将自身的关键业绩行为与其进行考核与比较，分析这些基准，企业绩效形成的原因，并在此基础上确定自身企业可持续发展的关键业绩标准和绩效改进的最优策略。

（1）标杆超越绩效分析的步骤

罗伯特·开普将标杆超越绩效分析技术划分为五个阶段，每阶段有2～3个步骤。

① 计划：确认对哪个流程进行标杆超越分析；确定用于做比较的公司；决定收集资料的方法并收集资料。

② 分析：确定自己目前的做法与最好的做法之间的绩效差异；拟定未来的绩效水准。

③ 整合：就标杆管理过程中的发现进行交流并获得认可；确立部门目标。

④ 行动：制订行动计划；实施明确的行动并监测进展情况。

⑤ 完成：处于领先地位；全面整合各种活动；重新调校标杆。

（2）标杆超越的类型

① 内部标杆超越。以企业内部为基准的标杆管理，它是最简单且易操作的标杆超越管理方式之一。辨识内部绩效标杆的标准，即确立内部标杆管理的主要目标，可以做到企业内信息共享。辨识企业内部最佳职能或流程及其实践，然后推广到企业的其他部门，不失为提高企业绩效的最便捷的方法之一。除非用作外部标杆管理的基准，单独执行内部标杆管理的企业往往持有内向视野，容易产生封闭思维。因此，在实践中内部标杆管理应该与外部标杆管理结合起来使用。

② 竞争标杆超越。以竞争对象为基准的标杆管理，其目标是将自身绩效与有着相同市场的企业在产品、服务和工作流程等方面的绩效进行比较，直接面对竞争者。这类标杆管理的实施较困难，原因在于除了公共领域的信息容易接近外，其他关于竞争企业的信息不易获得。

③ 职能标杆超越。以行业领先者或某些企业的优秀职能操作为基准进行的标杆管理。这类标杆管理的合作者常常能相互分享一些技术和市场信息，标杆的基准是外部企业（但非竞争者）及其职能或业务实践。由于没有直接的竞争者，因此，合作者往往较愿意提供和分享技术与市场信息。

④ 流程标杆超越。以最佳工作流程为基准进行的标杆管理。流程标杆管理是类似的工作流程而不是某项业务与操作职能或实践。这类标杆管理可以跨不同类企业进行。它一般要求企业对整个工作流程和操作有很详细的了解。

4）绩效棱柱法

英国克兰菲尔德学院的安迪·尼利、克里斯·亚当斯、迈克·科尼尔利长期致力于绩效评估与管理研究，尤其是改进平衡记分卡，经过多年的探索与实践，在总结前人理论的基础上，终于提出了认为可以代替平衡记分卡的方法——绩效棱柱。该理论认为在当今的经营环境下，那些致力于获得长期成功的企业必须非常清楚地了解谁是它们的主要利益相关者以及它们的愿望和要求是什么。为了满足自己的要求，企业还必须从利益相关者那里获得一些东西，包括来自投资者的资金和信用、来自客户的忠诚和利润、来自员工的想法和技术以及来自供应商的原料和服务等。它们还需要明确要采取的战略、需要的流程，以及企业应当拥有的、适当的能力。

绩效棱柱是一个以利益相关者为中心的三维框架模型。该框架设计的非常有弹性，它既可以适应宽泛的要求也能适应严格的要求。三个基本前提在绩效棱柱理论中起着支撑作用。第一，对于企业而言，如果它们希望长期生存和繁荣，那么把注意力仅仅放在一个或两个利益相关者——股东和顾客——身上就是不可取的（甚至是不可行的）。第二，如果一个企业想处于一个最佳的位置，将真正的价值分享给股东的话，那么它的战略、流程及能力就必须进行排列整合。第三，企业及其利益相关者应该认识到它们之间的关系是互惠的。利益相关者也应该为企业贡献自己的力量，如果他们期望从那里得到一些利益的话。绩效棱柱展示的是全面的绩效衡量结构，建立在那些已经存在并且在一直寻求弥补其不足的最优结构的基础之上。

绩效棱柱的核心就是总结了截然不同而在理论上又存在内在联系的关于绩效的五个方面，以及可以帮助设计企业绩效测评标准的五个重要问题（见图 7－8）。

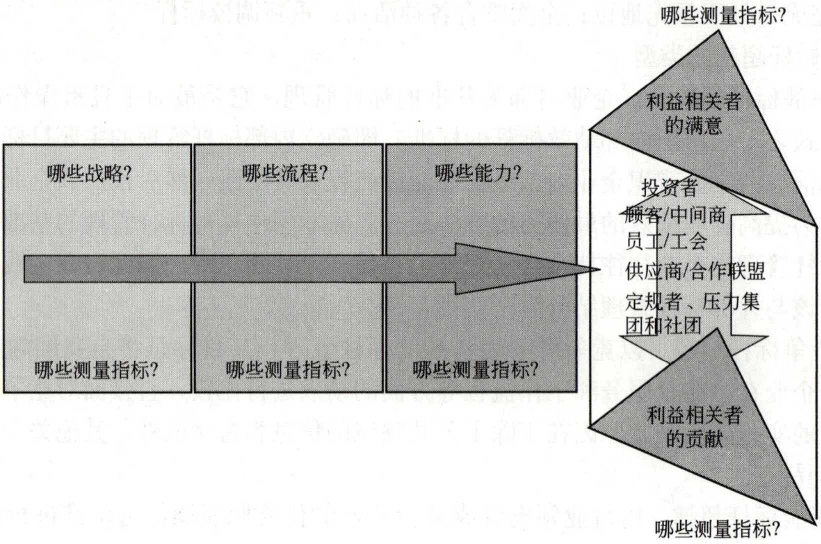

图 7－8　绩效棱柱的五个基本绩效管理和测量的方面

- 利益相关者的满意——谁是主要的利益相关者，他们的愿望和要求是什么？
- 利益相关者的贡献——企业组织需要从这些主要的利益相关者那里得到什么？
- 战略——企业组织应该采取什么策略来满足这两方的愿望和要求？
- 流程——企业组织执行这些战略需要哪些重要的流程？
- 能力——运作和提高这些流程需要哪些能力？

这五个方面为测评企业绩效提供了一个全面的综合的框架。

（1）利益相关者的满意

绩效棱柱理论认为企业组织的利益相关者涉及：

- 投资者（主要是股东，但也包括其他资本提供者）；
- 顾客和中间商；

- 员工和工会；
- 供应商和合作联盟；
- 定规者、压力集团和社团。

而他们的意愿应该包括：

- 市场占有率的增加、利润的提高（对投资者）；
- 质量好、价格低（对顾客和中间商）；
- 业务增长导致的更多的就业机会（对员工和劳工协会）；
- 良好的信誉（对供应商和合作联盟）；
- 不是搅局者（对定规者和压力集团）。

企业在衡量绩效时，可以选择给予某一利益相关团队更多的关注，这并不是因为这个特殊的利益相关者比其他利益相关者更重要，而是因为他们以前并没有受到应有的关注。企业必须决定自己的战略应满足哪些利益相关者的愿望和要求。因此，企业衡量绩效的起点不应该是“这个企业的战略是什么？”而应该是“谁是企业的利益相关者以及他们的愿望和要求是什么？”所以，绩效棱柱框架中所包含的关于绩效的第一个观点就是利益相关者的满意度。

（2）利益相关者的贡献

关于绩效的第二点是一个与第一点关系很微妙但却非常重要的问题。这就是“利益相关者的贡献”，与“利益相关者的满意”正好相反。例如，把顾客看作是利益相关者，那么企业就希望从顾客处获得：

- 在同一家企业重复购买更多的商品；
- 将该企业推荐给他人；
- 通过提高顾客的满意度进而提高顾客对企业的忠诚度。

但要注意的是对于每一个利益相关者来说都存在着等价交换：企业想从利益相关者那里获得所需要的，利益相关者也想从企业那里获得所需要的。

（3）战略

战略是绩效棱柱设计时的关键问题。企业应该采取什么样的战略才能保证其利益相关者的需求得到满足（同时还必须保证满足自己的要求）？从这一点来看，测量方法就要担负四项角色。第一，测量方法应该能够帮助管理者了解他们所采取的战略是否确实得到了执行；第二，这些方法能够用于协调企业内的战略；第三，这些方法能够鼓励和刺激战略的执行；第四，一旦这些方法可以利用，就可以分析测量数据，从而检测战略是不是按计划进行（如果不是，为什么）。

（4）流程

一般来说，许多企业是从开发产品和服务、产生需求、满足需求，以及设计和管理该企业组织四个独立的方面来考虑和设计业务流程的。这些方面有更多的子流程，往往子流程的作用更大。而流程本身是指那些能或者不能使企业组织运转的东西，是关于做什么、什么时候做、在什么地方做，以及如何执行的蓝图。从流程的绩效测评方法来看，一般可包括：

- 质量，包括连贯性、一致性、可靠性、耐久性、精确性及可信度；
- 数量，包括容量、生产量和完整度；
- 时间，包括速度、交付期、有效性、快捷度、适时性和进度；

- 易用性，包括弹性、便利、可达到性、清晰度和支持程度；
- 货币，包括成本、价格和价值。

这五个分类可以帮助企业组织量化所确认的成功关键因素的测量标准，如多好、多快、多简单以及多昂贵。

(5) 能力

绩效棱柱认为，流程并不能单独地发挥作用，即使是最出色的流程要发挥作用也需要企业组织成员拥有一定的技能，了解一些政策和流程的工作方法，还需要物资基础设施，这就是企业的能力，即代表了企业通过截然不同的运作方式为其利益相关者创造价值的能力。

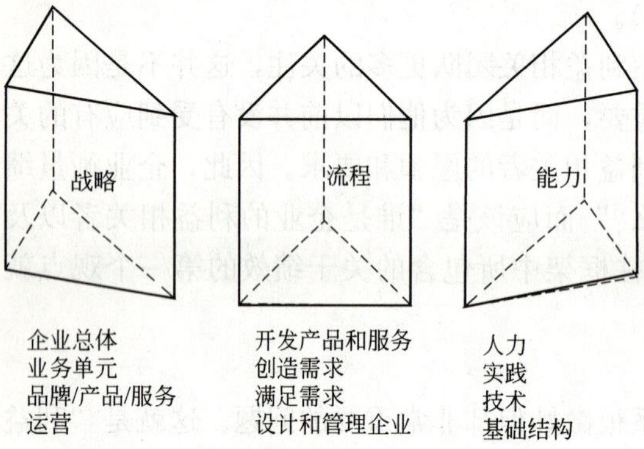

图 7－9　绩效棱柱的后三个方面

总之，绩效棱柱力图帮助企业确定关键的战略、流程和能力中需要强调的部分，从企业绩效管理角度来看，这都是为了满足利益相关者和企业组织各种各样的愿望和要求。很显然，企业可以而且必须要选定在既定的时期内，其应该关注该绩效棱柱框架这三个方面中的哪些因素。图 7－9 简要概括了这三个方面的应用。绩效棱柱的这三个方面应该相互配合起来，才能更好地理解它们是如何相互适应以满足利益相关者和企业的愿望和要求的。

总之，绩效棱柱将企业绩效涉及的五个方面用一种棱柱的形式表现了出来，棱柱有不同的折射面，它可以清晰地反映那些隐藏的复杂的事物，展现企业绩效管理中真正复杂的东西。为了从整体上来理解，我们用图 7－10 来观察这些相互联系的各个方面。

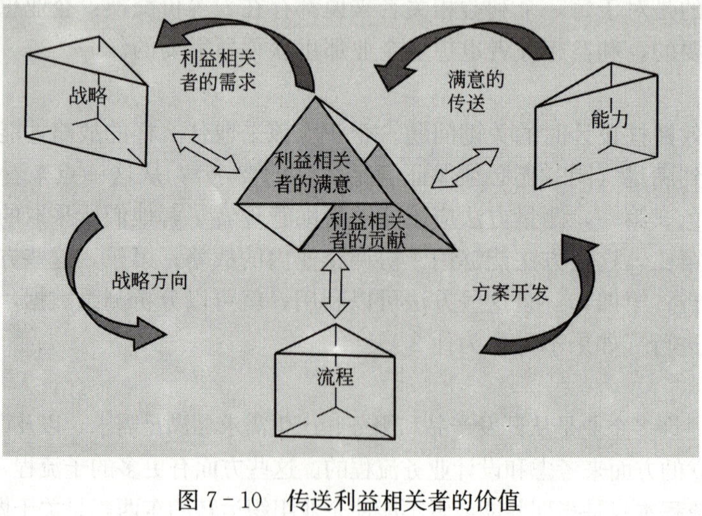

图 7－10　传送利益相关者的价值

5)“四尺度”评估法

罗伯特·霍尔 (Robert Hall) 认为，评估公司的业绩需以四个尺度为标准，即质量、作业时间、资源利用和人力资源的开发。

(1) 质量尺度

霍尔把质量分为外部质量、内部质量和质量改进程序三种。外部质量是指顾客或公司组织外部的其他人对其产品和服务的评估，它是产品和服务的精髓。具体指标包括：顾客调查情况、服务效率、保修及可靠性等。内部质量代表公司组织的运营质量，包括总产量、生产能力、检验比率以及残品和返工率等。质量改进程序是公司组织采用的确保高水平的内在和外在质量的程序或一系列的公式化的步骤。需要注意的是，今天的质量改进就是明天的内、外质量。

(2) 作业时间尺度

霍尔认为作业时间是把原材料变为完工产品的时间段。具体包括：工具检修时间、设备维修时间、改变产品和工序设计的时间、项目变更时间、工具设计时间和工具建造时间等。

(3) 资源利用尺度

该尺度用以计量特定资源的消耗和与此相关的成本，如直接人工、原材料消耗，时间利用和机器利用情况。前两项指标是制造产品和提供劳务的直接成本，后两项既包括直接成本因素，又包括间接和机会成本因素。

(4) 人力资源尺度

霍尔提出公司需要有一定的人力资源储备和能恰当评估和奖励雇员的管理系统。

霍尔把质量、时间和人力资源等非财务指标导入公司的业绩评估系统，并认为企业组织可以通过对上述四个尺度的改进，减少竞争风险。他同时承认，要求公司作出全方位的改变是困难的，只能在一段时间内取得四个方面的逐渐改进。需要注意的是，任何指标的改进不应以牺牲其他指标为代价，如作业时间的改进不应以降低质量为代价，同样，质量方面的改进也不应以牺牲资源为代价。

6) 关键绩效指标（KPI）评估法

它是通过对企业内部流程的输入端、输出端的关键参数进行设置、取样、计算，衡量流程绩效的一种目标式量化管理指标。它是把企业的战略目标分解为可操作的工作日目标的工具，是企业绩效管理的基础。它可以使部门主管明确部门的主要责任，并以此为基础，明确部门人员的业绩衡量指标。关键绩效指标的基本内容与操作方法见第 2 章。

7) 平衡记分卡（BSC）评估法

它是把企业及其内部各部门的任务和决策转化为多样的、相互联系的目标，然后再把目标分解成多项指标的多元业绩评估系统。主要由财务、顾客、内部业务流程营及学习与成长四个相互联系的方面组成。它最突出的特点是：把企业的使命和战略转变为具体的目标和测评指标；在保持对财务业绩关注的同时，清楚地列出长期的价值和竞争业绩的驱动因素，从而使企业了解业绩的推动要素，以及如何通过对客户、内部过程、技术创新等方面的投资来创造新的价值。平衡记分卡的基本内容与操作方法见第 2 章。

8) 360°绩效评估法

用 360°绩效评估法来考核企业的绩效，就是让企业的上级主管部门、客户、下级企业、同级企业或企业本身来对企业的绩效进行评估，再通过反馈程序达到改变行为、提高绩效等目的。360°绩效评估法的基本内容与操作方法见第 2 章。

7.3 非营利组织绩效评估

非营利组织（Nonprofit Organization，NPO）是一种不以营利为目的、旨在为社会公众提供服务的社会公益性组织；与以营利为目标的企业组织相比，非营利性组织具有组织性、非政府性、非营利性、自治性、志愿性和公共性六个基本特征（Salamon，Abramson，1982）。随着社会经济的发展，非营利组织在各国的经济、社会发展和全球事物中扮演着越来越重要的角色。众所周知，卓越的经营管理需要有效的绩效评估，非营利组织也不例外。因此，有必要对非营利组织绩效评估进行研究。

7.3.1 非营利组织绩效

1. 非营利组织绩效

相对于企业组织而言，非营利组织绩效的定义往往更加复杂。因为企业最基本的绩效底线如利润率、市场份额等绩效衡量指标是非常清晰和明了的。而作为非营利组织而言，其主要目的不是盈利，而是向社会公众提供服务，并在不同方面实现其社会影响力，所以，当评判非营利组织绩效的时候，往往会让人觉得非常困难。吴春、王名（2005）认为对于非营利组织而言，其绩效是指非营利组织作为一个整体，在管理和服务等行为中所取得的业绩、成就和影响等。借鉴组织绩效的定义，非营利组织绩效是指非营利组织的整体运营效果，是组织层面的绩效。

2. 非营利组织绩效评估

非营利组织绩效评估即指运用科学的标准、方法和程序，对非营利组织在公共管理过程中投入、产出、最终结果所体现出来的绩效进行评定和认可（吴春、王名，2005）。

其实很难对非营利组织的绩效进行评估，因为其缺乏利润动机、其产出很难衡量、缺乏相似的目标、学者们在此领域也缺乏共识。许多研究都试图评估非营利组织的绩效，但因采用方法的不同而产生了不同的结果。Murray 和 Balfour（1999）评估了 19 个不同的模式，认为每一种模式都评估了非营利组织绩效的不同方面。Glasrud（2001）指出即使是再完整和系统的非营利组织绩效的评估体系，其测量内容也可能并不是实际应该测量的，而且，评估的结果没有足够的科学基础。

7.3.2 评估非营利组织绩效的意义

绩效评估作为有效的管理工具是非营利组织发展和完善的必然选择，非营利组织绩效评估的结果能够为非营利组织的领导者提供科学的决策依据，能够为确定非营利组织员工报酬提供具体标准，能够使社会公众了解非营利组织的运行状况，也能够为非营利组织的资金提供者和捐助者提供组织财务流向的基本信息，从而促进非营利组织目标的达成和实现。具体而言，非营利组织绩效评估的必要性体现在以下几个方面。

1. 有助于改进非营利组织的绩效

绩效评估致力于提供关于组织绩效的各种相关信息，这些信息可以用来强化管理和为决策提供依据。换言之，绩效评估一般会对行为和决策产生影响。绩效评估关注评估目的和绩效本身，激励个人和组织努力改进绩效。同时绩效评估帮助管理者和其他人估计其部门或组织工作的绩效状况。

非营利组织的最大产品是其提供的公共服务，绩效评估可以作为非营利组织改善服务质量的重要参考和依据。只有通过绩效评估，才能对其生产过程和成果进行科学评判，发现存在的问题并提出进一步改善的意见。绩效评估侧重于对结果的强调，这使得非营利组织不能仅仅注重投入和过程，而且应当更加注重实际效果的达成。绩效评估的这种“结果导向”能够约束非营利组织努力提高管理绩效，不断改善服务水平。

2. 有助于为非营利组织承担公共责任建立一种约束机制

非营利组织涉及多方面的利益人和政府的规划管理，其发展很大程度上得益于政府的优惠政策和社会的捐赠。在当代，非营利组织享有多种税收减免的权利，接受了各种社会捐赠，接受了志愿者的志愿服务，因此政府、捐赠者、志愿者可以视为委托人，而非营利组织构成了生产者或经营者，他们之间就形成了“委托——代理”关系。这种关系实际上是一种责任系统，即非营利组织接受一系列优惠权利从事公益活动，但必须承担相应的责任。作为委托人有权利了解非营利组织的基本运营绩效，并根据组织的绩效水平来决定是否继续委托给该组织。为了取得政府的管理支持和利益人的进一步捐助，非营利组织应该公布组织受托的财务资源和人力资源的使用结果，必须定期进行绩效评估，并向有关方面提供全面而详细的信息。定期对非营利组织进行绩效的测量和评估能够提醒非营利组织时刻肩负起自己的社会责任，只有通过量化的比较分析，才能评估非营利组织是否真正落实了公共责任。

3. 有助于恢复和提高非营利组织的公信力

绩效评估作为一个有效的管理工具，不但提升了非营利组织的服务水准，而且使其更加坚定地承担起社会责任，这必然有助于组织信誉和形象的提高。非营利组织所倡导的是一种民主价值，体现了公众对自我权利的注重。非营利组织所倡导的也是一种公民精神，这种精神意味着公众应当积极主动地参与社会公共事务。非营利组织作为公民参与公共事务的重要途径，只有具备良好的信誉和形象，才能吸引广大社会民众广泛参与到其具体行动中来。非营利组织应当时刻树立起牢固的“顾客导向”意识，以绩效评估作为提升其信誉和形象的主要途径，不断改善自身的管理水平，在社会中产生积极的影响。

7.3.3 非营利组织绩效评估主体

绩效评估主体，指的是对评估对象作出评估的组织和个人，即“由谁来评估”的问题，这是绩效评估系统中的主导因素，它决定了绩效评估的依据、原则、模式及内容的选择。从实践角度来看，目前非营利组织绩效评估主体主要包括以下几种。

1. 政府

从全世界范围来看，非营利组织大多面临着资金紧缺的困境，政府的扶持成为了大多数非营利组织得以存续的保障。这种情况下，政府的拨款就显得尤为重要。给予哪些非营利组织以资金支持，给予多少，就成为了政府需要考量的问题。政府作为公众利益的保护人，可以通过研究非营利组织的绩效评估报告、调查组织制度、审查其内部控制系统（含内部绩效评估系统）的健全性与有效性、抽查重点项目绩效等方式来担当组织外部绩效评估主体，确保非营利组织受托责任的适当履行。例如，《全国性民间组织评估实施办法》第十九条规定：民间组织评估等级有效期 3 年。在有效期内，获得等级的民间组织，可依照有关规定给予奖励；获得 3A 级（含 3A 级）以上的民间组织，可优先享受政府购买服务等有关政策。

2. 社会公众

社会公众是非营利组织活动的有力监督者，社会公众作为非营利组织活动的直接参与者和受益者，有必要了解非营利组织的基本运营状况和资金使用情况。社会公众通过获取非营利组织绩效方面的相关信息，对组织提供服务的状况提出评估和建议，同时非营利组织也能够获得社会公众的需求信息，从而对其绩效改善带来压力。非营利组织应积极鼓励社会公众参与到绩效评估活动之中，实现非营利组织与社会公众之间的良性互动。社会公众也应该增强自身的参与意识，维护自己的知情权、建议权等民主权利。公众参与绩效评估可以有多种形式，如在接受公共服务后填写反馈卡，参与绩效评估的问卷调查，利用公共媒体对非营利组织进行监督等。

3. 专业评估机构

专业化的评估机构是非营利组织绩效评估的基本主体之一，它作为评估的外部智力在评估过程中发挥着重要作用。专业评估，通常指聘请评估专家组成绩效评估小组，依据特定的评估标准，对评估对象进行评估，它包括非营利组织聘请组织外部专家和专业性的评估机构对其绩效进行评估。如 1996 年我国青少年发展基金会委托中国科技促进发展会对“希望工程”的绩效进行的评估。也可委托国外的资助机构、国际 NGO 组织、国际金融组织（如世界银行）、联合国体系（如联合国开发计划署）对所资助的非营利组织进行评估。由于这类评估与国内非营利组织接受国外的资金、项目联系在一起，因此较为多见，也合乎非营利组织绩效评估的国际惯例（邓国胜，2003）。现阶段我国仍缺乏大量专业化的绩效评估机构和人才，这是今后需要努力改进的方向。

4. 捐赠者

捐赠者是非营利组织的重要利益相关者。捐赠人要做社会投资，他们关心的是自己捐赠的资源是否被妥善利用，希望捐款能够更有效率，也希望自己能够了解到捐赠资源的使用情况。因此，捐赠金额较大的捐赠人可能出于对资金使用效果的关注而担当非营利组织绩效评估的主体，捐赠者可以通过对组织绩效评估的参与而决定是否继续捐赠给该组织。

5. 行业协会

国外非营利组织的实践表明，在一些专业性较强的非营利组织行业，如医疗、教育、环境保护，组织可能会通过自愿联合组成行业协会，实行行业自律，同时可以对政府管制作出反应，壮大行业力量。因此，行业协会也可能是潜在的外部绩效评估主体。

6. 非营利组织

非营利组织自身充当评估主体对自己的工作绩效进行评估。一方面以实现组织使命为最终目标，以提高组织效率、改善管理为直接目标，在组织内部建立绩效评估系统，组织实施以雇员、团队、项目、组织为评估对象的绩效评估；另一方面，以树立公众形象，扩大筹资来源、最终实现组织的可持续发展为己任，将组织内部的绩效信息以适当的方式，公布给捐赠者、顾客、社区等关注其绩效的社会各方。自我评估有特定优势，组织本身由于更了解自我的运作机制，与局外人参与的评估相比更容易简化评估程序，真正把握业绩。非营利组织的存在与发展主要依赖于社会各部门、各阶层人力、物力及财力的不断注入，而这些投入的资源是具有稀缺性与排他性的，只有使其稀缺的资源得以发挥最大的效用，非营利组织才能够生存、发展、壮大。由此可见，非营利组织必须加强管理，采用一定的方法，准确预测、科学决策、有效控制，获得最大价值，才能担负其提高社会福利水平的组织使命。

7. 员工/一般志愿者

了解员工/一般志愿者的态度、意见和看法是目前非常盛行的做法。如果非营利组织打算创造积极行动的氛围，既要改进绩效又能使顾客最终受益，离开忠于职守的员工/一般志愿者几乎是不可能的。因此许多组织，无论是公共、私营还是非营利组织，都进行了大量工作场所调查，听取基层的意见并了解人们的想法，让员工/一般志愿者成为组织绩效评估的主体。此外，这种做法还可以增强员工/一般志愿者的责任感，使其与组织融为一体。

7.3.4 非营利组织绩效评估客体

评估的客体是指绩效评估的对象；明确评估客体是绩效评估的先决条件。评估营利性组织的绩效是相对容易的一件事情，可以用像利润、投资回报率、离职率、经济附加值等指标来衡量。非营利组织并不是因为利润而存在，而是因为特殊的目的而存在。非营利组织因为缺少经济目标，所以用营利组织的指标来衡量非营利组织绩效是不太可能的。由于非营利组织绩效评估的复杂性，非营利组织的评估客体在学术界尚无定论，研究论述颇多。

美国学者 Stufflebeam 于 1965 年创建了 Stufflebeam 评估框架。该框架包括背景评估（Context Evaluation）、输入评估（Input Evaluation）、过程评估（Process Evaluation）、结果评估（Product Evaluation）四个方面。背景评估是确认某研究对象的优缺点，并提供改进方向，重点是目标选定。输入评估指变革方案的行动方针，确认并评估各种相关的途径，协助说明被采用的途径，使被评估者早日适应。过程评估是对实施计划不断评估，使决策人员和执行人员进行反馈，了解方案的进度、资源的有效利用，作为参与者自我评判的参考依据。结果评估的目的在于测量、解释、判断一个方案的成就，作为绩效评估的参考，目标在于确定一项特定方案是否值得继续实施，或重复实施，或扩展到其他场合实施。

Macpherson（2001）认为对于营利组织过程管理占主导地位，而对于非营利组织来说目标和输出更重要。所以非营利组织绩效的评估主要是组织的目标实现及其产出。

Jansen（2004）指出应从四个方面来评估非营利组织绩效：投入（资源）、生产（生产流程）、输出（产品或服务）和结果（效果）。

司徒达贤（1999）认为对非营利组织而言，产品是否被顾客所需要，以及产销是否合乎效率，主要靠获利能力来检验。非营利组织缺乏利润做指标，应更加重视绩效管理。他提出非营利组织的绩效可以从以下六个角度来衡量。

① 使命达成度与社会接受度：指非营利组织要被服务对象所需求，要被整个社会所肯定。使命是非营利组织的起点，决策核心应经常检讨组织的使命是什么，然后必须从各种角度来衡量社会大众与服务对象对本组织的满意度与评估。

② 效率：指善用组织或社会所交付的资源，不应有浪费虚耗的情况。好的组织必

须注意成本控制与运作效率，各种产出与投入的比率是衡量效率的重要指标；此外，组织内也应在制度上确保各种作业程序合理、完善。也就是说，衡量效率有两大方向，一是各种成本效益的比率，相当于营利组织中各种财务比率或生产力指标；二是保证各种作业程序合理、完整，即对作业中的各种工作过程，了解并评估其是否都已确实执行，如工作程序是否完整等。

③ 投入程度：成功的非营利组织，必须持有充裕的财力资源与人力资源。若捐款人愿意持续捐款，参与组织的职工、志愿者都愿意为组织投入时间，或愿意主动介绍亲朋好友来参加本组织团队，捐款金额与志愿者人数每年都成正比增长，就表示本组织的绩效受到肯定。

④ 满意度：非营利组织的服务对象、人力资源、财力及物力资源（人本身或是由人提供）都是人或团体，他们是组织的一部分，也是独立存在的主体，他们可以随时参加，也可以随时退出。所以，非营利组织的一项重要工作就是使他们对本组织满意，由满意而产生认同，因认同而提升向心力。

⑤ 平衡度：从策略角度看，组织的资源与力量配置应维持某种程度的平衡，使之在未来发展上不会存在瓶颈，也没有资源闲置。所谓的平衡，不等于平局分配，而是要视未来策略发展的需要来界定平衡的意义。服务对象（Clients）、组织运作（Operations）、资源（Resources）、服务内容（Services）、参与者（Participants）五者之间的平衡与配合是绩效检验的标准。

⑥ 转换度：对某些非营利组织而言，希望服务对象、人力资源、财力资源及物力资源之间有某些程度与形式的转换，使得他们之间可以相互交流，并由交流而对本组织产生更高的凝聚力与向心力。C（Clients）、O（Operations）、R（Resources）、S（Services）、P（Participants）五者之间若能正面地转换彼此角色（如C能够转变为P或者R），一方面可以提升大家对组织的向心力，另一方面也表示组织的策略性绩效良好。

吕育一（1999）认为像基金会这种非营利性组织在进行自我绩效评估时，所采用的绩效指标应有三个维度。

① 组织的运作：包括组织、员工、作业、财务，以及组织与外部团体的关系等。

② 组织对社会实质的贡献：包括理念、目标、品质等。

③ 组织与服务对象的互动关系：包括组织举办活动的频率、参与活动的人数、活动及服务对象人数的增长、员工及义工的人数及外部对组织的认同。

邓国胜（2001）构建了非营利组织评估模型，该模型从四个方面评估非营利组织绩效：一是非营利性评估，即对非营利组织是否违背了非营利组织的行为规范进行评估；二是使命与战略的评估；三是项目评估，主要是评估非营利组织的效率与服务质量；四是组织能力评估。随后，邓国胜在2004年又提出了非营利组织绩效的"APC"评估框架，即对非营利组织问责（Accountability）、绩效（Performance）和组织能力（Capacity）的全方位评估。问责是指非营利组织对其使用的公共资源的流向及其使用效果的社会交代。问责性评估则是对非营利组织或其他公共组织问责程度的评估。绩效评估是对非营利组织的适当性、效率、效果、顾客满意度、社会影响及其持续性的评估。组织能力是指组织开展活动和实现组织宗旨的技能和本领，主要是对非营利组织基本资源、组织内部的管理能力、组织外部的公共关系与动员资源的能力和组织自我评估与学习的能力评估。

刘宇喆（2005）从非营利组织提供公共服务的数量、质量，自身拥有的有形资产和无形资产的数量、公益性、信誉、融资能力、抵抗风险能力、评估主体等方面研究非营利组织绩效评估。

在实践中，国际上比较流行用“3E”、“3D”与顾客满意度等作为非营利组织绩效的主要评估对象。

“3E”指经济性（Economy）、效率性（Efficiency）与效果性（Effectiveness）。“经济性”是指以最低的费用取得一定量的资源；“效率性”是指以最小的投入取得一定的产出或以一定的投入取得最大的产出；“效果性”指标通常用来描述组织所进行的工作或提供的服务在多大程度上达成了组织的目标，并满足了公众的需求。“3E”单纯强调经济性之间存在矛盾与冲突，因此后来有人加入了公平（Equity）指标，发展为“4E”。

“3D”即诊断（Diagnosis）、设计（Design）与发展（Development）。诊断是指非营利组织或项目的管理者能够正确识别组织或项目所面临的新的管理问题，能够考虑到主要相关利益群体的需求与利益。设计是指组织或项目管理者能够通过适当的策略解决这些问题，能够设计解决这些问题所需要的恰当的结构与战略。发展是指一种解决组织或项目实施过程中所遇到问题的能力，以及相应的作为学习过程的管理变革或创新。

顾客满意度是指顾客感受到的服务质量达到其期望值的程度。它包括了解顾客的需求，并能迅速、准确地回应服务对象的需要；充分具备提供服务所需的知识与技能；热心接受顾客的要求；服务态度谦虚、有礼；能够倾听顾客的不同意见；非营利组织及其工作人员（包括志愿者）值得信赖；能够尊重顾客的隐私；被服务对象有畅通的投诉渠道等。

“3E 评估”侧重于评估是一个监督检查的过程，它注重的是组织或项目产生的结果。“3D 评估”侧重于评估是一个学习的过程，它注重的是实施政策、计划或项目的组织能力。然而，总的来说都是以组织为中心的，而顾客满意度是以服务对象为中心的。但顾客满意度在实际操作中并不是一个很敏感、理想的目标（邓国胜，2004）。

虽然对于非营利组织绩效的评估客体学者们有不同的看法，但在非营利组织绩效的评估上必须把握一点，即不以非营利组织的获利多少来评估绩效，而要以服务对象的满意与否与组织的使命是否达成来作为评估的主要方面。

7.3.5 非营利组织绩效的评估方法

20 世纪 90 年代以来人们逐步认识到通过绩效评估等管理工具来提升非营利组织能力和推动非营利组织发展的重要性。然而，非营利组织绩效评估只是近些年来才受到国际范围的广泛重视，当前国内外有关非营利组织绩效评估的理论与方法主要来源于企业、政府的评估理论与实践。例如，20 世纪 90 年代盛行的平衡计分卡最早是用于企业部门的绩效评估，随后在政府和非营利部门当中得到了推广。

1. 非营利组织绩效评估的传统方法

1）逻辑框架法

逻辑框架法（Logical Framework Approach，LFA）是美国国际开发署（USAID）在 20 世纪 70 年代开发并使用的一种设计、计划和评估工具，是评估中经常采用的方法，甚至一些国际组织和国际金融机构在援助项目中要求必须采用逻辑框架法进行评估。逻辑框架法是用于非营利组织的项目规划和项目管理的方法，目的在于提高项目规划和实施质量。

逻辑框架法的基本原理是：用一张矩形框图，将建设项目的投入、产出、目的、目标等内容相关并且必须同步考虑的动态因素组合起来，分析项目目标和实现目标的条件之间的逻辑关系，评估项目目标的实现程度，找出影响项目目标实现的因素。用逻辑框架法主要是分析项目的效率、效果、影响和持续性（见表 7-10）。

表 7-10　逻辑框架法

目标层次	验证对比指标			原因分析		可持续性
	项目原定指标	实际实现指标	差别或变化	主要内部原因	主要外部条件	
宏观目标	原定目标	实现目标	对比	分析	目的和目标间的条件	影响的持续性
项目目的	原定目的	实现目的	对比	分析	产出与目的间的条件	作用的持续性
项目产出	计划产出定量指标	实际产出定量指标	对比	分析	投入与产出间的条件	产出的持续性
项目投入	计划投入定量指标	实际投入定量指标	对比	分析	项目的原始条件	投入的持续性

① 项目的效率评价主要反映项目投入与产出的关系，即反映项目把投入转换为产出的程度，也反映项目管理的水平。

② 项目的效果评价主要反映项目的产出对项目目的和目标的贡献程度。

③ 项目的影响分析主要反映项目目的与最终目标间的关系，评价项目对当地社区的影响和非项目因素对当地社区的影响。

④ 项目可持续性分析主要通过项目产出、效果、影响的关联性，找出影响项目持续发展的主要因素，并区别内在因素和外部条件提出相应的措施和建议。

2）对比法

对比法是评估活动中最常用的方法之一。如果说逻辑框架法是评估中定性分析的方法，那么对比法则是评估中定量分析的方法。通常，当通过监测报告、问卷调查等方式得到了投入、产出、目的、目标指标的数据后，往往还不能判断这一指标值的高低、好坏，还需要有一个参照对象，通过比较各类数值才能作出判断，得出评估结论。对比法就是通过比较发现差异与成效的方法。对比法有很多类型。其中主要有前后对比法、有无对比法和综合对比法等。

（1）前后对比法

前后对比法即将项目实施前的情况与项目完成后的情况进行对比，以评估项目效果的方法。其公式为：

$$P=I_2-I_1$$

式中，P 代表项目效果，I_2 代表项目完成后的情况（即项目组后测值），I_1 代表项目实施前的情况（即项目组前测值）。

(2) 有无对比法

有无对比法是选定一个与项目组近似的但没有实施项目的对照组（即控制组），通过项目组实施项目的结果与没有实施项目的控制组结果进行对比，以评估项目效果的方法。其公式为；

$$P=I_2-C_2$$

式中，P 代表项目效果，I_2 代表项目完成后的情况（项目组后测值），C_2 代表控制组同期的情况（控制组后测值）。

(3) 综合对比法

综合对比法是通过比较项目组前后测之差与控制组前后测之差以评估项目效果的方法。其公式为：

$$P=(I_2-I_1)-(C_2-C_1)$$

式中，P 代表项目效果，I_2 代表项目组后测值，I_1 代表项目组前测值，C_2 代表控制组后测值，C_1 代表控制组前测值。

3) 快速农村评估法

由于传统的评估方法（社会调查）对数据质量的要求较高，通常需要进行严格的抽样调查，因此评估成本较高，特别是评估时采用综合对比方法收集数据时更是如此。这导致了许多对传统评估方法的批评。有人甚至认为，这种问卷调查的评估方式对非营利机构是一个沉重的负担。通常，问卷调查中的一些问题即使向被调查人问了，也没有人对回收的问卷进行编号，即使编号了也没有人对其进行加工整理，即便整理了也没有人研究，即便研究了也未进行深入的分析并将分析结果写成书面文字，而就算写成了书面材料也没人阅读，即使有人读了也不会理解或记在心上，而即使理解了也记在心上了，也不会将调查结果运用于实际行动中。更为遗憾的是，这类调查却经常在评估科学的名义下坚持进行，以致浪费了极大的资源。

虽然这种批评过于偏激，但它确实有一定的道理。为此，从 20 世纪 70 年代末期开始，一种新型的评估方式逐渐替代了部分正规的社会调查评估方式。这就是快速农村评估（Rapid Rural Appraisal，RRA）。快速农村评估法建立在人类学、社会学非量化资料的基础之上，可以说是一种快速而不断学习的评估方法。

其主要做法是：第一，采用多学科小组，包括评估学、社会学、经济学、人类学或其他相关专业的人员；第二，三角信息，即利用正式的、非正式的、不同专业的方法来收集同一种信息；第三，避免主观偏见，快速农村评估方法通过在调查中仔细倾听，深入调查，不仓促下结论；用认真、慎重的态度纠正主观偏见，以获得真正反映实际情况的信息；第四，直接面向受益群体，评估者通过直接观察、小组访谈等一系列方法，直接与受益群体接触，获取信息，了解目标群体的看法，并通过与受益群体的直接接触不断学习。

快速农村评估方法与正规评估调查相比，具有见效快、费用低、提供的资料更丰富等优势。它特别适用于评估时间紧迫、预算的评估费用较少的情况。因此，一些非营利组织特别是一些小的草根组织更愿意采用该方法进行评估。

4) 参与式评估法

快速农村评估法对项目评估，特别对收集评估资料具有显著的作用。在这种评估调查过程中，一个明显的特点是它离不开受益者的参与。参与式评估方法（Participatory

Rural Appraisal，PPA）就是在快速农村评估法的基础上产生的另一个重要分支，是指非营利组织管理人员和受益者共同组成评估小组，通过对组织系统评估，调整、重新制定组织的目标或方案，重新进行组织结构安排或调配资源的一种方式。这种方法的评估调查更多地依靠受益者或者说目标群体自身，依靠他们自己对项目反映的信息和评估。另外，评估者可以通过这一方法更好地了解目标群体的需求、目标群体优先考虑的问题等。参与式评估法采用目标群体参与的方式进一步发展了快速农村评估方法，通过受益者的参与增强了目标群体的能力建设。参与式评估方法是当前国际上最为流行的评估方法之一，也是非营利组织通常采用的评估方法。

5）综合评估法

综合评估法是根据各项指标的评估结果对计划、项目或政策作出一个最终的评估结论。也就是通常所说的综合打分法。综合评估法有很多类型，这里介绍成功度评估方法。

成功度评估是用逻辑框架分析的目标实现程度为基础所进行的全面系统的评估。一般可以根据指标值的大小将成功度分成五个等级。

第一级是完全成功的，它指各项目标都已全面实现或超过预期值。可以打 5 分。

第二级是成功的，它指大部分目标已经实现。可以打 4 分。

第三级是部分成功的，它指实现了原定的部分目标。可以打 3 分。

第四级是不成功的，它指实现的目标非常有限。可以打 2 分。

第五级是失败的，它指目标是不现实的，或无法实现的。可以打 1 分或根据具体情况打 0 分。

在进行成功度评估时，需要确定一个成功度评估表。一般可以参考国内或国际通行的成功度表，也可以根据组织的需要制定评估表（见表 7－11）。

表 7－11 非营利组织成功度评估表

评估的指标	指标的权数	成功度
满足需求方面的具体指标		
创新性方面的具体指标		
灵活性方面的具体指标		
项目投入方面的具体指标		
项目产出方面的具体指标		
项目结果方面的具体指标		
组织管理能力方面的具体指标		
信息宣传语教育方面的具体指标		
组织治理结构方面的具体指标		
组织公共关系方面的具体指标		
组织持续性方面的具体指标		
总成功度		

评估者首先可以在评估的指标栏内列出所有的评估指标；其次对指标的重要程度进行分析，确定哪些指标需要保留、哪些指标可以删除，在保留的指标中，如有必要还可以根据指标重要程度的大小确定各指标的权数值；然后根据各指标的成功度打分；最后根据各指标的权数值和成功度分数加权，得出总成功度的分数。

2. 非营利组织绩效评估的现代方法

1）标杆管理法

20世纪90年代，标杆管理（Benchmarking Management）被引入政府公共部门管理领域，并逐步成为政府绩效改进的一个重要管理工具。同时，标杆管理法也成为了非营利组织绩效评估最常用的方法之一。标杆管理是组织寻求最佳实践，以提高绩效的过程，是一个帮助机构发现其他组织更高绩效水平（标杆）的过程，并尽量了解其是怎样达到那种水准的，以便使产生那种水准的做法和程序得以运用到自己的组织机构中（帕特里夏·基利，2000）。简而言之，所谓的标杆管理，是一种追求卓越的管理模式，即树立组织的追赶标准，学习其优势并加以利用和转化，以提高组织绩效。

标杆管理不是一个简单比较绩效水平的过程，而是一个识别最佳实践并寻求如何学习并实现超越的过程。标杆管理一旦开始，就永远不会结束，非营利组织在运用绩效评估的过程中应将其作为一项基本职能活动融入到日常管理工作中，并使之成为一项制度循序渐进地推行，从而促进组织绩效持续不断地改进和提高。

2）目标管理法

目标管理法是管理者通过目标对下级进行管理，当组织最高管理者确定了组织目标后，必须对其进行有效分解，转变成各个部门以及各个员工的分目标，管理者根据分目标的完成情况对下级进行考核和奖惩。在非营利组织中实行目标管理法能够促进工作目标和绩效目标的实现。当然，非营利组织在实施目标管理法的过程中还必须注意以下问题。

首先，非营利组织内个人的分目标应与组织的战略目标相一致。非营利组织的总体目标是为社会公众提供服务，其员工的目标管理和绩效考核应为这个总体目标服务。

其次，非营利组织的目标体系应由组织的管理者和全体员工共同制定和修改。组织所制定的目标应当是上下级员工一致认同的，是一个全员参与目标管理的过程。

再次，非营利组织的目标应根据环境的变化不断修改和调整。事物总是处于不断变化和发展之中，目标一经制定并不是一成不变的，而是要根据出现的新情况进行调整和改进。

最后，非营利组织的目标管理应是一个不断循环的过程。在非营利组织的目标管理完成一个循环之后，管理者和员工应该及时共同制定下一评估期的工作目标和绩效目标，然后开始一个新的目标管理步骤的循环，这样才能使目标管理法贯穿于非营利组织绩效评估过程的始终，为组织带来更大的绩效提高。

3）平衡记分卡

平衡记分卡的核心思想是从使命、价值观、愿景与战略出发，通过财务、客户、内部流程、学习与成长四个方面来测量绩效。平衡记分卡作为非营利组织的绩效评估方法，对组织使命和战略的实现有重要意义。平衡记分法实现了在以下四个方面保持平衡：在长期和短期目标之间；在外部计量和关键部门的计量之间；在所需要的结果和这些结果的执行之间；在强调客观性测量和强调主观性测量之间保持平衡。平衡记分法有助于实现组织长期战略目标和短期行动的结合，有助于全面掌握组织的现状和未来，是非营利组织绩效评估值得借鉴的重要方法。

7.3.6 非营利组织绩效评估的程序

任何形式的绩效考评都必须按照一定的程序有计划地进行，尽管由于考评的背景、目的、对象和条件都存在差异，考评的具体执行程序会因情况而有所变化，但是对于非营利组织绩效评估来说还是应遵循一定的程序，并建立有效的考评机制，保障非营利组织绩效评估能够顺利进行。

1）明确评估目的

评估的目的是评估工作首先需要确定的问题，它有助于我们进一步思考所提议的评估工作。评估的目的并不是单维度的，不同的利益群体对评估的要求、评估的标准并不相同。有的可能认为评估工作就类似于内部的“审计”，有的可能认为评估应是中介机构的工作，而另一些人则可能认为评估应是一个参与的过程；有的可能更关心评估的财务指标，有的可能更关心产出指标，而另一些人可能更关心组织管理能力指标。因此，只有确定了本次评估工作的目的，下一步的评估工作才好继续开展。否则，评估工作就失去了方向，下一步工作也就无从入手。

2）确定评估的重点与关键问题

在明确了评估的目的之后，接下来的工作就是要确定评估的对象。通常，摆在评估者面前的问题会非常多，且杂乱无章。这时，评估者需要冷静地思考哪些是需要重点评估的、哪些是一般性的、哪些是次要的甚至可以忽略不计的。

评估者在确定评估的重点与关键问题时，需要围绕、考虑以下三个问题。

第一，根据评估的目的决定评估的重点。一方面，不同评估目的关注的侧重点并不相同，因此，在选择评估的重点与关键问题时，首先必须依据的就是本次评估的目的；另一方面，评估的目的不仅清楚地描述了利益群体关注的重点，而且描述了如何运用评估的结果。它决定了评估所需要优先收集的信息。

第二，根据评估的经费与人力决定评估的重点与关键问题。评估是一项耗时耗力的工作，因此，评估的经费和人力也就决定了评估的范围、评估的时间、评估的重点内容。当经费与人力充足时，可能评估的内容就更多一些；而评估的经费与人力有限时，评估的内容就更少一些，评估的重点也就更集中一些。

第三，考虑不同的利益群体已经了解了什么、不了解什么，还需要了解哪些重要的信息，这是为了提高评估效率，也是评估者在选择评估重点时需要回答的问题。否则可能出现事倍功半的结果。例如，评估工作所得出的结论都是相关利益群体已经了解或知道的信息。

在明确了以上三个问题后，评估者便可以确定评估的重点与关键性问题。

3）选择评估指标

一旦评估的重点与关键性问题已经明确，那么接下来的任务就是选择具体的测度指标。指标是指反映总体现象的特定概念和具体数值。任何指标都是从数量方面说明一定社会总体现象某种属性或特征的。通过一个具体的统计指标，可以认识研究现象的某一特征，说明一个简单的事实。如果把若干有联系的指标结合在一起，就可以从多方面认识和说明一个比较复杂现象的许多特征及其规律性。

正因为如此，评估指标的选择也就变得较为复杂与困难。具体来说，每一个关键性问题几乎都可以列出许多测度指标，而评估者既可以采用一个指标来测度某一现象，也可以采用一系列指标来反映某一现象。因此，在选择评估指标时，需要经过认真仔细的研究。一方面必须遵循构建评估指标体系的原则，另一方面也可以由评估者进行初步筛选，然后请一些同行专家进行评议，或采用其他科学的方法选择评估指标。

4）确定评估的方式

当以上所有问题都清晰以后，就可以确定评估的方式。通常，可供选择的评估方式或者说数据收集的方法包括文献法、问卷法、访谈法、观察法等。需要注意的是，中国的非营利组织经费较为缺乏，评估工作应尽量本着节俭的原则。因此，在选择评估方式时，应尽量选择成本低的方法。第一，文献法是评估方式中成本最低的方式。因此，如果能够通过文献法收集到信息（包括查阅组织的有关文件、档案、年度报告、申请报告、监测数据和政府有关部门的统计资料等），就不必采用其他成本更高的方式，这样可以降低评估调查的时间、人力与资金成本。第二，在评估调查中，采用抽样调查的方法比普查有更高的效率。因此，在不必要的情况下，尽量避免进行普查。第三，在需要的情况下，可以采用定量与定性相结合的方法，采用文献法、访谈法、观察法等相结合的方式。

5）编制评估计划

第五步工作就是写出评估计划，即构成整个评估过程的各个部分。同时，考虑到评估的价值，在一些大型项目或特别重要的项目中，需要在项目申请书中预算评估的费用。

6）处理与分析数据

在收集了数据信息后，就进入了关键的数据信息分析阶段，并依据分析结果写出初步的评估报告。

通常，在对数据信息进行分析之后，需要将一些分析结果反馈给提供信息的个人或团体。他们往往很有兴趣看到这些结果，并对此结果作出回应，而评估者在形成最终评估报告时应充分考虑到这些反馈的信息。

7）撰写评估报告

在完成以上六个步骤后，评估小组就需要编写评估报告，全面、系统地反映评估目的、内容和结果。评估报告的格式并不是固定不变的，可以根据具体情况确定评估报告的格式。

8）反馈评估结果并提出改进计划

评估报告撰写完成后必须将本次评估的结果反馈给非营利组织的相关人员。绩效评估的目的并不是评估本身，而是能够为绩效改进提供可参考的依据，在评估结束后非营利组织的管理人员必须根据绩效评估结果分析组织绩效高或低的原因，进而提出改善组织绩效的方法。

7.3.7 非营利组织绩效评估的难点

非营利组织绩效评估是由企业的绩效评估演变而来的，由于非营利组织自身的特点，非营利组织简单照搬企业绩效评估的做法是不可取的。对非营利组织的绩效评估，在吸收绩效评估一般原理的同时，应当仔细分析其评估中的特殊性和可能面临的问题，充分准备，将绩效评估活动真正用活、用好。许多学者试图将绩效评估理论运用于公共部门时遇到的困难在非营利组织方面也同样不可避免。具体来说，其评估的难点主要体现在以下方面。

1）评估对象不明确

企业是以营利为根本目的的，其评估的目的性非常明确，企业的评估对象更加简单和清晰。而非营利组织不以利润最大化为行为目标，不受利润最大化动机的驱使，而受社会使命的驱使，追求社会服务的最大化。这种服务水平的界定比较模糊，容易产生分歧，这就为评估的顺利进行设置了障碍。

2）评估主体的多元性

非营利组织绩效的评估主体比较复杂，社会公众、组织外部专业性评估机构都是其重要的评估主体，这些评估主体的获取要耗费更多的成本，而这一主体确定的过程又是不可忽略的。缺乏可靠的多元化的评估主体，非营利组织的评估活动就难以取得合法化的基础，其评估结果也丧失了可信性。

3）组织的产出难以衡量

非营利组织的产出大多是无形的服务，而不是有形的可量化的物质产品，其产出的标准化程度很低，其质和量都缺乏确定性和可度量性。大部分非营利组织的社会影响很难予以衡量。很多非营利组织处理的社会问题，如无家可归、全球变暖等，要花几年时间才能见成效。即便确有成效，也很难明确归功于某一个具体的项目。例如，福利性工作能否成功，取决于工作培训、住房补贴和托儿服务，以及大大超越非营利组织范围的经济环境，如失业率。社会研究人员可以利用反向分析，将多年的数据收集起来后，再评估出具体项目的社会影响，但尽管如此，非营利组织还是很难常规性地监控项目的影响。由于不易制定明确的衡量指标，就难以对非营利组织的绩效进行定量分析。非营利组织的绩效评估很难成为真正精确或实证的科学，反复验证观察或验证假定的自然科学研究方法很难在这里应用。但是即便可以量化非营利组织的组织绩效，单纯以量化形式来表现和衡量非营利组织的绩效也是不可取的。

小　结

组织绩效是组织理论与绩效理论研究的焦点，组织绩效是组织整体的运营效果，是组织中所有工作流程和活动的最终积累结果。从管理学角度看，组织绩效是组织期望的结果，是组织实现其目标而展现在不同层面上的有效输出。衡量和控制组织绩效可以导致更好的资产管理、不断提高组织获取顾客价值的能力、改进组织知识的衡量以及会对组织的声望产生影响。

组织绩效的理论模式主要有理性目标模式、人群关系模式、开放系统模式、内部过程模式和系统模式。理性目标模式、人群关系模式、开放系统模式、内部过程模式分别以组织是否完成其预定的进度/达到所预设的目标、组织从外界环境中获取重要资源的能力、组织成员对所处环境的满意程度或广义的主观感受、组织的稳定程度与控制能力作为衡量组织绩效的主要方面，而系统模式则强调变量之间的互动，主张用不同指标进行考核。在衡量组织绩效时，可以用单一指标，也可以用多项指标；可以用财务指标，也可以用非财务指标。但在衡量组织绩效时常用多项指标，包括财务指标，也包括非财务指标。

企业绩效是企业组织的整体绩效，是企业在一定时期内，利用其有限的资源从事经营活动所取得的成果。企业绩效评估是指评估主体依据其评估目标，通过建立特定的指标体系和评估标准，运用定量和定性的方法，对一定时期内企业利用有限资源从事经营活动所取得的成果进行的价值判断。

影响企业绩效的因素主要分为内外两类，影响企业绩效的外部因素主要包括顾客、产业因素、经济环境、政府政策等；影响企业绩效的内部因素主要包括企业战略、企业文化、公司治理结构、组织结构、组织变革、组织内信任关系、人力资源管理、高层领导。企业绩效评估的基本评估主体是资本所有者和资本所有者的代表或授权监管人、其他的利益相关者，主要包括投资者、企业经营管理者、债权人、政府相关部门和顾客。

企业绩效评估的主要对象是企业，但从哪些方面来评估企业的绩效，学者们的观点则不一致。一般可以使用财务指标或调整的财务指标（EVA 等）或财务指标与非财务指标相结合的方式来评估组织的绩效。

评估企业绩效的方法很多，传统的方法主要有沃尔评估法、功效系统评估法、雷达图评估法、坐标图评估法、杜邦评估法、财务报表结构指标评估法、经济附加值评估法。而企业绩效评估的现代方法主要有“A 记分”绩效评估法、业绩金字塔评估法、标杆超越绩效评估法、绩效棱柱法、“四尺度”评估法、关键绩效指标评估法、平衡记分卡评估法、360°绩效评估法。

非营利组织是一种不以营利为目的、旨在为社会公众提供服务的社会公益性组织。非营利组织绩效是指非营利组织的整体运营效果，是组织层面的绩效。非营利组织绩效评估即指运用科学的标准、方法和程序，对非营利组织在公共管理过程中投入、产出、最终结果所体现出来的绩效进行评定和认可。评估非营利组织绩效有助于改进非营利组织的绩效，有助于为非营利组织承担公共责任建立一种约束机制，有助于恢复和提高非营利组织的公信力。

非营利组织绩效的评估主体主要有政府、社会公众、专业评估机构、捐赠者、行业协会、非营利组织和员工/一般志愿者等。因为非营利组织缺少经济目标，所以其组织绩效评估相对复杂，可以从投入、过程、产出或结果来评估，也可以从使命达成度与社会接受度、效率、投入程度、满意度、平衡度、转换度来评估。在实践中，一般采用“3E”、“3D”与顾客满意度等为主要评估内容。

非营利组织绩效评估的方法很多，传统的方法主要有逻辑框架法、对比法、快速农村评估法、参与式评估法、综合评估法；现代方法主要有标杆管理法、目标管理法、平衡记分卡法。评估非营利组织绩效时，先要明确评估目的，再确定评估的重点与关键问题、选择评估指标、确定评估方式、编制评估计划、处理与分析数据，最后撰写评估报告、反馈评估结果并提出改进计划。非营利组织绩效因为其评估对象不明确、评估主体多元、组织的产出难以衡量，所以在进行评估时会存在一定的困难，评估机构应在这些方面加以明确，以保证非营利组织绩效评估能顺利进行。

思考题

1. 什么是组织绩效？组织绩效的理论模式有哪些？各模式的优缺点是什么？
2. 为什么要用多项指标（包括财务指标和非财务指标）来评估组织绩效？
3. 企业绩效是指什么？哪些因素会影响企业绩效？
4. 你认为应从哪些方面来评估企业的绩效？
5. 为什么非营利组织绩效评估比企业绩效评估更困难？该如何解决这样的问题？

本章案例

中国红十字会组织评估报告

一、中国红十字会简介及其主要职责

中国红十字会是从事人道主义工作的社会救助团体，是中华人民共和国统一的红十字组织，以弘扬“人道、博爱、奉献”的红十字精神、保护人的生命和健康、促进人类和平进步事业为宗旨。中国红十字会是国际红十字运动的重要成员。其主要职责如下。

备灾救灾：中国红十字会积极开展自然灾害的救助工作，除紧急阶段实施救援工作外，还进行灾后重建。

卫生救护：中国红十字会依法开展初级卫生救护培训和防病知识的宣传普及工作，在易发生意外伤害的行业和基层组织培训救护员，组织群众参加意外伤害和自然灾害的现场救护。

卫生关怀及人道救助：协助政府开展无偿献血的宣传推动工作，对先进单位和个人进行表彰；推动遗体（器官）捐献工作；开展艾滋病预防宣传和健康教育。

二、组织评估报告

中国红十字会组织为了向各利益相关者说明该组织的绩效状况，特聘请外部专家对该组织进行了绩效评估，其评估报告如下。

（一）评分表概况

专家组对红十字会的发展状况从价值、资源、结构、项目活动、环境及影响六个维度进行。

在价值维度主要考虑了四个子维度，即：宗旨是否得到明确的表达；内部工作人员对宗旨的认同和践行；决策层对组织宗旨是否认同；公众对组织宗旨的认同。

在资源维度考虑了三个子维度，即：人力资源、物质资源和社会网络资源，每个维度包含了数量和质量两个层次。

在结构维度考虑了五个子维度，即：自主性、完整性、有效性、广泛性和能力建设。

在项目活动维度考虑了五个子维度，即：创新性、可持续性、多样性、品牌项目、管理的规范性。

在环境维度考虑了四个子维度，即政治环境、法治环境、社会经济环境、文化环境。在每个子维度中又分为宏观环境和针对红十字会的微观环境两个层面。

在影响维度考虑四个子维度，即对政策过程的影响、对受益人的影响、对企业社会责任意识的影响和对公众意识的影响。每个子维度的影响从深度和广度两个层面进行考虑。

（二）评分方法和步骤

评分是在各小组进行实地调研的基础上进行的，参加评分的人员在评分会议前进行过三次总结会，充分交流了获得的资料和信息。具体情况如下。

参加人员：参加人员要求是参与了红十字会中期评估的项目组成员，共10名。

评分步骤：第一，由专家组负责人王名教授向成员介绍评估表内容和评分规则；第二，由秘书发放评分表进行匿名评分；第三，当场进行评分汇总，每个子维度去掉最高分和最低分后计算平均分；第四，将评分结果进行讨论，得到评估组成员认同；第五，将评分结果与红十字会领导进行沟通。

（三）各维度评分结果及说明

1. 价值维度

从价值的四个子维度的评分结果来看（参见表1），得分最高的是组织宗旨有明确的表达，这在红十字会是非常突出的特点。其次是宗旨对公众的传播也得到较好的评价。再次，是决策层对红十字会价值的认同，评估组认为虽然红十字会得到了政府的很大支持，但一些决策层的领导对红十字会的宗旨可能并不清晰。最后是工作人员对红十字会价值的认同，得分相对较低。

价值维度的评价结果与工作人员问卷的调查结果似乎存在一些冲突，尤其是在公众价值认同和工作人员价值认同两个方面。在工作人员问卷调查中我们发现，近80%的工作人员认为红十字会的价值理念得到了公众的认同，与98%以上工作人员认为红十字会工作人员对红十字的价值理念认同情况非常好相比，认为公众认同的比例较低。但实际上，80%的比例也是比较高的了，这与评估组判断的结果其实是一致的。

而问卷中98%以上工作人员认为红十字会工作人员对红十字的价值理念认同情况非常好，这与评估组的判断差距较大。可能的原因一方面是问卷调查更多偏重的是思想上的价值认同，而评估组评价时是将思想上认同和实践中对价值的践行结合起来；另一方面，是评估组更多的是针对比较基层的工作人员，尤其是在没有理顺管理体制的地区，给出的判断是基层红十字会工作人员对组织宗旨认同程度不高。

表1　价值维度各子维度得分情况

子维度	图中对应名称	平均分
1.1　这个组织的宗旨、使命及其所创设的愿景，是否积极向上，体现某种重要的价值观？该组织宗旨、愿景、基本原则等，是否得到明确的表述？	1.1　宗旨存在和表达	8.38
1.2　组织工作人员对价值观的认同和实践状况如何？	1.2　工作人员的认同	6.63
1.3　组织的使命、宗旨及所倡导的价值观，是否得到决策层的主要领导以及地区主要领导和部门主要领导的认同？	1.3　决策层的认同	7.00
1.4　在将组织的宗旨和价值观向社会公众进行传播方面，组织重视程度如何？	1.4　向公众传播	7.50
维度总分		7.38

2. 资源维度

资源维度（参见表2）中社会网络资源是得分最高的子维度，这与各级红十字会充分利用了与政府、企业和媒介的关系以及主要领导人个人的社会网络资源是密不可分的。在人力资源和物质资源方面略显弱势，这与访谈和问卷调查结果是一致的，表明红十字会在获得这两方面资源方面还需积极努力。

表2　环境维度各子维度得分情况

子维度	图中对应名称	平均分
2.1　组织在人力资源（包括工作人员、志愿者、会员等）的数量、结构等方面的总体状况如何？	2.1　人力资源的数量和结构	6.50
2.2　组织在物质资源（包括来自财政、社会捐赠、国际支持，以及组织自身积累和运转所获得的物质资源）方面的总体状况如何？	2.2　物质资源的数量和结构	6.50
2.3　组织在社会网络资源（包括与政府、企业和媒介的制度化关系，以及主要领导人个人的社会网络资源）方面的总体状况如何？	2.3　社会网络资源状况	7.13
维度总分		6.71

3. 结构维度

从结构维度来看（参见表3），评估组认为红十字会的组织自主性和完整性比较好，得分在7分以上，这应该是得益于理顺管理体制和组织结构的建设；组织的总体能力和组织治理的有效性处于中等水平，在6分以上，可见评估组对红十字会的工作能力和组织治理是基本肯定的；在组织参与的广泛性子维度上得分最低，表明了红十字会的组织信息沟通和决策参与的广泛性还有待加强。

表3　结构维度各子维度得分情况

子维度	图中对应名称	平均分
3.1　组织的自主性：组织在人事、资源以及重大决策方面，自主性和独立性如何？	3.1　自主性	7.63
3.2　组织结构要素的完整性以及组织制度化水平的高低	3.2　完整性及制度化水平	7.00
3.3　组织治理的有效性：是否能上传下达？各个部门之间的协调配合程度如何？	3.3　有效性	6.63

续表

子维度	图中对应名称	平均分
3.4 参与的广泛性：自下而上的信息通道是否通畅？利益相关者能否有效参与组织的决策？	3.4 广泛性	5.75
3.5 组织能力的总体状况如何？	3.5 组织能力	6.71
维度总分		6.75

4. 项目活动维度

从项目活动维度来看（参见表4），五个子维度得分都普遍较高。在项目的外部特征方面，无论是创新性、品牌项目，还是在项目的多样性和持续性方面，都占有很大优势，这与红十字会不断开发项目、积极打造了全国品牌的项目都是密不可分的；而在项目的内部管理方面，也具有较好的规范和效率。

表4 项目活动维度各子维度得分情况

子维度	图中对应名称	平均分
4.1 项目创新性：组织是否能够与时俱进，因地制宜，创新项目？	4.1 创新性	7.88
4.2 项目持续性？	4.2 持续性	7.13
4.3 项目多样性（数量和领域）	4.3 多样性	7.44
4.4 品牌项目的存在和运作	4.4 品牌项目	7.50
4.5 项目管理的规范性（管理水平及执行效率）	4.5 规范性	7.00
维度总分		7.49

5. 环境维度

从环境的四个维度来看（参见表5），红十字会的法治环境是最突出的，得分达8分，这与红十字会有自己单独的法律以及相应很多的地方法规是一致的；红十字会在现行政治体系中也具有较突出的地位，这也与一般的社团地位是不同的；从社会经济环境来看，随着中国经济的发展，所处的环境还是比较理想的；而从文化环境来看，宏观上由于社会慈善文化还处于发展中，提供给红十字会发展的文化环境还不够理想，微观上红十字会的文化传播还不够广泛，因此在环境的几个维度评分中显示出明显的弱势。

表5 环境维度各子维度得分情况

子维度	图中对应名称	平均分
5.1 政治环境：包括在现行政治体系中的地位，所获得的特殊政策，等等	5.1 政治环境	7.75
5.2 法治环境	5.2 法治环境	8.00
5.3 社会经济环境。（经济增长、社会分层以及贫富差距）	5.3 社会经济环境	7.00
5.4 文化环境（传统文化、民族文化、捐赠意识以及社会信任度）	5.4 文化环境	6.00
维度总分		7.19

6. 影响维度

从影响的维度来看（参见表6），对受益人群的影响是最突出的，评估组充分肯定了红十字会对受益人群的积极作用；红十字会通过价值宣传和项目活动对社会公民意识的影响也是较好的；相对前两项来讲，红十字会对政策过程和对企业社会责任意识的影响相对较弱，这可能与红十字会工作的定位和重点有关。

表6 影响维度各子维度得分情况

子维度	图中对应名称	平均分
6.1 对国家政策过程的影响？	6.1 政策过程	5.75
6.2 对直接受益人群的影响（深度、广度）	6.2 受益人群	8.25
6.3 对企业社会责任意识的影响	6.3 企业社会责任意识	6.00
6.4 对社会公众公民意识，以及公民社会建设的影响	6.4 社会公众公民意识	6.75
维度总分		6.69

（四）总体评分结果及说明

总体来看，红十字会作为组织，各方面发展还是比较均衡的，基本分布在6.5～7.5之间（参见表7），表现出了比较良好的发展态势。排在前三位的是项目活动、价值和环境，评分在7分以上，表明红十字会开展的背景还很有利的，体现为价值和环境的得分较高，红十字会具体开展的项目和活动也是比较出色的。排在后三位的是资源、结构和影响，资源和结构是红十字会发挥作用的各方面保障，这种保障有必要再加强。而影响在所有维度中排序最低，这是因为虽然红十字会对受益人和公众的影响比较强，但对政策过程的影响和对企业的影响比较弱，由此导致这个维度得分较低。

表7 红十字会发展指数各维度得分

维度	价值	资源	结构	项目/活动	环境	影响
平均分	7.38	6.71	6.75	7.49	7.19	6.69
排序	2	5	4	1	3	6

资料来源：根据中国红十字会网站资料编写，http://www.redcross.org.cn/.

参考文献

[1] 尼利，亚当斯，科尼尔利. 战略绩效管理：超越平衡计分卡 [M]. 李剑锋，译. 北京：电子工业出版社，2004.

[2] 财政部统计评价司. 企业效绩评价问答 [M]. 北京：经济科学出版社，1999.

[3] 财政部统计评价司. 企业绩效评价工作指南 [M]. 北京：经济科学出版社，2000.

[4] 蔡剑，张宇，李东. 企业绩效管理：概念、方法和应用 [M]. 北京：清华大学出版社，2007：78-111.

[5] 陈心怡. 培训与发展 [M]. 台北：双叶书廊，2002：7-33.

[6] 邓国胜. 公益项目评估：以"幸福工程"为案例 [M]. 北京：社会科学文献出版社，2003：6.

[7] 杜胜利. 企业经营业绩评价 [M]. 北京：经济科学出版社，1999.

[8] 冯丽霞. 企业财务分析与业绩评价 [M]. 长沙：湖南人民出版社，2002.

[9] 罗珉. 组织管理学 [M]. 成都：西南财经大学出版社，2003：6－10.
[10] 陆庆平. 企业绩效评价新论 [M]. 北京：中国财政经济出版社，2006.
[11] 马璐. 企业战略性绩效评价系统研究 [M]. 北京：经济管理出版社，2004.
[12] 波特. 竞争优势 [M]. 北京：华夏出版社，1997.
[13] 孟建民. 企业经营业绩评估问题研究 [M]. 北京：中国财政经济出版社，2002.
[14] 基利. 公共部门标杆管理 [M]. 北京：中国人民大学出版社，2000：35－37.
[15] 罗宾斯，库尔特. 管理学 [M]. 孙健敏，译. 北京：中国人民大学出版社，2004：586－596.
[16] 司徒达贤. 非营利组织的经营管理 [M]. 台北：天下远见，1999.
[17] 司徒达贤. 非营利组织目标制定与绩效评估之研究 [M]. 台北：国科会专题研究计划，1996.
[18] 库珀，辛德勒. 商业研究方法 [M]. 郭毅，詹志俊，译. 北京：中国人民大学出版社，2006：40.
[19] 王化成，刘俊勇，孙薇. 企业绩效评价 [M]. 北京：中国人民大学出版社，2004.
[20] 波伊斯特. 公共与非营利组织绩效考评 [M]. 北京：中国人民大学出版社，2005：9.
[21] 肖鸣政. 现代绩效考评技术及其应用 [M]. 北京：北京大学出版社，2007：21－32.
[22] 科特，赫斯克特. 企业文化与经营业绩 [M]. 北京：华夏出版社，1997.
[23] 张涛，文新三. 企业绩效评价研究 [M]. 北京：经济科学出版社，2002：67－108.
[24] 张蕊. 企业战略经营绩效评价指标体系研究 [M]. 北京：中国财政经济出版社，2002.
[25] 陈俊龙. 非营利组织的绩效管理 [D]. 上海：复旦大学博士论文，2002.
[26] 邓国胜. 非营利组织评估体系研究 [J]. 中国行政管理，2001 (10)：41－43.
[27] 邓国胜. 非营利组织“APC”评估理论 [J]. 中国行政管理，2004 (10)：33－37.
[28] 费明胜，周寿春，赵玉龙. 基于利益主体多元化的企业绩效评价体系 [J]. 统计与决策，2008 (12)：175－176.
[29] 林毅夫. 现代企业制度的内涵与国有企业改革方向 [J]. 经济研究，1997 (3).
[30] 林明源. 台湾非营利组织领导行为与组织绩效之关系研究 [D]. 长沙：中南大学博士论文，2006.
[31] 陆庆平. 企业绩效评价新论 [D]. 大连：东北财经大学，2006.
[32] 吕育一. 非营利组织绩效指标之研究：以文教基金会为例 [D]. 台北：台湾大学商学研究所硕士论文，1999.
[33] 潘旭明. 组织绩效的评价标准及影响因素分析 [J]. 电子科技大学学报：社科版，2004 (6)：20－23.
[34] 盛明科. 论我国非营利组织绩效评估存在的问题及其对策 [J]. 湘潭师范学院学报，2005 (7)：21－24.

[35] 吴淑琨. 国有企业治理结构的制度创新 [J]. 西安交通大学学报：社会科学版，2001 (1)：14-18.

[36] 吴春，王名. 非营利组织绩效评估初探 [J]. 山东行政学院学报，2005 (10)：75-77.

[37] 张红军. 中国上市公司股权结构与公司绩效的理论及实证分析 [J]. 经济科学，2004 (4)：34-44.

[38] 张雪兰. 市场导向、竞争优势与组织绩效关系研究 [D]. 武汉：武汉大学博士论文，2005.

[39] BERLE A，MEANS G. The modern corporation and private property [M]. New York：Macmillan，1932.

[40] CAMPBELL，JOHN P. On the nature of organizational effectiveness，new perspectives on organizational effectiveness[M]，San-Francisco：Jossey-Bass，1977：13-55.

[41] MURRAY V，BALFOUR K. Evaluating performance in the nonprofit sector：challenges and opportunities [M]. Ontario Canada：Altruvest Charitable Services，1999.

[42] ROBBINS S P，Organization theory：structure，design and applications [M]. N. Y.：Prentice-Hall Inc.，1990：130-134，442.

[43] SALAMON L M，ABRAMSON A J. The nonprofit sector [M]. Urban Institute Washington，1982.

[44] SlOMA R S. How to measure managerial performance [M]. Macmillan P. C.，1980：66-89.

[45] HELMIG B，JEGERS M，LAPSIEY I. Challenges in managing nonprofit organization：a research overview [J]. International Journal of Voluntary and Nonprofit Organization，2004，6 (15)：2.

[46] CAMERON K. Measuring organizational effectiveness in institution of higher education [J]. Administrative Science Quarterly，1978，23：604-629.

[47] CLARKSON M B E. A stakeholder framework for analyzing and evaluating corporate social performance [J]. Academy of Management Review，1995，20 (1)：92-117.

[48] COOL K，DIERICKX I，RIVALRY. Strategic groups and firms profitability [J]. Strategic Management Journal，1993，14 (1)：47-61.

[49] DAVENPORT K. Corporate citizenship：a stakeholder approach for defining corporate social performance and identifying measures for assessing it [J]. Business & Society，2002，39 (2)：210-219.

[50] DECANIO，STEPHEN J，DIBBLE C，et al. The importance of organizational structure for the adoption of innovations [J]. Management Science，2000，46 (10)：1285-1299.

[51] DONALDON，LEX. Organizational portfolio theory：performance-driven organizational change [J]. Contemporary Economic Policy，2000，18 (4).

[52] DYER L, REEVES T. Human resource strategies and firm performance what do we know and where do we need to go [R]. The 10th World Congress of the International Industrial Relations Association, Washington. D. C, 1995, 31 (4).

[53] FERRIS, ARTHUR, BERKSON, et al. Toward a social context theory of the human resource management-organization effectiveness relationship [J]. Human resource Management Review, 1998, 8 (3): 235-264.

[54] Glasrud B. The muddle of outcome measurement [J], Nonprofit World, 2001, 6: 35-37.

[55] HUSELID M A, The impact of human resource management pratices on turnover, productivity, and corporate financial performance [J]. Academy of Management Journal, 1995, 38 (3): 635-672.

[56] JANSEN P. Performance measurement in governmental organizations: A contingent approach to measurement and management control [J]. Managerial Finance, 2004, 30 (8): 54-68.

[57] KOENE BAS A S, VOGELAAR Ad L W, SOETERS JOSEPH L. Leadership effects on organizational climate and financial performance: local leadership effect in chain organizations [J]. Leadership Quarterly, 2002, 13 (3).

[58] LAWLESS M W. The structure of strategy: a taxonomic study of competitive strategy and technology sub-Strategy [R]. Unpublished Technical Report, University of Colorado: Boulder co., 1987.

[59] MACPHERSON M. Performance measurement in not-for-profit and public-sector organizations [J]. Measuring Business Excellence, 2001, 5 (2): 13-17.

[60] MILLS P K, GERARDO R U. Reassessing the limits of structural empowerment: organizational constitution and trust as controls [J]. Academy of Management Review, 2003, 28 (1): 143-153.

[61] QUINN R E, ROHRBAUGH J. A spatial model of effectivenss criteria: towards a competing values approach to organizational analysis [J]. Manangement Science, 1983, 29 (3): 363-377.

[62] GOLNAZ S, BRIAN L. Developing corporate culture as a competitive advantage [J]. The Journal of Management Development, 2001, 20 (9/10): 835-841.

[63] COLEMAN S S. Testing a multi-dimensional model of organizational performance: prospects and problems [J]. Journal of Public Administration Research and Theory, 2004, 14 (3): 395-416.

[64] SIRGY M J. Measuring corporate performance by building on the stakeholders model of business ethics [J]. Journal of Business Ethics, 2002, 35: 143-162.

